Kandidatenaufstellung und „Primaries“ im Lichte des Verfassungsrechts

Christoph Hambusch

Kandidatenaufstellung und „Primaries" im Lichte des Verfassungsrechts

PL ACADEMIC RESEARCH

Bibliografische Information der Deutschen Nationalbibliothek
Die Deutsche Nationalbibliothek verzeichnet diese Publikation in der Deutschen Nationalbibliografie; detaillierte bibliografische Daten sind im Internet über http://dnb.d-nb.de abrufbar.

Zugl.: Leipzig, Univ., Diss., 2016

15
ISBN 978-3-631-70071-6 (Print)
E-ISBN 978-3-631-70086-0 (E-Book)
E-ISBN 978-3-631-70087-7 (EPUB)
E-ISBN 978-3-631-70088-4 (MOBI)
DOI 10.3726/978-3-631-70086-0

Internationaler Verlag der Wissenschaften
Frankfurt am Main 2016

PL Academic Research ist ein Imprint der Peter Lang GmbH.

Peter Lang – Frankfurt am Main · Bern · Bruxelles · New York · Oxford · Warszawa · Wien

Diese Publikation wurde begutachtet.

www.peterlang.com

Meinen Eltern

Vorwort

Die vorliegende Arbeit wurde von der Juristenfakultät der Universität Leipzig im Sommersemester 2016 als Dissertation angenommen.

Meinem Dank gilt zunächst meinem Doktorvater, *Herrn Prof. Dr. Christoph Degenhart*, der die Arbeit mit Interesse und wohlwollenden Hinweisen betreut hat. Meinem weiteren Dank gilt *Frau Prof. Dr. Stephanie Schiedermair*, die zügig das Zweitgutachten erstellt hat.

Die Promotion wurde durch ein Promotionsstipendium der Hanns-Seidel-Stiftung e.V. aus Mitteln des Bundesministeriums für Bildung und Forschung gefördert. Ich danke der Stiftung nicht nur für die finanzielle sondern auch für die ideelle Förderung. Es war ein Privileg an vielen interessanten Seminaren teilnehmen zu dürfen. Dort habe ich viele neue Freunde gewonnen.

Viele Menschen haben mich während der Arbeit an diesem Buch unterstützt. Danken möchte ich aber vor allem meinen Eltern, *Frau Marita Hambusch* und *Herrn Prof. Dr. Lutz Hambusch*, die mich auf verschiedenste Weise in meinen privaten und beruflichen Zielen immer vorbehaltlos unterstützt haben.

Euch ist diese Arbeit gewidmet!

Mannheim, im August 2016 *Christoph Hambusch*

Inhaltsverzeichnis

Abkürzungsverzeichnis

AEUV	Vertrag über die Arbeitsweise der Europäischen Union
A.N.	Élections à l'Assemblée nationale
ÄndG	Änderungsgesetz
ÄndV	Änderungsverordnung
AöR	Archiv des öffentlichen Rechts
BayVBl	Bayerische Verwaltungsblätter
BetrVG	Betriebsverfassungsgesetz
BGB	Bürgerliches Gesetzbuch
BGBl	Bundesgesetzblatt
BT-Drucks.	Bundestagsdrucksache
BWG	Bundeswahlgesetz
BWGÄndG	Gesetz zur Änderung des Bundeswahlgesetzes
DC	Contrôle de constitutionnalité des lois ordinaires, lois organiques, des traités, des règlements des Assemblées
ders.	Derselbe
dies.	Dieselbe
DRiZ	Deutsche Richterzeitung
DVBl	Deutsches Verwaltungsblatt
ebda.	ebenda
EWG	Europawahlgesetz
EUV	Vertrag über die Europäische Union
F.A.Z.	Frankfurter Allgemeine Zeitung
FS	Festschrift
GS	Gedächtnisschrift
GG	Grundgesetz für die Bundesrepublik Deutschland
GWP	Gesellschaft, Wirtschaft, Politik
HbVerfR	Handbuch des Verfassungsrechts der Bundesrepublik Deutschland
HDStR	Handbuch des Deutschen Staatsrechts
HGR	Handbuch der Grundrechte
HVerfG	Hamburgisches Verfassungsgericht
HamVerfG	Hamburgisches Verfassungsgericht
Hrsg.	Herausgeber
HStR	Handbuch des Staatsrechts der Bundesrepublik Deutschland
JbStuVerw.Wiss	Jahrbuch zur Staats- und Verwaltungswissenschaft

JöR NF	Jahrbuch des öffentlichen Rechts der Gegenwart. Neue Folge
JR	Juristische Rundschau
JuS	Juristische Schulung
K&R	Kommunikation und Recht
m. w. Nachw.	Mit weiteren Nachweisen
NJW	Neue Juristische Wochenschrift
NVwZ	Neue Zeitschrift für Verwaltungsrecht
PartG	Gesetz über die politischen Parteien (Parteiengesetz)
Rdnr.	Randnummer
StWStP	Staatswissenschaft und Staatspraxis
WahlprüfG	Wahlprüfungsgesetz
U.S.C.	United States Code
VVDStRL	Veröffentlichung der Vereinigung der Deutschen Staatsrechtslehrer
ZfP NF	Zeitschrift für Politik. Neue Folge
SJZ	Süddeutsche Juristen-Zeitung
VerwArch	Verwaltungsarchiv
ZParl	Zeitschrift für Parlamentsfragen

Einleitung

Alle vier Jahre haben die wahlberechtigten Bürger der Bundesrepublik Deutschland die Möglichkeit, ihre Volksvertretung, den Deutschen Bundestag, zu wählen (Art. 39 Abs. 1 Satz 1 GG). Sie haben zwei Stimmen: Eine geben sie für den Direktkandidaten im Wahlkreis, eine zweite für die Landesliste einer politischen Partei ab. Dabei hat der Wahlbürger bei der Zweitstimme nicht die Möglichkeit, zwischen den Personen auf dem Wahlzettel auszuwählen. Indes entscheidet die Zweitstimme über die Mehrheitsverhältnisse im Deutschen Bundestag und damit auch über die Regierungsbildung. Gleichzeitig können nur Parteien die Landeslisten einreichen. Einzig und allein die politischen Parteien entscheiden also darüber, wen sie auf die Landesliste setzen. Der Bürger hat hier kein direktes Mitspracherecht. Zugleich sind die Parteien allgegenwärtig: Ihre Vertreter sitzen in Rundfunkbeiräten, in kommunalen Gremien, entscheiden über die Frage, wer faktisch als Bundespräsident nominiert und gewählt wird. Sie beraten und entscheiden letztlich auch darüber, wer Richter am Bundesverfassungsgericht wird. Es ist also – um bei dem ersten Punkt zu bleiben – von zentraler Bedeutung, wie die Wahlbewerber auf den Stimmzettel kommen. Die nachfolgende Untersuchung befasst sich im Kern mit dem Verfahren der Kandidatenaufstellung zum Deutschen Bundestag aus verfassungsrechtlicher Sicht. Dabei soll der Blick nicht einseitig nur auf eine Verfassungsordnung gerichtet werden; vielmehr soll die Untersuchung in zwei Exkursen auch die Rechtslage in anderen Verfassungsordnungen umreißen. Daher wird die Untersuchung auch die Grundzüge der Kandidatenaufstellung in den USA und Frankreich behandeln.

In der jüngsten Vergangenheit sind Vorgänge zu beobachten, die auf eine Stärkung der innerparteilichen Demokratie abzielen.[1] Selbst in diesem Bereich gibt es Tendenzen die danach streben, den Einfluss der Parteien zu stärken. Die Untersuchung wird sich auch mit Fragen auseinandersetzen, wie Abstimmungen nach einem Wahlgang zu bewerten sind, die unmittelbar die Regierungsbildung berühren. Hier sind weitreichende Veränderungen im Gespräch. Diese sind in Bezug auf die Verfassungsordnung des Grundgesetzes problematisch.

Bereits seit Inkrafttreten des Grundgesetzes am 23.5.1949 gab es immer wieder Untersuchungen, die sich mit der Stellung der politischen Parteien

---

1 Vgl. dazu das vierte Kapitel.

auseinandersetzten.[2] Ferner gab es Arbeiten, die sich mit dem Primary-Verfahren in den Vereinigten Staaten von Amerika beschäftigten.[3] Auch gibt es solche, die sich mit der Kandidatenaufstellung in Frankreich und Deutschland zugleich auseinandersetzten,[4] und manche sind nicht im juristischen Bereich angesiedelt und weisen einen empirischen Ansatz auf.[5] Letztlich gibt es welche, die sich schon mit den Verfassungsproblemen der Kandidatenaufstellung zum Deutschen Bundestag aus juristischer Sicht befassen.[6] Die Untersuchung konnte also bei der Thematik der Kandidatenaufstellung auf verschiedene Ansätze aufbauen – das wird sich naturgemäß im Gang der Darstellung widerspiegeln.

Die Untersuchung verfolgt verschiedene Ziele: Zunächst soll sie anhand des Verfahrens der Kandidatenaufstellung zeigen, wie stark die rechtliche Stellung der Parteien in Deutschland ist. Dem Leser soll darüber hinaus durch zwei Exkurse in ausländische Rechtsordnungen die Kandidatenaufstellungsverfahren in anderen Verfassungsstaaten nähergebracht werden. Im Gegensatz zu den im Exkurs dargestellten rechtlichen Rahmenbedingungen, denen die politischen Parteien in den USA und Frankreich unterliegen, wird ausführlich die herausgehobene rechtliche Position der Parteien unter der sich aus dem Grundgesetz ergebenden Rechtslage darzustellen sein.

Aus dieser Aufgabenstellung ergibt sich zwangsläufig die Gliederung: Im ersten Kapitel wird es um die Kandidatenaufstellung im deutschen Verfassungsrecht gehen. Zunächst wird sich die Untersuchung mit den verfassungsrechtlichen Grundlagen der Kandidatenaufstellung beschäftigen. Dabei stehen sowohl diejenigen des Wahlrechts als auch die verfassungsrechtliche Stellung der Parteien im Mittelpunkt der Betrachtung. Bereits in diesem Abschnitt ist auf das neue, seit 2013 geltende, Wahlrecht einzugehen. Sodann wird es um die

---

2 Allen voran *Hesse,* Die Verfassungsrechtliche Stellung der politischen Parteien im modernen Staat, in: Veröffentlichungen der Vereinigung der Deutschen Staatsrechtslehrer, Heft 17 (1959), Berlin 1959, S. 11–52.

3 Vgl. nur *Magiera,* Die Vorwahlen (Primaries) in den Vereinigten Staaten, Frankfurt am Main 1971.

4 *Schröder,* Die Kandidatenaufstellung und das Verhältnis des Kandidaten zu seiner Partei in Deutschland und Frankreich, Berlin 1971.

5 So etwa die Arbeit von *Kempf,* Zur Kandidatenaufstellung in Frankreich am Beispiel der „Union pour la Nouvelle République" und ihrer Koalitionspartner, Berlin 1973.

6 Aus der jüngsten Zeit seien die Arbeiten von *Werner,* Gesetzesrecht und Satzungsrecht bei der Kandidatenaufstellung politischer Parteien. Probleme des Vorschlagsrechts nach BWG und EuWG, Osnabrück 2010 und *Hong,* Verfassungsprobleme bei der innerparteilichen Kandidatenaufstellung für die Wahl zum Deutschen Bundestag, Baden-Baden 2005, genannt.

Kandidatenaufstellung im engeren Sinne gehen: Hier stehen ebenfalls verfassungsrechtliche Vorgaben im Vordergrund.

Dafür ist es notwendig, das Verfahren zur Aufstellung der Kandidaten verfassungsrechtlich einzuordnen. Daran schließt sich aus dem vorherigen Abschnitt folgend die Erörterung der verfassungsrechtlichen Anforderungen an das Kandidatenaufstellungsverfahren an. Daran knüpfen sich die nachfolgenden Untersuchungen zu verfassungsrechtlichen Problemen an, die durch die Ausgestaltungen der Satzungen durch die Parteien auftreten. Dabei steht insbesondere das seit 2013 geltende neue Wahlrecht zum Deutschen Bundestag im Fokus des Interesses – hier versucht der Autor neue Ansätze herauszuarbeiten.

Um das Verständnis des Lesers zu schärfen, bezieht sich die Untersuchung auch auf zwei andere Verfassungsordnungen. Im Abschnitt über die Kandidatenaufstellung im US-amerikanischen Verfassungsrecht wird sich die Analyse schwerpunktmäßig mit dem „Primary-Verfahren" beschäftigen, also mit einer Thematik, die in der Vergangenheit in Deutschland auch rechtspolitisch diskutiert wurde. Im Anschluss wird die Kandidatenaufstellung für die Parlamentswahl in Frankreich dargestellt. Hier wird unter anderem zu zeigen sein, dass es innerhalb der französischen Parteien bemerkenswerte Ansätze gibt, die innerparteiliche Demokratie zu stärken.

Besondere Beachtung haben die Fragen der innerparteilichen Aufstellung der Kandidaten zunehmend in allen Rechtsordnungen aufgeworfen. Die in die Parlamente gesandten Abgeordneten, die einer Partei angehören und eine Fraktion bilden, unterliegen faktisch den Bindungen, die sich aus ihrer politischen Parteizugehörigkeit ergeben. Dabei sind auch gewisse Spannungen nicht zu übersehen, die nur unter Beachtung des Verfassungsrechts gelöst werden können. Darum geht es im vierten Kapitel.

Politologische und rechtspolitische Gesichtspunkte muss der Jurist den Nachbardisziplinen der Rechtspolitik oder der Politologie überlassen. Die vorliegende Untersuchung soll allein die verfassungsrechtlichen Grenzen einer Fortentwicklung des Wahlrechts zu den gesetzgeberischen Körperschaften aufzeigen. Für den Geltungsbereich des Grundgesetzes wird durch den Hinweis auf die genannten Rechtsordnungen der Blick für die Grenzen dieser Fortentwicklung aus verfassungsrechtlicher Sicht geschaffen.

1. Kapitel: Deutsches Verfassungsrecht

A. Grundlagen

I. Das Wahlrecht

1. Überblick über die Rechtsquellen

Das Wahlrecht zum Deutschen Bundestag findet sich, jedenfalls die Bereiche, die vorliegend interessant sind, in verschiedenen Rechtsquellen. Zunächst gibt das Grundgesetz[7] den verfassungsrechtlichen Rahmen der Wahl vor. Einfachgesetzlich ist das geltende Wahlrecht zum Deutschen Bundestag maßgeblich im Bundeswahlgesetz[8] geregelt. Hinzu treten Vorschriften im Wahlprüfungsgesetz[9]. Verordnungsrechtlich ist noch die Bundeswahlordnung[10] zu nennen. Sofern nötig, wird auf einzelne Vorschriften zurückzukommen sein.

2. Die verfassungsrechtlichen Vorgaben

a) Allgemeines: Die repräsentative Demokratie des Grundgesetzes und die Funktion der Wahlgrundsätze

Die Bundesrepublik Deutschland ist ein demokratischer Rechtsstaat.[11] Demokratie bedeutet – und dazu bekennt sich das Grundgesetz ausdrücklich in Art. 20 Abs. 2 Satz 1; die Vorschrift normiert den *Grundsatz der Volkssouveränität*[12] –, dass die Staatsgewalt vom Volke ausgehe.[13] Das ist nach Art. 20 Abs. 2 Satz 2 GG entweder

---

7 Grundgesetz für die Bundesrepublik Deutschland vom 23.5.1949 (BGBl. S. 1), zul. geänd. durch Art. 1 des ÄndG vom 11.7.2012 (BGBl. S. 1478).

8 I. d. F. der Bek. v. 23.7.1993 (BGBl. I S. 1288, ber. S. 1594), zul. geänd. durch Art. 1 und Art. 2 Abs. 2 des 22. G. zur Änderung des BWG v. 3.5.2013 (BGBl. I S. 1082) und Art. 2 Abs. 1 des G. zur Fortentwicklung des Meldewesens v. 3.5.2013 (BGBl. I S. 1084).

9 Wahlprüfungsgesetz vom 12.3.1951 (BGBl. S. 166), zul. geänd. durch Art. 2 des G. zur Verbesserung des Rechtsschutzes in Wahlsachen v. 12.7.2012 (BGBl. S. 1501).

10 Bundeswahlordnung in der Fassung der Bekanntmachung vom 19.4.2002 (BGBl. I S. 1376), zul. geänd. durch Art. 1 der zehnten ÄndV. vom 13.5.2013 (BGBl. I S. 1255).

11 Art. 20 Abs. 1 GG.

12 *Degenhart*, Staatsrecht I, S. 5. Vgl. auch die Nachweise bei *Dreier*, GG, Art. 20 Rdnr. 86 Fn. 256.

13 Art. 20 Abs. 2 GG lautet: „Alle Staatsgewalt geht vom Volke aus. Sie wird vom Volke in Wahlen und Abstimmungen und durch besondere Organe der Gesetzgebung, der vollziehenden Gewalt und der Rechtsprechung ausgeübt."

durch das Volk selbst möglich, oder durch staatliche Organe, die vom Volk zur Ausübung von Staatsgewalt legitimiert werden.[14] Beide in Art. 20 Abs. 2 Satz 2 genannten Begriffe („*Wahlen und Abstimmungen*") stehen gleichrangig nebeneinander, direkte Demokratie und repräsentative Demokratie stehen also nach dem Grundgesetz in prinzipieller Gleichordnung der grundgesetzlichen Demokratie vor.[15] Der Einführung von Volksinitiativen, Volksbegehren oder Volksentscheide durch Verfassungsänderung steht jedenfalls nicht Art. 79 Abs. 3 GG entgegen.[16]

Es geht in seiner geltenden Fassung jedoch ausschließlich den zweiten Weg, denn auch der geltende Art. 29 GG ist kein Fall des Art. 20 Abs. 2 Satz 2 GG, weil hier nicht das Bundesvolk als Ganzes abstimmt.[17] Es sieht also eine repräsentative Demokratie vor. Wenn dieser zweite Weg beschritten wird, muss jede Ausübung der Staatsgewalt vom Volk legitimiert werden; es muss also eine Legitimationskette bestehen, die ununterbrochen auf das Volk zurückzuführen ist.[18] Am Anfang dieser Kette steht die Wahl, sie ist ihr „erstes Glied"[19]. Zum Kernbestand der demokratischen Ordnung wird die Parlamentswahl aber erst dann, wenn das Parlament nicht durch Zusammentritt von geborenen oder berufenen Vertretern, sondern durch das ganze Volk gewählt wird, also durch ein Wahlverfahren, welches durch die Prinzipien der Freiheit und Gleichheit bestimmt ist: Nur eine freie Wahl vermag demokratische Legitimität vermitteln und nur eine gleiche Wahl kann gewährleisten, dass alle Angehörigen des Volkes in gleicher Weise wahlberechtigt an der Wahl mit dem gleichen Stimmengewicht teilnehmen können.[20]

Um diese Aufgabe der Legitimationsverleihung zu erledigen, muss die Wahl also entsprechende Anforderungen erfüllen. Diese Anforderungen an die Wahl definiert folglich Art. 38 Abs. 1 Satz 1 GG: „Die Abgeordneten des Deutschen Bundestages werden in allgemeiner, unmittelbarere, freier und geheimer Wahl gewählt."

Die in Art. 38 Abs. 1 Satz 1 GG festgelegten Wahlgrundsätze sollen also die legitimierende Funktion der Wahl sicherstellen.[21] Sie können als Spezifizierung

---

14 *Maunz/Dürig/Klein*, GG, Art. 38 Rdnr. 67.

15 *Degenhart*, in: GS Burmeister, 87 (89).

16 Ebda.

17 *Ders.*, Der Staat 31 (1992), 77 (78 f.).

18 So etwa *ders.*, Staatsrecht I, § 2 IV 1 Rdnr. 73. Sog. Legitimationsfunktion, vgl. auch statt aller *Maunz/Dürig/Klein*, GG, Art. 38 Rdnr. 68 m. w. Nachw.

19 So *ders.*, Staatsrecht I, § 2 IV 1 Rdnr. 73.

20 *Hesse*, Grundzüge, Rdnr. 145.

21 BVerfGE 99,1 (13).

der Volkssouveränität bezeichnet werden:[22] „Das Volk in seiner Gesamtheit (Allgemeinheit der Wahl) soll selbst (Unmittelbarkeit der Wahl) und in allen Teilen gleichermaßen (Gleichheit der Wahl) die politische Bestimmungsmacht frei, d.h. ungestört durch andere (und deswegen geheim) ausüben können."[23]. Hinzu tritt die Öffentlichkeit der Wahl.[24]

b) Die Wahlgrundsätze (Art. 38 Abs. 1 Satz 1 GG)

aa) Geltungsbereich der Wahlgrundsätze

Das Wahlverfahren ist in übereinstimmender Meinung in vier Phasen zu unterteilen. Im ersten Schritt geht es um die Organisation der Wahlberechtigten, dann um die Organisation der Wahlbewerbung, den Wahlakt selbst und die Stimmenwertung. Die letzte Phase umfasst auch die Feststellung des Wahlergebnisses und die endgültige Bestimmung der Gewählten.[25] Die nachfolgenden Wahlgrundsätze gelten grundsätzlich nicht nur für die Wahlhandlung selbst, sondern für das gesamte Wahlverfahren, mit Einschränkungen also auch für die Wahlvorbereitung.[26] Darauf wird später zurückzukommen sein.

bb) Allgemeinheit der Wahl

Die Egalität der Staatsbürger wird durch die Allgemeinheit der Wahl sichergestellt.[27] Diese fordert, dass grundsätzlich jeder Staatsbürger gleichen Zugang zur Wahl hat, jeder also sein Wahlrecht ausüben kann, und zwar in möglichst gleicher Weise.[28] Weil der Grundsatz der Allgemeinheit der Wahl die Egalität der

---

22 *Morlok*, in: FS 50 Jahre BVerfG II, S. 559 (588).

23 So vereinfacht ausgedrückt von *Dreier/Morlok*, GG, Art. 38 Rdnr. 56.

24 Der aus Art. 38 i.V.m. Art. 20 Abs. 1 und Abs. 2 GG gefolgert wird, dazu BVerfGE 123, 39 (68).

25 *Meyer*, in: *Isensee/Kirchhof*, HStR III, S. 528. Dem sich anschließend *Dreier/Morlok*, GG, Art. 38 Rdnr. 52; *v. Münch/Kunig*, *Trute*, Art. 38 Rdnr. 12.

26 Vgl. etwa BVerfGE 4, 375, (386 f.); BVerfGE 11, 266, (272); BVerfGE 12, 33, (35); BVerfGE 60, 162, (167) m. w. Nachw.; st. Rspr.; *v. Mangoldt/Klein/Starck/Achterberg/Schulte*, Art. 38 Rdnr. 119.

27 So etwa BVerfGE 41, 399 (413); BVerfGE 51, 222 (234); BVerfGE 71, 81 (94). Der Grundsatz der Allgemeinheit (und auch Gleichheit) der Wahl wird seit BVerfGE 99, 1 (8 ff.), als Lex specialis zum allgemeinen Gleichheitsgrundsatz angesehen. Zur alten Rechtsprechung vgl. die Nachweise bei *v. Mangoldt/Klein/Starck/Achterberg/Schulte*, Art. 38 Rdnr. 120. Ein Rückgriff auf Art. 3 Abs. 1 GG ist daher ausgeschlossen, *Maunz/Dürig/Klein*, GG, Art. 38 Rdnr. 90.

28 BVerfGE 58, 202 (205) m. w. Nachw. Allgemeiner formuliert in BVerfGE 99, 69 (77 f.); *Sachs/Magiera*, Art. 38 Rdnr. 79.

Staatsbürger gewährleistet, sorgt er auch dafür, dass die demokratische Legitimation der Staatsgewalt auf einem breiten Fundament beruht.[29] Es handelt sich also hier um einen Unterfall des Grundsatzes der Wahlrechtsgleichheit.[30] Der Grundsatz der Allgemeinheit der Wahl ist Lex specialis zu Art. 3 Abs. 1 GG.[31] Einschränkungen des Grundsatzes durch Rückgriff auf den allgemeinen Gleichheitssatz sind daher nicht möglich.[32] Das Gesagte gilt folglich auch für die Wahlgleichheit.[33]

cc) Unmittelbarkeit der Wahl

Der Grundsatz der Unmittelbarkeit der Wahl verlangt zunächst, dass nur durch die Entscheidung des Wählers ermittelt wird, wer als Abgeordneter in den Bundestag einzieht.[34] Deshalb ist jedes Wahlverfahren ausgeschlossen, in dem eine weitere Instanz zwischen Wähler und Wahlbewerber eingeschoben wird. Dies gilt insbesondere für ein Wahlmännersystem, in dem die Wähler zunächst nur eine Versammlung von Wahlmännern bestimmen, die im nächsten Schritt im eigenen Ermessen die Abgeordneten für das Parlament auswählen.[35] Der Wähler muss also „das letzte Wort haben“[36]. Zum anderen ermöglicht der Unmittelbarkeitsgrundsatz dem Wähler eine rationale Entscheidung beim Wahlgang, weil für ihn bereits im Vorfeld – also ex ante – erkennbar wird, wie sich seine Stimmabgabe auf den Wahlausgang auswirken kann.[37]

---

29 *Maunz/Dürig/Klein*, Art. 38 Rdnr. 89.

30 *Dies.*, Art. 38 Rdnr. 90.

31 Seit BVerfGE 99, 1 (8 ff.).

32 *Maunz/Dürig/Klein*, GG, Art. 38 Rdnr. 90. Vgl. zur alten Rechtsprechung die Nachweise bei *v. Mangoldt/Klein/Starck/Achterberg/Schulte*, Art. 38 Rdnr. 120. Dort hat das BVerfG die Allgemeinheit und Gleichheit der Wahl als Anwendungsfälle des allgemeinen Gleichheitssatzes eingeordnet.

33 Dazu *Meyer*, in: *Isensee/Kirchhof*, HStR III, S. 561 ff.

34 *Degenhart*, Staatsrecht I, S. 34.

35 Er erschöpft sich aber nicht darin, vgl. BVerfGE 7, 63, (68); BVerfGE 7, 77 (84 f.); BVerfGE 47, 253 (279 f.); *v. Mangoldt/Klein/Starck/Achterberg/Schulte*, Art. 38 Rdnr. 123.

36 BVerfGE 3, 45 (49).

37 BVerfGE 95, 335 (350); *Dreier/Morlok*, GG, Art. 38 Rdnr. 74. Daher war der Effekt des negativen Stimmengewichts auch mit dem Grundsatz der Unmittelbarkeit nicht vereinbar, BVerfGE 121, 266 (307 f.); BVerfG, 2 BvF 3/11 vom 25.7.2012, abrufbar unter: http://www.bverfg.de/entscheidungen/fs20120725_2bvf000311.html (Stand: 26.2.2014). Das Problem liegt hierbei insbesondere in der Tatsache, dass der Wähler bei Stimmabgabe nicht erkennen könne, ob sich seine Stimme für die von ihm favorisierten Kandidaten oder Partei positiv oder – dann ungewollt – negativ auswirke, *v. Mangoldt/Klein/Starck/Achterberg/Schulte*, Art. 38 Rdnr. 123.

dd) Freiheit der Wahl

Der Grundsatz der Freiheit der Wahl gewährleistet zunächst, dass es dem Wähler möglich ist ohne Zwang und sonstige Beeinträchtigungen seine Stimme abzugeben.[38] Materiell verlangt die Wahlfreiheit, dass der Wähler auch die Möglichkeit hat, auszuwählen. Wenn etwa nur ein Vorschlag zur Wahl steht, ist die Wahlfreiheit nicht mehr gewährleistet.[39] Um eine gründliche Meinungsbildung und damit eine möglichst rationale Entscheidung des Wählers zu gewährleisten, verlangt die Wahlfreiheit letztlich auch, dass die Wahlvorschläge rechtzeitig bekannt gegeben werden.[40] Letztlich schützt die Wahlfreiheit auch die Entschließungsfreiheit des Wählers, die insbesondere bei der Ausgestaltung des Wahlverfahrens beachtet werden muss. Es darf nicht so ausgestaltet sein, dass es die Entschließungsfreiheit des Wählers in unzumutbarer Weise einschränkt.[41]

ee) Gleichheit der Wahl

Wie der Grundsatz der Allgemeinheit der Wahl sichert auch der Grundsatz der Gleichheit der Wahl die Egalität der Staatsbürger, die das Demokratieprinzip des Grundgesetzes voraussetzt.[42] „Der Grundsatz der Gleichheit der Wahl gebietet, dass alle Staatsbürger das aktive und passive Wahlrecht in formal möglichst gleicher Weise ausüben können“[43] Die Wahlgleichheit gilt umfassend für das gesamte Wahlverfahren. Sie ist in allen Phasen der politischen Willensbildung streng formal zu verstehen.[44]

Insbesondere sind alle Wähler bei der Mandatszuteilung strikt gleich zu behandeln.[45] Dabei gilt, dass jede Wählerstimme grundsätzlich den gleichen

---

38 BVerfGE 7, 63 (69); BVerfGE 47, 253 (282); BVerfGE 66, 369 (380); BVerfGE 95, 335 (350); *Dreier/Morlok*, GG, Art. 38 Rdnr. 82.

39 BVerfGE 47, 253 (283); BVerfGE 95, 335 (350); *Dreier/Morlok*, ebda. Vgl. die Anmerkung von *Maunz/Dürig/Klein*, GG, Art. 38 Rdnr. 107, die die Frage aufwirft, was der Staat tun kann und soll, wenn bei einer Wahl tatsächlich einmal nur eine Liste eingereicht wird.

40 BVerfGE 79, 161 (166), m. w. Nachw.; *Maunz/Dürig/Klein*, GG, Art. 38 Rdnr. 107.

41 BVerfGE 95, 335 (350); *Degenhart*, Staatsrecht I, S. 35; *v. Münch/Kunig/Trute*, Art. 38 Rdnr. 37.

42 Vgl. BVerfGE 120, 82 (102), m. w. Nachw.; *Maunz/Dürig/Klein*, GG, Art. 38 Rdnr. 115.

43 So BVerfGE 79, 169 (170).

44 BVerfGE 14, 121 (132); 69, 92 (107).

45 BVerfGE 11, 351 (360 f.); 95, 335 (369 – Sondervotum); BVerfG, 2 BvF 3/11 vom 25.7.2012, Absatz-Nr. 58, abrufbar unter: http://www.bverfg.de/entscheidungen/fs20120725_2bvf000311.html (Stand: 26.2.2014).

Zählwert und die gleichen Erfolgschancen im rechtlichen Sinne haben muss.[46] Ausgeschlossen ist somit ein Pluralwahlrecht, in dem die Stimmen nach Vermögenverhältnissen, Standeszugehörigkeit oder nach dem Familienstand der Wähler unterschiedlich gewichtet werden.[47] Es ist also auch unzulässig, eine Gruppe von Wählern etwa durch die Ausstattung mit zusätzlichen Stimmen zu privilegieren.[48] Konkret bedeutet Wahlrechtsgleichheit zunächst Zählwertgleichheit, dass also jede Stimme gleich zählt.[49] Das gilt immer. Die Wahlrechtsgleichheit verlangt aber auch Erfolgswertgleichheit. Dies bedeutet, dass jede Stimme die gleichen rechtlichen Erfolgschancen haben muss.[50] Legt man die beiden grundlegenden Typen der Wahlsysteme zugrunde, bedeutet dies in Hinblick auf die Erfolgswertgleichheit: Im Verhältniswahlrecht muss die Berechnung auf die Mandate, die auf die Parteien entfallen, so erfolgen, dass die Stimmenanzahlen, die auf ein Mandat entfallen, etwa gleich groß sind.[51] Deshalb muss das Rechenverfahren so ausgestaltet sein, dass jede Stimme bei der Verrechnung mit gleichem Gewicht für die Mandatszuteilung mitbewertet wird.[52] Im (reinen) Mehrheitswahlrecht dagegen hat jede Stimme den gleichen Zählwert, aber nicht den gleichen Erfolgswert, weil die Stimmen für den unterlegenen Kandidaten nicht berücksichtigt werden. Gerade hier zeigt sich, dass Erfolgswertgleichheit nur heißt, dass jeder Stimme die gleichen Erfolgschancen innerhalb des jeweiligen Wahlsystems eingeräumt werden muss.[53] Das ist im (reinen) Mehrheitswahlrecht, in der Form der Wahl in Ein-Personen-Wahlkreisen, aber nur dann gewährleistet, wenn die Wahlkreise etwa gleich groß sind.[54] Nur so können die Wähler mit etwa gleichem Stimmengewicht am „Kreationsvorgang“[55] teilnehmen.[56]

---

46 BVerfGE 95, 335 (353); 121, 266 (295); 124, 1 (18); BVerfG, 2 BvF 3/11 vom 25.7.2012, Absatz-Nr. 58, abrufbar unter: http://www.bverfg.de/entscheidungen/fs20120725_2bvf000311.html (Stand: 26.2.2014).

47 BVerfGE 95, 335 (353); *Maunz/Dürig/Klein*, GG, Art. 38 Rdnr. 115.

48 *Dies.*, a.a.O., Rdnr. 117.

49 *Degenhart*, Staatsrecht I, S. 36.

50 BVerfGE 121, 266, 295 f.; *ders.*, Staatsrecht I, § 2 IV 2 Rdnr. 85.

51 *Ders.*, a.a.O., Rdnr. 86.

52 BVerfGE 95, 335, 369 f. Vgl. auch die Erläuterungen bei *Pauly*, AöR 123 (1998), S. 232 (249 f.).

53 *Degenhart*, Staatsrecht I, S. 36.

54 Ebda.; BVerfGE 95, 335 (353); 124, 1 (18); BVerfG, NVwZ 2012, S. 622 (623); BVerfG, 2 BvF 3/11 vom 25.7.2012, Absatz-Nr. 60, abrufbar unter: http://www.bverfg.de/entscheidungen/fs20120725_2bvf000311.html (Stand: 26.2.2014).

55 So *Maunz/Dürig/Klein*, GG, Art. 38 Rdnr. 124.

56 Ebda.

ff) Der Grundsatz der geheimen Wahl

Der Grundsatz der geheimen Wahl verlangt, dass keinem anderen die Stimmabgabe (also der Inhalt der Wahl) des Wählers bekannt werden darf. Der Grundsatz steht im engen Zusammenhang mit dem Grundsatz der freien Wahl, weil erst durch den mit ihm einhergehenden Schutz des Wählers vor sozialem Druck eine freie Wahlentscheidung möglich ist.[57]

gg) Der Grundsatz der Öffentlichkeit der Wahl (Art. 38 Abs. 1 i.V.m. Art. 20 Abs. 1 und 2 GG)

Neben den in Art. 38 Abs. 1 Satz 1 GG genannten Wahlgrundsätzen tritt noch der ungeschriebene Grundsatz der Öffentlichkeit der Wahl. Er wird aus Art. 38 Abs. 1 i.V.m. Art. 20 Abs. 1 und 2 GG hergeleitet.[58] In einer parlamentarischen Demokratie unterliegt die Ausübung von Staatsgewalt der öffentlichen Kontrolle. Das gilt auch für den Wahlakt. Daher müssen das Wahlvorschlagsrecht, die Auszählung der Stimmen sowie die Wahlergebnisfeststellung öffentlich sein. Es gilt auch bei der Wahlhandlung – es wird lediglich bei der Stimmabgabe durch das Wahlgeheimnis durchbrochen.[59]

hh) Schranken

Nach Art. 38 Abs. 1 Satz GG sind die vorgenannten Wahlgrundsätze vorbehaltlos gewährleistet. Art. 38 Abs. 3 GG, wonach das „Nähere“ durch ein Bundesgesetz bestimmt wird, ist kein Gesetzesvorbehalt, sondern normiert nur die absolute Gesetzgebungsbefugnis für den Bundesgesetzgeber.[60] Einschränkungen können sich aber aus der Verfassung selbst ergeben.[61] Der Wahlrechtsgesetzgeber hat zunächst bei der Ausgestaltung des Wahlsystems einen weiten Gestaltungsspielraum.[62] Es gibt nicht „das perfekte“ Wahlrecht, in dem alle Wahlgrundsätze gleichermaßen verwirklicht sind. Nicht jeder Wahlgrundsatz könne – so eine bekannte Formulierung des BVerfG – „in voller Reinheit verwirklicht werden“[63].

---

57 Vgl. etwa *v. Mangoldt/Klein/Starck/Achterberg/Schulte*, Art. 38 Rdnr. 151 m. w. Nachw.

58 Seit BVerfGE 123, 39. *Degenhart*, Staatsrecht I, S. 35; *dies.*, Art. 38 Rdnr. 154.

59 BVerfGE 123, 39 (68).

60 *Dreier/Morlok*, GG, Art. 38 Rdnr. 125.

61 Dazu *dies.*, a.a.O., Rdnr. 61 f.

62 BVerfGE 95, 335 (349).

63 BVerfGE 3, 19 (24).

Der Gesetzgeber dürfe im Rahmen seines Gestaltungsspielraums einen Wahlgrundsatz einschränken, wenn dies im Interesse der anderen geboten erscheine.[64]

Hinzu tritt die Möglichkeit für den Gesetzgeber, einzelne Wahlgrundsätze einzuschränken, wenn sich zum einen aus der Verfassung eine entsprechende Ermächtigung ergibt[65] und zum anderen zur Sicherung der mit der Wahl verfolgten staatspolitischen Ziele eine Abweichung geboten ist.[66] Insbesondere bei der Wahlgleichheit, die einen strengen formalen Charakter hat, sind Differenzierungen dann erlaubt, sofern diese durch einen „zwingenden Grund“[67] gerechtfertigt sind.

In Bezug auf Geltung des Verhältniswahlrechts gilt dies etwa für die Einführung von Sperrklauseln.[68] Eine Sperrklausel führt zu einer Ungleichgewichtung der Stimmen, denn die, die auf die Partei entfallen, die nach dem Gesamtwahlergebnis nicht einen Mindeststimmenanteil erreicht, bleiben bei der Verrechnung im Zuge der Mandatszuteilung unberücksichtigt. Sie entfalten keine Mandatswirksamkeit, haben also keinen Erfolgswert.[69] Der Grund für eine solche Regelung liegt darin, dass das Verhältniswahlrecht zwar grundsätzlich die genaue Repräsentation des Volkes im Parlament ermöglicht, nicht aber aus seinem System heraus der Gefahr der Stimmenzersplitterung vorbeugt.[70] Die Bildung von Mehrheiten wird erschwert. Es handelt sich hier um einen Eingriff in die Wahlgleichheit, der nach Ansicht des BVerfG dadurch gerechtfertigt wird, dass – und das ist hier der „zwingende Grund“ – mit dieser Regelung die Funktionsfähigkeit des Parlaments sichergestellt wird, um stabile Regierungsmehrheiten zu gewährleisten.[71]

---

64 BVerfGE 59, 119 (124).

65 Zu nennen wären hier Art. 38 Abs. 2 GG (Festlegung des Wahlalters) oder die Inkompatibilitätsvorschriften der Art. 55 Abs. 1 und 94 Abs. 1 Satz 3 GG. Weiteres Beispiel in Bezug auf die Einschränkbarkeit des passiven Wahlrechts (Gleichheit der Wahl) in BVerfGE 48, 64 (82).

66 BVerfGE 95, 335 (369 – Sondervotum).

67 So BVerfGE 1, 208 (249).

68 Zur Sperrklausel im Bundeswahlrecht sogleich.

69 *Maunz/Dürig/Klein*, GG, Art. 38 Rdnr. 126.

70 Ebda.

71 BVerfGE 1, 208 (247 f.); 82, 322 (338); 95, 408 (419, 421 f.). Anders hingegen bei der Europawahl. Eine Sperrklausel ist hier mit Blick auf die Funktionsfähigkeit des Europäischen Parlaments und der Rechtslage im Europäischen Verfassungsrecht im Jahre 2014 nicht zu rechtfertigen, vgl. BVerfGE 129, 300; BVerfG, 2 BvE 2/13 vom 26.2.2014, abrufbar unter: http://www.bverfg.de/entscheidungen/es20140226_2bve000213.html (Stand: 27.2.2014).

c) *Die Freiheit des Wahlrechtsgesetzgebers bei der Ausgestaltung des Wahlsystems*

aa) Problem

Anders als die Weimarer Reichsverfassung, die bekanntlich die Wahl des Reichstages nach den Grundsätzen des Verhältniswahlrechts vorgeschrieben hat,[72] findet sich im Grundgesetz keine Bestimmung über das Wahlverfahren. Die Bedeutung dieses Schweigens ist umstritten.

bb) Teile der Literatur: Der Gesetzgeber ist nicht frei

Daraus wird zunächst die Folgerung abgeleitet, dass der einfache Wahlrechtsgesetzgeber nur ein Wahlsystem einführen könne, das nicht mit anderen Verfassungsbestimmungen kollidiere. Die weitergehende Folge, nämlich die Umdeutung des Schweigens in eine Art Generalermächtigung in Form einer Auswahlfreiheit, wird abgelehnt.[73] Der Wahlrechtsgesetzgeber stehe, so *Meyer*, vor der gleichen Situation wie der Gesetzgeber sonst auch.[74] Ohne ausdrückliche Vorgaben der Verfassung habe sich der Gesetzgeber an die Festlegungen zu halten, die von der Verfassung im Übrigen vorgegeben seien.[75] Gibt es also keine Vorgaben für das Wahlverfahren, so ist der Gesetzgeber bei der Ausgestaltung frei.

Alle Vertreter dieser Auffassung haben deshalb gemein, dass sie an diesem Gedanken anknüpfen und im Ergebnis zu einer Präferenz des Grundgesetzes zugunsten des Verhältniswahlrechts kommen und das Mehrheitswahlrecht ablehnen. Das führt also im Ergebnis zur Unfreiheit des Wahlrechtsgesetzgebers bei der Ausgestaltung des Wahlsystems. Der erste Ansatzpunkt geht von der Veränderung der Repräsentationsfunktion des Parlaments durch das Hervortreten der Parteien aus; das führte zu einem für das Mehrheitswahlrecht fremden Bedeutungswandel. War das Mehrheitswahlrecht früher der Wahlmodus für die Auswahl von Delegierten und lokalen Persönlichkeiten bei der Parlamentswahl,[76] so erfülle es diese Aufgabe heute nicht mehr.[77] Heute habe es die Aufgabe, den

---

72 Vgl. Art. 22 Satz 1 WRV: „Die Abgeordneten werden in allgemeiner, gleicher, unmittelbarer und geheimer Wahl von den über zwanzig Jahre alten Männern und Frauen nach den Grundsätzen der Verhältniswahl gewählt", abgedruckt in: *Gosewinkel/Masing*, Die Verfassungen in Europa: 1789 – 1949, S. 809.

73 *Meyer*, Wahlsystem und Verfassungsordnung, S. 193.

74 *Ders.*, in: *Isensee/Kirchhof*, HStR III, S. 537.

75 Ebda.

76 Näher *Hofmann/Dreier*, in: *Schneider/Zeh* (Hrsg.), Parlamentsrecht und Parlamentspraxis, § 5 Rdnr. 34.

77 Allgemein *dies.*, Parlamentsrecht und Parlamentspraxis, § 5 Rdnr. 37 m. w. Nachw.

Parteien die Mandatsmehrheit im Parlament zu verschaffen, nicht aber, die Wählermehrheit in einem Wahlkreis zu einem Mandat werden zu lassen.[78] Eben das schließe indes die Funktion des Mehrheitswahlrechts aus, die Repräsentation von lokalen Belangen im Parlament zu ermöglichen.[79] Aus diesem Gesichtspunkt wird auf seine Untauglichkeit für die vom Grundgesetz im Parlament geforderte adäquate Repräsentation des Volkes unter der Bedingung einer Parteiendemokratie geschlossen. Aus den in der Gesellschaft zu beobachtenden sozialen Egalisierungsprozessen und der Entwicklung der parteienstaatlichen Demokratie folge, so Trute, dass es keiner Repräsentation bedarf, die auf wahlkreisbezogene, spezifische Repräsentation gerichtet sei. Das Verhältniswahlrecht sei, so der Autor weiter, das „verfassungsadäquate Wahlrecht“[80].[81] Aus der verfassungsrechtlich anerkannten Rolle der Parteien, also letztlich aus Art. 21 GG, soll zugleich die Festlegung des Grundgesetzes auf den Grundtypus des Verhältniswahlrechts folgen.[82] Dieses und weitere systemische Gründe werden angeführt. Aus entsprechenden Vorschriften des Grundgesetzes über das konstruktive Misstrauensvotum gegen den Bundeskanzler (Art. 67 Abs. 1 S. 1), die Vertrauensfrage des Bundeskanzlers (Art. 68 Abs. 1 S. 1) sowie aus jener zum Gesetzgebungsnotstand (Art. 81 Abs. 1) soll ebenfalls der vorgenannte Befund folgen.[83] Damit einhergehend, aber als selbstständiges Argument angeführt, wird auf des Prinzip der Volkssouveränität abgestellt. Dieses weise dem Volk die Mandatszuteilung zu. Daraus soll folgen, dass die Verteilung der Mandate im Bundestag der relativen Stimmenverteilung im Wahlvolk zu entsprechen habe.[84] Genau das ist die Zielsetzung des Verhältniswahlrechts.[85] Hingewiesen wird auch auf die Wahlgleichheit. Das Mehrheitswahlrecht schränke die Wahlgleichheit ein, weil die Stimmen nicht den gleichen Erfolgswert hätten. Das könne nicht mit der Qualifizierung

---

78 *So Meyer*, in: *Isensee/Kirchhof*, HStR III, S. 534.

79 So *v. Münch/Kunig/Trute*, Art. 38 Rdnr. 15.

80 So *dies.*, Art. 38 Rdnr. 15.

81 Ebda.; *Dreier*, GG, Art. 20 (Demokratie), Rdnr. 101 m. w. Nachw.

82 *Dreier/Morlok*, GG, Art. 38 Rdnr. 101.

83 *Bakker*, ZRP 1994, 457 (458) m. w. Nachw.; *Meyer*, Wahlsystem und Verfassungsordnung, S. 193.

84 *Morlok*, in: FS 50 Jahre BVerfG II, S. 559 (597 f.); *Dreier/ders.*, GG, Art. 38 Rdnr. 58, 101.

85 Nämlich die Abbildung der Wählerschaft, vgl. nur die Tabelle bei *Nohlen*, Wahlrecht und Parteiensystem, S. 154.

der Wahlgleichheit als streng formalisierter Gleichheit vereinbart sein, es handle sich hier folglich um einen „Zirkelschluss“[86].[87]

cc) Bundesverfassungsgericht, herrschende Lehre und eigene Stellungnahme: Der Gesetzgeber ist grundsätzlich frei

Dem gegenüber wird sowohl vom Bundesverfassungsgericht[88] als auch überwiegend im Schrifttum[89] aus dem Schweigen des Grundgesetzes gefolgert, dass der Wahlrechtsgesetzgeber im Rahmen der Wahlgrundsätze frei über das anzuwendende Wahlsystem entscheiden kann. Dem ist zuzustimmen. Aus der Systematik des Grundgesetzes kann nicht auf eine stillschweigende Festlegung auf das Verhältniswahlrecht geschlossen werden. Das gilt zunächst für die erwähnte veränderte Repräsentationsfunktion der Mehrheitswahl. Sofern angenommen wird, dass es eines Wahlrechts bedarf, welches den Parteien die Mandatsmehrheit im Parlament sichere, so wird hier der Wirkbereich von Art. 21 Abs. I GG überdehnt. Denn die Norm verlangt dies keineswegs, sondern weist den Parteien „nur“ eine Mitwirkungsaufgabe zu.[90] Es handelt sich hier um eine demokratietheoretische Überlegung, aus der aber jedenfalls bei der hier behandelten Thematik kein Mehrwert gewonnen werden kann. Verfassungsrechtlich spielt die vorgenannte These keine Rolle.[91]

Das Mehrheitswahlrecht verleiht den Abgeordneten in anderer Weise Legimitation als das Verhältniswahlrecht; keinem der beiden kommt ein Vorrang zu.[92] Sofern man sich auf systematische Gründe bezieht, geht es hier vielmehr um rechtspolitische Erwägungen.[93] Freilich kann man auf andere Länder verweisen, so etwa die USA,[94] in denen das Mehrheitswahlrecht gilt und wo sich ein Zweiparteienparlament herausgebildet hat. Umgekehrt gibt es aber auch Staaten, die trotz eines Mehrheitswahlrechts ein Vielparteienparlament vorzuweisen haben.

---

86 *Bakker*, ZRP 1994, 457 (458).

87 Ebda.

88 Vgl. BVerfGE 6, 104 (111); 95, 335 (349); 97, 317 (323); 120, 82 (103); 121, 266 (296); 131, 316 (334 f.).

89 Vgl. nur *Maunz/Dürig/Klein*, GG, Art. 38 Rdnr. 126; *Sachs/Magiera*, Art. 38 Rdnr. 106; *Seifert*, Bundeswahlrecht, S. 67 f.

90 So *Pauly*, AöR 123 (1998), 232 (236) Fn. 19 in Bezug auf *Meyer*, in: *Isensee/Kirchhof*, HStR III, S. 534.

91 *Maunz/Dürig/Klein*, GG, Art. 38 Rdnr. 160.

92 BVerfGE 95, 335 (352).

93 *Maunz/Dürig/Klein*, GG, Art. 38 Rdnr. 160.

94 Unten S. 89 ff.

Zu nennen wäre hier Frankreich.[95] Es kommt auf die konkrete Ausgestaltung an. Das Mehrheitswahlrecht abzulehnen und so die Freiheit des Wahlrechtsgesetzgebers zu beschränken, ist daher nicht angezeigt. Die Argumentation, die sich auf das Vielparteiensystem des Grundgesetzes stützt, geht letztlich fehl. Sofern man auf die Wahlgleichheit abstellt, wird übersehen, dass es sich bei ihr zwar um eine streng formale Gleichheit handelt, diese aber nicht bedeutet, dass alle Stimmen den gleichen Erfolgs*wert* haben müssen. Entscheidend ist nur, dass alle Stimmen die gleiche rechtliche Erfolgs*chance* haben, was beim Mehrheitswahlrecht über die annähernd gleiche Größe der Wahlkreise erreicht wird, beim Verhältniswahlrecht, wenn die gleiche Anzahl von Stimmen erreicht wird, die auf die Mandate entfallen.[96] Deshalb kann aus dem Prinzip der Volkssouveränität auch nicht eine Präferenz für das Verhältniswahlrecht folgen.[97]

dd) Ergebnis: Keine Festlegung des Grundgesetzes auf das Verhältniswahlrecht

Nach alledem ist der Wahlrechtsgesetzgeber grundsätzlich frei bei der Ausgestaltung des Wahlsystems, es handelt sich um eine rechtspolitische Frage. Der Wahlrechtsgesetzgeber hat sich aber an die vorgenannten Wahlgrundsätze zu halten. Das Bundesverfassungsgericht lässt deshalb ausdrücklich auch ein reines Mehrheitswahlrecht zu.[98]

3. Das Bundeswahlrecht: Wahlmodus und Wahlleitung

a) Wahlmodus: Wahlkreisstimme und Landeslistenstimme

Danach wird der Deutsche Bundestag „nach den Grundsätzen einer mit der Personenwahl verbundenen Verhältniswahl“[99] gewählt. Grundsätzlich sind 598 Abgeordnete zu wählen.[100] 299 Abgeordnete werden nach Kreiswahlvorschlägen in Wahlkreisen, die übrigen Abgeordneten nach Landeswahlvorschlägen über sogenannte Landeslisten gewählt.[101] Jeder Wähler hat also zwei Stimmen: Mit der Erststimme wählt man in seinem Wahlkreis einen Wahlkreiskandidaten, mit

---

95 Dazu unten S. 176 ff.
96 So z.B. *Degenhart*, Staatsrecht I. S. 36.
97 So aber *Morlok*, in: FS 50 Jahre BVerfG II, S. 559 (597 f.).
98 Vgl. BVerfGE 121, 266 (296); *Degenhart*, Staatsrecht I, S. 32.
99 § 1 Abs. 1 S. 2 BWG.
100 § 1 Abs. 1 S. 1 BWG.
101 § 1 Abs. 2 BWG.

der Zweitstimme kann man sich für eine Landesliste entscheiden.[102] Das Gesetz bestimmt für die Einteilung des Wahlgebietes in Wahlkreise entsprechende Grundsätze.[103] Sie sollen der Wahlgleichheit Rechnung tragen, müssen daher regelmäßig überprüft und, falls erforderlich, korrigiert werden.[104] Die Einteilung der Wahlkreise obliegt einer vom Bundespräsidenten ernannten Wahlkreiskommission.[105] Im Wahlkreis gilt das relative Mehrheitswahlrecht. Es ist also derjenige Wahlkreiskandidat gewählt, der die meisten Stimmen auf sich vereinigt.[106] Bei Stimmengleichheit entscheidet das Los.[107]

Nur Parteien können Landeslisten aufstellen.[108] Die Landeslisten sind Parteilisten. Der Wähler hat bei der Bundestagswahl nur die Möglichkeit, mit seiner Zweitstimme eine Liste zu wählen.[109] Er ist an die Wahlvorschläge gebunden. Die Vornahme von Veränderungen, insbesondere an den Landeslisten, ist nicht möglich.[110] Eine solche Kennzeichnung, beispielsweise durch Hinzufügen oder Streichung von Kandidaten sowie durch Veränderung der Reihenfolge der Namen auf einer oder mehreren Landeslisten, würde den Stimmzettel ungültig machen.[111] Die Stimmabgabe ist also nur en bloc für die Liste einer Partei möglich. Das Bundeswahlrecht sieht starre Listen vor.[112]

Die Summe der Mandate einer Partei richtet sich nach dessen Zweitstimmenergebnis. Allein das Zweitstimmenergebnis entscheidet darüber, wie hoch der Anteil einer Partei an der Gesamtzahl der Sitze im Bundestag ausfällt. Sie ist also die wichtigere Stimme von beiden. Der Wähler hat die Möglichkeit einer Stimmenaufteilung, indem er mit der Erststimme einen Kandidaten wählt und die Zweitstimme einer Parteiliste zukommen lässt, welcher der mit der Erststimme gewählte Kandidat gar nicht angehört. Dadurch waren Überhangmandate möglich. Nach der bis 2013 geltenden Regelung verblieben einer Partei, die mehr Direktmandate gewonnen hatte, als ihr nach der Zuteilung auf die Landeslisten

102 § 4 BWG.
103 Zu den Grundsätzen näher § 3 Abs. 1 BWG.
104 BVerfGE 130, 212 (227); *Schreiber/Hahlen*, § 3 Rdnr. 10.
105 Näher § 3 Abs. 2–5 BWG.
106 § 5 S. 2 BWG.
107 § 5 S. 3 BWG.
108 § 27 Abs. 1 S. 1.
109 Vgl. § 34 Abs. 2 Nr. 2; § 4 BWG.
110 *Schreiber/Hahlen*, § 34 Rdnr. 3.
111 § 39 Abs. 1 Nr. 5 BWG; *Schreiber/Hahlen*, § 39 Rdnr. 14.
112 Zu dieser Listenform *Nohlen*, Wahlrecht und Parteiensystem, S. 110 f.

zustanden, diese Mandate.[113] Ihr wurden also im Ergebnis mehr Mandate zugeteilt, als das Zweitstimmenergebnis vorsah. Die Wahlrechtsreform im Jahre 2013 als Reaktion auf die Rechtsprechung des Bundesverfassungsgerichts[114] sieht nun einen Ausgleichsmechanismus vor.[115] Die Überhangmandate bleiben zwar bestehen, werden aber durch weitere Mandatszuteilung an die anderen im Bundestag vertretenen Parteien über deren Zweitstimmenergebnis hinaus ausgeglichen.[116] Das hat das Gewicht der Zweitstimme weiter gestärkt. Im Ergebnis hat der Gesetzgeber das Bundeswahlrecht dem reinen Verhältniswahlrecht angeglichen.[117]

b) *Wahlleitung*

aa) Allgemeines

Die Wahlleitung ist föderal nach Wirkungskreis gegliedert. Zuständig für das gesamte Wahlgebiet sind der Bundeswahlleiter und der Bundeswahlausschuss.[118] Der Bundeswahlleiter wird vom Bundesministerium des Inneren benannt.[119] Der Bundeswahlleiter ist auch Mitglied im Bundeswahlausschuss. In diesem werden von ihm zusätzlich acht Wahlberechtigte als Beisitzer und zwei Richter vom Bundesverwaltungsgericht berufen.[120]

Auf Landesebene sind für die Wahl der Landeswahlleiter und der Landeswahlausschuss zuständig.[121] Der Landeswahlleiter wird von den Landesregierungen berufen.[122] Mitglieder im Landeswahlausschuss sind neben dem Landeswahlleiter noch sechs von ihm berufene Wahlberechtigte als Beisitzer. Das Bundesrecht ordnet zudem die Berufung von zwei Richtern des Oberverwaltungsgerichts des jeweiligen Landes an.[123]

In den Wahlkreisen sind ein Kreiswahlleiter und ein Wahlausschuss für die Durchführung der Wahl zuständig.[124] Der Kreiswahlleiter wird von der

---

113 § 6 Abs. 5 Satz 1 BWG a.F.; *Schreiber/Strelen*, § 6 Rdnr. 29.
114 Vgl. BVerfGE 131, 316 ff.
115 Vgl. § 6 Abs. 5 Satz 1 BWG. Die schwer verständliche Norm wird erläutert von *Ipsen*, Staatsrecht I, S. 35.
116 Ebda.
117 *Ipsen*, Staatsrecht I, S. 37.
118 § 8 Abs. 1 Satz 1 HS. 1 BWG.
119 § 9 Abs. 1 BWG.
120 § 9 Abs. 2 Satz 1 BWG.
121 § 8 Abs. 1 Satz 1 HS. 2 BWG.
122 § 9 Abs. 1 BWG. Oder von einer ihr bestimmten Stelle, vgl. ebda.
123 § 9 Abs. 2 Satz 2 BWG.
124 § 8 Abs. 1 Satz 1 HS. 3 BWG.

jeweiligen Landesregierung ernannt.[125] Der Kreiswahlausschuss besteht aus dem Kreiswahlleiter und sechs von diesem berufenen Wahlberechtigten als Beisitzer.[126] Vor Ort, in den Wahlbezirken, wird die Wahl von einem Wahlvorsteher und einem kollegialen Wahlvorstand organisiert.[127]

bb) Berücksichtigung von politischen Parteien nach § 9 Abs. 2 Satz 4 BWG

Das Bundeswahlgesetz schreibt vor, dass bei der Berufung der Beisitzer in den genannten Wahlausschüssen und den Wahlvorständen im jeweiligen Gebiet die Parteien nach Möglichkeit berücksichtigt werden sollen.[128] Sie haben einen Anspruch auf Repräsentation in den Wahlorganen. Es handelt sich um ein Vorschlagsrecht, nicht jedoch weitergehend um ein subjektiv-öffentliches Recht auf Berücksichtigung der von ihr genannten Person, weil die Norm insoweit nicht dem Schutz der Interessen der Parteien dient.[129] Der Grundgedanke von § 9 Abs. 2 Satz 4 BWG ist die gegenseitige Kontrolle der Parteien bei der Wahrnehmung der Aufgabe. Damit soll das Vertrauen der Allgemeinheit in die Korrektheit der Wahldurchführung gestärkt werden.[130] Die Norm dient folglich allgemeinen Interessen, so dass dem jeweiligen Wahlvorsteher ein Vorschlagsprüfungsrecht zusteht.[131]

c) Nachrücker und Ersatzwahl – Listennachfolger, § 48 BWG

aa) Allgemeines

Sollte nach der Bundestagswahl ein gewählter Kandidat vor der konstituierenden Sitzung und während der Wahlperiode ein Abgeordneter versterben, ein Kandidat das Mandat ablehnen oder sonst nachträglich ein Abgeordneter aus dem Bundestag ausscheiden, so hält das Bundeswahlrecht auch für diesen Fall eine entsprechende Regelung bereit. Sofern in dem betreffenden Bundesland er einer Partei angehörte, die mit einer Landesliste zur Wahl angetreten ist, so rückt aus dieser Liste eine weitere Person in den Bundestag nach (Listennachfolger).[132] Die Berufung richtet sich nach der in der Landesliste festgelegten Reihenfolge.[133] Die Regelung gilt sowohl für das Ausscheiden eines Wahlkreisabgeordneten als

---

125 § 9 Abs. 1 BWG. Oder von einer ihr bestimmten Stelle, vgl. ebda.
126 § 9 Abs. 2 Satz 2 HS. 1 BWG.
127 § 8 Abs. 1 Satz 1 HS. 4 BWG.
128 § 9 Abs. 2 Satz 4 BWG.
129 *Hüfler*, Wahlfehler und ihre materielle Würdigung, S. 47.
130 *Schreiber/Hahlen*, § 9 Rdnr. 10.
131 *Hüfler*, Wahlfehler und ihre materielle Würdigung, S. 47.
132 § 48 Abs. 1 Satz 1 BWG.
133 *Schreiber/Hahlen*, § 48 Rdnr. 5.

auch für einen Abgeordneten, der über die Landesliste in den Bundestag gewählt wurde.[134] Sofern die Landesliste erschöpft ist, bleibt das Mandat unbesetzt.[135] Eine Nachwahl ist nicht vorgesehen.

bb) Insbesondere: § 48 Abs. 1 Satz 2 BWG (Parteiklausel) – Durchbruch des Unmittelbarkeitsgrundsatzes

(1) Unproblematisches

Umstritten ist die Regelung, nach welcher bei der Listennachfolge nur die Listenbewerber berücksichtigt werden, die zum Zeitpunkt der Nachfolgeberufung noch Mitglied oder nur Mitglied (keine Doppelmitgliedschaft) der betreffenden Partei sind.[136] Der betroffene Listenplatzinhaber verliert also sein Anwartschaftsrecht auf das Mandat. Entscheidend ist die Situation bei der Mandatsannahme.[137] Das Ausscheiden aus einer Partei nach der Konstituierung des Bundestages berührt das Bundestagsmandat nicht mehr.[138]

Bei der Bewertung von § 48 Abs. 1 Satz 2 BWG wird im Kern die Verfassungsmäßigkeit der Vorschrift wegen Verstoßes gegen die Unmittelbarkeit der Wahl angezweifelt.[139] Wie bereits angesprochen, verlangt der Grundsatz der Unmittelbarkeit der Wahl, dass nur durch die Entscheidung des Wählers ermittelt wird, wer als Abgeordneter in den Bundestag einzieht.[140] Zwischen den Wahlberechtigten und den Wahlbewerbern darf daher keine weitere Instanz stehen, die die Wahlentscheidung relativiert. Sofern der gewählte Kandidat freiwillig aus seiner Partei ausscheidet, wird dies als unproblematisch eingestuft. Hier wird auf den freien Willen des Bewerbers abgestellt.[141] Dies ist sachgerecht, denn der Gesetzgeber legt diesen auch bei der Regelung über den Mandatsverzicht zugrunde,[142]

---

134 Ebda.

135 § 48 Abs. 1 Satz 4 BWG.

136 Negativ formuliert in § 48 Abs. 1 Satz 2 BWG.

137 *Schreiber/Hahlen*, § 48 Rdnr. 12.

138 Ebda.

139 Hinzu treten Bedenken wegen des Grundsatzes des freien Mandats (Art. 38 Abs. 1 Satz 2 GG), der Garantie der Personenwahl (Art. 38 Abs. 1 Satz 1 GG) sowie wegen des allgemeinen Gleichheitssatzes in Art. 3 Abs. 1 GG, dazu *Schreiber/Hahlen*, § 48 Rdnr. 12 m. w. Nachw.

140 *Degenhart*, Staatsrecht I, S. 34.

141 So schon *Uhlitz*, DÖV 1957, 468.

142 § 46 Abs. 1 Nr. 4 BWG. Diese Möglichkeit ist Bestandteil des freien Mandats (Art. 38 Abs. 1 Satz 2 GG).

und auch verfassungsgemäß.[143] Eine Mandatsausübung gegen den Willen des Mandatsträgers wäre zudem sinnlos. Im Ergebnis ist das freiwillige Ausscheiden des Kandidaten nicht anders zu bewerten als der Verzicht auf das Mandat.[144]

(2) Verstoß gegen GG bei unfreiwilligem Ausscheiden aus der Partei?

Anders verhält sich der Sachverhalt hingegen, wenn der Kandidat unfreiwillig aus der Partei ausscheidet. Auch dieser Fall ist von § 48 Abs. 1 Satz 2 BWG umfasst. Grund dafür ist der Begriff „ausscheidet", der sich in § 48 Abs. 1 Satz 1 BWG findet und auf den sich auch § 48 Abs. 1 Satz 2 BWG bezieht. „Ausscheidet" ist hier ein Oberbegriff, der nicht nur die freiwillige, sondern auch die unfreiwillige Beendigung betrifft, etwa einer Mitgliedschaft.[145] Es ist also nach dem Wortlaut der Norm für eine Partei möglich, durch Parteiausschluss eines Ersatzbewerbers dessen Nachrücken aus der Landesliste zu verhindern. Darin wird ein Verstoß gegen die Unmittelbarkeit der Wahl gesehen, weil sich hier die Partei zwischen Wähler und Bewerber einschiebt und damit die Wirkung der Abstimmung nach der Stimmabgabe beeinflusst.[146] Die nachträgliche Änderung oder Ergänzung der Liste *durch* die Partei oder eine andere Instanz ist mit dem Grundsatz der Unmittelbarkeit der Wahl unvereinbar. So bestimmt es das Bundesverfassungsgericht in seiner Entscheidung vom 11.11.1953.[147]

---

143 Die Möglichkeit des Mandatsverzichts ist Bestandteil des freien Mandats (vgl. Art. 38 Abs. 1 Satz 2 GG und Art. 48 Abs. 1 Satz 1 GG), *Schreiber/Hahlen*, § 46 Rdnr. 23. A.a. wohl *Seifert*, Bundeswahlrecht, S. 266.

144 *Maunz/Dürig/Klein*, GG, Art. 38 Rdnr. 104. *Seifert*, Bundeswahlrecht, S. 266 sieht auch in dem Fall des freiwilligen Ausscheidens einen Verfassungsverstoß.

145 Schreiber/Hahlen, § 48 Rdnr. 13, m. w. Nachw.

146 So *Uhlitz*, DÖV, 1957, 468 f. mit Hinweis auf zwei Entscheidungen des Württ.-Bad. StGH, Urt. v. 18.2.1949 - 417/48, SJZ 1949, 765 und Urt. v. 18.4.1952 - 3 c IV Nr. 8/52 (unveröffentlicht, zitiert nach *Spreng/Birn/Feuchte*, Die Verfassung des Landes Baden-Württemberg, Anm. 3 zu Art. 27, S. 135 f.). Im ersten Urteil hatte es der Gerichtshof anders als später bei der Bundestagswahl mit einer offenen Liste zu tun. In einem solchen System, wo dem Wähler die Möglichkeit des Panaschierens und Kumulierens eingeräumt wird, zeigen sich dann erhebliche Widersprüche. Die gleiche Auffassung vertreten etwa *Seifert*, Bundeswahlrecht, S. 266 m. w. Nachw.; *Frowein*, AöR 99 (1974), 72 (103); *Kunig*, Jura 1994, 554 (557); Zumindest zweifelnd *Erichsen*, Jura 1983, 635 (640). Im Ergebnis hingegen offen *Meyer*, in: *Isensee/Kirchhof*, HStR III, S. 554. Weitere Nachweise etwa bei *Sachs/Magiera*, Art. 38 Rdnr. 84 sowie bei *Schreiber/Hahlen*, § 48 Rdnr. 12 Fn. 36 (sieht keinen Verfassungsverstoß).

147 BVerfGE 3, 45 (51). Vgl. ferner BVerfGE 7, 63 (72); 7, 77 (85).

(3) Kein Verstoß bei unfreiwilligem Ausscheiden aus der Partei?

Doch sowohl das BVerfG[148] als auch Teile des Schrifttums[149] sehen hier keinen Verfassungsverstoß. Es ist unzweifelhaft, dass sich bei § 48 Abs. 1 Satz 2 BWG im Falle des Parteiausschlusses zwischen den Wähler und den Gewählten eine weitere Instanz zwischenschiebt, welche die Wahlentscheidung korrigiert.[150] Diesen Umstand kann man nur mit Blick auf Art. 21 GG und die dort verankerte Rolle der politischen Parteien rechtfertigen. Die Einschränkung des Grundsatzes der Unmittelbarkeit der Wahl wird mit der besonderen Stellung der Parteien im Parteienstaat der Bundesrepublik Deutschland gerechtfertigt. Dem solle, nach der Auffassung von Schreiber, das Wahlsystem des BWG Rechnung tragen, indem es das Listenvorschlagsrecht allein den Parteien zuweise (§ 21 BWG). Der Wähler identifiziere damit in besonderem Maße die Listenbewerber mit dem Wahlvorschlagsträger (mit dessen Wahlprogramm und dem politischen Programm insgesamt), eben mit den politischen Parteien. Daraus ziehe § 48 Abs. 1 Satz 2 GG die Konsequenz.[151] Zudem unterliege das Parteiausschlussverfahren strengen rechtlichen Vorgaben.[152] Sei diese Voraussetzung erfüllt, so könne von dieser Identifizierung nicht mehr ausgegangen werden.[153]

Das BVerfG stellt zudem in seiner bereits zitierten Entscheidung die Parteizugehörigkeit eines Bewerbers mit den anderen objektiven Eigenschaften, die ein solcher für die Wahl in den Bundestag erfüllen muss, gleich und unterstellt dem Gesetzgeber eine folgerichtige Regelung: „Dagegen schließt der Grundsatz der unmittelbaren Wahl nicht aus, daß durch das Wahlgesetz allgemeine, sachlich bestimmte Voraussetzungen für die Übernahme des Abgeordnetenmandats aufgestellt werden. Das ist allgemein anerkannt, soweit etwa ein bestimmtes Mindestalter, die Geschäftsfähigkeit, der Besitz der bürgerlichen Ehrenrechte, der Wohnsitz oder die Staatsangehörigkeit in Frage stehen. Das Gleiche muß aber auch für die Fortdauer der Parteizugehörigkeit eines für eine bestimmte Partei aufgetretenen Bewerbers gelten. Das Grundgesetz bekennt sich zwar im Art. 38 Abs. 1 Satz 1 GG ausdrücklich zu dem Prinzip der Personenwahl. Die so gewählten Abgeordneten sind aber heute *zugleich*, zumindest soweit sie auf der starren Liste gewählt werden,

---

148 BVerfGE 7, 63 (72 f.).

149 Vgl. die Nachweise bei *Schreiber/Hahlen*, § 48 Rdnr. 12 Fn. 35.

150 S. statt aller *Maunz/Dürig/Klein*, GG, Art. 38 Rdnr. 104.

151 So *Schreiber/Hahlen*, § 9 Rdnr. 13.

152 So ebda. Vgl. auch *Maunz/Dürig/Klein*, GG, Art. 38 Rdnr. 104. Was zutrifft, denn ein Ausschluss kann nur bei einem evidenten Verstoß gegen die jeweilige Parteisatzung oder die Grundsätze der Partei erfolgen, vgl. § 10 Abs. 4 PartG.

153 *Schreiber/Hahlen*, § 9 Rdnr. 13.

auch Exponenten ihrer Partei. Soweit dies der Fall ist, ist die Parteizugehörigkeit deshalb heute den anderen objektiven Eigenschaften gleichzustellen, die ein Bewerber erfüllen muß, um in das Parlament einrücken zu können."[154]

(4) Erwiderung

Sofern auf den Zusammenhang zwischen § 27 und § 48 Abs. 1 Satz 2 BWG hingewiesen wird, scheint dies auf den ersten Blick nachvollziehbar. Bei genauerer Betrachtung zeigt sich aber, dass die Regelung des § 48 Abs. 1 Satz 2 BWG dann in sich widersprüchlich ist, wenn man von dem Fall ausgeht, dass Nichtparteimitglieder auf der Liste kandidieren. Diesen Fall schließt § 27 Abs. 1 Satz 1 nicht aus. Anders ausgedrückt: Da die Kandidatur auf der Liste die Mitgliedschaft in der aufstellenden Partei nicht voraussetzt, fällt der betreffenden Bewerber, der nicht Mitglied der Partei ist, auch nicht unter die Regelung des § 48 Abs. 1 Satz 2 BWG. Wenn er sich nun von der Partei, auf deren Liste er kandidiert hat, nach der Wahl faktisch abwendet, so rückt er im Falle der Listennachfolge trotzdem nach, § 48 Abs. 1 Satz 1 BWG. Er kann sich sogar einer anderen Partei anschließen.[155] Weil § 27 BWG die Parteimitgliedschaft nicht voraussetzt, ist die Aussage des BVerfG nicht zutreffend, wenn es die gewählten Abgeordneten als „Exponenten ihrer Parteien"[156] bezeichnet.[157] Es können also auch Nichtmitglieder der Partei auf der Liste kandidieren, die im Falle der Listennachfolge gegenüber Parteimitgliedern privilegiert sind.[158] Man kann im Übrigen der Widersprüchlichkeit zum Unmittelbarkeitsgrundsatz von § 48 Abs. 1 Satz 2 BWG nicht damit begegnen, dass der Parteiausschluss sehr hohen Voraussetzungen unterliegt.[159] Es bleibt auch in diesem Fall dabei, dass es nicht auf die Entscheidung des Wählers oder Gewählten ankommt, sondern auf die eines Dritten.[160] Problematisch ist die Norm auch, wenn noch vor einem höheren Schiedsgericht der Parteiausschluss verhandelt wird, es zu einer Parteispaltung kommt oder eine Parteineugründung erfolgen sollte.[161] Die beiden letzten Fälle

---

154 BVerfGE 7, 63, 72 f.

155 Auf diesen Umstand und den Fall der Parteispaltung macht *Maunz/Dürig/Klein*, GG, Art. 38 Rdnr. 104 aufmerksam.

156 So aber BVerfGE 7, 63, 72.

157 *Meyer*, in: *Isensee/Kirchhof*, HStR III, S. 528; *Frowein*, AöR 99 (1974), 72 (103).

158 *Uhlitz*, DÖV, 1957, 718. Vgl. zu diesem Punkt auch *Seifert*, Bundeswahlrecht, S. 266.

159 So aber *Maunz/Dürig/Klein*, GG, Art. 38 Rdnr. 104.

160 Vgl. etwa *Frowein*, AöR 99 (1974), 72 (103).

161 *Meyer*, in: *Isensee/Kirchhof*, HStR III, S. 528.

sollen vom Anwendungsbereich der Norm entweder nicht erfasst sein[162] oder dem freiwilligen Ausscheiden gleichstehen.[163]

(5) Folgerung und Lösungsvorschläge

Der Auffassung ist der Vorzug zu geben, dass Parteineugründungen und -spaltungen dem freiwilligen Ausscheiden gleichstehen. Denn beide Entscheidungen erfolgen in der Regel aus eigenem Entschluss. Problematisch ist aber der geschilderte Zusammenhang zwischen § 48 Abs. 1 Satz 2 und § 27 BWG. Hier liegt ein Widerspruch vor, mit dem das unbestrittene Durchbrechen des Unmittelbarkeitsgrundsatzes nicht gerechtfertigt werden kann. Es wäre daher sinnvoller, diesen Widerspruch aufzulösen und die Norm auch vom Wortlaut her auf das freiwillige Ausscheiden aus der Partei zu beschränken. Der Gesetzgeber könnte den Oberbegriff „ausscheiden" durch den Begriff „austreten" ersetzen.[164] Denn der Begriff „austreten" betrifft nur das freiwillige Ausscheiden.[165] Damit würde man dem Unmittelbarkeitsgrundsatz Rechnung tragen.

Darüber hinaus ist sie überflüssig, denn gegen den Willen des Listenplatzhalters kann dieser grundsätzlich nicht berufen werden. Der Verzicht auf das Anwartschaftsrecht steht dem Mandatsverzicht vom Grundgedanken gleich. Eine bessere Lösung wäre daher eine Verweisungsnorm auf die Vorschriften über den Mandatsverzicht.[166] So lässt sich die Parteimitgliedschaft von der Listennachfolge trennen. Der Widerspruch zu § 27 BWG wäre aufgelöst. Die geltende Fassung des § 48 Abs. 1 Satz 2 BWG führt hingegen zu einer – auch verfassungspolitisch bedauerlichen[167] – Stärkung der Parteien.

II. Die politischen Parteien in Deutschland (Art. 21 GG)

1. Der Parteien zwischen Staat und Gesellschaft und ihr daraus folgender verfassungsrechtlicher Status (Freiheit, Gleichheit, Öffentlichkeit)

Unter Geltung des Grundgesetzes geht alle Staatsgewalt vom Volke aus (Art. 20 Abs. 2 Satz 1 GG). Besondere vom Volk zu wählende Organe üben für das Volk die Staatsgewalt aus, sie vertreten das Volk bei der Ausübung der Staatsgewalt. Das

---

162 *Schreiber/Hahlen*, § 48 Rdnr. 13.

163 *Dreier/Morlok*, GG, Art. 38 Rdnr. 78; *Maunz/Dürig/Klein*, GG, Art. 38 Rdnr. 104.

164 So schon *Uhlitz*, DÖV, 1957, 468 (470).

165 *Anschütz*, Die Verfassung des Deutschen Reiches, Art. 21 Anm. 4.

166 Mit der Maßgabe, dass der Verzicht abweichend von § 48 Abs. 2 BWG gegenüber der Partei zu erklären ist.

167 *Frowein*, AöR 99 (1974), 72 (103).

Volk bleibt aber immer der eigentliche Träger der Staatsgewalt.[168] Zwischen dem Volk und der Staatsgewalt muss eine Verbindung bestehen. Den Parteien fällt die Funktion zu, die Willensbildung des Volkes und jene der staatlichen Organe zu verbinden.[169] Sie bilden sich in der Gesellschaft, wirken aber vom gesellschaftlichen Bereich in den staatlichen hinein.[170] Politische Parteien sind die Reaktion auf die verfassungsrechtliche Zulassung von gesellschaftlicher Mitsprache bei staatlichen Entscheidungen. Es treffen bei einer solchen Teilhabe zwei Bereiche aufeinander, die eine unterschiedliche Organisationsstruktur aufweisen: hier der ungeregelte Bereich der gesellschaftlichen Sphäre mit seiner gesellschaftlichen Interessen- und Meinungsvielfalt und dort der geregelte Bereich der staatlichen Sphäre.[171] Die grundlegende Funktion von Parteien besteht darin, diese beiden Bereiche zu verbinden. In ihnen sollen sich die Staatsbürger zu Handlungseinheiten zusammenfinden, die aktionsfähig sind.[172] Dabei fassen sie verwandte Interessen und Meinungen zusammen, stellen diese zur Entscheidung und bilden so ein Zwischenglied im Willensbildungsprozess.[173] Im nächsten Schritt präsentieren sie Persönlichkeiten, die als Kandidaten für die entsprechenden Inhalte stehen.[174] Sie sind notwendig, weil in einem größeren Personenkreis (hier die Gesamtheit der Wähler) eine kollektive Willens- und Meinungsbildung zwischen den Individuen und der Gesamtheit ohne eine organisatorische Zwischeninstanz aus soziologischer Sicht unmöglich ist.[175]

Die skizzierte Vorbildung des politischen Willens des Volkes setzt auf beiden Seiten Akteure voraus. Die Parteien sind gerade nicht die Sprachrohre des Volkes, das Volk keine passive Masse, die die Parteien bloß bearbeiten.[176]

168 Z.B. *Degenhart*, Staatsrecht I, S. 21.

169 *Ders.*, Staatsrecht I, § 2 III 1 Rdnr. 49. Näher BVerfGE 85, 264 (283 ff).

170 BVerfGE 20, 56 (101); *ders.*, Staatsrecht I, § 2 III 1 Rdnr. 49.

171 *Grimm*, in: *Benda/Maihofer/Vogel*, HbVerfR, § 14 Rdnr. 1.

172 *Degenhart*, Staatsrecht I, S. 21.

173 *Grimm*, in: *Benda/Maihofer/Vogel*, HbVerfR, § 14 Rdnr. 1.

174 *Maunz/Dürig/Klein*, GG, Art. 21 Rdnr. 159.

175 So schon zur Weimarer Zeit *Radbruch*, HDStR I, § 25, S. 287.

176 *Krüger*, Allgemeine Staatslehre, S. 371. Nach *Maunz/Dürig/Klein*, GG, Art. 21 Rdnr. 159 handelt es sich bei der beschriebenen Artikulationsleistung um eine dialektische Auseinandersetzung.

Sie verbinden die Willensbildung des Volkes und die der staatlichen Organe miteinander.[177] Sie üben eine Vermittlerrolle aus und tragen den Volkswillen in den Staat hinein.[178] Sie wurden daher auch als Kreationsorgane definiert.[179]

Diese Funktion, also die Rolle als Bindeglied zwischen Volk und Staatsorganen, hebt sie von allen anderen an der politischen Willensbildung des Volkes Beteiligten ab, aber auch, weil sie die Verteilung staatlicher Ämter und damit einen maßgeblichen personalpolitischen Einfluss auf die Verteilung staatlicher Ämter ausüben. Das ist ihr Ziel.[180] Daraus erwächst ihr maßgeblicher Einfluss auf die Personalentscheidungen und damit auch ihre gesteigerte Verantwortung in der Entwicklung demokratischer Strukturen.

Diese soeben beschriebene Grundfunktion setzt notwendigerweise einen Gedankenschritt voraus, nämlich die Unterscheidung von Staat und Gesellschaft.[181] Darauf wird zurückzukommen sein. Das Grundgesetz habe, so das Bundesverfassungsgericht, die Parteien „in den Rang einer verfassungsmäßigen Institution erhoben“[182]. Zugleich hebt das Gericht hervor, dass es sich bei ihnen um „frei gebildete, im gesellschaftlich-politischen Bereich wurzelnde Gruppen“[183] handle. Aus dieser Konsequenz folgt der verfassungsrechtliche Status der Parteien, der sich in den Status der Freiheit, Gleichheit und Öffentlichkeit aufgliedern lässt.[184]

Der Status der Freiheit lässt erkennen, dass Parteien nicht im Staat, sondern in der Gesellschaft wurzeln. Er schützt die Parteien vor Einbeziehung in den staatlichen Bereich, indem er ihnen grundsätzlich Freiheit bei der Parteiorganisation, der Wahl ihrer Ziele und ihrer Betätigung vermittelt.[185] Der Status der Gleichheit folgt aus der Aufgabe der Parteien, in den staatlichen Bereich hineinzuwirken. Er bezieht sich auf das Verhältnis der Parteien untereinander und meint die in einem demokratischen Verfassungsstaat notwendige Chancengleichheit zwischen den Parteien

177 BVerfGE 85, 264 (283 ff.); *Degenhart*, Staatsrecht I, S. 21.

178 Siehe etwa *Seifert*, Die politischen Parteien im Recht der Bundesrepublik Deutschland, S. 99.

179 BVerfGE 1, 208 (225). Dem zust. *Stern,* Staatsrecht I, § 13 IV 3. In der zitierten Entscheidung ordnet das BVerfG Parteien – unzutreffend und später relativierend – noch als Staatsorgane im Sinne der leibholzschen Parteienstaatslehre ein. Vgl. *v. Mangoldt/Klein/Starck/Streinz,* Art. 21 Abs. 1 Rdnr. 21 Fn. 128.

180 *Maunz/Dürig/Klein*, GG, Art. 21 Rdnr. 159.

181 *Grimm*, in: *Benda/Maihofer/Vogel*, HbVerfR, § 14 Rdnr. 1.

182 Vgl. etwa BVerfGE 1, 208 (225); 2, 1 (73).

183 So etwa BVerfGE 20, 56 (101); 85, 264 (287).

184 Erstmals angesprochen von *Hesse*, VVDStRL 17 (1959), S. 11 (27 ff.), daran anschließend etwa *Dreier/Morlok*, GG, Art. 21 Rdnr. 45 ff.

185 *Maunz/Dürig/Klein*, GG, Art. 21 Rdnr. 249.

im politischen Wettbewerb.[186] Ferner ist der Status der Öffentlichkeit zu nennen. Er zielt auf die Vermittlungsfunktion der Parteien. Damit sich der Bürger ein Urteil über die jeweilige Partei bilden kann, ist ein weitreichender Einblick in die Verhältnisse der Parteien notwendig, die um die Stimmen der Wähler bei der jeweiligen Wahl konkurrieren.[187] Sie mögen einen unterschiedlichen Inhalt haben, doch weisen sie einen gemeinsamen Bezug auf. Dieser liegt in der Ergebnisoffenheit und Freiheitlichkeit der politischen Willensbildung sowohl im gesellschaftlichen als auch im staatlichen Bereich als Bestandteil der politischen Willensbildung.[188]

2. Der Norminhalt von Art. 21 GG

a) Grundsätzliche Funktion der Norm und Wortlaut

Art. 21 GG äußert sich zur verfassungsrechtlichen Stellung der politischen Parteien.[189] Diese Norm trägt der bereits mehrfach angesprochenen Tatsache Rechnung, dass moderne Massendemokratien zwangsläufig zu Gruppenbildungen führen, politische Parteien also benötigen.[190] Der Verfassungsgeber hat die Parteien systematisch gesehen an zentraler Stelle im Grundgesetz normiert, nämlich unmittelbar nach der Staatsfundamentalnorm des Art. 20 GG. Die systematische Stellung von Art. 21 GG zeigt den engen Bezug zwischen Art. 20 und Art. 21 GG. Er verdeutlicht, dass die Parteien notwendiger Bestandteil des in Art. 20 Abs. 1 GG angesprochenen demokratischen und sozialen Bundesstaates sind und ihre Existenz sowohl vom Prinzip der Volkssouveränität (Art. 20 Abs. 2 Satz 1 GG) als auch von der Willensbildung des Volkes, die durch Wahlen und Abstimmungen ausgeübt wird (Art. 20 Abs. Satz 2 GG), vorausgesetzt wird.[191] Daraus folgt, dass sowohl der Bestand als auch die verfassungsrechtliche Stellung der politischen Parteien von der Ewigkeitsklausel des Art. 79 Abs. 3 GG geschützt sind.[192] Denn „man kann nicht eine bestimmte Staatsform gewährleisten ohne die konstituierenden Elemente dieser Staatsform mitzugarantieren“[193].

---

186 *Maunz/Dürig/Klein*, a.a.O. Rdnr. 250.

187 *Maunz/Dürig/Klein*, a.a.O. Rdnr. 251.

188 *Maunz/Dürig/Klein*, a.a.O. Rdnr. 252.

189 *Jarass/Pieroth*, Art. 21 Rdnr. 1.

190 Vgl. statt aller *Herzog*, Grundlagen, S. 1 f.

191 *Sachs/Ipsen*, Art. 21 Rdnr. 7.

192 Ausdrücklich ebda. Dem zust. *v. Mangoldt/Klein/Starck/Streinz*, Art. 21 Abs. 1 Rdnr. 7 m. w. Nachw.; *Maunz/Dürig/Klein*, GG, Art. 21 Rdnr. 178 m. w. Nachw.

193 So *Hesse*, VVDStRL 17 (1959), S. 11 (46).

Eine Funktion von Art. 20 Abs. 1 GG besteht darin, die politischen Parteien zu garantieren und ihren verfassungsrechtlichen Status zu begründen. Art. 21 Abs. 1 Satz 1 GG obliegt die Funktion, den verfassungsrechtlichen Status der Parteien zu entfalten.[194] Der Norminhalt von Art. 21 GG entscheidet also über den Wirkungsbereich der Parteien im Verfassungsgefüge der Bundesrepublik Deutschland.

b) Das verfassungsrechtliche Mandat in Art. 21 Abs. 1 Satz 1 und seine Grenzen

Nach Art. 21 Abs. 1 Satz 1 GG haben die Parteien die Aufgabe, an der politischen Willensbildung des Volkes mitzuwirken. Die Bestimmung enthält eine an die Parteien gerichtete Aufgabenzuweisung.[195] Es wird auch von einer Funktionszuweisung gesprochen.[196] Diese Norm enthält aber keine exklusive Zuweisung an die Parteien.[197] Dies zeigt sich schon am Begriff „Mitwirkung", denn dieser setzt voraus, dass auch andere Akteure an der politischen Willensbildung mitwirken. Zu nennen wären hier als andere Akteure etwa die Kirchen, Verbände, Gewerkschaften oder auch Bürgerinitiativen.[198] Art. 21 GG verlangt gerade nicht, dass die politische Willensbildung durch die Parteien erfolgt. Das Grundgesetz geht vom Gegenteil aus. Parteien stehen in einer vom Grundgesetz gewollten Konkurrenz sowohl zu den bereits genannten sonstigen Beteiligten, die nicht den Parteibegriff erfüllen, als auch zu einzelnen Bürgern, denen die Mitwirkungsbefugnis aus jenen Grundrechten vermittelt wird, denen ein Element innewohnt, welches auf die Verwirklichung der Demokratie abzielt.[199] Dazu zählen die Artt. 4, 5, 8 und 17 GG.[200] Das folgt aus der über die Rolle als (klassische) Abwehrrechte hinausgehenden Funktion der Grundrechte. Man hat die Grundrechte in diesem Zusammenhang auch als „funktionelle Grundlage der Demokratie"[201] bezeichnet.

---

194 *Sachs/Ipsen*, Art. 21 Rdnr. 7.

195 *Jarass/Pieroth*, Art. 21 Rdnr. 11; *v. Münch/Kunig*, Art. 21 Rdnr. 37.

196 So etwa *Hesse*, VVDStRL 17 (1959), S. 11 (15).

197 *v. Münch/Kunig*, Art. 21 Rdnr. 37.

198 Ebda.

199 *Kunig*, in: *Isensee/Kirchhof*, HStR III, § 40 Rdnr. 18. Gerade die Mitwirkung des einzelnen Bürgers an der politischen Willensbildung wird, anders als jene von Verbänden, oft nicht hinreichend hervorgehoben, so die Einschätzung von *v. Mangoldt/Klein/Starck/Streinz*, Art. 21 Abs. 1 Rdnr. 76 Fn. 392.

200 *Kunig*, ebda; *Maurer*, JuS 1991, 881 (882) erwähnt noch Art. 9 Abs. 1, 2 GG. A.A. bezüglich Art. 17 GG *Schmitt Glaeser*, in: *Isensee/Kirchhof*, HStR III, § 38 Rdnr. 12.

201 So *Häberle*, Die Wesensgehaltsgarantie des Art. 19 Abs. 2 Grundgesetz, S. 18.

Die Religionsfreiheit begünstigt die Entfaltung des in der Demokratie wichtigen Mehrheitsprinzips. Das Mehrheitsprinzip funktioniert dann am besten, wenn die Lösung von Sachfragen im Raum steht, bei denen die Religion oder die Weltanschauung keine oder nur eine geringe Rolle spielen. Im gegenteiligen Fall, wenn der Staat über Glaubens- und Gewissensfragen für jeden Staatsbürger mit bindender Wirkung entscheiden würde, wäre die Mitarbeit der jeweils unterdrückten Minderheit nicht gesichert bzw. in Frage gestellt.[202] In einem solchen Fall kann die Demokratie ihre integrationsfördernde Wirkung nicht entfalten. Die Leistung der Religionsfreiheit liegt demnach daran, dass mit ihrer Hilfe Personen zusammengeführt werden, die trotz verschiedener religiöser Bekenntnisse eine Einheit bilden können. In dieser religiösen Neutralität liegt die Integrationskraft der Demokratie.[203]

Die Kommunikationsrechte in Art. 5 Abs. 1 GG gelten als für die freiheitliche Demokratie „schlechthin konstituierend".[204] Im Fokus der Gewährleistungen von Art. 5 Abs. 1 GG steht das Grundrecht auf freie Meinungsäußerung. Dieses ist als Grundlage jeder Freiheit einzuordnen, dient als Ausdruck der menschlichen Persönlichkeit und verschafft der freiheitlich-demokratischen Grundordnung damit ein Lebenselement.[205] Sie ist damit unabdingbare Voraussetzung für den freiheitlichen Prozess zwischen dem Staat und dem Bürger. Das Gleiche gilt für die Versammlungsfreiheit (Art. 8 GG). Sie schützt eine Form der Kommunikation. Auf Versammlungen werden Meinungen geäußert und Glaubensinhalte vermittelt, geteilt und wiedergegeben. Auch Vereinigungen und politische Parteien rufen zu Versammlungen auf. Hier ist der Zusammenhang mit Art. 21 Abs. 1 GG zu erkennen.[206]

Erst durch die Grundrechtsausübung kommt es demnach zu dem für die freiheitliche Demokratie unverzichtbaren freiheitlichen Prozess zwischen den Staatsbürgern und dem Staat[207]: „Durch die Grundrechtsausübung werden dem Staatsganzen unverzichtbare Schöpferkräfte zugeführt."[208] Jeder Einzelne wirkt also ebenso wie die Parteien und Verbände an der politischen Willensbildung des Volkes mit. Die Parteien sind nicht der entscheidende Akteur, sondern einer unter vielen.

---

202 *Bäumlin*, Die rechtsstaatliche Demokratie, S. 118.
203 Näher *Bates*, Glaubensfreiheit, S. 594 f. m. w. Nachw.
204 So etwa BVerfGE 20, 56 (97).
205 BVerfGE 7, 198 (208).
206 *v. Münch/Kunig*, Art. 8 Rdnr. 2.
207 *Häberle*, Die Wesensgehaltsgarantie des Art. 19 Abs. 2 Grundgesetz, S. 18.
208 Ebda.

Deshalb erfüllt Art. 21 Abs. 1 Satz 1 GG eine doppelte Funktion: Die Norm enthält sowohl eine Gewährleistung für das Tätigkeitsfeld von Parteien als auch eine Beschränkung auf die bloße Mitwirkung bei der politischen (und nicht sonstigen) Willensbildung.[209] Das trägt dem Prinzip der Volkssouveränität Rechnung: Zwar sind Parteien eine notwendige Erscheinungsform einer Massendemokratie, sie haben aber kein Monopol an der politischen Willensbildung.[210] Art. 21 Abs. 1 Satz 1 GG wird auch als verfassungsrechtliches Mandat bezeichnet.[211] Die Parteien erfüllen ihre Aufgabe zunächst durch ihre Arbeit im Parlament. Es ist ihr wichtigster Aktionsraum.[212] Zugang zu diesem erhalten sie durch die Wahl. Die Aufstellung der Kandidaten innerhalb der Partei ist deshalb für die Wahl der entscheidende Vorgang.[213]

Früher hat das Bundesverfassungsgericht Art. 21 Abs. 1 Satz 1 GG dahingehend ausgelegt, dass es sich bei Parteien nur um Wahlvorbereitungsorganisationen handele.[214] In seiner späteren Rechtsprechung hat es ein weiteres Verständnis von Parteien erkennen lassen und damit ihrem faktischen Einflussbereich Rechnung getragen. Methodisch gesehen lässt Art. 21 Abs. 1 Satz 1 GG wegen seines kargen Wortlautes mit seinem Andeutungscharakter[215] eine weitere Auslegung zu. Nach Ansicht des Gerichts sind Parteien „die politischen Handlungseinheiten, deren die Demokratie bedarf, um die Wähler zu politisch aktionsfähigen Gruppen zusammenzuschließen und ihnen so überhaupt erst einen wirksamen Einfluß auf das staatliche Geschehen zu ermöglichen."[216]

In dieser Konsequenz wird ihnen durch die Rechtsprechung auch der Rang einer „verfassungsrechtlichen Institution"[217] zuerkannt, ohne sie jedoch als Staatsorgane zu interpretieren. *Hesse* hat vom „Verbot einer Einfügung der Parteien in die organisierte Staatlichkeit"[218] gesprochen. Die Bundesrepublik Deutschland ist kein „Parteienstaat", weil das Grundgesetz einem Parteienmonopol eine

---

209 *v. Münch/Kunig*, Art. 21 Rdnr. 37; *Zippelius/Würtenberger*, Deutsches Staatsrecht, S. 96; *v. Mangoldt/Klein/Starck/Streinz*, Art. 21 Abs. 1 Rdnr. 76.
210 BVerfGE 20, 56 (114); 41, 399 (416 f.); 85, 264 (284).
211 *Ossenbühl*, BayVBl 2000, 161 (162).
212 *Stolleis*, VVDStRl 44 (1986), 7 (8).
213 *Henke*, Das Recht der politischen Parteien, S. 192.
214 So etwa BVerfGE 20, 56 (113).
215 So *Maunz/Dürig/Klein*, GG, Art. 21 Rdnr. 150.
216 So BVerfGE 11, 266 (273).
217 Vgl. etwa BVerfGE 11, 239 (241); 41, 399 (416).
218 *Hesse*, VVDStRL 17 (1959), S. 11 (33).

Absage erteilt.[219] Die Parteien gehören zum gesellschaftlichen Bereich.[220] Die zitierten Entscheidungen zeigen jedoch, welch hohen Stellenwert die Parteien in der Rechtsprechung des Bundesverfassungsgerichts genießen. Ihr Handlungsbereich geht über den der bloßen Wahlvorbereitung hinaus.

Durch Art. 21 Abs. 1 Satz 1 GG hat der Verfassungsgeber im Ergebnis der politischen Realität Rechnung getragen und die Parteien verfassungsrechtlich anerkannt. Wurden sie zur Weimarer Zeit noch als „faktische Wirkungskräfte des politischen Geschehens“ angesehen, sind sie heute in der Verfassungsordnung fest verankert. Das Grundgesetz weist ihnen Privilegien, Aufträge, Rechte, aber auch Pflichten zu.[221]

Da die politische Willensbildung nicht durch die Parteien erfolgt, sondern sie dabei *nur* mitwirken, kann ihnen kein Nominierungsmonopol bei der Kandidatenaufstellung für Wahlen zukommen.[222] Aus dem Gesagten folgt, dass der einzelne Staatsbürger keinen Anspruch auf Aufnahme in eine Partei hat.[223] Das berechtigt Parteien jedoch nicht zur willkürlichen Zurückweisung von beitrittswilligen Personen. Vielmehr obliegt den Parteien die Pflicht zur nachvollziehbaren und sachgerechten Entscheidung bei der Annahmeprüfung. Diese Pflicht folgt auch aus dem Gebot der innerparteilichen Demokratie, welches demokratische Gleichheit entfaltet und bereits auf beitrittswillige Personen vor Begründung der Mitgliedschaft wirkt.[224]

c) *Sicherung der Parteitätigkeit: Abs. 1 Satz 2 – Gründungs- und Betätigungsfreiheit*

aa) Gründungs- und Betätigungsfreiheit: Gewährleistungsinhalt

Nach Art. 21 Abs. 1 Satz 2 GG ist die Gründung von Parteien frei. In ihr findet sich auch die Entscheidung des Grundgesetzes für ein Mehrparteiensystem wieder. Sie nimmt die genannte Entscheidung aber nur auf. Die Entscheidung des Grundgesetzes leitet man schon aus Art. 21 Abs. 1 Satz 1 ab.[225] Die Rechtsnatur der

---

219 *v. Münch/Kunig,* Art. 21 Rdnr. 38.

220 So etwa *v. Mangoldt/Klein/Starck/Streinz,* Art. 21 Abs. 1 Rdnr. 8.

221 *Schüle,* Koalitionsvereinbarungen, S. 38.

222 BVerfGE 20, 56 (114).

223 Was nur denkbar wäre bei einem – und das ist verfassungsrechtlich ausgeschlossen – Monopol einer Partei, BGHZ 101, 193 (200); ferner etwa *Doehring,* Das Staatsrecht der Bundesrepublik Deutschland unter besonderer Berücksichtigung der Rechtsvergleichung und des Völkerrechts, S. 154 f.

224 *Kunig,* in: *Isensee/Kirchhof,* HStR III, § 40 Rdnr. 19 m. w. Nachw.

225 *v. Münch/Kunig,* Art. 21 Rdnr. 45.

Norm ist zwar umstritten,[226] spielt aber im Zusammenhang dieser Untersuchung keine Rolle, weil es auf den Inhalt der Gewährung jedenfalls mit Blick auf die Kandidatenaufstellung keine Auswirkungen haben dürfte. Zudem billigen auch die Autoren, die Art. 21 Abs. 1 Satz 2 GG die Grundrechtsqualität absprechen, den Parteien zu, sich ebenfalls auf Grundrechte berufen zu können. Dies folge aus der Eigenart der Parteien als freie gesellschaftliche Gebilde.[227]

Die Gründungsfreiheit schützt zunächst den Gründungsakt selbst. Sie garantiert, dass die Gründung einer Partei von keiner Genehmigung oder Zulassung abhängig gemacht werden darf. Unvereinbar wäre also ein Lizenzierungsverfahren oder eine auf die Parteieneigenschaft konstitutiv wirkende Registrierungspflicht. Mit ihr korrespondiert die Auflösungsfreiheit. Geschützt ist grundsätzlich auch die freie Wahl der Rechtsform.[228] Garantiert ist auch die Organisationsfreiheit der Parteien. Sie entscheiden grundsätzlich selbst und ohne staatlichen Einfluss, wie sie sich gliedern (Parteiorganisation) und auf welcher staatlichen Gliederungsebene (Bund und Land) sie sich zur Wahl stellen.[229] Ebenfalls zur Gründungsfreiheit gehören die freie Wahl des Namens und die freie Wahl des Parteiprogramms.[230] Über den Gründungsakt hinaus schützt die Gründungsfreiheit die Möglichkeit, einer Partei beizutreten, in ihr zu verbleiben, auszutreten und ihr fernzubleiben. Darunter fallen die Anwerbung neuer Mitglieder oder deren Ausschluss.[231] Deshalb ist mit der Gründungsfreiheit auch das Recht der Partei und ihrer Mitglieder zur Betätigung verbunden. Ohne die Gewährleistung der Betätigung würde die Gründungsfreiheit letztlich leerlaufen.[232] Selbst wenn man ihre Aufgaben nicht aus der Gründungsfreiheit in Art. 21 Abs. 1 Satz 2 GG, sondern aus Art. 21 Abs. 1 Satz 1 GG herleitet,[233] kommt man zum Ergebnis, dass auch die Betätigung der Parteien verfassungsrechtlich geschützt ist. Sowohl die Gründungs- als auch die Betätigungsfreiheit gehören zum Umfang der grundgesetzlich geschützten Freiheit.

---

226 Nachweise bei *v. Münch/Kunig*, a.a.O. Rdnr. 46 Fn. 141.

227 So *Grimm*, in: *Benda/Maihofer/Vogel*, HbVerfR, § 14 Rdnr. 30 m. w. Nachw. zur Grundrechtsträgerschaft der Parteien. Die gleiche Einschätzung mit Blick auf die praktische Relevanz zuletzt bei *Werner*, Kandidatenaufstellung, S. 39.

228 S. statt aller *Maunz/Dürig/Klein*, GG, Art. 21 Rdnr. 273 f.

229 S. statt aller *Maunz/Dürig/Klein*, a.a.O., Art. 21 Rdnr. 275.

230 S. statt aller *Maunz/Dürig/Klein*, a.a.O., Art. 21 Rdnr. 276 ff.

231 S. statt aller *v. Münch/Kunig*, Art. 21 Rdnr. 45.

232 Vgl. etwa *v. Mangoldt/Klein/Starck/Streinz*, Art. 21 Abs. 1 Rdnr 107; *Jarass/Pieroth*, Art. 21 Rdnr. 15; *Maunz/Dürig/Klein*, GG, Art. 21 Rdnr. 280.

233 So *Kunig*, in: *Isensee/Kirchhof*, HStR III, § 40 Rdnr. 30; *v. Münch/Kunig*, Art. 21 Rdnr. 50 mit Verweis auf *Grimm*, in: *Benda/Maihofer/Vogel*, HbVerfR, § 14 Rdnr. 33.

bb) Schranken

Der Status der Freiheit, oder besser: der Parteienfreiheit, unterliegt keinem Gesetzesvorbehalt. Man kann einen solchen nicht aus Art. 21 Abs. 3 GG herleiten. Dabei handelt es sich um keinen Gesetzesvorbehalt, sondern um einen Gesetzgebungs- oder Regelungsauftrag.[234] Der Gesetzgeber kann die Parteienfreiheit nur aus verfassungsrechtlich legitimierten Gründen einschränken. Er unterliegt dabei engen Grenzen. Folglich gelten für die Parteienfreiheit die verfassungsimmanenten Schranken der Verfassung.[235] Bei den genannten Schranken wird unterschieden zwischen besonderen verfassungsrechtlichen Schranken und allgemeinen Schranken, die sich aus dem Parteienwesen ergeben.[236]

Zu den besonderen Schranken gehören jene, die zunächst in Art. 21 GG selbst normiert sind. Damit wird dem Umstand Rechnung getragen, dass die Parteien nach Art. 21 Abs. 1 Satz 1 GG an der politischen Willensbildung mitwirken sollen (Aufgabenzuweisung bzw. Funktion der Parteien)[237] und zugleich in den staatlichen Bereich hineinwirken[238] (Kreation der Staatsorgane). Diese Schranken in Form von Verpflichtungen heben sie von der allgemeinen Vereinigungsfreiheit ab. Dazu gehören Art. 21 Abs. 1 Satz 3 GG, der mit dem Gebot der innerparteilichen Demokratie der Organisationsfreiheit der Parteien Grenzen setzt, Art. 21 Abs. 1 Satz 4, der die Finanzhoheit der Parteien einschränkt, sowie Art. 21 Abs. 2 GG, der mit dem Parteienverbot die Gründung einer verfassungsfeindlichen Partei ebenso wie ihre Existenz und damit deren Fortdauer versagt.[239] Neben den in Art. 21 GG normierten Schranken gibt es auch noch andere besondere verfassungsrechtliche Schranken der Parteienfreiheit, die sich aus dem Sachbereich des Parteienwesens ergeben.[240] Dazu gehört das Erfordernis, Rechte innerhalb der Parteienfreiheit selbst auszugleichen (Verhältnis der Parteien untereinander, aber auch Verhältnis der Parteimitglieder zueinander), oder Erfordernisse, die

---

234 Beide Begriffe werden in der Literatur identisch verstanden, so die Feststellung von *v. Mangoldt/Klein/Starck/Streinz*, Art. 21 Abs. 253, der den Begriff Gesetzgebungsauftrag gewählt hat. Beide Begriffe zugleich anwendend *v. Münch/Kunig*, Art. 21 Rdnr. 90.

235 *Seifert*, Die politischen Parteien im Recht der Bundesrepublik Deutschland, S. 120.

236 Unterscheidung nach *ders.*, a.a.O., S. 120 f.

237 *Dreier/Morlok*, GG, Art. 21 Rdnr. 64 und *v. Mangoldt/Klein/Starck/Streinz*, Art. 21 Abs. 117 („Funktionserfüllung").

238 BVerfGE 20, 56 (101).

239 *Seifert*, Die politischen Parteien im Recht der Bundesrepublik Deutschland, S. 120 f.; *v. Mangoldt/Klein/Starck/Streinz*, Art. 21 Abs. 117; *Dreier/Morlok*, GG, Art. 21 Rdnr. 64.

240 *Seifert*, Die politischen Parteien im Recht der Bundesrepublik Deutschland, S. 121.

sich aus der Stellung der Parteien bei der politischen Willensbildung ergeben.[241] Hier ist insbesondere die Funktion der Parteien als Kreationsorgane hervorzuheben: Der Gesetzgeber wäre also z. B. befugt, den Parteien die Aufnahme nichtwahlberechtigter Ausländer zu untersagen, eine Unterstützung vom Ausland zu unterbinden sowie einer beherrschenden Stellung von Geldgebern einer Partei gesetzlich vorzubeugen. Aus der Aufgabenzuweisung von Art. 21 Abs. 1 GG kann ein Zwang zur Transparenz der Parteiverhältnisse, der über den Rahmen von Art. 21 Abs. 1 Satz 4 GG hinausgeht, hergeleitet werden.[242]

Neben den genannten besonderen Schranken für die Parteienfreiheit kann der Gesetzgeber unter Berücksichtigung des Grundsatzes der Verhältnismäßigkeit die Parteienfreiheit einschränken, wenn andere vom Grundgesetz geschützten Rechtsgüter, die mit Verfassungsrang ausgestattet sind, im Falle einer Konkurrenz bei der Bewertung höher als die Parteienfreiheit zu gewichten sind. Die Begründung dafür liegt in der Einheit der Verfassung und der von ihr geschützten Werteordnung.[243] In der Praxis könnte es geschehen, dass jene Parteien, denen mehr finanzielle Mittel als ihren Mitbewerbern um die Wahlstimmen zur Verfügung stehen, die Dauer des Wahlkampfes beliebig ausdehnen könnten. Es liegt aber im Interesse der auf Chancengleichheit ausgerichteten egalitären Demokratie, dass die Bildung des Volkswillens möglichst frei und unverfälscht von solchen Faktoren gebildet wird – kurz: Finanziell gut ausgestattete Parteien sollten nicht die Möglichkeit haben, länger und intensiver Wahlkampf zu betreiben als weniger vermögende. Aus dem materiellen Status der Parteien soll kein Vorteil erwachsen. Daher ist es dem Gesetzgeber gestattet, die Dauer des Wahlkampfes im Interesse dieser Chancengleichheit zu regeln.[244] Er ist also befugt, die Parteienfreiheit zu beschränken, wenn Rechtsgüter anderer Art im Einzelfall bei der Abwägung überwiegen.[245] Aus Gründen des Betriebsfriedens ist es dem Gesetzgeber deshalb z. B. gestattet, Parteien politische Tätigkeiten in Betrieben zu untersagen.[246]

---

241 Ebda; *v. Mangoldt/Klein/Starck/Streinz,* Art. 21 Abs. 1 Rdnr. 117.

242 Vgl. *v. Mangoldt/Klein/Starck/Streinz,* ebda.

243 BVerfGE 28, 243 (261); *Seifert,* Die politischen Parteien im Recht der Bundesrepublik Deutschland S. 122 f.

244 Zum genannten und zu anderen Gesichtspunkten *Seifert,* a.a.O., S. 122.

245 Vgl. dazu die st. Rspr. zu den Schranken der Vereins- und Koalitionsfreiheit in BVerfGE 19, 303 (322); 28, 295 (306); 30, 227 (243). Sie kann hier übertragen werden, Seifert, ebda.

246 Näher *Seifert,* a.a.O., S. 122, 128 f. Vgl. § 74 Abs. 2 Satz 3 HS. 1 BetrVG.

d) Verfassungsgebot: Art. 21 Abs. 1 Satz 3 (innerparteiliche Demokratie)

aa) Normzweck: Sinnzusammenhang mit Art. 21 Abs. 1 Satz 1

Nach Art. 21 Abs. 1 Satz 3 GG muss die innere Ordnung der Parteien demokratischen Grundsätzen entsprechen. Die Norm scheint die Partei in einem Kernstück ihrer Autonomie einzuschränken, nämlich in der Organisation ihrer inneren Ordnung. Sie schreibt die Organisation ihrer Grundstruktur in Grundzügen vor.[247] Ob darin tatsächlich eine Einschränkung[248] oder eine Erweiterung[249] der Parteienfreiheit zu sehen ist, kann dahinstehen, wenn man sich den eben kurz angedeuteten Zusammenhang von Art. 21 Abs. 1 Satz 3 mit Art. 21 Abs. 1 Satz 1 GG verdeutlicht: Die Vorgabe von Satz 3 ist als notwendige Folge des verfassungsrechtlichen Mandats von Satz 1 zu verstehen. Nach Art. 20 Abs. 1 und 2 GG ist die Willensbildung des Volkes demokratisch zu bestimmen. Wenn nun die innere Ordnung der Parteien, die nach Art. 21 Abs. 1 Satz 1 GG an jener Willensbildung maßgeblich mitwirken, nicht ebenfalls demokratisch gebildet wird, dort also keine Entsprechung fände, würde die Maßgabe von Art. 20 Abs. 1 und 2 GG an einem inneren Widerspruch leiden. Die Funktion der Parteien, den Bürgern eine effektive Mitwirkung an jener politischen Willensbildung zu ermöglichen, könnte nicht erreicht werden, weil die Ermöglichung nicht auf demokratischem Wege geschehen würde.[250] So hat auch schon *Hesse* formuliert: „Hier dagegen geht es um die Sicherstellung des freien politischen Willensbildungsprozesses an seiner Quelle: in den Parteien selbst, und dafür ist es von entscheidender Bedeutung, ob die innere Ordnung der Parteien einen freien Willensbildungsprozeß ermöglicht."[251] Die Norm trägt also entsprechend der Parteifunktion dem Umstand Rechnung, dass die Parteien in den institutionalisierten staatlichen Bereich hineinwirken.[252] Dies gilt besonders dann, wenn sie durch den Wahlerfolg an der Kreation von staatlichen Organen teilnehmen und damit eine besondere Nähe zu diesen entfalten. Nur wenn sich auch die innerparteiliche Willensbildung nach demokratischen Maßstäben vollzieht, kann von den Parteien erwartet werden, dass sie ihre Aufgaben im Staat verantwortlich wahrnehmen.[253] Ohne innerparteiliche Demokratie kann die den

---

247 *Grimm*, in: *Benda/Maihofer/Vogel*, HbVerfR, § 14 Rdnr. 36.

248 So BVerfGE 20, 56 (109).

249 *Hesse*, Grundzüge, Rdnr. 175; *ders.*, VVDStRL 17 (1959), S. 11 (30).

250 *v. Mangoldt/Klein/Starck/Streinz*, Art. 21 Abs. 1 Rdnr. 150.

251 *Hesse*, VVDStRL 17 (1959), S. 11 (30).

252 *Jarass/Pieroth*, Art. 21 Rdnr. 23.

253 *Kunig*, Jura 1991, 247 (253).

Parteien eingeräumte Mitwirkungsbefugnis im demokratischen Verfassungsstaat des Grundgesetzes also nicht verwirklicht werden.

bb) Norminhalt: strukturelle Homogenität zwischen Art. 21 Abs. 1 Satz 3 GG und Art. 20 Abs. 1 GG

Art. 21 Abs. 1 Satz 3 GG ist in struktureller Hinsicht dem in Art. 28 Abs. 1 Satz 1 GG normierten Homogenitätsgebot ähnlich.[254] Das ergibt sich zunächst aus dem Wortlaut („entsprechen").[255] Die Struktur der politischen Willensbildung in der Partei braucht jener, wie sie im Staat gebildet wird, nicht zu gleichen, sondern lediglich zu entsprechen.[256] Eine schematische Überführung von demokratischen Strukturen, wie sie auf staatlicher Ebene zu finden sind, auf die innerparteiliche Demokratie ist nicht möglich und wird von der Norm auch nicht gefordert: Art. 21 Abs. 1 Satz 3 GG ist „vereinstypisch und dazu in einem dem besonderen Wesen der Parteien angepaßten Sinne zu verstehen"[257]. Die Gegenauffassung, die eine Identität zwischen der staatlichen Demokratie und der innerparteilichen Demokratie aus dem in den staatlichen Bereich reichenden Aufgabenbereich der Partei folgert,[258] verkennt eben diese vereinstypische Struktur der Parteien, die im Übrigen auch Differenzierungen je nach politischer Richtung erlaubt. Es kann sich bei der Norm nur um einen von Verfassung wegen fest vorgegebenen Rahmen handeln, den die Parteien innerhalb der Grenzen der Parteiautonomie unterschiedlich ausfüllen. So können Parteien, die mehr auf Führungspersonen ausgerichtet sind, nur bedingt mit Parteien verglichen werden, bei denen regionale Schwerpunkte bestehen.[259] Die Norm lässt unterschiedliche Modelle in einem gewissen Rahmen zu und erlaubt eine Modifikation der demokratischen Strukturen, die sich aus den Besonderheiten der Parteien ergibt.[260] Hinzu tritt eine veränderte Spezifizierung des Demokratieprinzips innerhalb der Parteien. Es entfaltet im Binnenraum einer Organisation von Freiwilligen, die einen Tendenzcharakter aufweisen, einen anderen Gehalt, weil jene Organisationen (hier: die Parteien) – anders als der Staat – auf Handlungsfähigkeit,

---

254 Vgl. *v. Münch/Kunig,* Art. 21 Rdnr. 51; *Kunig,* in: *Isensee/Kirchhof,* HStR III, § 40 Rdnr. 31; zust. *Sachs/Ipsen,* Art. 21 Rdnr. 61; *Maunz/Dürig/Klein,* GG, Art. 21 Rdnr. 334. Anders hingegen *Kressel,* Parteiengerichtsbarkeit und Staatsgerichtbarkeit, S. 106 ff.

255 *Kunig,* in: *Isensee/Kirchhof,* HStR III, § 40 Rdnr. 33.

256 *v. Münch/Kunig,* Art. 21 Rdnr. 51. Ähnlich *Henke,* Das Recht der politischen Parteien, S. 50 („Ein demokratischer Staat und eine demokratische Partei ist nicht dasselbe").

257 So *Seifert,* Die politischen Parteien im Recht der Bundesrepublik Deutschland, S. 190.

258 *Kressel,* Parteigerichtsbarkeit und Staatsgerichtsbarkeit, S. 106.

259 Beispiel nach *Stern,* Staatsrecht I, § 13 III 4.

260 *Kunig,* in: *Isensee/Kirchhof,* HStR III, § 40 Rdnr. 33.

Durchsetzungsstärke und – bei der Darstellung nach außen – auf einen gewissen Grad an Geschlossenheit angewiesen sind.[261] Die Norm gibt deshalb (nur) allgemeine Grundsätze vor, die für alle Parteien verpflichtend sind. Daraus folgt, dass Art. 21 Abs. 1 Satz 3 GG nicht mit konkreten Demokratietheorien überfrachtet werden darf.[262] Weil sie für alle Parteien unabhängig von der politischen Richtung gilt, kann sie nur ein für alle Parteien geltendes demokratisches Minimum festlegen. Es ist Sache der Parteien, im Rahmen ihrer Autonomie ein je nach politischem Standort wünschbares demokratisches Maximum zu verwirklichen.[263]

Das Bundesverfassungsgericht hat bisher nur ganz grundlegende Erfordernisse aus Art. 21 Abs. 1 Satz 3 GG hergeleitet. Dazu gehört der Verlauf der innerparteilichen Willensbildung „von unten nach oben"[264] und damit die Absage an das „Führerprinzip"[265], die Freiheit des Eintritts, des Ausscheidens aus der Partei und die Gleichwertigkeit der Mitglieder.[266] Ferner ist ein den demokratischen Wahlen entsprechendes Vorschlagsrecht, das nicht nur dem Parteivorstand vorbehalten sein darf, sondern auch der Wahlversammlung selbst eröffnet sein muss, vorzusehen.[267] Hinzu treten weitere Erfordernisse. Hinter diesen steht immer der demokratische Leitgedanke von der rechtlichen Abhängigkeit der Regierenden von den Regierten, freilich vor dem Hintergrund der parteispezifischen Modifikation.[268] Parteiämter müssen danach durch regelmäßig wiederkehrende Wahlen vergeben werden.[269] Zu den von Art. 21 Abs. 1 Satz 3 GG vorgeschriebenen Grundsätzen zählen ferner sowohl das Mehrheitsprinzip als auch der Minderheitenschutz,[270] die innerparteiliche Chancengleichheit[271]

---

261 *Dreier/Morlok*, GG, Art. 21 Rdnr. 123; zust. *v. Mangoldt/Klein/Starck/Streinz*, Art. 21 Abs. 1 Rdnr. 150; *Grimm*, in: *Benda/Maihofer/Vogel*, HbVerfR, § 14 Rdnr. 39: „Zusammenspiel von Normstruktur und Sachstrukturen".

262 *Sachs/Ipsen*, Art. 21 Rdnr. 55. Nachweise zu den im Schrifttum im diesem Zusammenhang einzeln diskutierten Demokratietheorien bei BK/*Henke*, Art. 21 Rdnr. 263.

263 Vgl. etwa *Sachs/Ipsen*, Art. 21 Rdnr. 55; *v. Mangoldt/Klein/Starck/Streinz*, Art. 21 Abs. 1 Rdnr. 150; *Kersten/Rixen/Kersten*, PartG, § 1 Rdnr. 67.

264 BVerfGE 2, 1 (40).

265 *v. Münch/Kunig*, Art. 21 Rdnr. 55; *Stern*, Staatsrecht I, § 13 III 4 a.

266 BVerfGE 2, 1 (40).

267 HambVerfG, DVBl. 1993, 1070 (1071 f.). Siehe ferner *Sachs/Ipsen*, Art. 21 Rdnr. 57; *Maunz/Dürig/Klein*, GG, Art. 21 Rdnr. 344.

268 Darauf weist *v. Mangoldt/Klein/Starck/Streinz*, Art. 21 Abs. 1 Rdnr. 150 hin.

269 Vgl. etwa *Sachs/Ipsen*, Art. 21 Rdnr. 58; *Jarass/Pieroth*; Art. 21 Rdnr. 24; *v. Münch/Kunig*, Art. 21 Rdnr. 55.

270 Vgl. etwa *Sachs/Ipsen*, a.a.O., Art. 21 Rdnr. 59; *Kersten/Rixen/Kersten*, PartG, § 1 Rdnr. 73.

271 *Dreier/Morlok*, GG, Art. 21 Rdnr. 125.

und die Öffentlichkeit der Partei, also die Transparenz des Parteigeschehens.[272] Insbesondere der Minderheitenschutz gilt abgeschwächt, denn die Parteien können, weil sie sich anders als der Staat in einem politischen Wettbewerb befinden, von ihren Mitgliedern einen Grundkonsens einfordern.[273]

Letztlich muss neben der horizontalen auch eine vertikale Gliederung der Parteien mit jeweils eigenen Organen und Zuständigkeiten vorgeschrieben sein. Hier muss jedes Parteimitglied auf jeder Gliederungsebene eine reale Möglichkeiten haben zu partizipieren.[274] Die genannten Vorgaben betreffen die gesamte innerparteiliche Willensbildung.[275]

B. Die Kandidatenaufstellung für die Wahl zum Deutschen Bundestag

I. Die verfassungsrechtlichen Vorgaben für die Ausgestaltung des Kandidatenaufstellungsverfahrens

1. Die verfassungsrechtliche Einordnung des innerparteilichen Kandidatenaufstellungsverfahrens

a) Die Problematik: Doppelfunktion der Kandidatenaufstellung

Wie gesehen, weist das Grundgesetz in Art. 21 Abs. 1 Satz 1 den Parteien die Mitwirkungsbefugnis bei der politischen Willensbildung des Volkes zu. In ihrem Kern handelt es sich bei der politischen Willensbildung um den politischen Prozess, auf den sich die Verfahren und Einrichtungen der parlamentarischen Demokratie des Grundgesetzes beziehen.[276] Die politische Willensbildung umfasst ein breites Spektrum an Aktivitäten. Eine solche ist die Beteiligung an Wahlen, die wiederum ein wesentliches Element bei der Mitwirkung an der politischen Willensbildung ist.[277] Das BVerfG hat anfangs diese Funktion der Parteien überbetont – das BVerfG bezeichnete die Parteien als „Wahlvorbereitungsorganisationen“[278]. Darin lag zwar eine Verkürzung anderer Funktionen,[279] jedoch bleibt

272 Vgl. *Dreier/Morlok*, a.a.O., Rdnr. 119; *Jarass/Pieroth*, Art. 21 Rdnr. 25a; *Kersten/Rixen/Kersten*, PartG, § 1 Rdnr. 74; *v. Mangoldt/Klein/Starck/Streinz*, Art. 21 Abs. 1 Rdnr. 151.

273 *v. Münch/Kunig*, Art. 21 Rdnr. 56.

274 *Sachs/Ipsen*, Art. 21 Rdnr. 60.

275 Singgemäß BGHZ 101, 193 (201 f.).

276 *Badura*, Staatsrecht, D, 1, c Rdnr. 20.

277 *v. Mangoldt/Klein/Starck/Streinz*, Art. 21 Abs. 1 Rdnr. 79.

278 Vgl. nur BVerfGE 8, 51 (63).

279 So *Sachs/Ipsen*, Art. 21 Rdnr. 23.

es dabei, dass es sich bei der Beteiligung an Wahlen um die Hauptaktivität und Hauptfunktion der Parteien handelt.[280] Verfolgt eine Gruppierung dieses Ziel nicht, fällt sie umgekehrt auch nicht unter den Parteibegriff des Art. 21 GG.[281]

Im Rahmen ihrer Beteiligung an Wahlen organisieren sie Wahlkämpfe und stellen Kandidaten auf.[282] Gerade die Aufstellung der Kandidaten für die Wahl ist eine der wichtigsten Aufgaben der politischen Parteien und bildet einen wesentlichen Bestandteil ihrer verfassungsrechtlichen Funktion. Ohne die Kandidatenaufstellung ist die aus dem Grundgesetz folgende und daher verfassungsrechtlich garantierte Teilhabe der Parteien an den Wahlen nicht möglich.[283]

Es handelt sich zunächst um ein parteiinternes Verfahren, also um eine Angelegenheit ihrer inneren Ordnung.[284] Damit erschöpft sich jedoch nicht die Sicht auf das Verfahren der Kandidatenaufstellung. Allgemein wird das Verfahren zur Wahl des Deutschen Bundestages von der Literatur[285] in drei Phasen eingeteilt. Es wird dabei unterschieden zwischen der Wahlvorbereitung, der eigentlichen Wahl und der Feststellung des Wahlergebnisses. Die Kandidatenaufstellung gehört zur Wahlvorbereitung und bildet somit einen wesentlichen Teil des staatlichen Wahlverfahrens.

Damit ist das Problem benannt: Die Kandidatenaufstellung ist keine Wahl im staatsrechtlichen Sinne, wie etwa die der Wahlvorbereitung folgende Wahl zum Bundestag. Sie steht außerhalb der eigentlichen Wahlverfahren, steht nicht unter staatlicher Aufsicht und erfolgt in „privaten" Parteiveranstaltungen.[286] Nun kann man einwenden, dass die Kandidatenaufstellung auch ohne die Mitwirkung von Parteien möglich ist, was im Hinblick auf die Wahlkreisbewerbung zutrifft. Jedoch ist der Erfolg von Unabhängigen im Wahlkreis eher unwahrscheinlich und bei der Zweitstimme wegen des Listenprivilegs der Parteien rechtlich nicht möglich. Die Kandidatenaufstellung hat einen wesentlichen Einfluss auf die eigentliche Wahl. Denn erst wenn sie abgeschlossen ist, kann mit der eigentlichen Wahl begonnen werden. Es wird in diesem Verfahren bereits der Kreis derjenigen abgesteckt, aus denen später die Personen ausgewählt werden, die als Abgeordnete in den Bundestag einziehen. Die Ausgestaltung als parteiinternes Verfahren einerseits und die

---

280 BVerfGE 52, 63 (82); 61, 1 (11).

281 BVerfGE 24, 260 (264).

282 *Dreier/Morlok*, GG, Art. 21 Rdnr. 20.

283 So etwa *Nass*, in: FS Weber, S. 311 (313).

284 Vgl. etwa *Blank*, in: DVBl. 1976, 564 (569).

285 Vgl. auch *Kroppenstedt/Würzberger*, VerwArch 73 (1982), 311 (311 f.), der als vierte Phase die Wahlprüfung benennt.

286 *Schreiber/Hahlen*, § 21 Rdnr. 3.

Einordnung als wesentlicher Teil der Wahl des Deutschen Bundestages machen die verfassungsrechtliche Einordnung der Kandidatenaufstellung schwierig. Aus der beschriebenen Doppelfunktion der Kandidatenaufstellung folgt die hier interessierende Frage: Handelt es sich um ein wahlrechtliches (und damit um ein dem Staat zuzurechnendes Verfahren) oder um ein parteiinternes Verfahren. Diese Einordnung ist Gegenstand des folgenden Abschnitts.

b) Die Relevanz der Einordnung

Bevor darauf näher eingegangen wird, ist nach der Relevanz dieser Einordnung zu fragen. Zunächst stellt sich die Frage im Bereich der Gesetzgebungskompetenz für das Aufstellungsverfahren. Bei einer Zuordnung zum Parteienrecht wäre wegen Art. 21 Abs. 3 GG („Das Nähere regelt ein Bundesgesetz") die ausschließliche Gesetzgebungskompetenz des Bundes[287] begründet, bei Zuordnung zum Wahlrecht hingegen wäre die Gesetzgebungskompetenz zwischen Bund und Ländern aufgeteilt, je für ihren eigenen Bereich.[288] Nach überwiegender Ansicht wird bei der Einordung auf den Schwerpunkt der zu regelnden Materie und den Sachzusammenhang abgestellt. Sofern es um das Wahlverfahren in den Ländern geht, wird auf deren Verfassungsautonomie hingewiesen: Da das Wahlrecht einen integrierenden Bestandteil der Verfassungsordnung der Ländern bilde, müsse die Zuständigkeit des Landesgesetzgebers auch für solche Materien bejaht werden, die im Zusammenhang damit auch die Parteien betreffe.[289] Letztlich hat diese Einordnung jedoch nur formell-rechtliche Bedeutung, denn materiellrechtlich sind die Landesgesetzgeber an die verfassungsrechtlichen Vorgaben von Art. 21 Abs. 1 GG, ferner an jene von Art. 20 Abs. 2 GG und Art. 28 Abs. 1 GG gebunden, sodass im Bund und in den Ländern die grundsätzliche Übereinstimmung gewährleistet ist.[290]

Die Einordnung wird ferner dann wichtig, wenn einfachgesetzliche oder satzungsrechtliche Konstellationen bei der Kandidatenaufstellung zu prüfen sind, die im Hinblick auf die verfassungsrechtlichen Vorgaben des Grundgesetzes problematisch sind. Es muss vor der Prüfung feststehen, welche Vorgaben des Grundgesetzes maßgeblich sind, denn nur dann sind Zweifelsfragen vermeidbar.

Ordnet man nun die Kandidatenaufstellung in dem hier interessierenden Bereich als parteiinternes Verfahren ein, so gelten die oben genannten Maßstäbe von

---

287 Vgl. etwa *v. Münch/Kunig*, Art. 21 Rdnr. 91.

288 *Harms*, Die Gesetzgebungszuständigkeit, S. 169.

289 *Maurer*, JuS 1991, 881 (882) m. w. Nachw.

290 Ebda.

Art. 21 Abs. 1 Satz 3 GG. Die Regelungen der Kandidatenaufstellung sind danach nur als Teilbereich der innerparteilichen Ordnung zu verstehen und die entsprechenden gesetzlichen Regelungen nur anhand des Gebots der innerparteilichen Demokratie von Art. 21 Abs. 1 Satz 3 GG zu messen und auszulegen.[291] Die Wahlgrundsätze, die in Art. 38 Abs. 1 GG normiert sind, gelten danach nicht für die Kandidatenaufstellung, sondern lediglich für die folgende Hauptwahl.[292] Wie bereits oben angesprochen, verlangt Art. 21 Abs. 1 Satz 3 GG keine Identität zwischen der innerparteilichen und der staatlichen Demokratie. Das hat jedoch zur Folge, dass bei der Prüfung, wie weit bei der gesetzlichen und satzungsrechtlichen Ausgestaltung der Kandidatenaufstellung demokratische Erfordernisse zu erfüllen sind, keine zu strengen Maßstäbe angelegt werden dürfen.[293] Den Parteien wird also ein großer Spielraum bei der Ausgestaltung der Kandidatenaufstellung eingeräumt.

Anders verhält es sich, wenn man die Kandidatenaufstellung als wahlrechtliches Verfahren einordnet. Sowohl für die gesetzlichen als auch die satzungsrechtlichen Ausgestaltungen der Kandidatenaufstellung gelten dann die Wahlgrundsätze von Art. 38 Abs. 1 Satz 1 GG direkt und müssen bei der Auslegung herangezogen werden.[294] Die Wahlgrundsätze des Art. 38 Abs. 1 Satz 1 GG gebieten zwingend die Einhaltung demokratischer Erfordernisse und schreiben einen strengeren Maßstab als bei sonstigen innerparteilichen Wahlen vor.[295] Ein solcher gilt auch im Wahlprüfungsverfahren, also bei nachträglicher Kontrolle der erfolgten Wahl.[296]

c) Die vorgefundenen Ansichten

aa) Die Einordung der Kandidatenaufstellung als parteiinternes Verfahren

Einige Autoren vertreten die Ansicht, dass es sich bei der Kandidatenaufstellung um ein parteiinternes Verfahren handle.[297] Als Begründung wird meist

---

291 Vgl. etwa *Naujoks*, DVBl. 1975, 244 (245 f.). Ebenfalls auf Art. 21 Abs. 1 Satz 3 GG abstellend *Nettesheim*, BayVBl. 1991, 292 (294).

292 So *Koch*, DVBl. 2000, 1093 (1097); offengelassen, aber offenbar gleiche Ansicht *Lange*, NJW 1988, 1174 (1180 f.).

293 *Hong*, Kandidatenaufstellung, S. 38.

294 Dazu etwa *v. Nieding*, NVwZ 1994, 1171 (1173 ff.).

295 *König*, Die Verfassungsbindung der politischen Parteien, S. 82.

296 *Mager*, DÖV 1995, 12 m. w. Nachw. Anders *Huber*, DÖV 1991, 229 (234 ff.), der die Wahlprüfung auf eine Evidenzkontrolle beschränken will.

297 Vgl. etwa *Blank*, DVBl. 1976, 564 (569); *Henke*, Das Recht der politischen Parteien, S. 193 f., der aber bereits den Bezug zum Wahlrecht herstellt; *Leibholz*, in: FS Arndt, 179 (1985), der von einer „Demokratisierung der Parteien" durch das Wahlgesetz spricht; *Linck*, DÖV 1972, 331 (332); *Seifert*, DÖV 1972, 334 (335); *Wolfrum*, ZParl 1975, 323 (328).

ausgeführt, dass bei einer Zuordnung zum Wahlrecht ein parteiinterner Vorgang in den staatlichen Ämter- und Behördenapparat einbezogen und in der Folge der Sphäre der freien Willensbildung entzogen sei.[298] Eine ähnliche Begründung liegt dem Gedanken zugrunde, eine strenge Kontrolle der Wahlvorschläge der Parteien, die auch die ihnen zugrunde liegenden parteiinternen Wahlvorbereitungshandlungen umfasse, berge die Gefahr in sich, durch staatliche Einwirkungen die Parteienfreiheit i.S. des Art. 21 Abs. 1 GG zu beeinträchtigen.[299]

bb) Die Einordnung der Kandidatenaufstellung als wahlrechtliches Verfahren

Andere Autoren ordnen die Kandidatenaufstellung als wahlrechtliches Verfahren ein. Danach gilt der Begriff „Wahl", wie er in Art. 38 Abs. 1 Satz 1 GG und Art. 28 Abs. 1 Satz 2 GG normiert ist, nicht nur für den eigentlichen Wahlakt, sondern für das gesamte Wahlverfahren, also auch für die hier in Rede stehende Wahlvorbereitung. Daraus folge zugleich, dass die Wahlgrundsätze von Art. 38 Abs. 1 Satz 1 GG grundsätzlich auch für die Kandidatenaufstellung direkt gelten,[300] ihre legimitatorische Wirkung sich also auch auf das Aufstellungsverfahren erstrecke.[301] Denn die Kandidatenaufstellung habe mindestens die gleiche Bedeutung für die Zusammensetzung des Parlaments wie der eigentliche Wahlakt.[302] Es sei schwer zu rechtfertigen, die Geltung der Wahlgrundsätze auf einen Teil der Wahlvorbereitung zu beschränken und nicht auf deren entscheidenden Teil auszudehnen, denn die Kandidatenaufstellung vollziehe sich zwar innerhalb der Parteien, wirke sich aber auf die staatliche Ebene aus.[303] Je stärker die Wahlen von Parteien geprägt werden, desto größere Bedeutung für die Wahl erlange der innerparteiliche Vorgang der Kandidatenaufstellung. Bei einem faktischen Monopol zugunsten der Parteien – so die Befürworter der Einordnung der Kandidatenaufstellung als wahlrechtliches Verfahren weiter – liefe die Erstreckung der verfassungsrechtlich festgelegten Wahlgrundsätze auf das Wahlvorschlagsrecht leer, wenn man die

298 *Henke*, a.a.O., S. 193; *Wolfrum*, a.a.O., 323 (328).

299 *Dau/Toboll*, DVBl. 1993, 1075 (1076).

300 Vgl. etwa *v. Mangoldt/Klein/Starck/Achterberg/Schulte*, Art. 38 Rdnr. 119.

301 *Oebbecke*, JZ 1988, 176 (179) in Anschluss an *Nass*, in: FS Weber, S. 311 (316).

302 Vgl. nur *Harms*, Die Gesetzgebungszuständigkeit, S. 176; *König*, Die Verfassungsbindung der politischen Parteien, S. 81; *Mager*, DÖV 1995, 9 (13); *Nass*, in: FS Weber, S. 311 (316).

303 So *Nass*, a.a.O., S. 311 (314).

Kandidatenaufstellung als parteiinternes Verfahren einordne und sie infolgedessen ins Belieben der Parteien stellte.[304] Faktisch würde damit die Bedeutung der Stimmabgabe am Wahltag noch weiter entwertet, die Wahl also insgesamt den Charakter einer „plebiszitären Akklamation"[305] erhalten. Wegen der meist ausschlaggebenden Bedeutung der Kandidatenaufstellung für das Wahlergebnis spricht für eine direkte Anwendung der Wahlgrundsätze in diesem Zusammenhang ferner, dass damit auch eine Kontrolle im Wahlprüfungsverfahren möglich und zudem die Verfassungsbeschwerde eröffnet ist.[306]

Dagegen spreche nicht Art. 21 GG: Dieser habe die Parteien zwar institutionalisiert und ihnen die Mitwirkung an der politischen Willensbildung zugewiesen, dadurch werde jedoch die Geltung der Wahlgrundsätze nicht verdrängt.[307] Mit der Norm erkenne das Grundgesetz lediglich die Parteien als die beherrschenden Gestaltungskräfte der Bundestagswahl an.[308] Sie rechtfertige es lediglich, das Wahlvorschlagsrecht als einen wesentlichen Teil der genannten Mitwirkungsaufgabe bei den Parteimitgliedern zu bündeln.[309] Dagegen könne auch nicht das Argument angebracht werden, man bezöge damit die Parteien in den staatlich-institutionellen Bereich ein. Denn die staatlichen Regelungen der Kandidatenaufstellung stellen keine Verstaatlichung der Parteien dar, sondern sollen gerade die freie Willensbetätigung vor Beeinträchtigungen schützen.[310]

Die grundsätzliche Anwendung der Wahlgrundsätze auf die Kandidatenaufstellung heißt jedoch nicht, dass sie einen ähnlichen Wirkungsgrad wie bei der eigentlichen Wahl entfalten. Die geschilderte Ansicht verkennt nicht, dass es sich bei dem Aufstellungsverfahren um ein solches handelt, das innerparteilich abläuft: Die Wahlrechtsgrundsätze seien hier Modifikationen zugänglich, die sich aus der Funktion der Parteien und der besonderen Struktur der innerparteilichen Willensbildung ergebe.[311] Mit anderen Worten: Die Wahlgrundsätze gelten hier nicht so strikt wie bei der eigentlichen Wahl. Weitergehende Einschränkungen

---

304 *Harms*, Die Gesetzgebungszuständigkeit, S. 175 f. m. w. Nachw. Vgl. zur grundlegenden Bedeutung der Kandidatenaufstellung auch *Wolfrum*, Die innerparteiliche Ordnung nach dem Parteiengsetz, S. 179 f.

305 *Nass*, in: FS Weber, S. 311 (316).

306 *Oebbecke*, JZ 1988, 176 (179).

307 *Harms*, Die Gesetzgebungszuständigkeit, S. 176; *Mager*, DÖV 1995, 9 (13).

308 *Nass*, in: FS Weber, S. 311 (313).

309 *Mager*, DÖV 1995, 9 (13) in Anschluss an ebda.

310 *Harms*, Die Gesetzgebungszuständigkeit, S. 174; *Mager*, a.a.O., 9 (13).

311 Vgl. etwa *Nass*, in: FS Weber, S. 311 (316 f.); *Oebbecke*, JZ 1988, 176 (179); *König*, Die Verfassungsbindung der politischen Parteien, S. 81.

der Wahlgrundsätze sind auch nach dieser Ansicht möglich. Manche bezeichnen das Kandidatenaufstellungsverfahren als „Wahl besondere Art“[312] wegen dieser denkbaren Modifizierung der Wahlgrundsätze.

cc) Die Einordnung der Kandidatenaufstellung als Wahl besonderer Art: Art. 21 Abs. 1 und Art. 38 Abs. 1 GG als „Ausführungsvorschriften“ des allgemeinen Demokratieprinzips (Art. 20 Abs. 1 GG)

Andere Autoren vertreten eine vermittelnde Ansicht. Diese verneinen eine einseitige Einordung der Kandidatenaufstellung als wahlrechtliches oder parteiinternes Verfahren. Sie betont den Zusammenhang zwischen Art. 21 Abs. 1 GG und Art. 38 Abs. 1 GG und deren Verhältnis zu Art. 20 GG.[313] Diese Auffassung geht vom Demokratiemodell aus, das die verfassungsmäßige Ordnung des Grundgesetzes zum Leitbild hat. Das Grundgesetz sieht die Demokratie nicht als vollkommenes, sondern als unvollständiges Modell an. Es gibt lediglich einen Rahmen vor. Dieser Rahmen muss von den Bürgern in freier politischer Auseinandersetzung ausgestaltet werden. So ermöglicht es die Verwirklichung unterschiedlicher Vorstellungen. Es gibt nur einzelne Grundzüge vor, indem es die für die Funktion demokratischer Ordnungen unerlässlichen Regelungen schafft und in dieser Konsequenz Grundlagen und Strukturen dieser Ordnung verfassungsmäßig zu sichern sucht.[314] Man kann also sagen, dass die Demokratie des Grundgesetzes letztlich die Summe der demokratischen Einzelbestimmungen ist, die das Grundgesetz enthält. Diese wiederum sind im demokratischen Gesamtkontext zu verstehen.[315] Art. 21 Abs. 1 GG und Art. 38 Abs. 1 GG sind solche Einzelbestimmungen und stellen daher Ausführungsbestimmungen zum allgemeinen Demokratieprinzip des Art. 20 GG dar.[316] Beide Normen stehen demnach nicht gegeneinander, sondern ergänzen das demokratische Modell, das die verfassungsmäßige Ordnung des Grundgesetzes vorsieht. Man muss sich zwischen den Normen nicht im Sinne eines Entweder-oder entscheiden. Beide Normen sind einander derart zuzuordnen, dass beide weitgehend gewahrt bleiben.[317] Das ist letztlich der Grund, weshalb diese Ansicht eine Einordnung der Kandidatenaufstellung als entbehrlich betrachtet: Der skizzierte

---

312 *Henke*, Das Recht der politischen Parteien, S. 194.

313 So zuletzt *Hong*, Verfassungsprobleme, S. 41 ff.

314 *Hesse*, Grundzüge, Rdnr. 129.

315 *Kunig*, in: *Isensee/Kirchhof*, HStR III, § 40 Rdnr. 74 f.

316 Ebda, ihm folgend *Hong*, Kandidatenaufstellung, S. 42; vgl. bezüglich Art. 21 GG *Kuhl/Unruh*, DVBl. 1994, 1391 (1394).

317 *v. Arnim*, JZ 2002, 578 (584). Vgl. zum hier angedeuteten Prinzip der praktischen Konkordanz ganz allgemeine *Hesse*, Grundzüge, Rdnr. 72 m. w. Nachw.

Zusammenhang der Normen mit dem Demokratieprinzip des Grundgesetzes verlange, dass die Kandidatenaufstellung nicht nur als Teil der verfassungsrechtlichen Funktion der Parteien zu betrachten, sondern auch als Teil des staatlichen Wahlverfahrens zu verstehen sei.[318]

d) Stellungnahme: Kandidatenaufstellung als Verfahren besonderer Art

Die hier angesprochene Einordnung betrifft nur die innerparteiliche Kandidatenaufstellung, die zwar nicht allein, wohl aber wegen der Wichtigkeit der Zweitstimme und des Listenprivilegs der Parteien sich hier als die wichtigste Form der Kandidatenaufstellung darstellt. Das Grundgesetz sieht eine repräsentative Demokratie vor und geht bei dieser Demokratie von der politischen Realität aus. In einer repräsentativen Form der Demokratie leitet sich alle Staatsgewalt vom Volke ab. Diese hier angesprochene Legitimation der Staatsgewalt folgt aus der Wahl. Damit die Wahl nun ihre Wirkung entfalten kann, muss sie bestimmte Maßstäbe erfüllen. Diese ergeben sich aus Art. 38 Abs. 1 Satz 1 GG. Wegen der bereits angesprochenen Wichtigkeit der Kandidatenaufstellung für das (die Staatsgewalt legimitierende) Wahlverfahren wäre es daher nicht sachgerecht, dieses nur als parteiinternes Verfahren einzuordnen. Hier werden für den Wahlausgang und die damit zusammenhängende Mandatszuteilung wichtige Vorentscheidungen getroffen, auf die der Wähler jedenfalls nur mittelbar Einfluss hat. Die Ansicht, die das Kandidatenaufstellungsverfahren als parteiinternes Verfahren einordnet, stammt aus einer Zeit, in der sich die Rechtswissenschaft viel intensiver mit dem Status der Parteien im Verfassungsgefüge des Grundgesetzes als heute beschäftigte. Die Autoren waren noch von der Parteienstaatslehre beeinflusst gewesen. Das angeführte Argument, die Einordnung der Kandidatenaufstellung als wahlrechtliches Verfahren führe dazu, dass man einem parteiinternen Vorgang in den staatlichen Ämter- und Behördenapparat einbeziehen würde, kann nicht überzeugen. Denn staatliche Regulierung führt keineswegs auch zu einer Verstaatlichung; sie schützt vielmehr die freiheitliche Willensbetätigung.[319] Als weiteres Beispiel sei hier auch der Verbraucherschutz im Privatrecht angeführt; dort liegt der Fall ähnlich. Der Verbraucherschutz ist zwar zulasten der Vertragsfreiheit und zugunsten des Verbrauchers reguliert,[320] trotzdem ist der Verbraucherschutz dem Privatrecht zuzuordnen – von einer „Verstaatlichung“ kann keine Rede sein.

---

318 So i.E. *Hong*, Kandidatenaufstellung, S 43.

319 *Harms*, Die Gesetzgebungszuständigkeit, S. 174; *Mager*, DÖV 1995, 9 (13).

320 Vgl. z.B. § 491a BGB (Vorvertragliche Informationspflicht bei Verbraucherdarlehensverträgen).

In einer modernen Massendemokratie kann aber zugleich nicht auf politische Gruppierungen verzichtet werden. Sie haben die Aufgabe, die verschiedenen politischen Strömungen innerhalb einer pluralistischen Demokratie zu kanalisieren. Es ist immer eine Vorauswahl notwendig. Eine Gruppierung dieser Art sind die politischen Parteien. Sie nehmen zugleich an der Bildung der Staatsorgane teil. Das Grundgesetz als moderne Verfassung hat dies in Art. 21 Abs. 1 GG anerkannt, daraus aber Konsequenzen gezogen und ihnen zugleich Vorgaben für ihre innere Ordnung gemacht. Deshalb wäre es ebenfalls verkürzt, die Kandidatenaufstellung nur als wahlrechtliches Verfahren zu betrachten.

Im Ergebnis ist also der Ansicht zu folgen, dass es sich bei den genannten Normen um Ausführungsvorschriften vom allgemeinen Demokratieprinzip handelt. Die innerparteiliche Kandidatenaufstellung ist kein rein parteiinternes, aber auch kein rein wahlrechtliches Verfahren. Es handelt sich vielmehr um ein Mischverfahren. Im Bereich der Kandidatenaufstellung sind die Vorschriften des Grundgesetzes ein in sich geschlossenes Regelungswerk. Daher ist eine Einordung auch entbehrlich. Die Parteien üben einen Teil des staatlichen Wahlverfahrens aus praktischen Gründen anstelle der staatlichen Gewalt in eigener Verantwortung aus. Sie sind jedoch an besondere Vorgaben gebunden.[321]

Deshalb ist es geboten, beide Normkomplexe (Art. 21 Abs. 1 Satz 3 GG und Art. 38 Abs. 1 Satz 1 GG) gleichgewichtig zu berücksichtigen und – wo Kollisionen drohen – so auszulegen, dass ein schonender Ausgleich erreicht werden kann.[322] Daraus können nun die verfassungsrechtlichen Anforderungen an die innerparteiliche Kandidatenaufstellung gewonnen werden. Das ist Gegenstand des nächsten Abschnitts.

2. *Die Folgerungen: Verfassungsrechtliche Anforderungen an das Kandidatenaufstellungsverfahren nach den bisherigen Erkenntnissen*

Es bleibt also festzuhalten, welche verfassungsrechtlichen Anforderungen an die gesetzliche Ausgestaltung des Wahlverfahrens zu stellen sind – sie ergeben sich aus den Wahlgrundsätzen (Art. 38 Abs. 1 Satz 1 GG) – und welche Anforderungen für die Ausgestaltung der innerparteilichen Demokratie außerhalb der Kandidatenaufstellung gelten. So ergeben sich etwa bei der Wahl von innerparteilichen Amtsträgern die Vorgaben für die Parteien aus Art. 21 Abs. 1 Satz 3 GG, demgegenüber bleibt unklar, welche verfassungsrechtlichen Anforderungen das innerparteiliche

321 So schon BVerfGE 89, 243 (251).

322 Im Sinne des Prinzips der praktischen Konkordanz, vgl. *Hesse*, Grundzüge, Rdnr. 72 m. w. Nachw.

Kandidatenaufstellungsverfahren erfüllen muss. Die Feststellung, es handle sich um ein Verfahren besonderer Art, weil die Parteien hier einen Teil des Wahlverfahrens autonom organisieren, reicht hierfür nicht aus. Es kann nur den Ansatzpunkt bilden, nicht jedoch inhaltliche Vorgaben machen. Nach diesen ist im nächsten Abschnitt zu fragen.

a) Die verfassungsrechtlichen Anforderungen an die Kandidatenaufstellung aus Sicht der Rechtsprechung

aa) Wesentlicher Inhalt

Eine wichtige Entscheidung für die hier zu untersuchenden Fragen stellt das Urteil des Hamburgischen Verfassungsgerichts (HamVerfG) vom 4.5.1993 dar.[323] Gegenstand der Wahlprüfungsbeschwerde war die innerparteiliche Kandidatenaufstellung der hamburgischen CDU für die Bürgerschafts- und Bezirkswahl in Hamburg. In dieser Entscheidung wurde die Parlamentswahl für ungültig erklärt. Die Folge waren Neuwahlen. Ausgangspunkt war die Auslegung von § 24 Abs. 1 Satz 1 BüWG, die § 21 Abs. 1 Satz 1 BWG entspricht.[324] § 21 Abs. 1 Satz 1 BWG lautet wie folgt: „Als Bewerber einer Partei kann in einem Kreiswahlvorschlag nur benannt werden, wer nicht Mitglied einer anderen Partei ist und in einer Mitgliederversammlung zur Wahl eines Wahlkreisbewerbers oder in einer besonderen oder allgemeinen Vertreterversammlung hierzu gewählt worden ist."

Die folgende Auslegung durch das HamVerfG kann daher für die Wahl zum Bundestag fruchtbar gemacht werden: Das Gericht legte den Begriff „gewählt" in der genannten Norm (§ 24 Abs. 1 Satz 1 BüWG) so aus, wie er in Art. 38 Abs. 1 Satz 1 GG (hier: „Wahl") zu finden ist. Gewählt von den innerparteilichen Wahlorganen sei ein Kandidat danach nur dann, wenn die Wahl nicht nur geheim (Wortlaut im einfachen Recht!), sondern auch unter Einhaltung der Wahlgrundsätze des Art. 38 Abs. 1 G durchgeführt worden sei.[325] Die sonstigen, nicht in § 24 Abs. 1 Satz 1 BüWG genannten Wahlgrundsätze des Art. 38 Abs. 1 Satz 1 GG gelten – mit Ausnahme der Unmittelbarkeit der Wahl – demnach auch für sonstige politische Abstimmungen wie etwa auch für die Wahlvorbereitung und das Wahlvorschlagsrecht der Parteien. Sie seien „ungeschriebenes Verfassungsrecht"[326]. Deshalb läge bei schweren Verstößen gegen demokratische Wahlgrundsätze keine Wahl vor. Der Bewerber sei in einem solchen Fall schlicht nicht „gewählt" im Sinne von § 24

323 HamVerfG, Urt. v. 4.5.1993, HamVerfG 3/92 = DVBl. 1993, 1070 ff.

324 Darauf macht *Hong*, Kandidatenaufstellung, S. 47 aufmerksam.

325 HamVerfG, DVBl. 1993, 1070 (1071).

326 HamVerfG, DVBl. 1993, 1070 (1071).

Abs. 1 Satz 1 BüWG, folglich läge kein wirksamer Wahlvorschlag vor.[327] In den folgenden Ausführungen untersucht das Gericht die beanstandeten Verstöße auf den einzelnen Stufen der innerparteilichen Kandidatenaufstellungsverfahren – Wahl der Vertreterversammlung durch die Mitgliederversammlung, tatsächlicher Wahlablauf in der Mitgliederversammlung, Ablauf der Vertreterversammlung – und subsumiert die angewendeten Verfahren unter die Wahlgrundsätze, aber auch unter das Gebot der innerparteilichen Demokratie.

Danach habe die Partei beim tatsächlichen Wahlablauf in der Mitgliederversammlung durch die Gestaltung der Stimmzettel Gegenkandidaten gegenüber Kandidaten des Landesvorstandes von vornherein diskriminiert und so gegen die Wahlfreiheit verstoßen.[328] Zudem seien schwere Beeinträchtigungen von Minderheitenrechten bei der Wahl der Vertreterversammlung ersichtlich, weil weder eine Vorstellung der vom Vorstand vorgeschlagenen Kandidaten noch eine sonstige Diskussion über die Bewerber stattgefunden habe, die die Möglichkeit einer erfolgversprechenden Aufstellung von Gegenkandidaten offengehalten hätte.[329] Das Gericht vertritt die Auffassung, dass die Parteimitglieder in ihren Rechten auf freie und gleiche Mitwirkung bei der Wahl nachhaltig verletzt gewesen seien. Es spricht in diesem Zusammenhang von einem „schweren Verstoß gegen das Gebot der innerparteilichen Demokratie“[330]. Auch die Vorgänge auf der Vertreterversammlung seien von schweren Verstößen gegen das Demokratiegebot und die Wahlrechtsgrundsätze geprägt: Dadurch, dass die für die Vertreterversammlung geltenden Satzungsbestimmungen für Gegenvorschläge durch 15 Vertreter erst für den dritten Wahlgang zugelassen waren, wenn nämlich zweimal hintereinander die Wahlvorschläge der Wahlausschüsse für den jeweiligen Wahlabschnitt abgelehnt worden seien, sei das Initiativ- und Antragsrecht der Mitglieder der Vertreterversammlung so weitgehend eingeschränkt, „daß von einer freien Wahl im Sinne einer Auswahl von Kandidaten keine Rede mehr sein kann“[331]. Dagegen seien sowohl Wahlvorschläge durch Parteivorstände als auch die bei der Wahl der Vertreterversammlung angewendete Blockwahl nicht zu beanstanden. Letzteres sei dann mit den Wahlgrundsätzen vereinbar, sofern es sich um eine Abstimmung ohne Festlegung auf die Abgabe einer Mindeststimmenzahl handle.[332]

327 HamVerfG, a.a.O., 1070 (1071).
328 HamVerfG, a.a.O., 1070 (1072).
329 Ebda.
330 Ebda.
331 Ebda.
332 HamVerfG, a.a.O., 1070 (1071).

Als zweite Entscheidung ist hier der Beschluss des Bundesverfassungsgerichts vom 20.10.1993[333] zu nennen. Es hatte einen ähnlichen Fall zu entscheiden. Auch hier ging es um die Kandidatenaufstellung der hamburgischen CDU, jedoch zur Bundestagswahl 1990. Die Beschwerdeführer rügten in der Wahlprüfungsbeschwerde Wahlfehler sowohl bei der Kandidatenaufstellung für den Wahlkreisvorschlag als auch bei der Kandidatenaufstellung zur Aufstellung der Landesliste.[334] Dabei hat das BVerfG im Anschluss an seine bis dahin ergangene Rechtsprechung[335] folgende verfassungsrechtliche Maßstäbe für die Kandidatenaufstellung aufgestellt: Wegen der besonderen legitimierenden Funktion der Wahl können Wahlfehler nicht nur von amtlichen Wahlorganen, sondern auch von Dritten begangen werden, die „unter Bindung an wahlgesetzliche Anforderungen kraft Gesetzes Aufgaben bei der Organisation einer Wahl erfüllen."[336] Wegen der gesetzlichen Regelungen im BWG treffe dies hier zu; denn insbesondere bei einem Listenvorschlag sei den Parteien das Wahlvorschlagsrecht und damit ein „wesentlicher Bereich der Wahlvorbereitung" vom Gesetzgeber zugewiesen worden.[337] Wahlrechtlich erheblich sei die Beachtung der in den §§ 21 I-IV und VI, 27 BWG enthaltenden Vorschriften, nicht hingegen die Einhaltung der Bestimmungen der Parteisatzung für die Kandidatenaufstellung (vgl. § 21 V BWG).[338] Da das freie Vorschlagsrecht ebenfalls zum Bürgerrecht auf Teilnahme an der Wahl (Art. 38 Abs. 1 GG) gehöre, gelten die Grundsätze der Allgeneinheit, Gleichheit und Freiheit der Wahl auch für das Wahlvorschlagsrecht und müssten daher von den Parteien eingehalten werden. Sie unterliegen zugleich den Bindungen, „die der Gesetzgeber zur Sicherung des freien Wahlvorschlagsrechts der Stimmberechtigten normiert hat und für deren Einhaltung er eine Kontrolle vorsieht"[339]. Daraus folge jedoch nicht, dass die Parteien, wie etwa staatliche Organe, die Verfahrensgrundsätze strikt einzuhalten haben. Vielmehr bilde die Aufstellung der Wahlkandidaten die Nahtstelle zwischen dem auf den Staatsbürger bezogenen Wahlrecht und den von den Parteien weitgehend autonom zu gestaltenden Angelegenheiten der inneren Ordnung. Daraus folge, dass die Parteien nur die elementaren Verfahrensgrundsätze einzuhalten hätten. Das Gericht grenzt hier also ab zwischen elementaren und sonstigen, also nicht-elementaren

333 HamVerfG, Beschl. v. 20.10.1993 – 2 BvC 2/91 = BVerfGE 89, 243 ff. = NJW 1994, 922 ff.
334 Vgl. näher zum Sachverhalt BVerfG NJW 1994, 922.
335 Vgl. BVerfGE 41, 399 (417); BVerfGE 47, 253 (282).
336 BVerfG NJW 1994, 922 (923).
337 Ebda.
338 Ebda.
339 Ebda.

Verfahrensgrundsätzen: „Diese Abgrenzung entspricht der Nahtstelle zwischen parteiinternen Angelegenheiten und staatlicher Wahlvorbereitung. Sie sichert unverzichtbare Voraussetzungen für einen demokratischen Wahlvorgang, wahrt aber mit der Beschränkung auf Verstöße gegen elementare Regeln zugleich die Autonomie der Parteien, die berührt wird, wenn es darum geht, deren Verfahren bei der Kandidatenaufstellung durch staatliche Wahlorgane und im Wahlprüfungsverfahren zu kontrollieren und zu bewerten."[340]

Der Senat zieht neben der Parteiautonomie auch den Schutz der Wahl und den Bestandsschutz des Parlaments als Argumente heran: Dadurch nämlich, dass nur elementare Verfahrensverstöße Wahlfehler begründen, sei sichergestellt, dass die Parteien durch etwa bewusste Verstöße gegen wahlrechtliche Regelungen auf die Gültigkeit der Wahl Einfluss nehmen.[341]

Wenn die elementaren Verfahrensregeln verletzt seien, so läge keine Wahl i.S.v. § 21 Abs. 1 BWG vor. Mithin läge ein Wahlfehler vor, der die Zulassungsentscheidung fehlerhaft machen würde. In einem solchen Fall seien die Wahlorgane gemäß §§ 26, 28 BWG nach Prüfung zur Zurückweisung verpflichtet.[342] „Aus der Funktion der wahlrechtlichen Regelungen in den §§ 21, 27 BWG, die personale Grundlage einer demokratischen Wahl zu schaffen, ergibt sich jedoch, dass § 21 Abs. 1 BWG mit den Anforderungen einer ‚Wahl' nicht allein die geheime Abstimmung verlangt, sondern weiter die Einhaltung eines Kernbestandes an Verfahrensgrundsätzen, ohne den ein Kandidatenvorschlag schlechterdings nicht Grundlage eines demokratischen Wahlvorgangs sein kann."[343]

Im Folgenden subsumiert der Senat die in der Wahlprüfungsbeschwerde vorgebrachten Rügen unter die von ihm aufgestellten Maßstäbe. Dabei konkretisiert er nur an zwei Stellen, was er unter dem Begriff „Kernbestand an Verfahrensgrundsätzen" genau versteht: Als einen Wahlfehler qualifiziert das Gericht zunächst die Regelungen zur Redezeit in der Wahlkreismitgliederversammlung bei der Aufstellung des Wahlkreisvorschlags. Hier wurde dem Beschwerdeführer nur eine Redezeit von drei Minuten zugebilligt: „Eine Kandidatenauswahl, die mit dieser Bedeutung in den eigentlichen Wahlvorgang hineinwirkt, hat zur Voraussetzung, daß sich eine Auswahl unter mehreren Wahlbewerbern an den Kriterien der Persönlichkeit und des politischen Programms des Kandidaten orientieren kann. Nur wenn sich die Stimmberechtigten hierüber hinreichend zu unterrichten vermögen, ist die Offenheit einer Alternative hergestellt, die unverzichtbares Merkmal

340 Ebda.

341 BVerfG, a.a.O., (923 f.).

342 Ebda.

343 BVerfG, a.a.O., (923).

einer Wahl ist. Aus diesem Grund wird es regelmäßig notwendig sein, daß sich die Kandidaten persönlich in gebotener Zusammenfassung vorstellen und programmatische Aussagen manchen können."[344] An anderer Stelle prüft das Gericht die bei der Aufstellung der Landesliste vorgesehene Blockwahl, hält diese für zulässig und erwähnt in diesem Zusammenhang den Minderheitenschutz, der hier aber nicht zu einem Wahlfehler führt, weil bei der nicht-strikten Blockwahl Minderheiten nicht mehr Rechte genommen werden, „als es mit einer – verfassungsrechtlich unbedenklichen – Mehrheitswahl ohnehin verbunden ist. Einen darüber hinausgehenden Minderheitenschutz verlangt das demokratische Prinzip jedenfalls unter dem hier allein maßgeblichen Gesichtspunkt der Einhaltung der elementaren Verfahrensgrundsätze einer demokratischen Wahl nicht."[345] Weiter geht das Gericht nicht darauf ein, was genau unter Kernbestand bzw. elementaren Verfahrensgrundsätzen zu verstehen ist. Im Ergebnis wird die Wahlprüfungsbeschwerde mangels Mandatsrelevanz der festgestellten Wahlfehler zurückgewiesen.[346]

bb) Bewertung im Schrifttum

Die hier erwähnten Entscheidungen wurden im Schrifttum[347] bewertet: Der Fortschritt bestand danach bei HamVerfG, Urt. v. 4.5.1993 , HamVerfG 3/92 = DVBl. 1993, 1070 ff. in dogmatischer Hinsicht darin, dass mit dieser Entscheidung die wahlrechtliche Relevanz der innerparteilichen Willensbildungsprozesse bei der Kandidatenaufstellung ins Bewusstsein gehoben wurde.[348] Das Gericht hat im Ergebnis die Anforderungen an die innerparteiliche Demokratie und die Sensibilität für die Kandidatenaufstellung erhöht.[349] Die Entscheidung verdeutliche, dass Fehler bei der Nominierung von Wahlbewerbern grundsätzlich auch die Wahl selbst betreffen können. Art. 38 Abs. 1 Satz 1 GG wirke daher in das Gebot der innerparteilichen Demokratie (Art. 21 Abs. 1 Satz 3 GG) ein, jedoch entfalten die Wahlgrundsätze nicht die volle Strenge. Es gehe immer darum zu prüfen, ob eine wirkliche Wahl vorgelegen habe. Eine solche ist nach dem Gericht an der Auswahlfreiheit, der Beachtung gewisser Gleichheitsanforderungen

---

344 BVerfG, a.a.O., (915).

345 BVerfG, a.a.O., (926).

346 Vgl. näher BVerfG, a.a.O., (925).

347 Zum HamVerfG: *Arndt*, NVwZ 1993, 1066 f.; *H.P. Ipsen*, in: GS Grabitz, 1995, S. 227 ff.; *Karpen* DVBl. 1993, 1077 ff.; *Koch*, DVBl. 2000, 1093 (1097); *Ipsen*, ZParl 1994, 235 ff.; *Koenig*, ZParl 1994, 241 ff.; *Mager*, DÖV 1995, 9 ff.; *Kuhl/Unruh*, DVBl. 1994, 1391 (1391 f.).

348 *Ipsen*, ZParl 1994, 235 (236).

349 *Karpen*, DVBl. 1993, 1077 (1081).

und am Minderheitenschutz zu erkennen. Das Gericht habe versucht, mit der Bildung von Fallgruppen zu arbeiten, was im Ergebnis auf eine Differenzierung zwischen „schweren" und „sehr schweren" (und offenbar leichten) hinauslaufe.

Es bestehe hier der Konflikt, inwieweit strikt und formal anzuwendende Grundsätze – weil „staatsgerichtet" – auf eine Rechtsmaterie außerhalb dieser Zuordnung anzuwenden seien, zumal diese die staatsgeprägte Willensbildung entscheidend vorprägen.[350] Kritisch gesehen wurden die Ausführungen zur Mandatsrelevanz.[351] Sie können hier jedoch dahinstehen.

Der Beschluss des Bundesverfassungsgerichts vom 20.10.1993[352] wurde zustimmend aufgenommen.[353] Das Gericht habe endgültig bestätigt, dass die Wahlgrundsätze des Art. 38 Abs. 1 Satz 1 GG – außer dem Grundsatz der Unmittelbarkeit – auch für die Wahlvorbereitung gelten.[354] Die Entscheidung deckt sich auch mit der überwiegenden Ansicht im Schrifttum.[355] Insgesamt werden beide Entscheidungen als Stärkung der innerparteilichen Demokratie eingeordnet.[356] Durch die Entscheidungen seien die Parteien näher „in das verfassungsgeregelte Schwerkraftfeld des Staates gerückt, als es bisher für richtig gehalten wurde"[357].

Ein Kritikpunkt ist jedoch, dass die Vorgaben der beiden Entscheidungen nicht konkret genug seien. Das Bundesverfassungsgericht verlangt in seiner Entscheidung vom 20.10.1993 die „Einhaltung eines Kernbestandes an Verfahrensgrundsätzen, ohne den ein Kandidatenvorschlag schlechterdings nicht Grundlage eines demokratischen Wahlvorgangs sein kann"[358]. Es ließ aber offen, was den Kernbestand dieser Grundsätze ausmache.[359] Damit wurde nicht abschließend

---

350 *Kunig*, Jura 1994, 554 (556).

351 Vgl. *Gündisch*, in: FS Thieme, S. 1041 (1061); *Ipsen*, ZParl 1994, 235 (239); *Karpen*, DVBl. 1993, 1077 (1079 f.); *Koenig*, ZParl 1994, 241 (244 f.); *Mager*, DÖV 1995, 9 (14 f.).

352 BVerfG, Beschl. v. 20.10.1993 – 2 BvC 2/91 = BVerfGE 89, 243 ff. = NJW 1994, 922 ff.

353 Vgl. etwa *Maunz/Dürig/Klein*, GG, Art. 41 Rdnr. 67.

354 *Maunz/Dürig/Klein*, GG, Art. 41 Rdnr. 67.

355 Vgl. *Arndt*, NVwZ 1993, 1066; *Boettcher/Högner*, Bundeswahlgesetz, § 21 Rdnr. 13; *Harms*, Die Gesetzgebungszuständigkeit, S. 172 ff.; *König*, Die Verfassungsbindung der politischen Parteien, S. 81; *Kuhl/Unruh*, DVBl. 1994, 1391 (1394); *Mager*, DÖV 1995, 9 (13 f.); *Nass*, in: FS Weber, S. 311 (315 ff.); *Nettesheim*, BayVBl. 1991, 292 (294); *Oebbecke*, JZ 1988, 176 (179); *Schneider*, AK-GG, Art. 38 Rdnr. 42; *Schreiber/Hahlen*, § 21 Rdnr. 7.

356 Vgl. in Bezug auf die Entscheidung des HamVerfG *v. Arnim*, Staat ohne Diener, S. 118; zurückhaltender *Gündisch*, in: FS Thieme, S. 1041 (1060).

357 So *Karpen*, DVBl. 1993, 1077.

358 BVerfG NJW 1994, 922 (923).

359 *Kuhl/Unruh*, DVBl. 1994, 1391 (1395).

geklärt, was unter den Begriff „Kernbestand" zu verstehen sei.[360] Jedenfalls könne nur vermutet werden, dass sich der Inhalt des Kernbestandes aus dem Kanon der durch Art. 38 Abs. 1 Satz 1 GG normierten Wahlrechtsgrundsätze ergeben solle.[361] Ähnlich kritisch wird das Urteil des Hamburgischen Verfassungsgerichts gesehen. Die vom Gericht vorgenommene Fallgruppenbildung zwischen „schweren" und „sehr schweren" Wahlrechtsverstößen sei zu unbestimmt und lasse zu viele Spielräume für die Anwendung der Grundsätze in der Praxis.[362]

cc) Zwischenergebnis

Die angesprochenen Entscheidungen haben gezeigt, dass nicht nur amtliche Wahlorgane Wahlfehler begehen können, sondern auch Dritte, die kraft Gesetzes Aufgaben bei der Organisation der Wahl unter Bindung an wahlgesetzliche Anforderungen erfüllen.[363] Die von Dritten begangenen Wahlfehler können von den staatlichen Wahlprüfungsorganen überprüft werden. „Dritte" sind in der Regel die politischen Parteien, die mit der Kandidatenaufstellung entsprechend ihrer verfassungsrechtlichen Funktionszuweisung einen wesentlichen Teil der Wahlvorbereitung übernehmen.

Bei der Ausgestaltung der innerparteilichen Ordnung muss zwischen dem Bereich unterschieden werden, in dem die Parteien die Aufgabe der Kandidatenaufstellung wahrnehmen, und allen sonstigen Bereichen. Sie sind bei der Ausgestaltung der parteiinternen Kandidatenaufstellung sowohl an die einfachgesetzlichen (z.B. Bundeswahlgesetz) als auch an die verfassungsrechtlichen Vorgaben gebunden, hier also an die Wahlgrundsätze des Art. 38 Abs. 1 Satz 1 GG. Das verfassungsrechtliche Wahlvorschlagsrecht ist deshalb auch noch nicht gewahrt, wenn die Parteien im Rahmen ihrer Bindung an demokratische Grundsätze (Art. 21 Abs. 1 Satz 3 GG) nur ihre eigenen satzungsrechtlichen Regelungen erfüllen.[364] Jedoch gelten die Wahlgrundsätze des Grundgesetzes für die politischen Parteien nicht in der gleichen Strenge wie für die staatlichen Wahlorgane. Das ergibt sich schon aus der Vereinsstruktur der Parteien. Wahlverstöße kommen nur in Betracht, sofern Kernbereiche der Verfahrensgrundsätze verletzt sind.

In allen anderen Bereichen innerhalb der Parteiorganisation, wo es nicht um die Kandidatenaufstellung für die Bundestagswahl, sondern um sonstige

---

360 *Boettcher/Högner*, Bundeswahlgesetz, § 21 Rdnr. 4.
361 Vgl. *Hong*, Kandidatenaufstellung, S. 49.
362 So *Kunig*, Jura 1994, 554 (556).
363 Vgl. auch *Berkemann*, JR 1994, 177 (181).
364 Vgl. *Sachs*, JuS 1994, 794 (795).

Vorgänge innerhalb der Partei geht, z. B. die Besetzung der Parteiämter, haben sie nur das Gebot der innerparteilichen Demokratie des Art. 21 Abs. 1 Satz 3 GG zu beachten. Deshalb war die Verletzung allein gegen Satzungsrecht im Beschluss des Bundesverfassungsgerichts wahlrechtlich unbedeutend.[365] Entsprechende Rügen müssen vor den Parteischiedsgerichten geltend gemacht werden.[366]

Nach der Rechtsprechung des Bundesverfassungsgerichts haben die Parteien in der Kandidatenaufstellung im Rahmen ihrer Verfassungsbindung nur einen Kernbestand an Verfahrensgrundsätzen einzuhalten. Was darunter zu verstehen ist, ergibt sich, bis auf wenige Ausnahmen, nicht aus dem zitierten Beschluss.[367] Es kann nur vermutet werden, dass sich der Kernbestand aus dem Kernbereich der Wahlgrundsätze von Art. 38 Abs. 1 Satz 1 GG ergeben könnte; jedenfalls ist das BVerfG von diesem ausgegangen.[368] Die gleichen Unklarheiten ergeben sich bei der Betrachtung der Entscheidung des Hamburgischen Verfassungsgerichts. In der Literatur werden dazu Ansätze diskutiert, die fruchtbar gemacht werden können.

b) Weitere Ansätze in der Literatur

aa) Ausgangspunkt

Sofern Parteien in der Rechtsform des bürgerlich-rechtlichen Vereins auftreten, verfügen sie schon kraft dieser Organisationsform und wegen Art. 9 Abs. 1 GG über Vereinsautonomie.[369] Art. 9 Abs. 1 GG schützt die Freiheit der „Selbstbestimmung über die eigene Organisation, das Verfahren ihrer Willensbildung und die Führung ihrer Geschäfte."[370] Die Parteien können also im Rahmen der hier angesprochenen Satzungsautonomie grundsätzlich die Kandidatenaufstellung als innere Angelegenheit selbständig regeln. Sie unterliegen jedoch besonderen Schranken. Diese Schranken ergeben sich aus ihrem Status als Partei aus dem Gebot der Beachtung von demokratischen Grundsätzen (Art. 21 Abs. 1 Satz 3 GG) und aus den Wahlgrundsätzen (Art. 38 Abs. 1 Satz 1 GG). Daran knüpft die einschlägige Literatur an. Im ersten Fall, also aus Art. 21 Abs. 1 Satz 3 GG, geht es um demokratische Merkmale; im zweiten Fall, also aus Art. 38 Abs. 1 Satz 1 GG, um die Anforderungen, die an die parteiinterne Wahl im Rahmen der Kandidatenaufstellung zu stellen sind.

---

365 Siehe BVerfG NJW 1994, 922 Entscheidungssatz Nr. 2b).

366 Vgl. zu deren obligatorischer Einrichtung § 14 PartG.

367 Vgl. die Bewertung im vorgenannten Schrifttum.

368 *Hong*, Kandidatenaufstellung, S. 49.

369 *v. Münch/Kunig*, Art. 21 Rdnr. 51.

370 *v. Münch/Kunig/Löwer*, Art. 9 Rdnr. 43; BVerfGE 50, 290 (354).

bb) Weitere verfassungsrechtliche Vorgaben

Zunächst ist auf die Bindung der politischen Parteien an die demokratischen Grundsätze nach Art. 21 Abs. 1 GG einzugehen. Dieser erfordert den Verlauf der politischen Willensbildung innerhalb der Parteien von „unten nach oben“[371]. Daraus folgt zunächst, dass das Recht des Kandidatenvorschlages nicht einer vom Willen der Parteimitglieder unabhängigen Wahlkommission oder der Parteiführung vorbehalten bleiben darf.[372] Das Recht, für die Aufstellung von Kandidaten und Delegierten Bewerber vorzuschlagen, gehört zum Kernbestand der Verfahrensgrundsätze.[373] Das Vorschlagsrecht darf nicht an besonders hohe Hürden geknüpft werden.[374] Vorschläge müssen aus der Mitte der Versammlung möglich sein.[375]

Damit sich jedes Parteimitglied oder jeder Delegierte eine Meinung von den Bewerbern machen kann, muss diesen hinreichend Redezeit eingeräumt werden.[376] Nur wenn die Stimmberechtigten über die Bewerber und deren politische Programme hinreichend informiert sind, ist die Offenheit der Kandidatenaufstellung gewährleistet Diese bildet ein unverzichtbares Merkmal einer demokratischen Wahl.[377] Hier finden sich Spuren des demokratischen Offenheitsprinzips, welches zunächst auf staatlicher Ebene zu finden ist, jedoch auch wegen der besonderen Bedeutung der Kandidatenaufstellung für den Wahlakt gerade auch in diesem Bereich der innerparteilichen Demokratie Wirkung entfaltet.[378] Die Teilnahme des wahlberechtigten Bürgers an der politischen Willensbildung – und damit auch an der Gesetzgebung – soll durch die Kandidatenaufstellung besonders gestärkt werden.[379] Unter dem Begriff Offenheit im Sinne eines demokratischen Prinzips kann man drei Vorgänge verstehen: Publizität, Zugänglichkeit und Teilhabe. Unter Publizität kann man die Veröffentlichung von Tatsachen verstehen, unter Zugänglichkeit versteht man die Chance der persönlichen Wahrnehmung

371 BVerfGE 2, 1 (40).

372 *Seifert*, Bundeswahlrecht, S. 186; *Nettesheim*, BayVBl. 1991, 292 (294); *Wolfrum*, ZParl 1975, 323 (331).

373 *Schreiber/Hahlen*, § 21 Rdnr. 29. Vgl. § 21 Abs. 3 Satz 2 BWG.

374 *Seifert*, Bundeswahlrecht, S. 186 nennt hier etwa Antragsquoren von etwa einem Viertel oder einem Fünftel der auf der Vertreterversammlung anwesenden Stimmberechtigten.

375 Ebda.

376 Ebda. Vgl. nun § 21 Abs. 3 Satz 2 BWG, eingef. durch das 15. G. zur Änd. des BWG vom 27.4.2001 (BGBl. I S. 698), sowie BVerfGE 89, 243 (260).

377 Vgl. *Schreiber/Hahlen*, § 21 Rdnr. 30 m. w. Nachw.

378 Vgl. in Bezug auf das aktive Wahlrecht *Reichel*, Das demokratische Offenheitsprinzip und seine Anwendung im Recht der politischen Parteien, S. 136.

379 *Reichel*, a.a.O., S. 114.

eines Sachverhalts, unter Teilhabe die Möglichkeit persönlicher Einflussnahme auf einen Prozess.[380] Die Publizität (und die Zugänglichkeit) ermöglichen einen offenen Diskurs,[381] die Teilhabe legitimiert die staatliche Gewalt.[382] So finden sich im Grundgesetz einzelne Publizitätsgebote, so z.B. die vom Demokratieprinzip geforderte Öffentlichkeit der staatlichen Beratungs- und Entscheidungsprozesse[383] und deren Realisierung.[384] Außerhalb des genannten Bereichs finden sich noch weitere normierte Publizitätsgebote.[385] Das demokratische Offenheitsprinzip ermöglicht einen Kommunikations- und Willensbildungsprozess, den die Demokratie voraussetzt.[386] Es ist grundsätzlich auch bei der innerparteilichen Kandidatenaufstellung einzuhalten.

Ein weiteres Element der demokratischen Grundsätze aus Art. 21 Abs. 1 Satz 3 GG ist der Minderheitenschutz. Er gilt aber in Parteien nur abgeschwächt. Denn es muss grundsätzlich berücksichtigt werden, dass sich innerhalb einer Partei die Minderheiten in einer anderen Situation befinden als jene im Staat.[387] Grundsätzlich muss niemand Mitglied einer Partei sein. Parteien wurzeln in der Gesellschaft. Es handelt sich bei ihnen um von Bürgern frei gebildete Vereinigungen oder Gruppen.[388] Jede Partei entwickelt eine politische Grundrichtung, der sie sich verpflichtet fühlt. Daraus folgt, dass sie einen Grundkonsens herausbildet, was wiederum zu einer Abschwächung des Minderheitenschutzes führt, der vom Grundgesetz für die innerparteiliche Demokratie verlangt wird.[389] Aus dem gleichen Grund haben die Parteien auch die Möglichkeit, etwa die Aufnahme von neuen Mitgliedern jeweils abhängig zu machen von der Grundidentifikation des

380 *Reichel*, a.a.O., S. 106.

381 Näher zum demokratietheoretischen Hintergrund der Publizität *Reichel*, a.a.O., S. 107 ff.

382 Vgl. die Hinweise von *Reichel*, a.a.O., S. 109 f. auf die theoretischen Überlegungen von J.-J. Rousseau.

383 *Jarass/Pieroth*, Art. 20, Rdnr. 11.

384 Besondere Öffentlichkeitsgebote enthalten: Art. 42 Abs. 1 GG (Verhandlungsöffentlichkeit des Bundestages), Art. 44 Abs. 1 Satz 1 GG (Verhandlungsöffentlichkeit von Untersuchungsausschüssen), Art. 52 Abs. 3 Satz 3 GG (Verhandlungsöffentlichkeit des Bundesrates).

385 Vgl. etwa Art. 82 Abs. 1 Satz 1 GG (Verkündungspflicht von Gesetzen). Zur Frage, ob das Grundgesetz ein allgemeines Publizitätsgebot kennt, vgl. *Reichel*, a.a.O., S. 110 ff. m. w. Nachw.

386 *Dreier*, GG, Art. 20 [Demokratie] Rdnr. 82.

387 *v. Münch/Kunig*, Art. 21 Rdnr. 56.

388 BVerfGE 20, 56 (101).

389 So *v. Münch/Kunig*, Art. 21 Rdnr. 56.

Bewerbers um die Mitgliedschaft mit ihren Zielen.[390] Zusammenfassend kann also gesagt werden, dass zwischen dem Minderheitenschutz auf staatlicher Ebene und jenem im innerstaatlichen Bereich ebenfalls nur eine strukturelle Homogenität herrschen muss. Notwendig ist hier lediglich die Einhaltung von Mindestanforderungen, die aus dem Minderheitenschutz folgen: Dazu zählen etwa die Möglichkeit, Alternativen zu repräsentieren, die Einbringung von Positionen der Minderheit in den Entscheidungsprozess sowie die Offenheit und Vielfältigkeit des politischen Entscheidungsprozesses.[391] Es dürfen keine unangemessenen Anforderungen an die Einbringung von Alternativvorschlägen gestellt werden.[392]

Wie angesprochen, gelten die Wahlgrundsätze von Art. 38 Abs. 1 Satz 1 GG wegen der besonderen Bedeutung des Kandidatenaufstellungsverfahrens für die staatliche Wahl auch für diesen Teil der innerparteilichen Demokratie. Da die Aufstellung von Wahlbewerbern im Rahmen der Bildung der Staatsorgane der erste Schritt ist, gilt hier die Parteiautonomie eingeschränkt.[393] Sie sind jedoch Modifikationen zugänglich. Diese ergeben sich aus der Funktion der Parteien und der besonderen Struktur der innerparteilichen Willensbildung.[394] Die Möglichkeit der Modifikation der Wahlgrundätze ergibt sich ferner aus dem in Art. 21 Abs. 1 GG normierten Mitwirkungsrecht der Parteien. Das Mitwirkungsrecht darf den Parteien nicht dadurch unnötig erschwert werden, dass aus den Wahlgrundsätzen überspannte Forderungen abgeleitet werden.[395] Es liefe in diesem wichtigen Bereich sonst leer. Allerdings sind Modifikationen möglich, die sich aus der praktischen Durchführbarkeit der Kandidatenaufstellung ergeben, aber auch solche aus der Natur der Bewerberauswahl als parteiinternes Verfahren.[396]

Aus dem Grundsatz der allgemeinen Wahl folgt für die innerparteiliche Kandidatenaufstellung, dass grundsätzlich jedes am Wahltag wahlberechtigte und regional betroffene Parteimitglied auf die Kandidatenaufstellung durch Abstimmung Einfluss nehmen können muss.[397] Ausgeschlossen ist also, wie auch auf

---

390 *Grimm*, in: *Benda/Maihofer/Vogel*, HbVerfR, § 14 Rdnr. 40.

391 *Hong*, Kandidatenaufstellung, S. 54.

392 *Wolfrum*, Die innerparteiliche demokratische Ordnung nach dem Parteiengesetz, S. 184; ebda.

393 *v. Mangoldt/Klein/Starck/Streinz*, Art. 21 Abs. 1 Rdnr. 156.

394 Vgl. etwa *Nass*, in: FS Weber, S. 311 (316 f.); *Oebbecke*, JZ 1988, 176 (179); *König*, Die Verfassungsbindung der politischen Parteien, S. 81.

395 *Kuhl/Unruh*, DVBl. 1994, 1391 (1394).

396 *König*, Die Verfassungsbindung der politischen Parteien, S. 81.

397 *Nass*, in: FS Weber, S. 311 (319).

staatlicher Ebene,[398] ein Ausschluss vom aktiven und passiven Wahlrecht nach bestimmten Kriterien, wie etwa dem Geschlecht oder der Höhe des Einkommens.[399] Eine Art parteiinternes Zensuswahlrecht wäre deshalb verfassungswidrig. Abweichungen ergeben sich hier etwa aus der Eigenart der Bewerberauswahl als parteiinternes Verfahren. So ist es den Parteien gestattet, das Wahlrecht durch Satzungsrecht abhängig zu machen von einer gewissen Dauer der Zugehörigkeit zur Partei oder von der Erfüllung der Beitragspflicht des Parteimitglieds.[400] Die erste Änderungsmöglichkeit folgt aus dem Geschlossenheitsprinzip, Letzteres aus dem Interesse der Parteien an der Aufrechterhaltung und Durchführung ihrer (auch verfassungsrechtlich anerkannten[401]) Aufgaben.[402]

Aus dem Grundsatz der Unmittelbarkeit der Wahl folgt für die Parteien nicht, dass die Wahlbewerber sämtlicher Gliederungsebenen unmittelbar von den Parteimitgliedern gewählt werden müssen. Hier geht es um die praktische Durchführbarkeit. Eine Versammlung aller Parteimitglieder eines Wahlkreises oder eines Bundeslandes stößt auf praktische Schwierigkeiten.[403] Von Verfassung wegen geboten ist daher hier nur, dass das jeweils zuständige Wahlgremium seine Delegierten bestimmt und sich bei dieser Wahl nachträglich nicht eine Instanz einschiebt, welche die Delegierten nach eigenem Ermessen festlegt.[404] Danach gilt der Grundsatz der Unmittelbarkeit der Wahl nur zwischen den Urwählern und den Delegierten, nicht jedoch zwischen den Urwählern und den Gewählten, also den Kandidaten.

Der Grundsatz der Freiheit der Wahl soll gewährleisten, dass es dem Wähler möglich ist, ohne Zwang und sonstige Beeinträchtigungen seine Stimme abzugeben.[405] Die Wahlfreiheit ist aber auch eine negative Freiheit: Der Wähler muss nicht nur darin frei sein, sich für einen Kandidaten, sondern auch darin, sich

---

398 *Schreiber/Strelen*, § 1 Rdnr. 9 m. w. Nachw.

399 *Heinz*, Organisation innerparteilicher Willensbildung, S. 89 m. w. Nachw.

400 *Heinz*, a.a.O., S. 89 f. Vgl. zur Beitragspflicht die §§ 10 Abs. 2 Satz 2 und 13 Satz 4 PartG.

401 Vgl. erneut Art. 21 Abs. 1 Satz 1 GG.

402 *Heinz*, a.a.O., S. 89 ff. Zur letzteren Einschränkung näher *Wolfrum*, Die innerparteiliche demokratische Ordnung nach dem Parteiengesetz, S. 125.

403 *Nass*, in: FS Weber, S. 311 (319).

404 *Heinz*, Organisation innerparteilicher Willensbildung, S. 96.

405 BVerfGE 7, 63 (69), Beschl. v. 3.7.1957, 2 BvR 9/56; BVerfGE 47, 253 (282), Beschl. v. 15.2.1978, 2 BvR 134, 268/76; BVerfGE 66, 369 (380), Beschl. v. 10.4.1984, 2 BvC 2/83; BVerfGE 95, 335 (350), Urt. v. 10.4.1997, 2 BvF 1/95; *Dreier/Morlok*, GG, Art. 38 Rdnr. 82.

gegen ihn zu entscheiden oder sich der Stimme zu enthalten.[406] Der Grundsatz der Freiheit der Wahl garantiert allen Wahlberechtigten ein freies Wahlvorschlagsrecht und schließt aus, dass sowohl faktisch als auch rechtlich den Führungsgremien ein Monopol bei der Bewerberauswahl eingeräumt wird.[407] Voraussetzung dafür ist, eine freie Kandidatenaufstellung unter Beteiligung der Parteimitglieder durchführen zu können.[408] Für die Kandidatenaufstellung im innerparteilichen Bereich bedeutet dies, dass es möglich sein muss, mehrere Bewerber zur Auswahl zu stellen, freie Wahlvorschläge möglich sein müssen und konkurrierende Listenvorschläge den Stimmberechtigten zur Abstimmung gestellt werden können.[409] Wenn also, wie in dem Fall, der dem Urteil des HamVerfG vom 4.5.1993[410] zugrunde lag, für die Zulässigkeit von Gegenvorschlägen von Voraussetzungen abhängig gemacht wird, die nur sehr schwer zu erfüllen sind, liegt nicht nur ein Verstoß gegen den demokratischen Minderheitenschutz, sondern auch gegen die Wahlfreiheit vor.[411] Eine Modifizierung soll sich jedoch auch hier aus dem Umstand ergeben, dass es sich um ein parteiinternes Verfahren handelt. So wird die Zulässigkeit eines innerparteilichen Wahlsystems mit gebundenen Listen (Blockwahl) etwa damit gerechtfertigt, dass es hier darum gehe, in welchem Verhältnis sich die politischen Strömungen, die in der Partei artikuliert sind, in der Wählerschaft widerspiegeln.[412]

Aus dem Grundsatz der Gleichheit der Wahl folgt für den innerparteilichen Bereich, dass bei der Wahl alle Parteimitglieder die gleichen Rechte besitzen müssen, sowohl alle Parteimitglieder als auch alle Vertreter in der Vertreterversammlung das gleiche aktive und passive Wahlrecht haben müssen.[413] Abweichungen könnten sich hier ebenfalls aus dem Umstand ergeben, dass es sich um ein Verfahren innerhalb einer Partei handelt. Aktuell wird die Frage etwa bei der Anwendung von Quotenregelungen in den Parteisatzungen. Darauf wird zurückzukommen sein.

---

406 Vgl. etwa *E. Küchenhoff*, in: *Schmidt/Bärlein/Bonin*, Blockwahlsystem, S. 23 (28).

407 BVerfGE 41, 399 (417); 47, 253(282). Siehe zur einschlägigen Rechtsprechung des BVerfG, *Pauly*, AöR 123 (1998), 232 (278 ff.).

408 *v. Mangoldt/Klein/Starck/Achterberg/Schulte,* Art. 38 Rdnr. 125.

409 *Dreier/Morlok*, GG, Art. 38 Rdnr. 84.

410 HamVerfG, Urt. v. 4.5.1993, HamVerfG 3/92 = DVBl. 1993, 1070 ff.

411 Vgl. dazu auch *Arndt*, JbStuVerw.Wiss 8 (1995), 225 (235).

412 *Heinz*, Organisation innerparteilicher Willensbildung, S. 98.

413 *Wolfrum*, Die innerparteiliche demokratische Ordnung nach dem Parteiengesetz, S. 130 m. w. Nachw.

Der Grundsatz der geheimen Wahl, der ausdrücklich in § 17 Satz 1 PartG und § 21 Abs. 3 Satz 1 BWG für die Kandidatenaufstellung normiert ist, soll der Parteiführung die Möglichkeit entziehen, auf die Parteimitglieder Druck auszuüben, denn eines der wirkungsvollsten Maßnahmen der Parteiführung zur Durchsetzung ihrer Vorstellung ist die offene Abstimmung.[414] Modifikationen sind hier ausnahmsweise denkbar, ein Verzicht auf die geheime Abstimmung ist nicht möglich.[415]

c) *Ergebnis*

Die innerparteiliche Demokratie gliedert sich in mehrere Bereiche. Im innerparteilichen Bereich bleibt es dabei, dass die Parteien eine hohe Satzungsautonomie genießen. Das folgt wiederum aus der vom Grundgesetz geschützten Parteienfreiheit. Sie ist eine Konsequenz daraus, dass es sich bei Parteien grundsätzlich um Gebilde handelt, die in der Gesellschaft wurzeln.

Bei der innerparteilichen Kandidatenaufstellung üben demgegenüber die Parteien einen wesentlichen Einfluss nach außen aus, denn es handelt sich hier um die erste Stufe der Kreation von Staatsorganen. Deshalb sind die Parteien hier in ihrer Satzungsautonomie eingeschränkt. Sie handeln nicht nur in „eigener Sache“, sondern auch mit Wirkung nach außen, weil sie einen wesentlichen Teil der staatlichen Wahl beeinflussen und organisieren. Neben dem Gebot der innerparteilichen Demokratie (Art. 21 Abs. 1 Satz 3 GG) gelten auch die Wahlgrundsätze (Art. 38 Abs. 1 Satz 1 GG). Mit Rücksicht auf die abweichende Struktur zwischen staatlichen Aufgaben und der Struktur der Parteien, soweit sie an der Bildung der Staatsorgane mitwirken, gelten die verfassungsrechtlichen Vorgaben der Art. 21 Abs. 1 Satz 1 und Art. 38 Abs. 1 Satz 1 GG nicht ohne Abweichungen hinsichtlich der Normanwendung.

Aus dem Gesagten folgt, dass die Parteien bei der ihnen obliegenden Ausgestaltung der Kandidatenaufstellung an wesentliche Verfahrensgrundsätze gebunden sind. Einige hat der Gesetzgeber im einfachen Recht bereits normiert, andere müssen aus dem Verfassungsrecht hergeleitet werden. Rechtsprechung und Literatur haben im Laufe der Zeit – unabhängig von der Tätigkeit des Gesetzgebers – konkretisiert, was unter „wesentliche Verfahrensgrundsätze“ zu verstehen ist: freies Vorschlagsrecht für die Parteimitglieder, Möglichkeit der Bewerber, sich in angemessener Zeit vorzustellen, keine gegen die Wahlfreiheit und den Minderheitenschutz verstoßende diskriminierende Gestaltung

414 *Nass*, in: FS Weber, S. 311 (321).
415 *v. Mangoldt/Klein/Starck/Achterberg/Schulte,* Art. 38 Rdnr. 151 f.

der Stimmzettel sowie keine zu hohen Hürden bei Gegenvorschlägen durch Parteimitglieder oder Versammlungsvertreter, die das Gegenvorschlagsrecht entwerten würden.

II. Die einfachgesetzliche Ausgestaltung des Aufstellungsverfahrens

Die maßgeblichen gesetzlichen Regelungen finden sich im BWG[416], in der BWO[417] sowie im ParteiG[418].

1. Die einfachgesetzliche Ausgestaltung

Das geltende Bundeswahlrecht[419] unterscheidet zwischen den Wahlvorschlägen im Bundestagswahlkreis (Kreiswahlvorschlag) und dem Listenvorschlag. Die Zustimmung des Bewerbers zur Aufstellung als Kreiswahlvorschlag und als Listenkandidat ist vor dem Wahltag immer notwendig.[420]

Kreiswahlvorschläge können sowohl von Parteien als auch von unabhängigen Bewerbern bis zum 69. Tag vor der Wahl bis 18 Uhr beim Kreiswahlleiter eingereicht werden.[421] Parteien, die bereits im Deutschen Bundestag oder einem Landtag seit deren letzten Wahlen mit mindestens fünf Abgeordneten vertreten sind, müssen nur die allgemeinen Formvorschriften einhalten.[422] Parteien, die diese Voraussetzung nicht erfüllen, sonstige Vereinigungen und unabhängige Bewerber müssen zusätzlich 200 Unterschriften von Wahlberechtigten als Unterstützer vorlegen.[423] Diese Regelung ist im Hinblick auf die Chancengleichheit der Parteien nach ständiger Rechtsprechung des Bundesverfassungsgerichts mit dem Grundgesetz vereinbar.[424] Für die Aufstellung von Bewerbern für den Kreiswahlvorschlag der Parteien bestehen besondere Vorschriften. Diese beziehen sich auch auf die bereits erwähnten verfassungsrechtlichen Vorgaben: Die

416 Vgl. §§ 18 ff. BWG.

417 Dazu §§ 32 ff. BWO.

418 Siehe § 17 PartG.

419 Stand des BWG v. 27.4.2013.

420 Vgl. für den Kreiswahlvorschlag: § 20 Abs. 1 Satz 3 BWG, für den Landeslistenvorschlag: § 27 Abs. IV Satz 2 BWG. In beiden Fällen ist die Zustimmungserklärung unwiderruflich.

421 § 18 Abs. 1, § 20 Abs. 3, § 19 BWG.

422 Vgl. die Negativformulierung aus § 18 Abs. 2 Satz 2 BWG. Zu den allgemeinen Formvorschriften beim Kreiswahlvorschlag § 20 Abs. 2 BWG.

423 §§ 20 Abs. 2 und 3 BWG.

424 BVerfGE 3, 19 (26 f.). Zu den weiteren im Schrifttum diskutierten Argumenten vgl. *v. Mangoldt/Klein/Starck/Streinz*, Art. 21 Abs. 1 Rdnr. 133 m. w. Nachw.

Parteien haben bei der Aufstellung des Wahlkreiskandidaten grundsätzlich die Wahl zwischen der Aufstellung in einer Mitgliederversammlung oder in einer (besonderen oder allgemeinen) Vertreterversammlung, deren Mitglieder von der Mitgliederversammlung gewählt werden.[425] Sie haben also die Wahl zwischen direkter und indirekter Kandidatenaufstellung. Passiv wahlberechtigt für die Vertreterversammlungen sind ausschließlich die im betreffenden Wahlkreis wahlberechtigten Parteimitglieder.[426] Eine besondere Vertreterversammlung ist gegeben, wenn die Parteimitglieder die Delegierten einmalig für die bevorstehende Bundestagswahl bestimmen.[427] Eine allgemeine Vertreterversammlung liegt vor, wenn nach der Satzung der Satzung der Partei (vgl. § 6 PartG) diese für die Kandidatenaufstellung immer zuständig ist.[428]

Dabei muss es sich jeweils um eine Versammlung handeln, der in der Parteisatzung als Hauptaufgabe die Kandidatenaufstellung zugewiesen ist, also um ein Parteiwahlorgan. Nicht legitimiert sind solche Gremien, die in Parteiangelegenheiten nur allgemeine Vollmachten haben, wie etwa der Parteivorstand.[429] Die Delegierten üben ein freies Mandat aus, sind also an Weisungen und Aufträge aus der Mitgliederversammlung nicht gebunden.[430]

Die Parteien müssen sowohl bei der Kandidatenaufstellung als auch bei der Wahl der Delegierten für die Vertreterversammlungen einige Vorgaben einhalten. In § 21 Abs. 3 Satz 1 bis 3 sind die Anforderungen normiert, die bereits oben angesprochen wurden, sich also aus den verfassungsrechtlichen Vorgaben ergeben. Die Wahl von Bewerbern und Delegierten ist geheim.[431] Jeder stimmberechtigte Teilnehmer ist vorschlagsberechtigt;[432] jeder Bewerber um die Kandidatur muss die Möglichkeit erhalten, sich in angemessener Zeit vorzustellen.[433] Demgemäß ist eine Abstimmung durch Akklamation wegen des eben erwähnten Gebots der geheimen Abstimmung rechtswidrig.[434] Die Parteien müssen die normierten Anforderungen wegen Verstoßes gegen die Geheimhaltung zwingend

---

425 § 21 Abs. 1 Satz 1 BWG.

426 Vgl. jeweils den Wortlaut von § 21 Abs. 1 Satz 3 und 4 („aus ihrer Mitte") BWG sowie *Schreiber/Hahlen*, § 21 Rdnr. 19.

427 § 21 Abs. 1 Satz 3 BWG.

428 § 21 Abs. 1 Satz 4 BWG.

429 *Schreiber/Hahlen*, § 21 Rdnr. 19.

430 *Schreiber/Hahlen*, § 21 Rdnr. 18.

431 § 21 Abs. 3 Satz 1 BWG. Vgl. auch die allgemeine Bestimmung in § 17 PartG.

432 § 21 Abs. 3 Satz 2 BWG.

433 § 21 Abs. 3 Satz 3 BWG.

434 *Schreiber/Hahlen*, § 21 Rdnr. 18.

einhalten. Die Nichteinhaltung berührt den demokratischen Charakter der Bundestagswahl im Sinne der bereits zitierten Rechtsprechung des BVerfG und kann zu einem entscheidenden Verfahrensfehler führen, der im Extremfall die Nichtigkeit der Wahl zur Folge hat.[435] Unterhalb dieser Anforderungen bestimmen die Parteien durch Satzungsrecht das nähere Verfahren.[436] Sie haben dem Wahlkreisleiter gegenüber die Einhaltung der elementaren Verfahrensgrundsätze nachzuweisen und deren Einhaltung an Eides statt zu versichern.[437]

Parteien können Landeslistenvorschläge in der gleichen Frist wie bei Kreiswahlvorschlägen beim Landeswahlleiter schriftlich einreichen.[438] Sie sind dazu ausschließlich vorschlagsberechtigt.[439] Parteien, die im Deutschen Bundestag oder einem Landtag seit deren letzten Wahl nicht ununterbrochen mit fünf Abgeordneten vertreten waren, müssen neben den allgemeinen Formvorschriften zusätzlich Unterschriften einwerben. Die Obergrenze liegt bei 2000 Unterschriften. Unabhängig von der absoluten Anzahl an Wahlberechtigten in einem Bundesland reichen also 2000 Unterschriften in jedem Falle.[440]

Für das parteiinterne Aufstellungsverfahren gelten die gleichen Vorschriften wie für den Kreiswahlvorschlag.[441] Es kann also auf die vorherigen Ausführungen verwiesen werden.

Die Namen auf der Landesliste müssen für den Wähler in erkennbarer Reihenfolge aufgeführt werden.[442] Die Reihenfolge ist von zentraler Bedeutung für den Wähler, weil sich die Zuteilung der Mandate auf die verschiedenen Landeslisten nach der festgelegten Reihenfolge auf den Landeslisten richtet.[443] Sofern ein Abgeordneter ausscheidet, rückt der nächste Listenplatzinhaber von Rechts wegen nach.[444] Folglich entscheidet der Listenplatz eines Bewerbers bei der Mandatszuteilung über seine Erfolgsaussichten:[445] Je höher er platziert wird, desto wahrscheinlicher ist es, dass er als Abgeordneter in den Deutschen Bundestag einzieht.

---

435 Vgl. *Schreiber/Hahlen*, § 21 Rdnr. 44. m. w. Nachw.

436 § 21 Abs. 5 BWG. Vgl. zu den weiteren Formbestimmungen und Fristen § 21 Abs. 6 BWG; § 21 Abs. 3 Satz 4.

437 Vgl. die Formvorschrift in § 21 Abs. 6 BWG. Die Prüfung erfolgt durch den Kreiswahlausschuss, vgl. § 26 Abs. 1 BWG.

438 Nach geltendem Wahlrecht bis zum 69. Tage vor der Wahl bis 18 Uhr, vgl. § 19 BWG.

439 § 27 Abs. 1 Satz 1 BWG.

440 § 27 Abs. 1 Satz 2 BWG.

441 Vgl. § 27 Abs. 5 BWG.

442 § 27 Abs. 3 BWG.

443 Vgl. § 6 Abs. 6 Satz 4 BWG.

444 Zum Nachrückverfahren näher § 48 BWG.

445 *Schreiber/Hahlen*, § 27 Rdnr. 11.

Die Reihenfolge der Listenbewerber bestimmt nach geltendem Bundeswahlrecht ausschließlich die Parteiversammlung in geheimer Abstimmung (Mitgliederversammlung oder Landesvertreterversammlung).[446] Die Parteien bestimmen allein durch ihr Satzungsrecht, welche Versammlung zur Aufstellung der Landesliste berufen ist.[447] Der Wähler kann also bei der Stimmabgabe auf die Reihenfolge der Bewerber keinen Einfluss nehmen, er ist an die Entscheidung des Parteigremiums gebunden. Er hat nur die Möglichkeit, entweder die Liste ganz an- oder abzulehnen („System der starren bzw. gebundenen Landeslisten").[448]

2. *Ausgestaltung durch die Parteien: § 21 Abs. 5 BWG am Beispiel der CDU-NRW*

a) Vorbemerkung

Die folgende Betrachtung der satzungsrechtlichen Ausgestaltung der Kandidatenaufstellung durch die Parteien soll insbesondere den Grad der innerparteilichen Demokratie darstellen und besondere Verfahrensausformungen erörtern. Aus Gründen der besseren Übersicht wird hier nur eine Partei exemplarisch erwähnt. Zur Darstellung der konkreten Fragestellungen erfolgt die Untersuchung am Beispiel des CDU-Landesverbandes Nordrhein-Westfalen.

b) Inhalt

aa) Bundessatzung

Nach den Bestimmungen der Bundessatzung (Statut) ist die Kandidatenaufstellung zum Deutschen Bundestag durch die Landessatzungen einheitlich für den jeweiligen Landesverband zu regeln.[449] Jedoch macht die Bundessatzung Mindestvorgaben, welche die Landesverbände bei der Rechtssetzung zu beachten haben. Dazu gehört etwa die Bestimmung, welche Versammlung (Mitglieder- oder Vertreterversammlung) die Kandidatenaufstellung vollziehen soll.[450] Auf sonstige Vorgaben wird zurückzukommen sein. Sie macht ferner Vorgaben, die auf die Gleichberechtigung der Geschlechter abzielen (Quotenregelung: unverbindliche Frauenquote): Danach hat der jeweilige Landesvorstand bei der Kandidatenaufstellung zum Deutschen

---

446 § 27 Abs. 5 BWG.

447 § 27 Abs. 5 i.V.m. § 21 Abs. 5 BWG.

448 Vgl. § 4 BWG sowie *Schreiber/Hahlen*, § 27 Rdnr. 12.

449 Vgl. § 18 Abs. 7 Nr. 2 der Statuten der CDU, abgedruckt in der Statutenbroschüre der CDU Deutschlands (Stand: 5.12.2012), http://www.cdu.de/sites/default/files/media/dokumente/121205-statutenbroschuere.pdf (Stand: 6.8.2014).

450 § 20 Abs. 2 Nr. 3 der Statuten der CDU.

Bundestag bei den Wahlkreisvorschlägen (Direktkandidatur) auf eine ausreichende Beteiligung von Frauen hinzuwirken.[451] Für die Aufstellung der Landeslisten bestimmt die Bundessatzung nähere Vorgaben. Danach soll das vorschlagsberechtigte Gremium unter drei aufeinanderfolgenden Listenplätzen jeweils mindestens eine Frau vorschlagen.[452] Dabei bleibt jedoch das Recht des vorschlagsberechtigten Gremiums, für jeden Listenplatz Frauen oder Männer als Ergänzungs- oder Gegenvorschläge zu benennen, unberührt.[453] Sofern diese Forderung nicht erfüllt werden kann, sieht die Satzung nur eine Begründungspflicht gegenüber der aufstellungsberechtigten Versammlung vor.[454] Konkrete Rechtsfolgen sind hier, anders als bei der Kandidatenaufstellung für parteiinterne Ämter,[455] nicht ersichtlich.

bb) Die Kandidatenaufstellung am Beispiel des CDU-Landesverbandes Nordrhein-Westfalen

Die maßgeblichen Bestimmungen für die Kandidatenaufstellung für den Wahlkreisvorschlag und den Listenwahlvorschlag im CDU-Landesverband Nordrhein-Westfalen finden sich in der Verfahrensordnung als Anlage der Landessatzung.[456]

Zuständig für die Kandidatenaufstellung im Wahlkreis (Wahlkreisvorschlag) ist die Versammlung der im Wahlkreis wahlberechtigten Mitglieder oder, wenn sich der Wahlkreis über mehrere Kreisverbände erstreckt, eine

451 § 15 Abs. 6 Satz 1 der Statuten der CDU.

452 § 15 Abs. 5 Satz 1 der Statuten der CDU.

453 § 15 Abs. 5 Satz 2 der Statuten der CDU.

454 § 15 Abs. 5 Satz 3 der Statuten der CDU.

455 Vgl. § 15 Abs. 2 und 3 der Statuten der CDU:
„(2) Frauen sollen an Parteiämtern in der CDU und an öffentlichen Mandaten mindestens zu einem Drittel beteiligt sein.
(3) Förmliche Kandidatenvorschläge bei Wahlen für Parteiämter haben den Grundsatz nach Absatz 2 zu beachten. Wahlgremien können Kandidatenvorschläge zurückweisen, die Frauen nur unzureichend berücksichtigen. Wird bei Gruppenwahlen zu Parteiämtern von der Kreisverbandsebene an aufwärts in einem ersten Wahlgang das Frauenquorum von einem Drittel nicht erreicht, ist dieser Wahlgang ungültig. Es ist ein zweiter Wahlgang vorzunehmen, zu dem weitere Vorschläge gemacht werden können. Dessen Ergebnis ist unabhängig von dem dann erreichten Frauenanteil gültig."

456 Satzung der CDU Nordrhein-Westfalen (Stand: 26.4.2014). Vgl. die Verfahrensordnung für die Aufstellung der Bewerber/innen zu Wahlen zum Deutschen Bundestag, zum Landtag des Landes Nordrhein-Westfalen und zum Europäischen Parlament im CDU-Landesverband Nordrhein-Westfalen, S. 36 ff.

Vertreterversammlung.[457] Die Verfahrensordnung räumt den Kreisverbänden auch die Möglichkeit ein, den Wahlkreiskandidaten durch eine Wahlkreisvertreterversammlung aufzustellen, auch wenn der Wahlkreis nicht mehrere Kreisverbände umfasst.[458] Im ersten Fall legt die Landessatzung den Repräsentationsschlüssel fest,[459] im zweiten Fall die jeweilige Kreissatzung.[460] In der Landessatzung finden sich nur Rahmenvorschriften. Dazu gehört die Bestimmung, dass die Wahlkreisvertreterversammlung aus geheim gewählten Vertretern der Stadt-, Gemeinde- bzw. Stadtbezirksverbände oder Ortsverbände bestehen muss.[461] Die Landessatzung sieht also nicht zwingend Urwahlen im Wahlkreis vor. Bewerbervorschläge können von jedem Parteimitglied an die jeweilige Versammlung schriftlich gerichtet werden.[462] Vorschlagsberechtigt sind zusätzlich auch die Vorstände der Stadt-, Gemeinde-, Stadtbezirks- und Ortsverbände sowie der CDU-Kreisverband.[463]

Die Kandidaten für die Landesliste werden durch die Landesvertreterversammlung aufgestellt, die durch den Landesvorstand einberufen wird.[464] Dieser gehören 250 geheim gewählte Vertreter an, die entweder von der jeweiligen Kreismitgliederversammlung oder von der jeweiligen Kreismitgliedervertreterversammlung entsendet werden. Die Mandate verteilen sich nach dem d'Hondt-Verfahren auf die jeweiligen Kreisverbände, wobei jeder Kreisverband mindestens ein Grundmandat erhält.[465] In den Fällen, in denen die Vertreter von einer Kreismitgliedervertreterversammlung gewählt werden, handelt es sich also nicht um eine direkte Repräsentation der Parteimitglieder, sondern um eine indirekte, vermittelt durch eine weitere Delegiertenebene.[466] Diese Vorgehensweise wird als Stufenwahl bezeichnet. Die Wahl der Bewerber erfolgt in geheimer Wahl durch die Mitglieder der Landesvertreterversammlung.[467] Nur Mitglieder der Vertreterversammlung und Bewerber für die Landesliste haben Rederecht.[468]

457 § 1 Abs. 1 Satz 1 NRW-Verfahrensordnung.
458 Nur so kann diese Ausnahmeregelung verstanden werden, vgl. § 1 Abs. 2 Satz 2 NRW-Verfahrensordnung.
459 Vgl. näher § 1 Abs. 4 NRW-Verfahrensordnung.
460 § 1 Abs. 3 Satz 2 NRW-Verfahrensordnung.
461 § 1 Abs. 3 Satz 1 NRW-Verfahrensordnung.
462 § 6 Abs. 3 Satz 1 NRW-Verfahrensordnung.
463 Ebda.
464 § 10 Abs. 1 Satz 1, Abs. 4 Satz 1 NRW-Verfahrensordnung.
465 § 10 Abs. 1 Satz 2 NRW-Verfahrensordnung.
466 Vgl. auch § 11 HS. 1 Alt. 2 NRW-Verfahrensordnung.
467 § 10 Abs. 3 Nr. 4 NRW-Verfahrensordnung.
468 § 10 Abs. 2 Satz 2 NRW-Verfahrensordnung.

Die Besetzung der Landesliste kann also in keinem Fall durch eine Urwahl der Parteimitglieder im Land Nordrhein-Westfalen erfolgen.

Bei der Aufstellung der Landesliste wird die Festlegung für die Reihenfolge auf der Landesliste der Bewerber der Reihe nach zur Wahl gestellt, wobei mehrere Einzelwahlgänge zusammengefasst werden (Sammel- oder Blockwahlen).[469] Auf den Stimmzetteln sind alle Bewerber aufzulisten und den Wählern ist für jede Abstimmung die Möglichkeit einzuräumen, mit „Ja", „Nein" oder „Enthaltung" abzustimmen (hier: einfache Blockwahl).[470] Es kann auch die Möglichkeit eingeräumt werden, mit einer Stimme für alle Bewerber mit „Ja, „Nein" oder „Enthaltung" abzustimmen.[471] Über Gegenvorschläge ist einzeln abzustimmen.[472] Der Landesverband hat bei seinem Wahlvorschlag auf die regionale und soziale Ausgewogenheit Rücksicht zu nehmen.[473]

C. Verfassungsrechtliche Probleme, die sich aus dem (geltenden) Satzungsrecht der Parteien ergeben

I. Einführung: Die Satzungsautonomie der Parteien bei der Kandidatenaufstellung

Die Parteien haben im Rahmen ihrer Satzungsautonomie Teile der Kandidatenaufstellung selbst zu regeln. Dazu zählen insbesondere die Wahl der Vertreter für die Vertreterversammlungen, das Verfahren für die Wahl des Bewerbers für die Kandidatur sowie die Festlegung der Reihenfolge der Bewerber auf der Landesliste.[474] Die Frage, ob die Kandidatenaufstellung durch eine Mitgliederversammlung oder durch eine Vertreterversammlung erfolgt, fällt ebenfalls in die Satzungsautonomie der Parteien.[475] Aus diesem Befund ergibt sich ein weitreichender Spielraum für die Parteien, der jedoch auch zu aus verfassungsrechtlicher Sicht problematischen Konstellationen führen kann. Diese sind im Hinblick auf die Bedeutung der Kandidatenaufstellung näher zu untersuchen. Dazu zählen

469 § 10 Abs. 8 Sätze 1–3 NRW-Verfahrensordnung.
470 § 10 Abs. 8 Sätze 4 und 5 NRW-Verfahrensordnung.
471 § 10 Abs. 8 Satz 5 NRW-Verfahrensordnung.
472 § 10 Abs. 8 Satz 6 NRW-Verfahrensordnung.
473 § 10 Abs. 7 NRW-Verfahrensordnung.
474 Vgl. § 21 Abs. 5 BWG für den Wahlkreisvorschlag sowie § 27 Abs. 5 i.V.m. § 21 Abs. 5 BWG für die Landesliste.
475 Vgl. § 21 Abs. 1 Satz 1 BWG für den Wahlkreisvorschlag sowie § 27 Abs. 5 i.V.m. § 21 Abs. 5 BWG für die Landesliste.

die Stufenwahl, die Blockwahl und entsprechende Quotenregelungen, etwa in Bezug auf die Besetzung der Landesliste.

II. Stufenwahl („mittelbare Wahl")

1. Der Sachverhalt

Wie bereits ausgeführt, räumt der Gesetzgeber den Parteien die Möglichkeit ein, die Kandidaten entweder unmittelbar durch eine Mitgliederversammlung oder mittelbar durch Vertreterversammlungen zu bestimmen. Das gilt sowohl für den Wahlkreisvorschlag als auch für die Landesliste.[476] Nach den gesetzlichen Bestimmungen müssen die Delegierten für die Vertreterversammlungen (allgemeine oder besondere Vertreterversammlung) „aus der Mitte" der Mitgliederversammlungen gewählt werden.[477] Im Hinblick auf die verfassungsrechtlichen Vorgaben sowie unter Berücksichtigung der gesetzlichen Vorgaben könnte hier die Einhaltung verfahrensrechtlicher Grundsätze zweifelhaft sein. Dies gilt etwa für die Aufstellung der Landesliste: Danach sind die Kandidaten für die Landesliste durch die Landesvertreterversammlung aufzustellen, die durch den Landesvorstand einberufen wird.[478] Der Landesvertreterversammlung gehören 250 geheim gewählte Vertreter an, die entweder von der jeweiligen Kreismitgliederversammlung oder von der jeweiligen Vertreterversammlung der Parteimitglieder entsendet werden. Die Mandate verteilen sich nach dem d'Hondt-Verfahren auf die jeweiligen Kreisverbände, wobei jeder Kreisverband mindestens ein Grundmandat erhält.[479] In den Fällen, in denen die Delegierten von einer Vertreterversammlung der Parteimitglieder gewählt werden, handelt es sich also nicht um eine direkte Repräsentation der Parteimitglieder, sondern um eine indirekte, vermittelt durch eine weitere Delegiertenebene.[480] Dieses Verfahren, in dem aus der Mitgliederversammlung zunächst eine zwischengeschaltete Vertreterversammlung hervorgeht, die wiederum die Teilnehmer der Aufstellungsversammlung bestimmt, wird als Stufenwahl bezeichnet.[481] Ihre

---

476 Vgl. §§ 21 Abs. 1 Satz 1, 27 Abs. 5 BWG.

477 Vgl. §§ 21 Abs. 1 Satz 3 und 4, 27 Abs. 5 BWG.

478 § 10 Abs. 1 Satz 1, Abs. 4 Satz 1 Verfahrensordnung CDU NRW für die Aufstellung der Bewerber/innen zu Wahlen zum Deutschen Bundestag.

479 § 10 Abs. 1 Satz 2 Verfahrensordnung CDU NRW für die Aufstellung der Bewerber/innen zu Wahlen zum Deutschen Bundestag.

480 Vgl. auch § 11 HS. 1 Alt. 2 Verfahrensordnung CDU NRW für die Aufstellung der Bewerber/innen zu Wahlen zum Deutschen Bundestag.

481 Vgl. etwa *Boettcher/Högner*, Bundeswahlgesetz, § 21 Rdnr 7.

Zulässigkeit ist umstritten. Im Fokus der Betrachtung stehen der Wortlaut von § 21 Abs. 1 Satz 3 und 4, seine Auslegung und die damit zusammenhängenden verfassungsrechtlichen Vorgaben. Das Bundesverfassungsgericht hat sich bislang[482] – soweit jedenfalls ersichtlich – nicht zu dieser Frage geäußert.

2. Verfassungsrechtliche Zulässigkeit – der vorgefundene Meinungsstreit

a) Die Stufenwahl ist verfassungsrechtlich zulässig

Eine Reihe von Autoren[483] hält die Stufenwahl in der beschriebenen Form für verfassungsgemäß. Der Wortlaut von § 21 Abs. 1 Satz 3 und 4 – „aus ihrer Mitte" – wird dahingehend ausgelegt, dass die Bestimmung nur klarstelle, dass für die Wahl der Delegierten in der Mitgliederversammlung nur Parteimitglieder passiv wahlberechtigt seien, die in dem betreffenden Wahlkreis auch das aktive Wahlrecht besäßen.[484] Darauf stellt auch die Gesetzesbegründung ab.[485] Darin soll sich die Bedeutung der Formulierung bereits erschöpfen. Weitere Regeln für die Vertreterwahl seien nur direkt aus dem Grundgesetz herzuleiten, nämlich aus dem allgemeinen Grundsatz der demokratischen inneren Ordnung der Parteien.[486] Bei der Untersuchung der verfassungsrechtlichen Vorgaben ergebe sich jedoch – so die Befürworter der hier skizzierten Ansicht weiter –, dass die Vertreterwahl selbst nicht unmittelbar durch die Mitgliederversammlung zu erfolgen brauche, weil die Unmittelbarkeit der Wahl kein zwingender demokratischer Grundsatz sei.[487] Daraus wird sogar der Schluss gezogen, dass die Wahl der Vertreter nicht geheim stattzufinden brauche.[488]

Hier wird also von manchen Autoren (nur) Bezug genommen auf Art. 21 Abs. 1 Satz 3 GG. Schreiber geht in seinem Kommentar zum BWG noch einen

---

482 Stand August 2014.

483 *Boettcher/Högner*, Bundeswahlgesetz, § 21 Rdnr. 7; *Henke*, Das Recht der politischen Parteien, S. 195; *Henkel*, Die Auswahl der Parlamentsbewerber, S. 40; *Schröder*, Die Kandidatenaufstellung und das Verhältnis des Kandidaten zu seiner Partei in Deutschland und Frankreich, S. 84; *Voigt*, DVBl. 1976, 430 (434); im Ergebnis auch *Kremer*, Kandidatur zum Bundestag, S. 80.

484 *Henke*, Das Recht der politischen Parteien, S. 195 sowie BT-Drucks. 7/2873, S. 38 mit dem Hinweis, dass es sich beim Wahlvorschlagsrecht um einen untrennbaren Bestandteil des Wahlrechts handle. Vgl. dazu auch erläuternd *Voigt*, a.a.O., 430 (434).

485 Vgl. BT-Drucks. 7/2873, S. 39.

486 *Henke*, Das Recht der politischen Parteien, S. 195.

487 Ebda. Ihm folgend *Schröder*, Die Kandidatenaufstellung und das Verhältnis des Kandidaten zu seiner Partei in Deutschland und Frankreich, S. 84.

488 So *Henke*, a.a.O., S. 195.

Schritt weiter und vertritt die Auffassung, dass sich die Unzulässigkeit der Stufenwahl weder aus dem Gesetzeswortlaut, aus dem Demokratiegebot des Art. 20 Abs. 1 GG, dem Verfassungsgebot des Art. 21 Abs. 1 Satz 3 GG, den Wahlgrundsätzen des Art. 38 Abs. 1 GG noch aus dem vom BVerfG entwickelten Gebot der Einhaltung von Verfahrensgrundsätzen einer demokratischen Wahl ergebe. Zudem sei mit Verweis auf das Europawahlgesetz (hier: § 10 Abs. 2 Satz 3 EWG) die Stufenwahl für die Europawahl zugelassen und in der Parteipraxis durchaus üblich.[489] Folglich hätten die Parteien im Rahmen ihrer durch den Gesetzgeber eingeräumten Satzungsautonomie (vgl. § 21 Abs. 5 BWG) auch die Möglichkeit, die Vertreterwahl so auszugestalten, dass die Mitgliederversammlung zunächst Wahlmänner bestimme, die wiederum die Delegierten für die aufstellungsberechtigte Vertreterversammlung wählten.[490] Letztere stellt dann die Wahlkreiskandidaten oder die Landesliste auf. Differenzierend unterscheidet *Seifert* hier noch zwischen der Aufstellung des Wahlkreisvorschlags und der Landesliste: Im Fall des Wahlkreisvorschlags sei eine Stufenwahl unzulässig, bei der Aufstellung der Landesliste, wegen der in § 27 Abs. V BWG (nur) angeordneten Analogie zu § 21 Abs. 1 Satz 3 und 4 BWG, indes zulässig.[491]

Zusätzlich wird gefordert, dass die Delegierten der zweiten Stufe aus der Mitte der Teilnehmer (also die Wahlmänner) der Vertreterversammlung gewählt werden. Nur dann sei eine parteiinterne demokratische Legimitation gewährleistet. Es reiche nicht aus, dass es sich bei den Delegierten um im Wahlkreis wahlberechtigte Parteimitglieder handle, sie jedoch nicht in der Wahlmännerversammlung der ersten Stufe beteiligt seien. Dieses Erfordernis soll sich ebenfalls aus dem Wortlaut „aus ihrer Mitte" des § 21 Abs. 1 Satz 3 und 4 BWG ergeben.[492]

---

489 Bezüglich der zitierten verfassungsrechtlichen Vorgaben, jedoch ohne Begründung *Schreiber/Hahlen*, § 21 Rdnr. 18. Der hier angesprochene § 10 Abs. 2 Satz 3 EWG i. d. F. der Bek. v. 23.3.1994 (BGBl. I S. 423, 555), zul. geänd. durch Art. 1 des G. v. 7.10. 2013 (BGBl. I S. 3749), lautet wie folgt: „Die Vertreter in der besonderen oder allgemeinen Vertreterversammlung müssen unmittelbar aus der Mitte einer oder mehrerer Mitgliederversammlungen oder aus der Mitte von Vertreterversammlungen gewählt worden sein, die ihrerseits entweder aus der Mitte einer oder mehrerer Mitgliederversammlungen oder aus der Mitte einer oder mehrerer dazwischen geschalteter Vertreterversammlungen hervorgegangen sind."

490 Ebda.

491 *Seifert*, Bundeswahlrecht, § 27 Rdnr. 8; *ders.*, Die politischen Parteien im Recht der Bundesrepublik Deutschland, S. 375, ihm folgend *Henke*, Die Auswahl der Parlamentsbewerber, S. 40. Diese Ansicht, die sich auf eine analoge Anwendung stützt, kann zumindest in methodischer Hinsicht nicht überzeugen.

492 So *Schreiber/Hahlen*, § 21 Rdnr. 18.

Nach dieser Ansicht können jedoch nicht beliebig viele Zwischenstufen eingefügt werden. Die grundsätzliche Zulässigkeit der Stufenwahl dürfe nicht zur „Filtrierung" des Einflusses der Parteimitglieder führen.[493] Lediglich eine weitere Zwischenstufe sei zulässig. Einen Anhaltspunkt für diese Annahme könne hier der Regierungsentwurf für das Parteiengesetz ergeben, der nur eine weitere Zwischenstufe vorsah.[494]

b) Die Stufenwahl ist verfassungsrechtlich unzulässig

Andere Autoren[495] jedoch halten die Stufenwahl in der beschriebenen Form für verfassungswidrig. Zunächst wird von den Gegnern der Wortlaut von § 21 Abs. 1 Satz 3 und 4 – „aus ihrer Mitte" – weiter ausgelegt: Die Norm schreibe nicht nur vor, dass es sich bei den Vertretern um wahlberechtigte Parteimitglieder im Wahlkreis handeln müsse, sondern auch – dafür spreche der Wortlaut – dass die Delegierten für die aufstellungsberechtigte Vertreterversammlung von den Parteimitgliedern unmittelbar gewählt werden müssen.[496] Hinter dieser Ansicht stecken Erwägungen, die bereits bei der Einordnung der Kandidatenaufstellung in die verfassungsrechtliche Konstruktion des Grundgesetzes eine Rolle gespielt haben und zu einer verfassungskonformen Auslegung der Norm führen: Sofern man die Kandidatenaufstellung als parteiinternes Verfahren einordne, sei eine Durchbrechung des Unmittelbarkeitsgrundsatzes nicht möglich, weil er danach nicht Bestandteil der in Art. 21 Abs. 1 Satz 3 GG normierten „demokratischen Grundsätze" sei, in Wahrheit also keine Durchbrechung gegeben, weil er hier nicht gelte.[497] Darauf beruft sich jedoch die Gegenseite. Ordnet man indes die Kandidatenaufstellung dem Wahlrecht zu, so gelten die Wahlrechtsgrundsätze

---

493 *Henke*, Das Recht der politischen Parteien, S. 195; *Henkel*, Die Auswahl der Parlamentsbewerber, S. 40; *Kremer*, Kandidatur zum Bundestag, S. 80.

494 So etwa *Henke*, Das Recht der politischen Parteien, S. 195. Vgl. § 20 Abs. 4 Satz 3 PartGE, BT-Drucks. 3/1509, S. 6: „Die mittelbare Wahl der Vertreterversammlung darf nicht über mehr als eine Zwischenstufe, die einer Landesvertreterversammlung nicht über mehr als zwei Zwischenstufen erfolgen."

495 *Blank*, DVBl. 1976, 564 (569); *Hong*, Kandidatenaufstellung, S. 69; *Mager*, DÖV 1995, 9, 12; *Nass*, in: FS Weber, S. 311 (320); *Seidel*, Direkte Demokratie in der innerparteilichen Willensbildung, S. 197 f.; *Wolfrum*, Die innerparteiliche demokratische Ordnung nach dem Parteiengesetz, S. 183; nur bezüglich der Landesliste *Seifert*, Bundeswahlrecht, § 27 Rdnr. 8; *ders.*, Die politischen Parteien im Recht der Bundesrepublik Deutschland, S. 375.

496 *Blank*, a.a.O., 564 (569); *Seidel*, Direkte Demokratie in der innerparteilichen Willensbildung, S. 198 m. w. Nachw.

497 So erläuternd *Nass*, in: FS Weber, S. 311 (320).

des Art. 38 Abs. 1 Satz 1 GG unmittelbar auch für die Kandidatenaufstellung. Die Möglichkeit der Durchbrechung sei gegeben, weil der Anwendungsbereich des Unmittelbarkeitsgrundsatzes eröffnet sei, jedoch sei eine solche rechtfertigungsbedürftig.[498] Umstritten ist dann nur noch, wie weit die Durchbrechung gehen darf, wie viele Zwischenstufen die Parteien also vorsehen dürfen. Während einige Autoren keine weitere Zwischenstufe als solche, die im Bundeswahlgesetz vorgesehen ist, zulassen wollen und die entsprechenden Normen streng verfassungskonform auslegen,[499] differenzieren andere nach Wahlkreiskandidatur und Landesliste: So sei beim Wahlkreisvorschlag keine und bei der Landesliste höchstens eine weitere Zwischenstufe erlaubt.[500] Das eine Mal wird das mit der praktischen Durchführbarkeit für die Parteien begründet,[501] dass anderen Mal mit einer vom Gesetzgeber in § 27 Abs. V BWG bezüglich der Landesliste angeordneten analogen Anwendung von § 21 Abs. 1 Satz 3 und 4 BWG, was wohl zu einer abgeschwächten Anwendung führen soll.[502]

c) *Stellungnahme: Neues Wahlrecht stellt höhere Anforderungen: Berücksichtigung der Wahlrechtsreform aus 2012 – verfassungskonforme Auslegung*

Wie sich bereits aus der Darstellung der unterschiedlichen Auffassungen zur Zulässigkeit der Stufenwahl ergibt, spielt hier die richtige Einordnung der Kandidatenaufstellung in das Verfassungssystem des Grundgesetzes die zentrale Rolle. Nach der hier vertretenen Auffassung handelt es sich bei der Kandidatenaufstellung um ein Verfahren besonderer Art. Daraus folgt, dass die Wahlgrundsätze des Art. 38 Abs. 1 Satz GG hier Anwendung finden. Eine Verletzung des hier in Rede stehenden Unmittelbarkeitsgrundsatzes durch eine nicht zu rechtfertigende Durchbrechung ist hier also grundsätzlich möglich. Fraglich ist nur, ob eine Durchbrechung hier vorliegt und welcher Grad der Durchbrechung bzw. Einschränkung noch verfassungsrechtlich zulässig ist.

Auf staatlicher Ebene schließt der Unmittelbarkeitsgrundsatz jedes Wahlverfahren aus, indem sich zwischen dem Wähler und den Wahlbewerbern eine

---

498 *Nass*, in: FS Weber, S. 311 (320 und 322).

499 *Mager*, DÖV 1995, 9, 12; *Seidel*, Direkte Demokratie in der innerparteilichen Willensbildung, S. 198 f.; *Hong*, Kandidatenaufstellung, S. 69.

500 *Nass*, in: FS Weber, S. 311 (320) und *Seifert*, Bundeswahlrecht, § 27 Rdnr. 8 mit der bereits hier in Zweifel gezogenen Argumentation.

501 *Nass*, ebda.

502 Insoweit ohne nähere Begründung, *Seifert*, Bundeswahlrecht, § 27 Rdnr. 8; *ders.*, Die politischen Parteien im Recht der Bundesrepublik Deutschland, S. 375.

weitere Instanz einschiebt, etwa in Form eines Wahlmännerkollegiums. Dann wird eine direkte Wahl ausgeschlossen, weil die Wahlmänner nach eigenem Ermessen die Abgeordneten auswählen.[503] Im innerparteilichen Bereich gilt der Unmittelbarkeitsgrundsatz jedoch aus Gründen der praktischen Durchführbarkeit nicht uneingeschränkt. Er gilt nur zwischen den innerparteilichen Wählern und den Delegierten, nicht jedoch auch im Verhältnis der Wähler zu den Kandidaten.

Wenn die Parteien durch Satzungsrecht nun mehr als eine Zwischenstufe einfügen, liegt darin eine Einschränkung des Unmittelbarkeitsgrundsatzes. Eine Delegiertenversammlung unterliegt keinem imperativen Mandat. Eine weitere Zwischenstufe wäre mit der Wahlfreiheit nicht vereinbar.[504] Selbst wenn sie aus den Mitgliedern der Mitgliederversammlungen gewählt werden, sind sie frei in der Wahl der Delegierten für die Landesdelegiertenversammlung, die letztlich die Landesliste aufstellen. Es handelt sich folglich um die klassische Form eines Wahlmännerkollegiums. Dieses tritt als Zwischeninstanz zwischen die innerparteilichen Wähler (Parteimitglieder) und die Delegierten und hat die Aufstellung der Kandidaten vorzunehmen.

Die hier beschriebene Einschränkung des Unmittelbarkeitsgrundsatzes kann nicht gerechtfertigt werden. In der Einschränkung im innerparteilichen Bereich in dem dargestellten Umfang liegt bereits eine durch praktische Erwägungen gerechtfertigte Verkürzung des Unmittelbarkeitsgrundsatzes. Daraus kann aber keine weitergehende Einschränkung des Grundsatzes der Unmittelbarkeit der Wahl abgeleitet werden. Schon nach dieser Prüfung ist die Stufenwahl verfassungswidrig.

Nicht durchgreifen kann das von *Schreiber* vorgebrachte Argument, dass für die Zulässigkeit der Stufenwahl auch ihre gesetzliche Normierung in § 10 Abs. 2 Satz 3 EWG spreche.[505] Zwar geht es gerade hier um den Fall der Listenaufstellung, weil die Europawahl als reines Verhältniswahlrecht mit Listenwahl ausgestaltet ist.[506] Die Wahlrechtsgrundsätze des Art. 38 Abs. 1 Satz 1 GG sind jedoch nur auf innerstaatliche Wahlen, nicht aber auf die Wahlen zum Europäischen Parlament

---

503 Vgl. statt aller *v. Mangoldt/Klein/Starck/Achterberg/Schulte,* Art. 38 Rdnr. 123.

504 *v. Mangoldt/Klein/Starck/Achterberg/Schulte,* Art. 38 Rdnr. 125.

505 So *Schreiber/Hahlen*, § 21 Rdnr. 18. § 10 Abs. 2 Satz 3 EWG lautet wie folgt: „Die Vertreter in der besonderen oder allgemeinen Vertreterversammlung müssen unmittelbar aus der Mitte einer oder mehrerer Mitgliederversammlungen oder aus der Mitte von Vertreterversammlungen gewählt worden sein, die ihrerseits entweder aus der Mitte einer oder mehrerer Mitgliederversammlungen oder aus der Mitte einer oder mehrerer dazwischen geschalteter Vertreterversammlungen hervorgegangen sind."

506 Vgl. § 2 Abs. 1 Satz 1 EWG.

anwendbar.[507] Maßstab für die Prüfung, ob die zitierte Norm mit dem Unmittelbarkeitsgrundsatz vereinbar ist, ist also das Europäische Primärrecht[508] und nicht das deutsche Verfassungsrecht.[509] Ob daher andere oder die gleichen Maßstäbe gelten, kann hier dahinstehen. Dies kann wegen der unterschiedlichen Rechtsstellung des Europäischen Parlaments im Vergleich zum Deutschen Bundestag durchaus möglich sein.[510] Jedenfalls kann aus der Norm nichts für eine Beurteilung nach deutschem Verfassungsrecht hergeleitet werden.

Die Stufenwahl ist ferner problematisch im Hinblick auf die letzte Wahlrechtsreform im Jahre 2013: Der Gesetzgeber hat durch die Wahlrechtsreform im Jahre 2011[511] den Auftrag des BVerfG[512] verfehlt, den verfassungswidrigen Effekt des negativen Stimmengewichts[513] zu beseitigen. Das Bundesverfassungsgericht hat durch sein Urteil vom 25. Juli 2012[514] erneut einen Verfassungsverstoß festgestellt und entsprechende Regelungen für nichtig erklärt. Es ließ das negative Stimmengewicht nicht zu und legte eine Höchstgrenze für die dem personalisierten Verhältniswahlrecht immanenten Überhangmandate[515] fest. Danach sollen höchstens 16 Überhangmandate zulässig sein.[516] Der Gesetzgeber

---

507 Vgl. statt aller *Streinz/Huber*, EUV/AEUV, Art. 14 EUV Rdnr. 54. Eine Ausnahme bildet die Wahlrechtsgleichheit, die sich (nur) bei der Europawahl aus Art. 3 Abs. 1 GG ergibt, vgl. BVerfGE 51, 222 (234).

508 Vgl. die Normierung des Unmittelbarkeitsgrundsatzes in Art. 14 Abs. 3 EUV, Art. 39 Abs. 2 GRCh und Art. 223 Abs. 1 AEUV.

509 Vgl. Art. 14 Abs. 3 EUV, Art. 39 Abs. 2 GRCh und Art. 223 Abs. 1 AEUV.

510 Trotz der Aufwertung des Europäischen Parlaments durch den Vertrag von Lissabon erfolgt auf Unionsebene die demokratische Legimitation der öffentlichen Gewalt weiterhin über die nationalen Parlamente der Mitgliedsstaaten und den Rat, den sie wiederum kontrollieren. Das Europäische Parlament ist nur eine „zweite Kammer", nicht jedoch ein Parlament im klassischen Sinne, vgl. statt aller *Streinz/Huber*, EUV/AEUV, Art. 14 EUV Rdnr. 32.

511 Vgl. 19. BWGÄndG v. 25.11.2011, BGBl. I S. 2312.

512 Vgl. BVerfGE 121, 266 (314 ff.).

513 Vom Effekt des negativen Stimmengewichts spricht man dann, wenn der Gewinn an Zweitstimmen zu einem Mandatsverlust führt oder – umgekehrt – ein Verlust an Zweitstimmen zu einem Mandatsgewinn führt, vgl. *v. Mangoldt/Klein/Starck/Achterberg/Schulte*, Art. 38 Rdnr. 141.

514 BVerfGE 131, 316 ff.

515 Überhangmandate können im System des personalisierten Verhältniswahlrecht in dem Fall auftreten, wenn eine Partei mehr Direktmandate in der Mehrheitswahl erworben hat, als ihr nach dem Zweitstimmenergebnis zusteht, vgl. *v. Mangoldt/Klein/Starck/Achterberg/Schulte*, Art. 38 Rdnr. 138.

516 Näher BVerfGE 131, 316 (369 ff.).

ist mit dem 22. BWGÄndG im Jahre 2013 dem Regelungsauftrag des BVerfG nachgekommen und hat sich entschieden, nicht nur das negative Stimmengewicht zu beseitigen, sondern auch eine Ausgleichsregelung für alle nach einer Wahl auftretenden Überhangmandate einzuführen. Die Ausgleichsregelung für Überhangmandate ist hier nun wichtig, denn durch die Neuregelung des Sitzverteilungsverfahrens hat der Wahlrechtsgesetzgeber den Charakter der Bundestagswahl verändert. Nach § 6 Abs. 5 Satz 1 n.F. BWG findet bei Beibehaltung der Überhangmandate so lange eine Erhöhung der Gesamtsitze statt, bis jede Partei bei der zweiten Verteilung der Mandate mindestens die bei der ersten Verteilung ermittelten Sitze erhält.[517] Mit anderen Worten: Trotz eines möglichen Auftretens von Überhangmandaten führt das geltende Sitzverteilungsverfahren zukünftig im Ergebnis dazu, dass die Mandate im Deutschen Bundestag (nur) nach dem Zweitstimmenanteil auf die Parteien verteilt werden. Das Zweitstimmenergebnis entscheidet nun allein über die Mehrheitsverhältnisse im Deutschen Bundestag und damit über die Regierungsbildung (Art. 63 Abs. 2 Satz 1 GG). Dadurch hat der Gesetzgeber faktisch das personalisierte Verhältniswahlrecht in ein reines Verhältniswahlrecht mit Listenwahl umgewandelt. Folglich hat die Wichtigkeit der Zweistimme zugenommen. Wenn aber das Zweitstimmenergebnis in diesem Bereich durch eine verfassungskonforme Gesetzesänderung einen so bedeutenden Einfluss gewonnen hat, sind bei der Wahlvorbereitung aus verfassungsrechtlicher Sicht höhere Anforderungen an die Parteien zu stellen.

Nach alledem haben die Parteien mit der Stufenwahl den Kernbestand an Verfahrensgrundsätzen nicht eingehalten, ohne den – um mit den Worten des BVerfG zu arbeiten – „ein Kandidatenvorschlag schlechterdings nicht Grundlage eines demokratischen Wahlvorgangs sein kann".[518] Daraus folgt: Die Stufenwahl ist verfassungswidrig.

III. Quotenregelungen bei der innerparteilichen Kandidatenaufstellung

1. Der Sachverhalt

Ein weiteres, in der Literatur[519] diskutiertes Verfassungsproblem sind Quotenregelungen bei der Aufstellung der Landesliste für die Bundestagswahl. Weitgehend unstreitig ist, dass Regelungen dieser Art für Landeslisten durch Gesetz

517 Näher *Schreiber/Strelen*, § 6 Rdnr. 29.

518 BVerfG NJW 1994, 922 (923).

519 Vgl. *Deller*, Quotenregelungen, S. 13 ff.

verfassungswidrig wären.[520] Grundsätzlich können Parteien durch Satzungsrecht Quoten für innerparteiliche Ämter vorsehen.[521] Für den (rein) innerparteilichen Bereich gelten andere Maßstäbe als für die über den innerparteilichen Bereich hinausreichende Kandidatenaufstellung.

In der Diskussion stehen nur solche satzungsrechtlichen Regelungen, die Quoten bei der innerparteilichen Kandidatenaufstellung vorgeben. Nach geltendem Recht[522] richtet sich die Frage, welches Wahlverfahren bei der Aufstellung der Landesliste[523] Anwendung findet, nach parteiinternem Satzungsrecht – das ergibt sich aus § 27 Abs. 5 BWG i.V.m. § 21 Abs. 5 BWG. Es schreibt in § 27 Abs. 5 i.V.m. § 21 Abs. 3 Satz 1 nur die geheime Abstimmung bei der Aufstellung der Landesliste vor. In der Diskussion stehen meist Frauenquoten. Sowohl die Parteiregelungen der SPD[524] als auch jene von Bündnis 90/DIE GRÜNEN[525] sehen beispielsweise rechtsverbindlich vor, dass die Landeslisten alternierend – also abwechselnd – mit Männern und Frauen zu besetzen sind. Hier ist das sogenannte Reisverschlussverfahren vorgesehen.[526] Im Frauenstatut von Bündnis 90/DIE GRÜNEN finden sich ferner Regelungen aus dem Bereich der „umgekehrten Diskriminierung“[527]: Hier ist nicht nur geregelt, dass den weiblichen Bewerberinnen die ungeraden Listenplätze vorbehalten bleiben.[528] Es ist ferner möglich, dass Bewerberinnen – anderes

---

520 Regelmäßig mit Verweis auf Art. 21 Abs. 1 Satz 2 GG. Vgl. *Ebsen*, JZ 1989, 553 (557); zur Frage, ob der Gesetzgeber eine Art Vorwahlsystem durch Gesetz einführen könnte, siehe unten S. 218 ff.

521 Vgl. nur *Lange*, NJW 1988, 1174 (1177 ff.) m. w. Nachw.

522 Stand 29.9.2014.

523 Siehe sogleich den Themenkomplex „Blockwahl“.

524 Vgl. etwa § 4 Abs. 2 Satz 2 der SPD-Wahlordnung.

525 Vgl. § 1 Satz 1 Bündnis 90/DIE GRÜNEN Frauenstatut, abrufbar unter: http://www.gruene.de/fileadmin/user_upload/Dokumente/Frauenstatut.pdf (Stand: 24.05.2015).

526 *Oebbecke*, JZ 1988, 176.

527 Darunter versteht man Konzepte, nach denen die Angehörige eines Geschlechts in näher definierten Situationen benachteiligt werden, um eine Benachteiligung des anderen Geschlechts auszugleichen, so *Hanau*, in: FS Herschel, S. 191 (191 f.). Zum politischen Konzept der „umgekehrten Diskriminierung“ etwa *Maidowski*, Umgekehrte Diskriminierung, S. 17 ff. Auf die hier angesprochene besondere Ausgestaltung bei Bündnis 90/DIE GRÜNEN weist auch *Hong*, Kandidatenaufstellung, S. 78 hin. Weitere Bespiele bei *Hong*, ebda.

528 So § 1 Satz 1 Bündnis 90/DIE GRÜNEN Frauenstatut.

als ihre männlichen Mitbewerber - auch gerade Listenplätze besetzen können.[529] Auch reine Frauenlisten lässt die Parteisatzung zu.[530]

Es ist ausdrücklich nicht Gegenstand dieser Arbeit, die politische Dimension dieser Thematik näher zu beleuchten.[531] Es geht hier ausschließlich um die verfassungsrechtliche Bewertung solcher innerparteilichen Quotenregelungen für die Kandidatenaufstellung durch Satzungsrecht. Eine verbindliche Quotenregelung durch Gesetz wäre im Übrigen verfassungswidrig.[532]

Ferner ist nicht Gegenstand der nachfolgenden Ausführungen der Wahlkreisvorschlag, weil Quotenregelungen Personenvielfalt voraussetzen[533] – das ist nur beim Listenvorschlag denkbar.

a) Beeinträchtigung der Wahlfreiheit und der Wahlgleichheit

Problematisch ist hier, dass die Parteisatzungen den wahlberechtigten Parteimitgliedern oder Delegierten rechtsverbindliche Vorgaben machen, wie sie die Landesliste zu besetzen haben. Gleichzeitig hat der Wähler nach geltendem Recht nicht die Möglichkeit, Änderungen an der Landesliste vorzunehmen.[534] Die Platzierung auf der Landesliste – jedenfalls sofern es um die vorderen Plätze geht – kann aber bei einem entsprechenden Zweitstimmenergebnis besonders nach der jüngsten Wahlrechtsreform[535] wahlentscheidend sein. Insgesamt kommt eine Verletzung der Wahlgleichheit und der Wahlfreiheit in Betracht.

aa) Die Beeinträchtigung der Wahlgleichheit

Sofern die Parteien innerparteiliche Quotenregelungen vorsehen, kommt eine Beeinträchtigung der Wahlgleichheit in dreifacher Hinsicht in Betracht: Der Grundsatz der Wahlgleichheit verlangt, dass alle Staatsbürger ihr Wahlrecht in möglichst gleicher Weise ausüben können. Das gilt zunächst für das aktive Wahlrecht schon in der Vorphase der Nominierung, also bei der Abgabe der Vorschläge für die Besetzung der Landesliste. Durch die Minderung der Nominierungschancen der männlichen Bewerber verringert sich auch die Durchsetzungskraft der Stimmen derjenigen Parteimitglieder, die für die den weiblichen

---

529 § 1 Satz 2 Bündnis 90/DIE GRÜNEN Frauenstatut.

530 § 1 Satz 3 Bündnis 90/DIE GRÜNEN Frauenstatut.

531 Vgl. dazu statt aller *Maidowski*, Umgekehrte Diskriminierung, S. 17 ff.

532 Unstreitig, vgl. statt aller *Ebsen*, JZ 1989, 553 ff. Ausführlich *Maidowski*, Umgekehrte Diskriminierung, S. 193 ff.; *Oebbecke*, JZ 1988, 176 (177 ff.).

533 Ausführlich *Ebsen.*, a.a.O., 553 (554).

534 Vgl. § 4 BWG, sogenannte „starre Listen".

535 Im Jahre 2013.

Bewerbern vorbehaltenen Listenplätze männliche Bewerber vorschlagen und unterstützen wollen. Umgekehrt steigt die Durchsetzungskraft der Stimmen derjenigen Parteimitglieder, die weibliche Bewerber für jene Listenplätze vorschlagen und unterstützen.[536]

Ferner ist eine Beeinträchtigung der passiven Wahlgleichheit gegeben. In der Wahlvorbereitung bedeutet der Grundsatz der Gleichheit der Wahl, dass jedes Mitglied der Partei mit gleichen Chancen für einen Listenvorschlag seiner Partei kandidieren kann.[537] Durch die verbindliche Quotierung zugunsten der Angehörigen eines Geschlechts für bestimmte Listenplätze liegt eine Beeinträchtigung des passiven Wahlrechts gerade für diese Listenplätze und für den genannten Personenkreis vor.[538] Das Gesagte gilt entsprechend auch für andere innerparteiliche Ausgestaltungen.[539]

Letztlich ist auch eine Beeinträchtigung der ebenfalls durch die Wahlgleichheit garantierten Stimmrechtsgleichheit möglich: Der Erfolgswert einer Stimme richtet sich danach, ob sie für einen männlichen oder einen weiblichen Bewerber abgegeben wurde.[540]

bb) Die Beeinträchtigung der Wahlfreiheit

Ferner könnte durch verbindliche Quotenregelungen sowohl die Freiheit des parteiinternen Wählers, bestimmte Kandidaten nicht wählen zu müssen – er ist an die Geschlechterzugehörigkeit der Bewerber gebunden –, als auch jene der Stimmberechtigten bei der eigentlichen Wahl beeinträchtigt sein, denn die Quotenregelungen führen zu anders zusammengesetzten Listen.[541] Die Wahlfreiheit schützt auch die Entschließungsfreiheit des Wählers. Zur Wahlfreiheit gehört in diesem Zusammenhang auch eine freie Kandidatenaufstellung.[542] Durch Frauenquoten wird die Entschließungsfreiheit der Wähler geschlechtsabhängig eingeschränkt.[543] Außerdem ist der Wähler gezwungen, bei der Wahl die Zugehörigkeit der Kandidaten zu einem Geschlecht zu berücksichtigten.[544]

---

536 *Maidowski*, Umgekehrte Diskriminierung, S. 201.

537 BVerfGE 71, 81 (94); *v. Nieding*, NVwZ 1994, 1171 (1174).

538 *Ebsen*, Quotenregelungen, S. 10.

539 *Maidowski*, Umgekehrte Diskriminierung, S. 202.

540 Ebda.

541 Vgl. etwa *Hong*, Kandidatenaufstellung, S. 79.

542 BVerfGE 47, 253 (282); *Ebsen*, Quotenregelungen, S. 33.

543 *v. Münch/Kunig/Trute*, Art. 38 Rdnr. 41.

544 *Maidowski*, Umgekehrte Diskriminierung, S. 201 f.

2. *Der vorgefundene Meinungsstreit zur verfassungsrechtlichen Zulässigkeit*

a) *Quotenreglungen bei der Kandidatenaufstellung sind verfassungsrechtlich zulässig*

Die Befürworter[545] von Quotenregelungen gehen in verschiedenen Punkten auf die verfassungsrechtliche Zulässigkeit von innerparteilichen Quotenregelungen ein. Dabei wird zum Teil nach dem Adressaten der Grundsätze differenziert.

aa) Die Rechtfertigung der Beeinträchtigung der Wahlfreiheit aus Sicht des „Wählers“

Zunächst wird eine mögliche Beeinträchtigung der Wahlfreiheit untersucht. Dabei wird eine Verletzung der Wahlfreiheit abgelehnt und auf die Rechtsprechung des BVerfG zu den starren Listen Bezug genommen.[546] Den Grundsatz der Wahlfreiheit wendet das BVerfG nicht so formal an wie den Grundsatz der Wahlfreiheit. Es habe die Wahl nach starren Listen für zulässig befunden, wenn eine Auswahlmöglichkeit zwischen verschiedenen Listen gewahrt bleibe. Das könne man dahingehend auf die Quotenregelungen anwenden, dass den Wählern auch hier eine Auswahl an Bewerbern bleibe. Wahlfreiheit sei zwischen den Angehörigen eines Geschlechts auf den jeweiligen Plätzen gegeben.[547] Der Grundsatz der freien Wahl erfordere in objektiver Hinsicht lediglich eine Wahlmöglichkeit zwischen konkurrierenden Kandidaten oder Programmen.[548] Es sei nicht ersichtlich, wo der Unterschied bei der verfassungsrechtlichen Bewertung von quotierten und nichtquotierten Listen liegen solle.[549] Die Wahlfreiheit ist also nach dieser Auffassung aus Sicht des Wählers nicht verletzt, weil es bei nicht vorhandener Möglichkeit des Wählers, das Personaltableau auf der Liste zu ändern (etwa durch Panaschieren und Kumulieren), keinen Unterschied machen soll, nach welchem Verfahren die Bewerber auf der Landesliste platziert werden. Der Wähler, der sich bei der Stimmabgabe frei für eine Partei entscheide, habe auch

545 Vgl. *Ebsen*, Quotenregelungen, S. 26 ff.; *Deller*, Quotenregelungen, S. 94 ff. *Lange*, NJW 1988, 1174; *Oebbecke*, JZ 1988, 176; mit Hinweis auf den Gestaltungsspielraum der Parteien, *Schiedermair*, in: VVDStRl 47 (1989), 85; zuletzt *Werner*, Kandidatenaufstellung, S. 192 ff.; i.E. auch *v. Mangoldt/Klein/Starck/Achterberg/Schulte*, Art. 38 Rdnr. 147.

546 Vgl. dazu die Ausgangsentscheidung BVerfGE 3, 45 (49 ff.).

547 *Werner*, Kandidatenaufstellung, S. 193. Ähnlich schon *Lange*, NJW 1988, 1174 (1181).

548 *Lange*, a.a.O., 1174 (1180).

549 So *ders.*, a.a.O., 1174 (1181).

das Personalangebot der Partei zu akzeptieren; eine andere verfassungsrechtliche Bewertung sei nur dann gegeben, wenn sich aus Sicht des Wahlvolkes eine andere Situation ergebe.[550] Es wird sogar eine Entschließungsfreiheit des Wählers vertreten: Die Quotierung führe zu einem breiteren Angebot an politischem Personal, weil die Quotierung die Pluralisierung der Landeslisten fördere.[551] Zudem soll die Quotierung ein Demokratiedefizit ausgleichen: Sie wirke nämlich der Unterrepräsentation von Frauen im politischen Prozess entgegen, die durch innerparteiliche Willensbildung ohne Quote hervorgerufen werde.[552]

bb) Die Rechtfertigung der Beeinträchtigung der Wahlfreiheit aus Sicht des „innerparteilichen Wählers"

Sofern es um die Wahlfreiheit der innerparteilichen Wähler (Parteimitglieder oder Delegierte) geht, wird vertreten, dass es den Parteien durchaus gestattet sei, generell-abstrakte verbindliche Vorentscheidungen zu treffen. Es sei den Parteien nach verbreiteter Ansicht letztlich auch möglich, Wahlkreisbewerber bevorzugt zu behandeln. Entscheidend sei vielmehr, dass trotz bereits getroffener Teilentscheidungen eine echte Auswahlmöglichkeit für Wahlvorschläge bleibe. Die Wahlgrundsätze seien Modifikationen zugänglich, die sich aus der Eigenart der Parteien ergeben.[553] Darin soll also die Rechtfertigung der Einschränkung liegen.

cc) Die Rechtfertigung der Beeinträchtigung der Wahlgleichheit aus Sicht des „Wählers"

Die Bewertung der Wahlgleichheit aus Sicht des „Wählers" kann hier dahinstehen. Das hat seinen Grund: Sie würde hier nur dann in Betracht kommen, wenn der Wähler mehr als eine Stimme zu vergeben hätte – er also überhaupt die Möglichkeit hätte, gegen die Quotenregelungen zu „verstoßen". Das ist im geltenden Wahlrecht nach „starren Listen" jedoch nicht der Fall, weil der Wähler nur eine Stimme abzugeben hat.[554]

---

550 *Ebsen*, Quotenregelungen, S. 33.

551 *Lange*, NJW 1988, 1174 (1181).

552 So *Ebsen*, Quotenregelungen, S. 34, der aber einräumt, dass aus diesem Gesichtspunkt in Wahrheit keine Rechtfertigung für die Einschränkung der Wahlgrundsätze hergeleitet werden kann, so *ders.*, a.a.O., S. 25 f.

553 *Oebbecke*, JZ 1988, 176 (180) m. w. Nachw.

554 Aber innerparteilich durchaus möglich, dazu sogleich.

dd) Die Rechtfertigung der Beeinträchtigung der Wahlgleichheit aus Sicht des „innerparteilichen Wählers“: Programmfreiheit der Parteien

Anders als die Wahlfreiheit handelt es sich bei der Wahlgleichheit um eine streng formale Gleichheit. Differenzierungen sind grundsätzlich nicht möglich.[555] Ein Eingriff in die Wahlgleichheit wird im vorliegenden Fall, bis auf eine Ausnahme,[556] bejaht.[557] Beim Reißverschlussverfahren etwa ist die passive Wahlrechtsgleichheit eingeschränkt, weil nicht jeder Bewerber für jeden Listenplatz kandidieren kann.[558] Sofern es um Geschlechterquoten geht, sind zwei Ansatzpunkte für eine Rechtfertigung erkennbar: Im ersten Fall geht es um Art. 3 Abs. 2 und Abs. 3 GG, im zweiten Fall – dem allgemeineren – um die Programmfreiheit der Parteien, die von Art. 21 Abs. 1 Satz 2 GG geschützt ist. In beiden Fällen wird auf die Notwendigkeit der Modifikationen der Wahlgrundsätze verwiesen, die aus der Eigenart der Parteien folge, und auf die damit einhergehende erhebliche Einschränkung der Satzungsautonomie, die sich aus der Unzulässigkeit der Quotenregelungen ergeben würde.[559]

In Ansehung des Art. 3 Abs. 2 und Abs. 3 GG kann es nicht um eine unmittelbare Geltung der zitierten Vorschriften gehen, weil sie innerparteilich keine direkte Wirkung entfalten können – Parteien sind private Rechtssubjekte, nicht Teil des Staates und deshalb selbst Grundrechtsträger.[560] Aus diesem Grund wird die Anwendung von Art. 3 Abs. 2 und Abs. 3 GG über das Gebot der innerparteilichen Demokratie (Art. 21 Abs. 1 Satz 3 GG) begründet: Die Wertentscheidungen, die in ihnen zum Ausdruck gebracht werden und zugleich die ganze Rechtsordnung durchdringen,[561] können hier für die Konkretisierung des Gebots der Wahlgleichheit innerhalb von Art. 21 Abs. 1 Satz 3 GG herangezogen werden.[562]

---

555 Vgl. etwa BVerfGE 8, 51 (68) sowie statt aller *v. Mangoldt/Klein/Starck/Achterberg/Schulte,* Art. 38 Rdnr. 130.

556 *Lange*, NJW 1988, 1174 (1181) will einen Eingriff in die Wahlgleichheit deshalb ablehnen, weil die Parteimitglieder innerparteilich das gleiche Stimmrecht (§ 10 Abs. 2 Satz 1 PartG) haben. Ein solches Argument ist nicht zutreffend, denn hier geht es nicht um die aktive, sondern um die passive Wahlgleichheit. Vgl. auch schon *v. Mangoldt/Klein/Starck/Achterberg/Schulte,* Art. 38 Rdnr. 146 Fn. 314.

557 So im Hinblick auf das bereits angesprochene Reißverschlussverfahren *Oebbecke*, JZ 1988, 176 (180).

558 *König*, Verfassungsbindung der politischen Parteien, S. 77.

559 Vgl. zuletzt *Werner*, Kandidatenaufstellung, S. 201.

560 Ganz herrschende Ansicht, vgl. statt aller *Maunz/Dürig/Klein*, GG, Art. 21 Rdnr. 223 ff.; zuletzt *Werner*, a.a.O., S. 196.

561 Im Sinne der „Lüth-Rechtsprechung“ des BVerfG, siehe nur BVerfGE 7, 198 (204 ff.).

562 *Werner*, Kandidatenaufstellung, S. 197; *Lange*, NJW 1988, 1174 (1177).

Satzungsrechtliche Quotierungen dienen gerade dem Ziel der Gleichberechtigung i.S.v. Art. 3 Abs. 2 GG, weil mit einer Frauenquote zugleich eine dem weiblichen Bevölkerungsanteil entsprechende repräsentative Teilnahme am politischen Willensbildungsprozess erreicht werde.[563] Die Durchsetzung der Gleichberechtigung sei ein mit Verfassungsrang ausgestattetes Ziel, das sich nicht nur auf die rechtliche, sondern auch auf die faktische Gleichberechtigung beziehe.[564] Daraus folge, dass Quotierungsregelungen dem in Art. 3 Abs. 2 Satz 2 GG normierten Staatsziel – Gleichstellung der Frau – entsprechen und Maßnahmen in diesem Bereich zugleich als solche im sachlichen Geltungsbereich des Art. 3 Abs. 2 und 3 zu verorten seien. Wenn dem so sei, dann könne umgekehrt auch nicht von einem Verstoß gegen Art. 3 Abs. 3 GG – keine Diskriminierung aufgrund des Geschlechts – die Rede sein, weil Art. 3 Abs. 2 GG zugleich die Wertentscheidung des Art. 3 Abs. 3 GG bekräftige.[565]

Soweit die Rechtfertigung über die Programmfreiheit der Parteien erfolgt, wird die Verfassungsmäßigkeit der Quotenregelungen folgendermaßen begründet: Die Parteien seien auf die gezielte Beeinflussung der politischen Auffassung der Bevölkerung gerichtet. Deshalb haben sie die Freiheit, ihr Programm frei zu gestalten. Art. 21 Abs. 1 Satz 3 GG sei nicht darauf angelegt, die Vertretung legitimer politischer Forderungen zu verhindern.[566] Wenn also das politische Programm einer Partei die Gleichberechtigung der Geschlechter besonders betone, so müsse den Parteien die Möglichkeit eingeräumt werden, diese Forderungen selbst zu verwirklichen, um nach außen hin – auch und gerade bei der Wahlbewerbung – glaubwürdig zu sein.[567] Anders als der Staat sei eine Partei nicht neutral.[568] Die Festlegung einer innerparteilichen Frauenquote sei als „programmatische Positionsbeschreibung“[569] zu werten, der eine politische Aussagekraft zukomme, die erheblich sei.[570] Die Programmfreiheit konkretisiere

563 *Werner*, a.a.O., S. 200.

564 Auf die nähere Auslegung von Art. 3 Abs. 2 GG braucht hier nicht näher eingegangen werden. S. dazu zusammenfassend *Sacksofsky*, Das Grundrecht auf Gleichberechtigung, S. 305 ff. sowie S. 392 ff. Letzteres Zitat betrifft die Auslegung der Norm nach der Verfassungsänderung im Jahre 1994.

565 *Werner*, Kandidatenaufstellung, S. 201.

566 *Oebbecke*, JZ 1988, 176 (180).

567 Ebda.

568 In diesem Sinne schon *Dreier/Morlok*, GG, Art. 21 Rdnr. 137.

569 *Maidowski*, Umgekehrte Diskriminierung, S. 196.

570 *v. Mangoldt/Klein/Starck/Achterberg/Schulte*, Art. 38 Rdnr. 145; *Maidowski*, a.a.O., S. 196; *Oebbecke*, JZ 1988, 176, 180 f.; *Werner*, Kandidatenaufstellung, S. 200.

die Parteienfreiheit der Parteien auf inhaltlicher Ebene so, wie die Satzungsautonomie die Parteienfreiheit als formale Gestaltungsfreiheit ausfülle. Den Parteien müsse auch Raum für Experimente eingeräumt werden, und zwar gerade dort, wo bestimmte Problemlösungen umstritten seien.[571] Mit der hier angesprochenen Freiheit der Partei zur inhaltlichen, also programmatischen Zielsetzung hängt auch die Organisationsfreiheit der Parteien zusammen, die Freiheit also, sich selbst eine parteitypische Organisationsstruktur zu geben.[572] Letztlich wird hier mit der Funktionszuweisung von Art. 21 Abs. 1 Satz 1 GG, aus der Art. 21 Abs. 1 Satz 2 GG folgt, die Einschränkung der passiven Wahlgleichheit gerechtfertigt. Unterstützt wird die Ansicht mit der Aussage, man könne in eine andere Partei eintreten (Parteigründungsfreiheit) und es stehe dem Wähler frei, eine andere Partei als jene zu wählen, die durch Satzungsrecht Quotenregelungen festlegt.[573] Der Wähler hat folglich nach dieser Auffassung mit der Wahl der jeweiligen Partei zugleich deren personelles Angebot zu „akzeptieren".[574]

Unter den Befürwortern von innerparteilichen Quotenregelungen wird jedoch zugleich vertreten, dass der Willensbildungsprozess innerhalb der Parteien offenzuhalten sei, weil sich immer auch ein Wandel über den Sinn von Quotierungsregelungen einstellen könne. Um den damit einhergehenden gesellschaftlichen Lerneffekt berücksichtigen zu können, sei es daher geboten, eine zu hohe und unbegrenzte Quotierung für solche Gremien zu vermeiden, die selbst über die innerparteiliche Quotierung entscheiden.[575]

b) *Quotenregelungen bei der Kandidatenaufstellung sind verfassungsrechtlich unzulässig*

Die Anhänger der Gegenauffassung führen verschiedene Argumente ins Feld. Das erste und zugleich wichtigste ist jenes, dass durch Geschlechterquoten bei der Kandidatenaufstellung die Entscheidung über die Besetzung des gewählten Organs – hier der Deutsche Bundestag – „präjudiziert" wird.[576] Ein Großteil der Entscheidung über die soziale Zusammensetzung des Bundestages werde durch Quoten bereits vorweggenommen, obwohl das Grundgesetz dem Wähler die Entscheidung über die Besetzung des Bundestages zuweise – jedenfalls so lange, wie er keine Möglichkeit habe, z.B. die Reihenfolge der Kandidaten auf der

571 *Maidowski,* a.a.O., S. 208.
572 *v. Mangoldt/Klein/Starck/Achterberg/Schulte,* Art. 38 Rdnr. 145.
573 *Ebsen,* Quotenregelungen, S. 32 ff.
574 *Ders.,* a.a.O., S. 33.
575 *Oebbecke,* JZ 1988, 176 (181).
576 BK/*Henke,* Art. 21 Rdnr. 289.

Parteiliste zu verändern.[577] Das hänge unmittelbar mit dem institutionellen Gehalt des allgemeinen und gleichen Wahlrechts zusammen: Die Einführung des allgemeinen und gleichen Wahlrechts habe die Entscheidung über die soziale Zusammensetzung des Bundestages in die Entscheidungsgewalt des Wählers gelegt; der Wähler besitze in dieser Konsequenz – und das folge aus der Gleichstellung aller wahlberechtigten Staatsbürger, die insbesondere der Wahlgleichheit zugrunde liege – die „völlige Freiheit zur sozialen Diskriminierung“[578].[579] In der Geschlechterquotierung liege eine Gruppenrepräsentanz, die mit dem institutionellen Gehalt des allgemeinen und gleichen Wahlrechts in dem beschriebenen Sinne nicht vereinbar sei.[580]

Ferner sei die Berufung auf eine soziale Repräsentation (Widerspiegelung) verfehlt – also etwa der Gedanke, dass mit einer Frauenquote zugleich eine dem weiblichen Bevölkerungsanteil entsprechende repräsentative Partizipation am politischen Willensbildungsprozess erreicht wird.[581] Wenn dem so sei, müsse z.B. das Mehrheitswahlrecht gleichheitswidrig sein. Hier werde sogar die proportionale Widerspiegelung politischer und gesellschaftlicher Strukturen per se ausgeschlossen.[582] Jedenfalls dürfe man die Ausformung des grundgesetzlichen Demokratiegebots nicht mit der Vorstellung einer Widerspiegelung des Volkes in der Volksvertretung vermischen.[583]

Ferner sei – und dieser Gesichtspunkt hängt zumindest auch mittelbar mit dem vorgenannten Gesichtspunkt der Widerspiegelung zusammen – der Eingriff in die Wahlgleichheit nicht mit dem politisch-programmatischen Gehalt von Quotenregelungen zu rechtfertigen: Den Parteien stehen neben verbindlichen Quoten andere, mildere, aber mindestens genauso wirksame Mittel zur Verfügung, um ihre (politische) Forderung nach Gleichstellung der Geschlechter zu betonen.[584] Darin liegt letztlich auch der Kerngedanke, mit dem die Rechtfertigung des Eingriffs abgelehnt wird: Man könne eine bessere Repräsentation von Frauen nur durch Maßnahmen erreichen, die mit dem institutionellen Gehalt des allgemeinen und gleichen Wahlrechts vereinbar seien. Es sei etwa denkbar, dass man das sogenannte Personenwahlsystem verwende, indem man dem Wähler

---

577 So *Heyen*, DÖV 1989, 649 (654).
578 *Heyen*, DÖV 1989, 649 (653).
579 Ebda.
580 Ebda.
581 *Werner*, Kandidatenaufstellung, S. 200.
582 Ebda.
583 Ebda.
584 Darauf weist *König*, Verfassungsbindung der politischen Parteien, S. 72, 77 f. hin.

einen Einfluss auf die Wählerlisten einräume – etwa durch die Möglichkeit, Kandidaten zu streichen oder Stimmen zu häufen (Kumulieren). Im innerparteilichen Bereich sei der stärkere Gebrauch von Stimmenkumulation denkbar; letztlich sei auch die Einführung von reinen Männer- und Frauenlisten zu erwägen. Hier werde die Geschlechterrangfolge auf der endgültigen Kandidatenliste – dann gemischtgeschlechtlich – für die Wahl zum Deutschen Bundestag nach dem Verhältnis der Stimmen, die auf die jeweiligen Listenbewerber entfallen, bestimmt.[585] Selbst wenn man von der Modifizierbarkeit der Wahlgrundsätze wegen der Besonderheit der Parteien ausgehe – und damit von einer Wechselbezüglichkeit zwischen der Parteienfreiheit und der Wahlrechtsgleichheit[586] –, sei nicht von der Hand zu weisen, dass bei innerparteilichen Quoten, die bei der Listenaufstellung Anwendung finden, ein strengerer Prüfungsmaßstab anzulegen sei.[587] Gerade wegen dieses strengeren Prüfungsmaßstabes ist die Erforderlichkeit (im Sinne des Verhältnismäßigkeitsgrundsatzes) hier besonders zu beachten; und weil mildere, gleich wirksame Mittel zur Verfügung stehen, um eine faktische Gleichstellung der Frau zu erreichen, liegt in innerparteilichen Quotenregelungen, so wie sie nach geltendem Recht in Anwendung sind, ein nicht gerechtfertigter Eingriff in die Wahlgleichheit und damit ein Verfassungsverstoß.

3. Stellungnahme und eigene Auffassung: starre Listen beachten – Verhältnismäßigkeitsgrundsatz!

a) Ansatzpunkt: Spannungsverhältnis zwischen Art. 21 (Parteienfreiheit) und Art. 38 GG (Wahlrechtsgleichheit)

Gerade die Diskussion über die verfassungsrechtliche Zulässigkeit über innerparteiliche Quotenregelungen zeigt den Konflikt, den die verfassungsrechtliche Ordnung des Grundgesetzes beinhaltet: Auf der einen Seite stehen die in der Gesellschaft verwurzelten Parteien, auf der anderen Seite wirken sie – vom Verfassungsgeber ausdrücklich gewollt – in die staatliche Sphäre hinein; üben also einen über ihren Mitgliederbereich hinausgehenden Einfluss aus, der letztlich – hier: über die Wahl zum Deutschen Bundestag – alle Staatsbürger erfasst. Es geht also auf der einen Seite um die Parteienfreiheit und damit um alle Elemente, die von ihr erfasst werden, wie etwa die Programmfreiheit. Auf der anderen Seite um die Wahlgleichheit und die ihr obliegenden Aufgaben. Es ist nicht möglich,

---

585 So *Heyen*, DÖV 1989, 649 (654).

586 Es soll sich letztlich um die „Kehrseite ein und derselben Medaille" handeln, so *v. Mangoldt/Klein/Starck/Achterberg/Schulte*, Art. 38 Rdnr. 146.

587 *König*, Verfassungsbindung der politischen Parteien, S. 82.

die besondere Stellung von Parteien im Grundgesetz zu ignorieren und Quotenregelungen per se für verfassungswidrig zu erklären – dem steht Art. 21 GG entgegen.[588] Auf der anderen Seite unterliegen Einschränkungen bei der Wahlrechtsgleichheit erhöhten Rechtfertigungserfordernissen; sie sind besondere streng zu prüfen.[589] Differenzierungen sind danach – nach der Rechtsprechung des Bundesverfassungsgerichts, welche die Wahlrechtsgleichheit als eine über ein bloßes Willkürverbot hinausgehende streng formale Gleichheit (Grundsatz der formalen Wahlrechtsgleichheit) versteht[590] – nur aus zwingenden Gründen zulässig.[591] Ein zwingender Grund für eine Differenzierung liegt vor, wenn er durch die Verfassung legitimiert ist und von einem Gewicht ist, das der Wahlrechtsgleichheit entspricht. Die differenzierenden Regelungen sind nur dann zulässig, wenn sie geeignet und erforderlich sind, ihren Regelungszweck zu erreichen.[592] Es geht hier also im Kern um eine besonders strenge Verhältnismäßigkeitsprüfung. Diese strengen Anforderungen gelten bei politisch-parlamentarischen Wahlen, sind also einschlägig bei der Bundestagswahl.[593]

Letztlich muss im Rahmen einer Verhältnismäßigkeitsprüfung geklärt werden, ob verbindliche innerparteiliche Quotenregelungen verfassungsrechtlich zulässig sind.[594] Dabei kann es dahinstehen, ob (theoretisch) der Gesetzgeber zulasten der Parteien solche vorgibt oder ob sie durch Parteisatzungen vorgegeben sind.

b) Verhältnismäßigkeitsprüfung

aa) Vorprüfung: Anwendbarkeit des Verhältnismäßigkeitsgrundsatzes oder des Prinzips der praktischen Konkordanz?

Wenn hier die Prüfung des Verhältnismäßigkeitsgrundsatzes angesprochen ist, stellt sich zunächst die Frage, ob dieser hier überhaupt Anwendung findet. Vorliegend geht es nicht um den klassischen „Grundrechtsfall" – als nicht um eine solche Konstellation, in der durch staatliches Handeln die Freiheitssphäre des Bürgers verkürzt wird: Wenn z.B. eine Ermessensnorm im Versammlungsrecht die

588 So aber *Heyen*, DÖV 1989, 649 ff. So wie hier bereits *Oebbecke* JZ 1988, 176 (180 f.).
589 *Oebbecke*, a.a.O., 176 (181).
590 Darauf weist *Heyen*, DÖV 1989, 649 (652) explizit hin.
591 Vgl. etwa BVerfGE 82, 322 (338); 95, 408 (418).
592 BVerfGE 95, 408 (418 f.); 121, 266 (298).
593 Diese strengen Anforderungen gelten folglich nicht bei Wahlen, die nicht in den Bereich „politisch-parlamentarischer Art" fallen – wie etwa universitätsinternen Wahlen, vgl. dazu BVerfGE 39, 247 ff. oder Wahlen innerhalb der Justizverwaltung, vgl. dazu BVerfGE 41, 1 ff. Vgl. dazu ausführlich *Kisker*, in: FS Mallmann, S. 103 (104 ff.).
594 *v. Mangoldt/Klein/Starck/Achterberg/Schulte*, Art. 38 Rdnr. 147.

Möglichkeit der Auflösung vorsieht, die Behörde davon Gebrauch macht, so ist ihre Ermessensentscheidung ebenso am Verhältnismäßigkeitsgrundsatz zu messen wie die zugrundeliegende Ermächtigungsgrundlage – insbesondere dann, wenn sie schon bei geringfügigen Verstößen die Auflösung einer Versammlung ermöglicht.[595] Der Verhältnismäßigkeitsgrundsatz gilt im Übrigen auch für Gerichte: Im Strafverfahren gilt etwa der Grundsatz, dass es – beim Strafrahmen – eine angemessene und damit verhältnismäßige Strafe zu verhängen hat.[596]

Wie gezeigt, sind es vorliegend die politischen Parteien, die durch Satzungsrecht in die Freiheitssphäre des Bürgers – formal betrachtet – eingreifen. Politische Parteien sind aber zunächst „nur" privatrechtliche Vereinigungen, sie sind nicht Teil der staatlichen Sphäre. Fraglich ist also, ob man hier auf den Verhältnismäßigkeitsgrundsatz bei der Prüfung zurückgreifen kann.

Wenn es um die Kandidatenaufstellung geht, ist jedoch die Perspektive zu ändern. Die Übernahme einer hoheitlichen Aufgabe – hier der Kandidatenaufstellung – entbindet sie nicht von der Verfassungsbindung. Der erwähnten „Kollision" zwischen der Parteienfreiheit (etwa im Gewand der Programmfreiheit) und der Wahlgleichheit kann im Rahmen der „Verhältnismäßigkeit im engeren Sinne" Rechnung getragen werden, sofern die Prüfung nicht vorher endet. Die Parteien müssen also mit den Quotenregelungen einen legitimen Zweck verfolgen; sie müssen geeignet sein, den Zweck zu erreichen; die Regelungen müssen erforderlich sein und letztlich auch angemessen, also verhältnismäßig im engeren Sinne sein.[597]

bb) Legitimer Zweck

Die Absicht, für eine verstärkte Repräsentation einer Gruppe – hier für Frauen – einzutreten und sich durch die Aufstellung von entsprechenden Kandidatinnen zu diesem Ziel auch politisch ausdrücklich zu bekennen, ist ein legitimer Zweck. Auch das Grundgesetz spricht die Gleichberechtigung der Geschlechter an (Art. 3 Abs. 2 Satz 1 GG). Der Wunsch, sich politisch zur Geschlechtergleichberechtigung zu bekennen, ist Ausdruck der in Art. 21 Abs. 1 Satz 2 GG garantierten Programmfreiheit.

595 Beispiel nach *Degenhart*, Staatsrecht I, S. 160.

596 Ebda. Vgl. dazu BVerfGE 45, 187 (228); 50, 205 (214 f.); BVerfGE 75, 1 (16), Beschl. v. 31.3.1987, 2 BvM 2/86; st. Rspr.

597 Vgl. statt aller *Degenhart*, Staatsrecht I, S. 159.

cc) Geeignetheit

Ein Mittel muss ferner geeignet sein, den angestrebten Zweck zu erreichen.[598] Geeignet ist das Mittel, wenn der angestrebte Zweck mit seiner Hilfe gefördert werden kann – es also tauglich ist.[599] Zugrunde zu legen ist hier eine vertretbare Prognose zum Zeitpunkt der Entscheidung über die Einführung der Maßnahme.[600]

Über die Einführung von innerparteilichen Quotenregelungen wurde insbesondere in den 80er Jahren ausführlich diskutiert.[601] Zu diesem Zeitpunkt gab es keine Anhaltspunkte, dass Quotenregelungen nicht zu einer erhöhten Repräsentation von Frauen führen würden. Sie sind unter Zugrundelegung der oben kurz angesprochenen Grundsätze geeignet, den angestrebten Zweck zu erreichen.

dd) Erforderlichkeit

Das Mittel müsste auch erforderlich sein. Das ist dann der Fall, wenn das Ziel, welches durch eine Maßnahme verfolgt wird, nicht durch ein milderes Mittel ebenso gut zu erreichen ist.[602]

Hier wurde von den Kritikern eingewendet, man könne eine verbesserte Repräsentation von Frauen auch erreichen, wenn man bei den Ursachen faktischer Diskriminierung ansetze.[603] Hier finden sich grundsätzlich gute Ansätze. Ebenso gut lässt sich aber vertreten, dass sich, obwohl in Art. 3 Abs. 2 GG die rechtliche Gleichberechtigung normiert ist, die faktische Ungleichheit der Geschlechter lange hat halten können. Dies spreche gegen die Wirksamkeit von milderen Maßnahmen.[604]

ee) Angemessenheit

Die Frage, ob innerparteiliche Quotenregelungen im Sinne der Verhältnismäßigkeitsprüfung erforderlich sind, ist hier jedoch nicht der Schwerpunkt. Entscheidend ist die Angemessenheit des Mittels: Damit eine Maßnahme verhältnismäßig ist, muss sie nicht nur einen legitimen Zweck verfolgen sowie zur Zweckerreichung geeignet und erforderlich, sondern auch angemessen bzw. verhältnismäßig im engeren Sinne sein: Ein Mittel ist dann angemessen, wenn die

---

598 *Degenhart*, Staatsrecht I, S. 159.

599 Vgl. etwa *Voßkuhle*, JuS 2007, 429 (430).

600 *Degenhart*, Staatsrecht I, S. 161.

601 Vgl. nur die Nachweise bei *Oebbecke* JZ 1988, 176.

602 Vgl. statt aller *Degenhart*, Staatsrecht I, S. 162.

603 *v. Mangoldt/Klein/Starck/Achterberg/Schulte*, Art. 38 Rdnr. 147.

604 Ebda.

einzelnen Belastungen, die den Einzelnen treffen, nicht außer Verhältnis zu dem verfolgten Zweck und den dabei erstrebten Vorteilen für die Allgemeinheit stehen.[605] Eingriff und der verfolgte Zweck sind also gegeneinander abzuwägen.[606] Notwendig ist hier nun eine mehrstufige Prüfung: Im ersten Schritt sind die in die Abwägung einzustellenden Belange abstrakt herauszuarbeiten und rechtlich zu bewerten.[607] In einem zweiten Schritt ist dann zu fragen, wie intensiv eingegriffen wird, und der konkrete Gemeinwohlgewinn durch die Mittel zu bestimmen.[608] Im letzten Schritt erfolgt die eigentliche Abwägung. Hier ist zu fragen, ob unter Zugrundelegung der bisherigen Prüfung der Erfolg, der mit dem Mittel erstrebt wird, zu den Belastungen für den Bürger im oder außer Verhältnis steht.[609] Danach gilt ganz konkret: „Je höher der Grad der Nichterfüllung oder Beeinträchtigung des einen Prinzips ist, um so größer muß die Wichtigkeit der Erfüllung des anderen sein."[610]

Durch die innerparteilichen Quotenregelungen wird – wie ausgeführt – in die Wahlrechtsgleichheit eingegriffen. Wie der Grundsatz der Allgemeinheit der Wahl sichert auch der Grundsatz der Gleichheit der Wahl die Egalität der Staatsbürger, die das Demokratieprinzip des Grundgesetzes voraussetzt.[611] „Der Grundsatz der Gleichheit der Wahl gebietet, dass alle Staatsbürger das aktive und passive Wahlrecht in formal möglichst gleicher Weise ausüben können."[612] Die Wahlgleichheit ist in allen Phasen der politischen Willensbildung streng formal zu verstehen.[613] Auf der anderen Seite dienen die Quotenregelungen auch der durch das Grundgesetz garantierten Programmfreiheit der Parteien. Diese garantiert, dass die Parteien – um ihr durch das Grundgesetz zugewiesenes Mandat erfüllen zu können – sich mit einem bestimmten Programm bei der Bevölkerung bekannt machen können. Das Parteiprogramm muss auch auf die Gleichstellung der Geschlechter gerichtet sein; es handelt sich um – wie es in der Literatur ausgedrückt wird – eine „programmatische Positionsbeschreibung"[614].

605 S. statt aller *Voßkuhle*, JuS 2007, 429 (430).

606 *Degenhart*, Staatsrecht I, S. 162.

607 Ebda; *Voßkuhle*, JuS 2007, 429 (430).

608 *Degenhart*, a.a.O., S. 163.

609 *Voßkuhle*, JuS 2007, 429 (430).

610 So *Alexy*, Theorie der Grundrechte, S. 146.

611 Vgl. BVerfGE 120, 82 (102), Urt. v. 13.2.2008, 2 BvK 1/07 m. w. Nachw.; *Maunz/Dürig/Klein*, GG, Art. 38 Rdnr. 115.

612 So BVerfGE 79, 169 (170), Beschl. v. 24.11.1988, 2 BvC 4/88.

613 So schon BVerfGE 8, 51 (68).

614 *Maidowski*, Umgekehrte Diskriminierung, S. 196.

In die Wahlrechtsgleichheit wird intensiv eingegriffen; der Wähler hat keine Möglichkeit, entweder Einfluss auf die Kandidatenaufstellung zu nehmen – ein dem US-amerikanischen Recht entsprechendes Vorwahlsystem ist dem deutschen Recht fremd – oder die Parteilisten nachträglich zu ändern – er hat das Personal so zu akzeptieren, wie die Parteien es ihm nach der erfolgten Kandidatenaufstellung präsentieren.

Bei der Abwägung ist hier das bereits erwähnte Abwägungsgesetz von *Alexy* heranzuziehen: „Je höher der Grad der Nichterfüllung oder Beeinträchtigung des einen Prinzips ist, umso größer muß die Wichtigkeit der Erfüllung des anderen sein."[615] Danach ergibt sich aus Sicht des Verfassers folgende Abwägung:

Auf der einen Seite greifen die Parteien durch verbindliche innerparteiliche Quotenregelungen massiv in die Wahlrechtsgleichheit ein. Bei der Wahlrechtsgleichheit handelt es sich um eine streng formale Gleichheit. Bei der Listenaufstellung handelt es sich wegen der Wirkung der Kandidatenaufstellung als Teil der Wahlvorbereitung – sie ist oben beschrieben worden – um einen anderen Sachverhalt als jener, der sich nur auf die Besetzung von innerparteilichen Posten beschränkt.[616] Dies ist insbesondere im Hinblick auf das geltende Bundestagswahlrecht zu betonen. Seit der jüngsten[617] Wahlrechtsreform im Jahre 2013 ist für die Mandatsverteilung im Deutschen Bundestag allein die Zweitstimme entscheidend. Überhangmandate sind vollumfänglich ausgleichspflichtig. Daraus ergibt sich, dass in der Bundesrepublik Deutschland für die Wahlen zum Deutschen Bundestag faktisch das Verhältniswahlrecht gilt. Gleichzeitig hat der Bürger bei der evident wichtigen Zweitstimme kein Mitspracherecht im Vorfeld (keine Vorwahlen) und auch bei der Wahl selbst (etwa: kein Kumulieren, kein Panaschieren) keine Möglichkeit, auf die Listen Einfluss zu nehmen. Landeslisten können überdies nur von Parteien eingereicht werden[618] – sie haben hier eine Monopolstellung. Der hier mögliche Einwand, man vermische zwei verschiedene Sachverhalte (Tätigkeit der Parteien hier, Gestaltung durch den Gesetzgeber dort), geht ins Leere. Gerade bei der äußerst wichtigen Wahlrechtsgleichheit ist eine Gesamtschau der Umstände geboten nach dem Wirken der Parteien und den Wahlgrundsätzen oder auch den sonstigen Regelungen des Staatsorganisationsrechts – ein Umstand, den auch das Bundesverfassungsgericht in seiner

---

615 So *Alexy*, Theorie der Grundrechte, S. 146.

616 Ähnlich *Ebsen*, Quotenregelungen, S. 30.

617 Stand: Dezember 2014.

618 § 27 Abs. 1 Satz 1 BWG.

Rechtsprechung manchmal vermissen lässt.[619] Auf der anderen Seite ist – wie ausgeführt – nicht sicher, ob Quotenregelungen zum erhofften Ziel der Geschlechtergerechtigkeit führen. Selbst wenn man diesen Umstand unterstellt, bleibt die Schwere des Eingriffs in dem beschriebenen Sinne. Dem könnten die Parteien durch Ausgleichmaßnahmen entgegenwirken, etwa indem sie – in welcher Gestalt auch immer – ihr Kandidatenaufstellungsverfahren öffnen. Beispiele dafür finden sich in anderen Rechtsordnungen.

Nach alledem ergibt sich, dass das hier angewendete Mittel außer Verhältnis zum angestrebten Erfolgt steht, mithin sind Quotenregelungen nicht angemessen und daher unverhältnismäßig. Sie sind also in der jetzigen Form verfassungswidrig.

c) Ergebnis

Innerparteiliche Quotenregelungen sind, sofern die Parteien nicht als Ausgleich wirkende Gegenmaßnahmen ergreifen, wegen Verstoßes gegen den Verhältnismäßigkeitsgrundsatz nach der hier vertretenen Auffassung mit Art. 38 Abs. 1 GG unvereinbar.

IV. Die Blockwahl

1. Die Konstellation

Ein weiteres von den Parteien verwendetes Modell wird diskutiert. Dabei geht es um die sogenannte *Blockwahl*, die in verschiedenen Formen vorkommen kann und entsprechend ihrer Ausgestaltung verfassungsrechtliche Fragen aufwirft. Große Bedeutung hat die Blockwahl bei der Aufstellung der Landesliste, nicht jedoch beim Wahlkreisvorschlag.[620] Sie findet in verschiedenen Konstellationen Anwendung.

Eine solche Regelung findet sich in den Parteiregelungen des CDU-Landesverbandes Nordrhein-Westfalen: Bei der Aufstellung wird die Festlegung für die Reihenfolge auf der Landesliste der Bewerber der Reihe nach zur Wahl gestellt, wobei mehrere Einzelwahlgänge zusammengefasst werden.[621] Auf dem Stimmzettel sind alle Bewerber aufzulisten und ist den Wählern für jede Abstimmung die Möglichkeit einzuräumen, mit „Ja", „Nein" oder „Enthaltung"

619 Vgl. etwa BVerfG, Beschl. v. 6.12.2014, 2 BvQ 55/13, abrufbar unter: https://www.bundesverfassungsgericht.de/entscheidungen/qk20131206_2bvq005513.html (Stand: 5.12.2014).

620 So *Schreiber/Hahlen*, § 21 Rdnr. 41.

621 § 10 Abs. 8 Sätze 1–3 Verfahrensordnung CDU NRW.

abzustimmen.[622] Es wird auch die Möglichkeit eingeräumt, mit einer Stimme für alle Bewerber mit „Ja", „Nein" oder „Enthaltung" abzustimmen.[623] Über Gegenvorschläge ist einzeln abzustimmen.[624] Die Wähler haben pro Gruppenwahl mindestens die Hälfte der Bewerber anzukreuzen. Stimmzettel, auf denen nicht mindestens die Hälfte der Bewerber angekreuzt ist, sind ungültig.[625] Bei einer solchen Konstellation mit den genannten Maßgaben (hier: Mindeststimmenerfordernis) handelt es sich um die einfache Blockwahl.[626]

Ferner findet die Blockwahl auch in Form einer freien Personenwahl aus einer Kandidatenliste mit Streichmöglichkeit Anwendung – diese Form der Blockwahl wird als Gesamtwahl bezeichnet. Auch möglich ist eine Kombination von Einzel- und Blockwahl dergestalt, dass über die vorderen Listenplätze in Einzel- und über hintere Listenplätze in Blockwahl abgestimmt wird.[627]

Letztlich kann es vorkommen, dass mit der Pflicht zur vollen Stimmausschöpfung gewählt werden muss. Die Wähler müssen dabei so viele Stimmen vergeben – also Kandidaten ankreuzen –, wie Positionen auf der Liste zu vergeben sind. Tun die Wähler dies nicht, sind die Stimmzettel ungültig. Die letzte Variante wird als strenge Blockwahl oder als Blockwahl mit voller Stimmausschöpfung bezeichnet.[628]

2. *Verfassungsrechtliche Zulässigkeit der einzelnen Konstellationen*

a) Einfache Blockwahl und Kombinationsmodelle

Bei der einfachen Blockwahl handelt es sich nicht um ein besonderes, von der Einzelwahl abweichendes Verfahren, sondern um ein solches, in dem mehrere Einzelwahlgänge zusammengefasst werden. Diese Zusammenfassung ist nach den Grundsätzen des Mehrheitswahlrechts auch systemgerecht.[629] Den Wählern bleibt bei jeder Abstimmung die Möglichkeit, einzelne Bewerber anzunehmen,

---

622 § 10 Abs. 8 Sätze 4 und 5 Verfahrensordnung CDU NRW.

623 § 10 Abs. 8 Satz 5 Verfahrensordnung CDU NRW.

624 § 10 Abs. 8 Satz 6 Verfahrensordnung CDU NRW .

625 § 10 Abs. 8 Satz 9 Verfahrensordnung CDU NRW i.V.m. § 37 Abs. 6 Satz 1 CDU-Satzung-NRW

626 *Schreiber/Hahlen*, § 27 Rdnr. 21.

627 Ebda.

628 Ebda.

629 Vgl. etwa HamVerfG, DVBl. 1993, 1070 (1071). *Ipsen*, DVBl. 2004, 532 (535) weist auf die sich ergebenden Schwierigkeiten hin, die sich aus der Kombination des gesetzlich vorgegebenen Einzelvorschlagsrechts – vgl. § 21 Abs. 3 Satz 2 BWG, § 27 Abs. 5 BWG – und der Blockwahl ergeben können.

abzulehnen oder sich zu enthalten. Wählen die Parteien bei der Aufstellung der Landesliste dieses Verfahren, so erfolgt dieser Schritt aus verfahrens- (also Verfahrensvereinfachung) und zeitökonomischen Gründen (also Zeitersparnis): Würde eine Kandidatenaufstellung etwa ausschließlich in Einzelwahlgängen erfolgen, hätte dies bereits aus der jeweils notwendigen einzelnen Stimmauszählung eine unangemessene Verlängerung des Wahlverfahrens zur Folge. Es könnte sich über Tage hinziehen.[630] Sofern also die Blockwahl nur den Charakter einer Bündelung von Einzelabstimmungen aufweist, ist ihre verfassungsrechtliche Zulässigkeit allgemein anerkannt und wird nicht in Zweifel gezogen.[631] Hier gibt es in der Sache keinen Unterschied zur verfassungsrechtlichen Beurteilung der Einzelwahl.[632] Hier wie dort haben die Wahlberechtigten die gleichen Rechte wie bei der Einzelwahl und die Möglichkeit, diejenigen Kandidaten anzukreuzen, die sie auch bei der Einzelwahl angekreuzt hätten.[633]

Nichts anderes gilt auch für die Kombination von Einzel- und Blockwahl. Es können die gleichen Gründe angebracht werden wie bei der einfachen Blockwahl. Die Möglichkeit der Kombination beider Modelle folgt wiederum aus der durch Art. 21 Abs. 1 Satz 2 GG gewährleisteten Betätigungsfreiheit.[634] In den erwähnten verfassungsrechtlichen Grenzen beim Kandidatenaufstellungsverfahren bleibt es – jedenfalls nach der geltenden Rechtslage[635] – den Parteien überlassen, wie sie das Wahlverfahren regeln.

Diese verfassungsrechtliche Beurteilung ändert sich so lange nicht, bis sich ein rechtlicher Unterschied zwischen den einzelnen Modellen der Blockwahl und der Einzelwahl ergibt. Das ist dann der Fall, wenn der Wähler nicht mehr die Möglichkeit hat, nur die von ihm favorisierten Kandidaten zu wählen, sondern gezwungen wird, weitere, von ihm nicht favorisierte Kandidaten auszuwählen.[636] Die Blockwahl ist jetzt anders zu bewerten, weil sie nicht nur eine Bündelung, sondern auch einen anderen Regelungsgehalt aufweist als die Einzelwahl.

---

630 Darauf weist etwa *E. Küchenhoff* hin, in: *Schmidt/Bärlein/Bonin*, Blockwahlsystem, S. 23 (24 f.).

631 Vgl. nur BGHZ 106, 67 (75).

632 *Schreiber/Hahlen*, § 27 Rdnr. 21 m. w. Nachw.

633 *E. Küchenhoff*, in: *Schmidt/Bärlein/Bonin*, Blockwahlsystem, S. 23 (25); *Wolfrum*, Die innerparteiliche demokratische Ordnung nach dem Parteiengesetz, S. 128.

634 Vgl. dazu statt aller *Jarass/Pieroth*, Art. 21 Rdnr. 15.

635 Vgl. § 21 Abs. 5 BWG (Stand: 18.9.2014).

636 *Hahn*, NJW 1974, 848 (848).

b) Blockwahlsystem mit Funktionsbesetzungszwang (strikte Blockwahl)

So liegt der Fall bei der strikten Blockwahl. Hier haben die Wahlberechtigten (also das einfache Parteimitglied in der Mitgliederversammlung oder der Delegierte in der Landesdelegiertenversammlung) nach parteiinternen Regelungen so viele Stimmen abzugeben, wie Positionen zu besetzen sind. Die Möglichkeit besteht nicht, einzelne Kandidaten abzulehnen oder sich zu enthalten, weil der Wähler für einen Block von Kandidaten abstimmen muss. Dabei hat ein Verstoß gegen diese Regelung die Ungültigkeit der gesamten Stimmabgabe zur Folge.[637] Hier handelt es sich nicht mehr *nur* um eine Bündelung von Einzelwahlen. Aus der Pflicht der Wähler zur vollen Stimmabgabe folgt eine andere Beurteilung. Dabei sind zunächst die verfassungsrechtlich vorgegebenen Wahlgrundsätze in vollem Umfang anzuwenden.

Anzusprechen ist zunächst der Grundsatz der Wahlfreiheit. Dieser gewährleistet dem Wähler, möglichst ohne Zwang und sonstige Beeinträchtigungen seine Stimme abzugeben.[638] Der Grundsatz der freien Wahl schützt die freie Entschließung des Wählers. Er betrifft sowohl das „Ob" als auch das „Wie" der Wahl.[639] Aus dem Gesagten folgt, dass eine Wahl nicht frei ist, wenn das entsprechende Wahlsystem den Wähler gegen seinen Willen im Falle der Stimmabgabe vor die Alternative stellt, entweder eine bestimmte Liste oder einen bestimmten Bewerber zu wählen oder aber der Wahl fernzubleiben.[640]

Bei der strikten Blockwahl sind die Wähler verpflichtet, genauso viele Stimmen abzugeben, wie Positionen zu besetzen sind. Wenn also ein Angehöriger der innerparteilichen Minderheit die Ungültigkeit seiner Stimme vermeiden will, jedoch nicht genug Alternativkandidaten vorgeschlagen sind, ist er gezwungen, auch Bewerber der innerparteilichen Mehrheit mit zu wählen. Er hat weder die

---

637 *J. Seifert*, in: *Schmidt/Bärlein/Bonin*, Blockwahlsystem, S. 38 (40 f.); *Wolfrum*, Die innerparteiliche demokratische Ordnung nach dem Parteiengesetz, S. 128; *Naujoks*, DVBl. 1975, 244; zuletzt *Hong*, Kandidatenaufstellung, S. 73. Wenn bei der Kandidatenaufstellung zehn Positionen zu besetzen sind, die Wahlberechtigten aus einer Anzahl von z.B. fünfzehn zur Wahl stehenden Kandidaten nur neun ankreuzen, so ist die Stimmabgabe der Wahlberechtigten insgesamt ungültig. Beispiel nach *Nohlen*, Wahlsysteme der Welt, S. 71.

638 BVerfGE 7, 63 (69), Beschl. v. 3.7.1957, 2 BvR 9/56; BVerfGE 47, 253 (282), Beschl. v. 15.2.1978, 2 BvR 134, 268/76; BVerfGE 66, 369 (380), Beschl. v. 10.4.1984, 2 BvC 2/83; BVerfGE 95, 335 (350), Urt. v. 10.4.1997, 2 BvF 1/95; *Dreier/Morlok*, GG, Art. 38 Rdnr. 82.

639 Vgl. statt aller *Stern*, Staatsrecht I, § 10 II 7.

640 *v. Münch/Kunig/Trute*, Art. 38 Rdnr. 35.

Möglichkeit zur Enthaltung noch zur Ablehnung einzelner Bewerber. Das strikte Blockwahlsystem veranlasst durch die Komponente des Funktionenbesetzungszwangs solche Wähler dazu, gegen ihren Willen für bestimmte Bewerber zu stimmen, die sie nicht wählen wollten. In dem Zwang, eine bestimmte Anzahl an Bewerbern anzukreuzen, ohne sich enthalten oder einzelne Bewerber ablehnen zu können, liegt eine Beeinträchtigung der Wahlfreiheit.[641]

Diese Beeinträchtigung kann nicht dadurch gerechtfertigt werden, dass den Wählern die Möglichkeit eingeräumt ist, weitere Kandidaten vorzuschlagen (Nominierungsfreiheit).[642] Eine solche Rechtfertigung würde den Grundsatz der Wahlfreiheit faktisch leerlaufen lassen. Man würde die Beeinträchtigung der Wahlfreiheit durch eine neue Beeinträchtigung rechtfertigen, denn die Minderheitswähler wären gezwungen, eine bestimmte Anzahl an Gegenkandidaten vorzuschlagen. Aus der Nominierungsfreiheit würde eine Nominierungspflicht.[643] Die Wahlfreiheit garantiert aber auch das freie Wahlvorschlagsrecht,[644] was auch parteiintern gilt. Hinzu kommen die faktischen Probleme für die Minderheit, genug Bewerber für die Parteikandidatur vorzuschlagen. Trotz der normativen Nominierungsfreiheit ist diese für jede Minderheitengruppe schon strukturell eingeschränkt.[645]

Schließlich ist eine Rechtfertigung auch nicht dadurch möglich, dass durch den Zwang zur vollen Stimmausschöpfung eine breite Beteiligung der Parteimitglieder gefördert wird und so einer niedrigen Wahlbeteiligung begegnet werden kann.[646] Die Wahlfreiheit betrifft auch das *Ob* der Wahl. Zwar gilt der Minderheitenschutz innerparteilich abgeschwächt, denn die Parteien können, weil sie sich anders als der Staat in einem politischen Wettbewerb befinden, von ihren Mitgliedern einen Grundkonsens einfordern.[647] Aus der Eigenart der Parteien – hier geht es nicht um die staatliche Sphäre – kann aber nichts hergleitet werden: Zur Vermeidung von Minderheitsentscheidungen oder niedriger Wahlbeteiligung gibt es mildere Mittel. Die Parteien könnten politisch darauf hinzuwirken, dass sich mehr Parteimitglieder an der innerparteilichen Kandidatenaufstellung

641 *E. Küchenhoff*, in: *Schmidt/Bärlein/Bonin*, Blockwahlsystem, S. 23 (29).

642 WahlprüfG Berlin, Urt. v. 23.11.1971, WPG 5.71, DVBl. 1972, 862 (865).

643 *E. Küchenhoff*, in: Schmidt/Bärlein/Bonin, Blockwahlsystem, S. 23 (29 f.); *Wolfrum*, Die innerparteiliche demokratische Ordnung nach dem Parteiengesetz, S. 129.

644 *v. Mangoldt/Klein/Starck/Achterberg/Schulte*, Art. 38 Rdnr. 125.

645 *E. Küchenhoff*, in: Schmidt/Bärlein/Bonin, Blockwahlsystem, S. 23 (29 f.); *Wolfrum*, Die innerparteiliche demokratische Ordnung nach dem Parteiengesetz, S. 129.

646 Darauf geht etwa *Naujoks*, DVBl. 1975, 244 (248) ein.

647 *v. Münch/Kunig*, Art. 21 Rdnr. 56.

beteiligen. Das kann z.B. durch die Einführung von basisdemokratischen Elementen bei der Aufstellung der Kandidaten geschehen oder durch ein verstärktes politisches Werben auf anderen Gebieten. Die Beeinträchtigung der Wahlfreiheit durch das strikte Blockwahlsystem kann nicht gerechtfertigt werden.

Letztlich ist auch der Grundsatz der Wahlgleichheit zu beachten. Er verlangt bei der Ausübung des aktiven Wahlrechts, dass jede Stimme grundsätzlich den gleichen Zähl- und Erfolgswert hat. Beim strikten Blockwahlsystem findet typischerweise das (reine) Mehrheitswahlrecht Anwendung. Wie bereits angesprochen, verlangt die Wahlgleichheit im (reinen) Mehrheitswahlrecht, dass jede Stimme den gleichen Zählwert, aber nicht den gleichen Erfolgswert hat, weil bei diesem Wahlsystem die Stimmen für den unterlegenen Kandidaten nicht berücksichtigt werden. Erfolgswertgleichheit heißt hier nur, dass jeder Stimme die gleichen Erfolgschancen innerhalb des jeweiligen Wahlsystems eingeräumt werden muss.[648]

Das bedeutet für den innerparteilichen Bereich bei der Kandidatenaufstellung, dass jede politische Richtung innerhalb einer Partei im Verfahren der innerparteilichen Willensbildung die gleichen Erfolgschancen habe muss.[649] Dadurch soll gewährleistet werden, dass sich alle innerparteilichen Richtungen und Kräfte in der Repräsentation widerspiegeln.[650] Vorausgesetzt, die innerparteiliche Minderheit hat nicht die Möglichkeit, mindestens so viele Bewerber vorzuschlagen, wie Positionen zu besetzen sind, so ist sie im strikten Blockwahlsystem gezwungen, neben ihren eigenen Kandidaten auch jene zu wählen, die sie nicht will, damit ihre Stimmabgabe nicht ungültig wird. Daraus folgt, dass die Kandidaten der Mehrheit nicht nur die Stimmen der Mehrheit, sondern zusätzlich auch Stimmen von der Minderheit zu erwarten haben.[651] Das hat eine Verzerrung der durch die Wahlrechtsgleichheit gebotenen spiegelbildlichen Repräsentation zur Folge, weil die Kandidaten der Mehrheit einen höheren Stimmenanteil erreichen, als ihnen zustehen würde. Die strikte Blockwahl führt zu einer Minderung der Erfolgschancen der Stimmen der Minderheit: Die vom strikten Blockwahlsystem erzwungene Unterstützung von Bewerbern der Mehrheit schmälert die Erfolgschancen der Kandidaten der Minderheit, weil ihre Anhänger zugleich Gegenkandidaten wählen müssen. Dadurch entwerten sie wiederum die Stimmen, die sie für ihren eigenen Kandidaten abgegeben haben. Diese Stimmen haben nicht die gleichen

---

648 *Degenhart*, Staatsrecht I, S. 36.

649 *E. Küchenhoff*, in: Schmidt/Bärlein/Bonin, Blockwahlsystem, S. 23 (32).

650 So *E. Küchenhoff*, a.a.O., S. 23 (34), a.A. BGH, DVBl. 1974, 439 (440).

651 *E. Küchenhoff*, a.a.O. S. 23 (34).

Erfolgschancen.[652] Aber genau das fordert die Wahlgleichheit. Das vorgebrachte Argument, der Ausschluss von Minderheitskandidaten von der Repräsentation liege im Wesen eines jeden Mehrheitssystems,[653] ist nicht stichhaltig. Das bedeutet nämlich nur, dass im Mehrheitswahlrecht kein Erfolgswert der Stimmen notwendig ist. Die gleichen Erfolgschancen müssen immer gegeben sein.

Den Parteien stehen mildere Mittel als die genannten zur Verfügung. Ihnen ist es möglich, durch Satzungsregelungen eine Wahlordnung vorzusehen, die eine umfassende Wahlbeteiligung der Mitglieder an allen personellen Entscheidungen fördern soll, ohne jedoch einen Funktionsbesetzungszwang zu bestimmen. So wurde vertreten, wenn die Wähler nur die Hälfte der Stimmen abzugeben haben, lasse sich daraus kein Verfassungsverstoß herleiten.[654] Es komme auf das Verhältnis der Anzahl der abzugebenden Stimmen zur Zahl der Mitglieder an: Je geringer das Verhältnis sei, desto eher könne von der Minderheit erwartet werden, dass sie genug Mitglieder zu einer Kandidatur bewegen könne. Dann sei keine Verzerrung der durch die Wahlrechtsgleichheit gebotenen spiegelbildlichen Repräsentation gegeben.[655] Dieses Verfahren findet im CDU-Landesverband Nordrhein-Westfalen Anwendung.

Die dargestellte Beeinträchtigung der Wahlrechtsgleichheit ist aus den gleichen, oben bereits angesprochenen Gründen nicht zu rechtfertigen. Die strikte Blockwahl dergestalt, dass sie einen Funktionsbesetzungszwang vorsieht, ist verfassungswidrig.

3. Ergebnis

Die einfache Blockwahl ist unter Berücksichtigung der dargestellten Grundsätze mit dem Grundgesetz vereinbar; diese Feststellung trifft demgegenüber auf die strikte Blockwahl mit Funktionsbesetzungszwang nicht zu.

---

652 Darauf weist auch BGH, a.a.O., DVBl. 1974, 439 (440) hin, ohne diesen Gesichtspunkt bei der Wahlgleichheit anzusprechen. Ferner mit Bezug auf die Wahlgleichheit, *Wolfrum*, Die innerparteiliche demokratische Ordnung nach dem Parteiengesetz, S. 130 f.; *Nettesheim*, BayVBl. 1991, 292 (294).

653 *König*, Verfassungsbindung der politischen Parteien, S. 78, der sich auf BGH, a.a.O., DVBl. 1974, 439 (440) beruft.

654 So BGH, Urt. v. 17.12.1973 – II ZR 47/71, DVBl. 1974, 439 (441).

655 BGH, DVBl. 1974, 439 (441).

2. Kapitel: Die Kandidatenaufstellung in den Vereinigten Staaten von Amerika (USA) – Grundzüge

A. Grundlagen

I. Das Wahlrecht und die Wahlkreiseinteilung für die Wahl zum Repräsentantenhaus

Das Wahlrecht ist nicht einheitlich geregelt; es ergibt sich vielmehr aus verschiedenen Rechtsquellen. Die grundlegenden Verfassungsbestimmungen der Bundesverfassung beschränken sich auf die Nominierung der Zusammensetzung des Repräsentantenhauses, die Festlegung des passiven Wahlrechts und die Sicherung des Rechts der Wahlrechtsausübung. Hinzu kommen einzelne Regelungen zum Wahlprüfungsrecht und zum Parlamentsinnenrecht, wie etwa zur Entschädigung der Abgeordneten und zum Ausschluss einzelner Abgeordneter.[656]

Nach den Bestimmungen der Bundesverfassung wird alle zwei Jahre ein Drittel der Abgeordneten des Repräsentantenhauses direkt vom Wahlvolk gewählt. Passiv wahlberechtigt ist jeder Bürger, der seit mindestens sieben Jahren Staatsbürger der Vereinigten Staaten ist, zum Zeitpunkt der Wahl seinen Wohnsitz in demjenigen Gliedstaat hat, in dem er sich zur Wahl stellt, sowie derjenige, der das 25. Lebensjahr vollendet hat.[657] Die genannten Verfassungsbestimmungen zum passiven Wahlrecht sind nach höchstrichterlicher Rechtsprechung abschließend.[658] Sollte vor Ablauf der zweijährigen Legislaturperiode ein Abgeordneter ausscheiden, so schreibt die Bundesverfassung Nachwahlen zur Neubesetzung des Mandats bis zum Ende der laufenden Legislaturperiode vor.[659] Nach der regulären Wahl obliegt sowohl

---

656 Vgl. zum Parlamentsinnenrecht Art. 1, Abschnitt 5 und 6 der Bundesverfassung, abgedruckt in: *Schambeck*, Dokumente, S. 171 f., sowie die weiterführenden Literaturhinweise bei *Brugger*, Einführung, S. 32, Fn. 1.

657 Art. 1, Abschnitt 2, Abs. 1, Satz 1, Abs. 2 der Bundesverfassung, abgedruckt in: *Schambeck*, Dokumente, S. 169.

658 Vgl. die Leitentscheidung *U.S. Term Limits, Inc. v. Thornton*, 514 U.S. 779 (1995).

659 Art. 1, Abschnitt 2, Abs. 4 der Bundesverfassung, abgedruckt in: *Schambeck*, Dokumente, S. 170.

das Wahlprüfungsrecht insgesamt als auch die Prüfung des passiven Wahlrechts der gewählten Abgeordneten dem Repräsentantenhaus als ganzer Körperschaft.[660]

Grundsätzlich werden die Abgeordnetenmandate im Verhältnis zur Einwohneranzahl der Gliedstaaten verteilt.[661] Alle zehn Jahre findet eine Volkszählung statt, die unter Umständen eine Angleichung der Mandatsverteilung notwendig macht.[662]

Bei der Mandatsverteilung sind Sonderregelungen zu beachten. Zunächst hat der Verfassungsgeber selbst bei der Mandatsverteilung in der Bundesverfassung zwei Einschränkungen normiert. Es gelten eine verfassungsrechtlich festgelegte Untergrenze bei der Mandatsverteilung, weil auf dreißigtausend Einwohner nicht mehr als ein Abgeordneter kommen darf, sowie eine verfassungsrechtlich vorgegebene Mindestanzahl an Mandaten, weil ein Gliedstaat wenigstens einen Abgeordneten stellen muss.[663] Zum anderen hat der Bundesgesetzgeber wegen des Bevölkerungsanstiegs im 19. und im frühen 20. Jahrhundert von seiner in der Bundesverfassung normierten Gesetzgebungskompetenz[664] Gebrauch gemacht und im Jahre 1929 die absolute Anzahl der Sitze im Repräsentantenhaus auf eine Obergrenze von 435 Mandaten festgelegt.[665] Für die Mandatsverteilung sind die Staatsgebiete der Gliedstaaten in Wahlkreise einzuteilen,[666] was nach den allgemeinen Bestimmungen der Bundesverfassung zur Ausgestaltung des Wahlrechts grundsätzlich in die Gesetzgebungskompetenz der Gliedstaaten fällt.[667] Für die Wahlkreiseinteilung durch die gliedstaatlichen Gesetzgeber hat der Oberste Gerichtshof der Vereinigten Staaten aber umfassende verfassungsrechtliche Maßstäbe entwickelt, um dem Grundsatz der Wahlrechtsgleichheit Rechnung zu tragen. Dadurch hat er in den Gestaltungsspielraum der Gliedstaaten eingegriffen. Zusammengefasst kann gesagt werden, dass grundsätzlich die Wahlkreise

---

660 Art. 1, Abschnitt 5, Satz 1 der Bundesverfassung, abgedruckt in: *Schambeck*, Dokumente, S. 171.

661 Art. 1, Abschnitt 2, Abs. 3, Satz 1 HS. 1 der Bundesverfassung, abgedruckt in: *Schambeck*, Dokumente, S. 169; Zusatzartikel 14, Abschnitt 2 der Bundesverfassung, abgedruckt in: *Schambeck*, Dokumente, S. 186. Zum näheren Verfahren sogleich.

662 Art. 1, Abschnitt 2, Abs. 3, Satz 2 der Bundesverfassung, abgedruckt in: *Schambeck*, Dokumente, S. 169.

663 Art. 1, Abschnitt 2, Abs. 3, Satz 3 HS. 1 der Bundesverfassung, abgedruckt in: ebda.

664 Vgl. Art. 1, Abschnitt 4 Satz 2 HS. 1 der Bundesverfassung, abgedruckt in: *Schambeck*, Dokumente, S. 171.

665 *Brugger*, Einführung, S. 33.

666 Dazu sogleich.

667 Art. 1, Abschnitt 4, Abs. 1, Satz 1 der Bundesverfassung, abgedruckt in: *Schambeck*, Dokumente, S. 171.

annährend die gleiche Anzahl von Einwohnern aufweisen müssen, damit eine zu große Ungleichheit im Erfolgswert der Stimmen vermieden wird.[668]

Der Bundesgesetzgeber hat neben der Festlegung der Mandatshöchstgrenze auch die Wahl selbst näher ausgestaltet. Diese erfolgt in Einerwahlkreisen („single-member districts"), weil aus jedem Wahlkreis nur ein Abgeordneter ins Repräsentantenhaus einzieht.[669] Die Wahl muss in jedem Jahr mit einer geraden Jahresanzahl am ersten Dienstag nach dem ersten Montag im November stattfinden.[670] Mangels Kompetenzzuweisung an den Bund fallen alle sonstigen Regelungsbereiche grundsätzlich in die Gesetzgebungskompetenz der Gliedstaaten.[671] Dazu gehören auch die Frage, mit welcher Stimmenmehrheit ein Kandidat gewählt ist, das aktive Wahlrecht, mit Ausnahme der Regelung, dass nur Staatsbürger der Vereinigten Staaten wahlberechtigt sind,[672] sowie der Bereich der Kandidatennominierung.

Im erstgenannten Bereich gilt heute in allen Gliedstaaten das Prinzip „the winner takes all", wonach jeder Wähler nur eine Stimme hat und der Kandidat mit den meisten Stimmen gewählt ist.[673] Die Stimmen für die übrigen Kandidaten verfallen; sie weisen also nur einen Zähl-, nicht aber auch einen Erfolgswert auf.[674]

---

668 Vgl. nur die Leitentscheidung Reynolds v. Sims, 377 U.S. 533 (1964). Dieser Gedanke leitet sich aus dem allgemeinen Gleichheitsgrundsatz der Bundesverfassung (equal protection clause) ab. Zu den Abweichungen in Bezug auf die Wahlkreiseinteilung *Brugger*, Grundrechte, S. 80 f. Zur reapportionment Rechtsprechung näher *Köpp*, Wahlkreiseinteilung durch Richterspruch?; *Hopt*, Die Dritte Gewalt als politischer Faktor.

669 2 U.S.C. § 2c, https://www.law.cornell.edu/uscode/text/2/2c (Stand: 24.05.2015).

670 2 U.S.C. § 7, https://www.law.cornell.edu/uscode/text/2/7 (Stand: 24.05.2015). Den genannten Wahltermin betätigt auch der Gesetzgeber in Wisconsin, vgl. 8.25 (3), 2009–10 Wisconsin Statutes & Annotations, Chapter 8: Nominations, Primaries, Elections, https://docs.legis.wisconsin.gov/statutes/statutes/8.pdf (Stand: 5.9.2012).

671 Normativ ergibt sich diese Rechtslage aus Zusatzartikel 10 der Bundesverfassung, abgedruckt in: *Schambeck*, Dokumente, S. 184, sowie im Rückschluss aus dem Kompetenzkatalog von Art. 1, Abschnitt 8 der Bundesverfassung, abgedruckt in: *Schambeck*, Dokumente, S. 173 f., in dem die Bereiche aufgelistet sind, die unter die absolute Gesetzgebungskompetenz des Bundes fallen, die sogenannten expliziten Befugnisse oder Enumerated powers, vgl. zum Letztgenannten *Gellner/Kleiber*, Das Regierungssystem der USA, S. 128.

672 Das ergibt sich zum einen aus Art. 1, Abschnitt 2 Satz 1 (Wahl durch das Volk) sowie ausdrücklich aus den Zusatzartikeln 15, Abschnitt 1; 19, Abschnitt 1; 24, Abschnitt 1; 26, Abschnitt 1 der Bundesverfassung, jeweils abgedruckt in: *Schambeck*, Dokumente, S. 169, 187, 188, 191, 192.

673 *Brugger*, Einführung, S. 34.

674 *Nohlen*, Wahlrecht und Parteiensystem, S. 158.

Das Repräsentantenhaus wird somit nach dem relativen Mehrheitswahlrecht in Einerwahlkreisen gewählt.

Nach den Bestimmungen der Bundesverfassung richtet sich das aktive Wahlrecht grundsätzlich nicht nach Bundesrecht, sondern nach dem aktiven Wahlrecht in den Gliedstaaten für die jeweils zahlenmäßig stärkste Kammer des gesetzgebenden Legislativorgans des einzelnen Bundesstaates.[675] Die Gliedstaaten haben insbesondere die Wahlregistrierung und die Ermittlung des Wohnsitzes zu regeln.[676] Sie sind aber grundsätzlich bei der Ausübung ihrer Gesetzgebungskompetenz an die Vorgaben der Bundesverfassung gebunden. Seit der Staatsgründung hat gerade im Bereich des Wahlrechts der verfassungsändernde Gesetzgeber im Laufe der Rechtsentwicklung die Bundesverfassung durch Zusatzartikel ergänzt, die im Kern die Ausübung des Wahlrechts gewährleisten und sichern sollen.[677]

II. Die Gesetzgebungskompetenz der Gliedstaaten auf dem Gebiet der Kandidatenaufstellung

Zum Bereich der Kandidatenaufstellung selbst hat der Bundesgesetzgeber eine Regelung erlassen, wonach die Kandidaten für die Wahl zum Repräsentantenhaus in den Gliedstaaten so aufgestellt werden sollen wie die Kandidaten für die gliedstaatlichen Gouverneurswahlen.[678] Davon können die gliedstaatlichen Gesetzgeber aber wiederum abweichende Regelungen erlassen.[679] Im Bereich der Kandidatenaufstellung für die Wahlen zum Kongress gibt es somit bis heute keine bundeseinheitliche Regelung. Die Folge ist, dass jeder Gliedstaat die Kandidatenaufstellung auch heute noch eigenständig regelt.[680] Der Grund für die genannte Nichtinanspruchnahme der Gesetzgebungskompetenz im Ganzen ist letztlich in der föderalistischen Rücksichtnahme des Bundes gegenüber den Einzelstaaten zu erblicken.[681] Die Gliedstaaten haben deshalb im Rahmen der genannten Gesetzgebungskompetenz umfangreiche Wahlgesetze erlassen.

---

675 Art. 1, Abschnitt 2, Abs. 1, Satz 2 der Bundesverfassung, abgedruckt in: *Schambeck*, Dokumente, S. 169.

676 *Brugger*, Einführung, S. 33.

677 Zu diesem Gewährleistungskatalog im Bereich des Wahlrechts gehören die Zusatzartikel 15, 19, 24 und 26 der Bundesverfassung.

678 2 U.S.C. § 5, https://www.law.cornell.edu/uscode/text/2/5 (Stand: 24.05.2015).

679 Ebda.

680 *Lösche*, Die politischen Parteien, in: Jäger/Haas/Welz (Hrsg.), Regierungssystem der USA, S. 289 (306).

681 *Loewenstein*, Verfassungsrecht, S. 168 f.

III. Die Verwaltungskompetenz der Gliedstaaten

Grundsätzlich liegt die Regelung der Kandidatenaufstellung in der Gesetzgebungskompetenz der Gliedstaaten. Daraus und aus der Staatsqualität der Gliedstaaten, die in einem Bundesstaat jedenfalls in den Bereichen gegeben ist, in denen der Zentralstaat selbst keine originäre Staatsgewalt ausübt,[682] folgt auch die Verwaltungskompetenz der Gliedstaaten. Damit rückt der gliedstaatliche Staats- und Verwaltungsaufbau in den Vordergrund der einleitenden Betrachtungen. Der Aufbau der Staats- und Verwaltungsorganisation in den Gliedstaaten unterscheidet sich im Einzelnen, mithin bestehen im regionalen Bereich zahlreiche Unterschiede.[683] Dennoch gibt es allgemeine Merkmale, die sich im Laufe der Entwicklung zu einem Grundmodell verdichtet haben. Man kann danach in einem Einzelstaat zum einen die staatliche Ebene und zum anderen die unterstaatliche Ebene mit den Countys und weiteren Verwaltungseinheiten mit zahlreichen Varianten grob unterscheiden. Auf unterstaatlicher Ebene ist sodann grundsätzlich zwischen Countys und Gemeinden zu differenzieren.

Jeder Gliedstaat ist in Countys eingeteilt, so dass es heute kein gliedstaatliches Gebiet gibt, welches nicht zu einer County gehört.[684] Bei einer County handelt es sich um einen Verwaltungsbezirk des Gliedstaates. Dieser hat verschiedene Aufgaben zu erfüllen, die sich wiederum aus den einzelstaatlichen Gesetzen ergeben.[685] Neben dem allgemeinen Vollzug von einzelstaatlichen Gesetzen gehören dazu auch Aufgaben im Bereich von Wahlen.[686] Aufbau und Organisation der Verwaltung einer County kann man mit einem Regierungsbezirk oder einem Landkreis vergleichen. Es kommt bei dem Vergleich darauf an, ob ein von den Bürgern in der County direkt gewähltes Board Of Commissioners – hier wäre dann die County das Wahlgebiet und diese unter Umständen in Wahlkreise eingeteilt – oder ein direkt von den Gemeinden mit Vertretern zu besetzendes Board Of Supervisors die Verwaltungsaufgaben erledigt. Im ersten Fall würde die Verwaltungsorganisation eher dem Bezirkstagssystem, im zweiten Fall eher dem Kreistagssystem ähneln.[687]

682 So schon *Jellinek*, Allgemeine Staatslehre, S. 772. Einführend zum Begriff Staatsgewalt im Verfassungsstaat *Degenhart*, Staatsrecht I, S. 2 f.

683 *Magiera*, Vorwahlen, S. 17.

684 *Magiera*, Vorwahlen, S. 17.

685 *Treffer*, Amerikanisches Kommunalrecht, S. 23 f.

686 *Ders.*, a.a.O., S. 24.

687 *Ders.*, a.a.O., S. 24 f.

Eine Gemeinde *(Municipality)* stellt die kleinere Verwaltungseinheit dar, wobei grundsätzlich jede Gemeinde zu einer County gehört. Ausgenommen sind größere Städte, wie etwa die Stadt New York, die die Verwaltungsaufgaben einer County selbst wahrnimmt und faktisch zu keiner County gehört.[688] Es gibt nicht nur eine Art von Gemeinden, sondern verschiedene Arten (Cities, Villages etc.). Je nach Größe sind sie mit eigenen Rechten und Pflichten gegenüber der County und den übrigen Verwaltungsebenen ausgestattet.[689] Auch sie übernehmen Aufgaben innerhalb der Wahlorganisation, insbesondere für Wahlen auf gemeindlicher Ebene, aber auch – je nach Gliedstaat – für sonstige Wahlen auf staatlicher Ebene, wie die zum Repräsentantenhaus der Vereinigten Staaten. Die wichtigste Aufgabe ist hier die örtliche Organisation der Vor- und Hauptwahl, wie die Einrichtung der Wahllokale und die Auszählung der Stimmzettel.

Die Verwaltungsorganisation der Gliedstaaten ist eng verknüpft mit der Organisation der politischen Parteien in den Vereinigten Staaten, auch wenn sich diese erst nachträglich in der Verfassungspraxis herausgebildet haben.

IV. Die politischen Parteien in den Vereinigten Staaten

1. *Der historische Hintergrund: Die Entwicklung der politischen Parteien in den Vereinigten Staaten von Amerika*

Bereits bei den Beratungen über die Bundesverfassung bildeten sich zwei Gruppen, die rückblickend den Beginn des amerikanischen Parteiensystems markierten. Dabei standen sich die Befürworter der Verfassung, die Federalists, und die Kritiker derselben, die Anti-Federalists, gegenüber.[690] In der folgenden Zeit zeigte sich – ähnlich wie bei der Ausgestaltung der Bestimmungen über die indirekte Wahl des Präsidenten –, dass der Verfassungsgeber hier die faktischen Gegebenheiten nicht richtig eingeschätzt hatte. Konkrete politische Gruppierungen bildeten sich zunächst im Kongress und entwickelten sich dann im Laufe

688 Dazu und zu der weiteren Sonderform der *New England Towns* sowie zu der Zwischenform der *Township Magiera*, Vorwahlen, S. 17.

689 Einführend zu den Rechtsbeziehungen und den verschiedenen Gemeindearten *Treffer*, Amerikanisches Kommunalrecht, S. 23 ff.

690 *Brugger*, Einführung, S. 5 m. w. Nachw.

des 19. Jahrhunderts zu Parteien mit der für diese typischen Integrierung breiter Schichten von Wählern.[691]

In der ersten Hälfte des 19. Jahrhunderts unterließen sowohl der Bundes- als auch der jeweilige einzelstaatliche Gesetzgeber eine rechtliche Regelung von politischen Parteien. Dadurch konnten sie sich als freiwillige Privatorganisationen frei von der Bindung durch rechtliche Regelungen entwickeln.[692] Nicht nur die Organisation im Ganzen war den Parteien überlassen, sondern auch die Nominierung der Kandidaten und die damit einhergehenden Voraussetzungen für die Kandidatur sowie das Verfahren selbst.[693] Die sich tatsächlich entwickelnde Autonomie der Parteien ging in dieser Zeit so weit, dass die Parteien mangels gesetzlicher Regelungen zum Teil Wahlzettel mit ihren Kandidaten selbst drucken und dann an den Wahllokalen verteilen ließen.[694]

Von der Mitte des 19. Jahrhunderts an begann sich diese Lage allerdings zu ändern. Im Jahre 1866 war Kalifornien der erste Einzelstaat, der mit dem Porter Law eine für Parteien freiwillige Vorwahl einführte und damit die erste rechtliche Regelung über politische Parteien erließ.[695] Grund für den Beginn der zunächst nur rudimentären staatlichen Reglementierung war der innerparteiliche Missbrauch des damals geltenden Nominierungsverfahrens, der Konventmethode.[696] Mit der Einführung eines einheitlichen, von der zuständigen Wahlbehörde zu druckenden Wahlzettels, der auch die jeweilige Parteibezeichnung und Kandidaten enthielt und bis zum Jahr 1900 in fast jedem Einzelstaat Anwendung fand, war es für die einzelstaatlichen Gesetzgeber notwendig, die Organisationsart „Partei" rechtlich zu regeln, damit eine Grundlage für die Lösung der Frage bestand, unter welchen Voraussetzungen die Parteien Kandidaten aufstellen konnten.[697] Daraus ergibt sich, dass heute die einzelstaatlichen Gesetzgeber und nicht der Bundesgesetzgeber die wesentlichen Rechtsvorschriften für die Organisation und die rechtliche Anerkennung von Parteien erlassen und auch ihre Teilnahme

691 *Lösche*, Die politischen Parteien, in: Jäger/Haas/Welz (Hrsg.), Regierungssystem der USA, S. 289 (291). Eine ausführliche Darstellung der Geschichte des amerikanischen Parteienwesens auf Deutsch findet sich in *Klumpjan*, Die amerikanischen Parteien. Von ihren Anfängen bis zur Gegenwart, Opladen 1998.

692 *Epperson*, Legal Status, S. 17.

693 Ebda.

694 Ebda.

695 *Epperson*, Legal Status, S. 19.

696 *Friedmann*, 44 Cal. L. Rev. 65 (66).

697 Ebda.

an Wahlen regeln.[698] Der Bundesgesetzgeber hat sich im Wesentlichen auf die Regelung der Wahlkampffinanzierung[699] beschränkt.[700]

2. *Die verfassungsrechtliche Stellung der Parteien*

a) *Die rechtliche Einordnung der Parteien in den Vereinigten Staaten*

Die politischen Parteien haben sich zwar zunächst als rein privat organisierte Vereinigungen entwickelt, nahmen aber bereits früh durch die Mitwirkung an Wahlen Einfluss auf den demokratischen Willensbildungsprozess. Nicht nur die im letzten Drittel des 19. Jahrhunderts einsetzende und im 20. Jahrhundert weiter ausgebaute Regulierung der Parteien durch die gliedstaatlichen Gesetzgeber, sondern auch und gerade die Rechtsprechung des Supreme Courts im Laufe des 20. Jahrhunderts machen die rechtliche Einordnung von Parteien in den Vereinigten Staaten auf den ersten Blick nicht einfach.[701] So hat der Supreme Court der Vereinigten Staaten etwa in der Entscheidung Smith v. Allwright politische Parteien als öffentliche Einrichtungen eingeordnet, sofern sie durch Vorwahlen ihre Kandidaten aufstellen[702], in der Folgezeit aber in anderen Entscheidungen[703] entsprechende einzelstaatliche Normen, die die Gestaltungsmöglichkeit von Parteien beschränkten, auch mit dem Hinweis auf die Vereinigungsfreiheit[704], für verfassungswidrig erklärt. Auf der einen Seite werden die Parteien daher in der Rechtsprechung als öffentliche Einrichtungen eingeordnet, die sich grundsätzlich nicht auf die Grundrechte berufen können, diese aber beachten müssen. Auf der anderen Seite werden sie als private Vereinigungen mit dem entsprechenden Grundrechtsschutz behandelt. Parteien

---

698 *Brugger*, Einführung, S. 36 m. w. Nachw.

699 Dabei handelt es sich um den Federal Election Campaign Act (FECA). Zu der hier nicht weiter zu erläuternden Wahlkampfinanzierung in den USA, einleitend und mit weiterführenden Literaturhinweisen am Ende des Beitrags *Lösche*, Die politischen Parteien, in: *Jäger/Haas/Welz* (Hrsg.), Regierungssystem der USA, S. 289 (306 ff.). Aus dem US-amerikanischen Schrifttum etwa *Hershey*, Party Politics in America, S. 216 ff.; speziell zur Wahlkampffinanzierung und deren Entwicklung bei der Präsidentschaftswahl *Wayne*, Road, S. 32 ff.; *Davis*, Road, S. 203 ff.

700 *Brugger*, Einführung, S. 36 m. w. Nachw.

701 Vgl. bereits zusammenfassend zum rechtlichen Status der Parteien in den Vereinigten Staaten *Bethge*, Parteienrecht USA, S. 291 ff.

702 Smith v. Allwright, 321 U.S. 649, 663 (1944).

703 Vgl. z.B. Tashjian v. Connecticut, 479 U.S. 20 (1989); Eu v. San Francisco County Democratic Central Committee, 489 U.S. 214 (1989).

704 So z.B. in Eu v. San Francisco County Democratic Central Committee, a.a.O., 222 ff. (1989), zur Vereinigungsfreiheit.

können somit sowohl private als auch öffentliche Einrichtungen sein.[705] Es kommt für die Beurteilung des Grundrechtsschutzes darauf an, welcher Aufgabenbereich der Parteien gerade betrachtet wird.[706] Parteien nehmen danach eine Doppelstellung zwischen privatem und öffentlichem Recht ein. In den Bereichen, in denen sie an Wahlen mitwirken, wie etwa bei der Aufstellung von Wahlkandidaten, handelt es sich bei ihnen um quasi-öffentliche Einrichtungen, weil es sich bei der Organisation des Wahlverfahrens um einen Fall von öffentlicher Gewalt handelt, in anderen Fällen um private Vereinigungen.[707]

In ihrer Funktion ähneln die Parteien bei ihrer Mitwirkung an Wahlen den öffentlichen Versorgungsunternehmen in den Vereinigten Staaten, denn in beiden Fällen hat die Öffentlichkeit ein besonderes Interesse an der Erfüllung der jeweiligen Aufgabe.[708] Dieses rechtfertigt dann auch einen stärkeren staatlichen Einfluss, etwa durch den Erlass eingreifender Rechtsnormen.[709] Unberührt von dieser nach dem Aufgabenbereich getroffenen Einordnung bleibt aber die Qualifikation der Rechtsnatur von Parteien. Danach handelt es sich bei ihnen grundsätzlich um private, ohne Rechtspersönlichkeit ausgestattete, nicht auf Gewinn ausgerichtete, freiwillige Vereinigungen mit Satzungsautonomie.[710] Daher werden Parteien bei ihrer Mitwirkung am Wahlverfahren nur als quasi-öffentliche Einrichtungen behandelt, ihre Rechtsnatur ändert sich durch diese Mitwirkung aber nicht. Diese Einordnung hat die verfassungsrechtliche Zulässigkeit von gesetzlichen Beschränkungen und Regulierungen durch die Einzelstaaten zur Folge, die aber nicht die Bildung oder die grundsätzliche Teilnahme an Wahlen durch neue, nicht etablierte politische Gruppierungen verhindern dürfen.[711]

Deshalb verstoßen gesetzlich festgelegte Einschränkungen des passiven Wahlrechts gegen Bundesverfassungsrecht.[712] Zu diesen unzulässigen Einschränkungen gehören auch Zulassungsschranken zu den allgemeinen Wahlen, die von

705 *Black*, 82 Cornell L. Rev. 109, 116.
706 Ebda.
707 *Lowenstein*, 71 Tex. L. Rev. 1741 (1751).
708 Vgl. *Epstein*, American Mold, S. 156 f.
709 Ebda.
710 Vgl. z. B. *Loewenstein*, Verfassungsrecht, S. 157; *Brugger*, Einführung, S. 36.
711 *Brugger*, Einführung, S. 36.
712 Die entsprechenden Wahlvorschriften hat der Supreme Court in den vorgenannten Entscheidungen Williams v. Rhodes, 393 U.S. 23 (1968) und Anderson v. Celebrezze, 460 U.S. 780 (1983) für verfassungswidrig erklärt; zum Ganzen erläuternd *Brugger*, Grundrechte, S. 82.

neuen Parteien, Minderheitsparteien[713] oder unabhängigen Kandidaten[714] nicht oder nur unangemessen zu erfüllen sind. Das faktisch vorherrschende Zwei-Parteien-System genießt demnach nicht verfassungsrechtlichen Schutz.

b) *Die Gesetzgebungskompetenz der Gliedstaaten im Parteienrecht als Folge der verfassungsrechtlichen Einordnung der politischen Parteien – juristische Standpunkte*

Wenn die Gliedstaaten die wesentlichen Regelungen erlassen, stellt sich die Frage, ob die Gliedstaaten der Union überhaupt die Gesetzgebungskompetenz zur Regelung des Parteienrechts in den Vereinigten Staaten haben. Anders als etwa das deutsche Grundgesetz, welches in Art. 21 Abs. 3 dem Bundesgesetzgeber die Kompetenz zur Regelung des Parteienrechts zuweist, findet sich in der Bundesverfassung der Vereinigten Staaten keine entsprechende Regelung. Vielfach wird daher die Gesetzgebungskompetenz der Gliedstaaten der Union aus Art. 1 Abschnitt 4 Satz 1 der Bundesverfassung abgeleitet, der die Durchführung und Organisation der Kongresswahlen den einzelstaatlichen Gesetzgebern überträgt.[715] Wegen der Ausnahmeregelung des Art. 1 Abschnitt 4 Satz 2, HS. 1 der Verfassung[716], wonach der Kongress entsprechende Regelungen selbst erlassen oder ändern kann, kann von einer konkurrierenden Gesetzgebung des Bundes ausgegangen werden. Der Sinn dieser Regelung – die als Kompromisslösung[717] bezeichnet wird – besteht letztlich darin, die Existenz des Bundes zu sichern und diese nicht von der absoluten Wahlrechtsgesetzgebung der Einzelstaaten abhängig zu machen.[718] Die Ausgestaltung der Wahlen obliegt daher grundsätzlich den Gliedstaaten. Sie regeln auf Grundlage dieser ihnen durch die Bundesverfassung zugewiesenen Kompetenzen zugleich auch das Parteienrecht durch entsprechende Rechtsvorschriften.

An diesem Ansatzpunkt wird im Kern kritisiert, dass sich die angesprochenen Verfassungsbestimmungen nur auf die Organisation und Durchführung von Wahlen beziehen und damit die Parteien auf die Organisation von Wahlen beschränkt werden.[719] Daher schlug man vor, die Gesetzgebungskompetenz aus

---

713 Vgl. dazu den zugrundeliegenden Fall in Williams v. Rhodes, 393 U.S. 23 (1968).

714 So in Anderson v. Celebrezze, 460 U.S. 780 (1983).

715 Art. 1, Abschnitt 4, Satz 1 der Bundesverfassung, abgedruckt in: *Schambeck*, Dokumente S. 171.

716 Art. 1, Abschnitt 4, Satz 2 HS. 1 der Bundesverfassung, a.a.O.

717 So z.B. *Black*, 82 Cornell L. Rev., 109 (112).

718 *Black*, 82 Cornell L. Rev., 109 (112 f.) m. w. Nachw. aus dem US-amerikanischen Schrifttum.

719 *Bethge*, Parteienrecht USA, S. 269 f.

dem Föderalismusgedanken herzuleiten. Danach können die Gliedstaaten jede Materie regeln, die nicht von Verfassung wegen dem Bundesstaat zugewiesen ist. Untermauert wird diese Auffassung mit dem 10. Verfassungszusatz[720], wonach die Befugnisse, die die Bundesverfassung den Gliedstaaten nicht entzogen oder dem Bundesstaat zugewiesen hat, den Gliedstaaten erhalten bleiben.[721] Letztlich führt diese Ansicht, auch wegen der genannten Ausnahmeregel des Art. 1 Abschnitt 4 Satz 2, HS. 1 der Bundesverfassung, zum selben Ergebnis, nämlich dass die Gesetzgebungskompetenz zur Regelung des Parteienrechts grundsätzlich, aber nicht ausschließlich bei den Gliedstaaten liegt.

c) Der verfassungsrechtliche Schutz von Parteien durch die Bundesverfassung

aa) Allgemeines: Die Grundrechtsberechtigung von politischen Parteien

Wie bereits angesprochen, werden politische Parteien grundsätzlich als private Vereinigungen behandelt, auch wenn daran wegen ihrer Einflussnahme auf den demokratischen Willensbildungsprozess zum Teil Zweifel bestehen. Ähnlich wie in der deutschen Grundrechtsdogmatik[722] sind in der amerikanischen Rechtslehre juristische Personen des öffentlichen Rechts, wie etwa öffentlich-rechtliche Körperschaften, nicht Träger von Grundrechten[723]. Anders ist es für juristische Personen des Privatrechts. Privatrechtliche Vereinigungen werden unter den Begriff „Personen" im Sinne des 14. Verfassungszusatzes subsumiert und sind daher grundsätzlich Träger von Grundrechten[724] Fraglich war nur, ob sich privatrechtliche Vereinigungen auf jedes oder nur auf einzelne Grundrechte berufen können. Dabei hat sich das Kriterium der „Höchstpersönlichkeit" herausgebildet. Juristische Personen des Privatrechts können sich dann auf Grundrechte berufen, wenn das betreffende Grundrecht einen nicht höchstpersönlichen Charakter aufweist, was durch eine umfassende Auslegung des Zwecks, der Entstehungsgeschichte und der systematischen Stellung der in Rede stehenden

---

720 Zusatzartikel 10 der Bundesverfassung, abgedruckt in: *Schambeck*, Dokumente, S. 184.

721 *Bethge*, Parteienrecht USA, S. 270. Im Kern findet sich hier das mit dem Föderalismusgedanken eng verknüpfte Subsidiaritätsprinzip wieder. Danach darf die größere Einheit nur dann handeln, wenn die nächst kleinere Einheit die ihr zugewiesenen Aufgaben mangels Leitungsfähigkeit nicht erfüllen kann, vgl. dazu allgemein *Stern*, Staatsrecht I, § 19 II 4 m. w. Nachw. Dieses Prinzip gilt demnach auch in einem föderalen Bundesstaat wie der Bundesrepublik Deutschland und in der Europäischen Union, vgl. etwa Art. 72 Abs. 2 GG und Art. 5 Abs. 1 S. 2 EUV.

722 Vgl. z.B. *Pieroth/Schlink*, Grundrechte, § 5 Rdnr. 170 f.

723 *Johnson*, USA, S. 924 f.

724 *Johnson*, a.a.O., S. 925.

Verfassungsnorm ermittelt werden muss.[725] Eine pauschale Aussage kann daher nicht getroffen werden, sondern kann immer nur in Zusammenhang mit dem einzelnen Grundrecht erfolgen. Seit der Leitentscheidung First National Bank of Boston v. Bellotti[726] gilt es als geklärt, dass sich nicht nur natürliche, sondern auch juristische Personen grundsätzlich auf die Rede- und Pressefreiheit des ersten Verfassungszusatzes berufen können.[727]

bb) Die Vereinigungsfreiheit („freedom of association") und das Recht auf politische Vereinigung als Grundlagen für den verfassungsrechtlichen Schutz von Parteien[728]

Zur Darstellung des verfassungsrechtlichen Schutzes politischer Parteien müssen zunächst die maßgeblichen Anknüpfungspunkte in der Bundesverfassung ermittelt werden. Da politische Parteien nicht in der Verfassung erwähnt werden, stellt sich die Frage, welches Grundrecht für die Parteien einschlägig sein könnte und wie der entsprechende Schutzbereich abgesteckt werden kann. Anknüpfungspunkt für die Beantwortung dieser Frage ist der erste Zusatz der Bundesverfassung: „Der Kongress darf kein Gesetz erlassen, das die Einführung einer Staatsreligion zum Gegenstand hat, die freie Religionsausübung verbietet, die Rede- oder Pressefreiheit oder das Recht des Volkes einschränkt, sich friedlich zu versammeln und die Regierung um die Beseitigung von Missständen zu ersuchen."[729] Nach seinem Wortlaut erfasst der erste Verfassungszusatz zunächst nur einen relativ engen Schutzbereich. Nicht nur die modernen Formen der Kommunikation, die der verfassungsändernde

---

725 First National Bank of Boston v. Bellotti, 435 U.S. 765, 778, Fn. 14 (1978); vgl. bereits *Brugger*, Grundrechte, S. 24 m w. Nachw. zu diesem Themenkreis und den einzelnen schon zu diesem Zeitpunkt untersuchten Grundrechten; *ders.*, Einführung, S. 95. Vgl. auch zu dieser Thematik insgesamt *Johnson*, USA, S. 925 f.

726 435 U.S. 765 (1978).

727 First National Bank of Boston v. Bellotti, 435 U.S. 765, 776 ff. (1978). Hier hing es zwar nicht um eine Partei, sondern um eine privatrechtliche Kapitalgesellschaft, dennoch gelten die Ausführungen auch für andere juristische Personen; vgl. schon die allgemeinen Ausführungen von *Brugger*, Grundrechte, S. 24 f., der auf diese Entscheidung verweist.

728 Die für die deutschen Freiheitsgrundrechte allgemein herrschende dreistufige Grundrechtsdogmatik (Schutzbereich, Eingriff, Rechtfertigung) existiert in der amerikanischen Grundrechtslehre wegen der nur rudimentären Anhaltspunkte im Verfassungstext so nicht. Gleichwohl lässt sich das bekannte Schema in der Rechtsprechung des Supreme Courts erkennen, vgl. dazu im Einzelnen *Brugger*, Grundrechte, S. 38 ff. und zur Methodendiskussion der Verfassungsinterpretation, a.a.O., S. 345 ff. und *ders.*, Demokratie, Freiheit, Gleichheit, S. 156 ff.

729 Zusatzartikel 1 der Bundesverfassung, abgedruckt in: *Schambeck*, Dokumente, S. 182 f.

Gesetzgeber bei der Einführung der Bill of Rights im Jahre 1791[730] noch nicht kennen konnte, sondern auch klassische Freiheiten, wie etwa die Informationsfreiheit, werden auf den ersten Blick nicht erfasst. Im Laufe der Entwicklung hat der Supreme Court durch entsprechende Auslegung des ersten Verfassungszusatzes die maßgeblichen Freiheiten aber unter die Regelung der Bestimmung gestellt.[731]

Nach dem Wortlaut der Bestimmung erfasst die Vorschrift auch nicht die für die Bildung von Parteien maßgebliche Freiheit, eine Vereinigung zu bilden, also die Vereinigungsfreiheit. Historisch gesehen hat sich der verfassungsrechtliche Schutz von politischen Parteien in zwei Stufen entwickelt. Zunächst stellte sich für den die Verfassungsbestimmungen der Bundesverfassung auszulegenden Supreme Court im Laufe der Rechtsentwicklung die Frage, ob die Bundesverfassung auch die Vereinigungsfreiheit im Allgemeinen garantiert, also die Freiheit, sich nicht nur zum Zwecke der freien Meinungsäußerung zu versammeln, sondern auch die Gründung einer Vereinigung mit derselben Zielsetzung. Die Gelegenheit, zu dieser Frage Stellung zu nehmen, bot sich für den Gerichtshof dann im Jahre 1958. In der Entscheidung NAACP v. Alabama ex. rel. Patterson[732] hat der Supreme Court aus der Versammlungsfreiheit und dem Recht der freien Meinungsäußerung, die die Bundesverfassung im 1. Verfassungszusatz[733] garantiert, im ersten Schritt die Vereinigungsfreiheit abgeleitet und sie unter den Schutz des 14. Verfassungszusatzes, Abschnitt 1, Satz 2 Halbsatz 2[734] gestellt. Der Grundgedanke des Gerichts in dieser Entscheidung ist, dass die Freiheit des Eintretens für eine bestimmte Sichtweise oder Meinung durch die Zugehörigkeit zu einer Gruppe in Form einer Vereinigung und die damit einhergehende höhere Effektivität der Meinungsäußerung erweitert werde, folglich ein enger Zusammenhang zwischen der Zugehörigkeit zu einer Gruppe und der Meinungs- und Redefreiheit bestehe, die der 1. Verfassungszusatz garantiere. Daraus folge der Schutz der Vereinigungsfreiheit durch den 14. Verfassungszusatz, so das Gericht weiter.[735]

---

730 Die angesprochene Verfassungsänderung trat nach Abschluss des von der Bundesverfassung vorgesehenen Ratifizierungsverfahrens durch die Bundesstaaten am 15.12.1791 in Kraft, vgl. *Brugger,* Einführung, S. 6.

731 Vgl. die weiterführenden Nachweise bei *Brugger,* Einführung, S. 157 f.

732 NAACP v. Alabama ex. rel. Patterson, 357 U.S. 449 (1958).

733 1. Verfassungszusatz, abgedruckt in: *Schambeck,* Dokumente, S. 182 f.

734 14. Verfassungszusatz, Abschnitt 1, Satz 2 Halbsatz 2, abgedruckt in: *Schambeck,* Dokumente, S. 186.

735 *NAACP v. Alabama ex. rel. Patterson,* 357 U.S. 449, 460 (1958). Das Gericht geht hier auch auf frühere Entscheidungen ein, bei denen es bereits auf den engen Zusammenhang zwischen der Vereinigungsfreiheit, Versammlungs- und Meinungsfreiheit hinweist.

Im zweiten Schritt hat der Gerichtshof seine Rechtsprechung im Hinblick auf Vereinigungen politischer Natur konkretisiert, die ihren Anfang mit der Entscheidung Williams v. Rhodes[736] nahm. In diesem Fall hatte der Supreme Court das Wahlgesetz von Ohio zu prüfen, welches die Teilnahme von Kandidaten neuer Parteien[737] an den allgemeinen Wahlen in diesem Einzelstaat von einem im Vorfeld der Wahl zu erreichenden Unterschriftenquorum abhängig machte. Dieses lag bei 15 % der abgegebenen Stimmen bei der letzten Gouverneurswahl.[738] Aufgrund des gesetzlich vorgeschriebenen Quorums war es für andere Parteien als die beiden etablierten Parteien – nämlich die Republikaner und die Demokraten – faktisch unmöglich, eigene Kandidaten aufzustellen. Das Gericht war der Auffassung, dass diese Regelung die von der Verfassung geschützte Vereinigungsfreiheit verletze und damit gegen den 1. und 14. Verfassungszusatz der Bundesverfassung verstoße, die auch und gerade politische Parteien mit umfasse.[739] Die damit verbundene verfassungsrechtlich nicht zulässige Einschränkung des passiven Wahlrechts würdigte das Gericht mit folgender Bemerkung: „Andere Rechte, selbst die elementarsten, sind illusorisch, wenn das Wahlrecht untergraben ist.“[740]

Die Bedeutung dieser Leitentscheidung liegt darin, dass damit der Supreme Court aus der durch den 1. Verfassungszusatz geschützten Vereinigungsfreiheit ein Verbot für die Einzelstaaten gefolgert hat, das bestehende Parteiensystem durch entsprechende Gesetze zum Nachteil für neu gegründete Parteien zu festigen.[741] Es handelt sich zugleich um einen Ausfluss der im 1. Abschnitt, Satz 2, letzter Halbsatz des 14. Verfassungszusatzes normierten Equal-Protection-Klausel.[742] Die Vereinigungsfreiheit garantiert darüber hinaus nicht nur das verfassungsmäßige Recht, Parteien frei zu gründen, sondern auch ihnen beizutreten und sie für politische Ziele bei Wahlen zu unterstützen.[743] Insbesondere bei der Wahlunterstützung und bei der Kandidatenaufstellung sind die Parteien weitgehend frei bei der rechtlichen

---

736 *William v. Rhodes*, 393 U.S. 23, 30–32 (1968).

737 In dem zugrundeliegenden Fall waren dies die Independent Party und Socialist Labor Party, William v. Rhodes, 393 U.S. 23, 26 (1968).

738 William v. Rhodes, 393 U.S. 23, 24 f. (1968).

739 Williams v. Rhodes, a.a.O., 30 ff. (1968).

740 Williams v. Rhodes, a.a.O., 23, 31 (1968).

741 *Brugger*, Grundrechte, S. 82.

742 Williams v. Rhodes, 393 U.S. 23 (1968).

743 Vgl. erneut die Leitentscheidung Williams v. Rhodes, 393 U.S. 23, 30 (1968) sowie Kusper v. Pontikes, 414 U.S. 51, 57 (1973). Bestätigt hat der Gerichtshof diese Rechtsprechung in Cousins v. Wigoda 419 U.S. 477, 487 (1975) und Democratic Party of United States v. Wisconsin ex. rel. La Follette 450 U.S. 107, 121 (1981). Vgl. dazu bereits *Bethge*, Parteienrecht USA, S. 279 f.

Ausgestaltung, auch wenn einzelstaatliche Wahlgesetze entgegenstehen.[744] Die Vereinigungsfreiheit schützt im Übrigen nicht nur die Mitglieder, sondern auch die Vereinigung selbst,[745] also die jeweilige Partei als Ganzes.[746]

Wie jedes andere Grundrecht ist auch die Vereinigungsfreiheit nicht schrankenlos gewährleistet und kann eingeschränkt werden, auch wenn wegen der Bedeutung dieses Grundrechts, die aus der engen Verknüpfung mit der Redefreiheit folgt, vom Supreme Court ein strenger Prüfungsmaßstab angelegt wird.[747]

cc) Die Geltung der Grundrechte der Bundesverfassung in den Gliedstaaten – Die „Due Process Clauses"

Die vorgenannte Rechtsprechung des Supreme Courts der Vereinigten Staaten betrifft die Auslegung von Normen der Bundesverfassung. Wenn aber die gliedstaatlichen Gesetzgeber die maßgeblichen Rechtsnormen erlassen, die Vereinigungsfreiheit indes zunächst nur gegenüber der Bundesgewalt gilt, dann stellt sich die Frage, wie sich der Grundrechtsschutz der Bundesverfassung zu der staatlichen Gewalt der Gliedstaaten verhält. Bisher wurde stillschweigend unterstellt, dass der Grundrechtsschutz der Bundesverfassung auch in den Gliedstaaten der Union gilt. Diese Aussage ist aber nicht zutreffend in einem Bundesstaat wie den Vereinigten Staaten von Amerika oder auch der Bundesrepublik Deutschland, denn in einem solchen entfalten wenigstens immer zwei Staatsgewalten eine entsprechende Rechtswirkung: die des Gesamtstaates und die des jeweiligen Gliedstaates, in dessen Herrschaftsbereich sich der Rechtsunterworfene gerade aufhält. Die Gliedstaaten teilen sich in einem Bundesstaat mit dem Gesamtstaat die Ausübung der Staatsgewalt, also die Befugnis der Rechtssetzung und -durchsetzung.[748] Die Gliedstaaten üben dabei eine originäre und damit eine nicht vom Gesamtstaat abgeleitete Staatsgewalt aus.[749]

Die hier angesprochene Thematik scheint nebensächlich, wird aber dann relevant, wenn man sich vor Augen hält, dass die Nominierung von Kandidaten

---

744 So z.B. in Tashjian v. Republican Party of Connecticut 479 U.S. 208 (1986), vgl. *Bethge*, Parteienrecht USA, S. 280.

745 NAACP v. Alabama ex. rel. Patterson, 357 U.S. 449, 459 ff. (1958).

746 Vgl. dazu bereits *Bethge*, Parteienrecht USA, S. 278 f. Zur Individuellen und kollektiven Komponente der Vereinigungsfreiheit und der aus ihr folgenden Freiheit der politischen Vereinigung vgl. *Lubecky*, 55 U. Cin. L. Rev. 799, 803.

747 *Brugger*, Grundrechte, S. 271.

748 Vgl. z.B. grundlegend *Küchenhoff/Küchenhoff*, Allgemeine Staatslehre, S. 265; zur Bundesrepublik Deutschland *Degenhart*, Staatsrecht I, S. 3, 180 f.

749 So auch in der Bundesrepublik Deutschland, *ders.*, Staatsrecht I, §5 I 2 a.

durch die amerikanischen Parteien wegen der historischen Entwicklung und der damit zusammenhängenden Organisation der Parteien zunächst in den Gliedstaaten der Union stattfindet und von diesen auch rechtlich geregelt wird. Wenn also die von der Bundesverfassung garantierte Vereinigungsfreiheit in den Gliedstaaten keine Geltung entfalten würde, dann wäre der jeweilige gliedstaatliche Gesetzgeber bei der Regelung des Parteienrechts und damit auch der Kandidatenaufstellung nur an die Grundrechte der jeweiligen einzelstaatlichen Verfassung nicht aber an jene der Bundesverfassung gebunden. Diese Problematik, die z. B. von *Brugger* als „Inkorporationsdebatte"[750] bezeichnet wird, gilt heute als weitgehend geklärt. Nach einer hier nicht weiter zu erörternden Rechtsprechungsentwicklung hat der Supreme Court der Vereinigten Staaten entschieden, dass heute mit Ausnahme des 2., 3 und 7. Zusatzartikels und – mit Einschränkungen – des 5. Verfassungszusatz alle Artikel der Bill of Rights auch in den Gliedstaaten gelten.[751] In den folgenden Ausführungen kann dieses Ergebnis zugrunde gelegt werden, nämlich dass die Parteien in den Gliedstaaten einen umfassenden Grundrechtsschutz von der Bundesverfassung genießen.

3. *Der Parteibegriff im Schrifttum und die Funktion von Parteien in den Vereinigten Staaten von Amerika*

Zwar sind nun die Rechtsnatur und die Voraussetzungen, unter denen eine Gruppierung als Partei anerkannt wird, geklärt, nicht aber, was genau unter Parteien zu verstehen ist und welche Funktion sie im politischen Prozess der Vereinigten Staaten konkret einnehmen. Im einschlägigen US-amerikanischen Schrifttum[752] finden sich verschiedene Ansätze zur Definition von politischen Parteien. Ein Ansatz stellt auf die Kontrolle der Regierung ab und versteht unter einer Partei eine Vielzahl von Personen, die sich zu einer Gruppe zusammenschließen, um in deren Namen öffentliche Ämter durch Wahlgewinne zu besetzen, mit dem Ziel, Kontrolle über die Regierung zu erlangen.[753] Für andere Autoren beschränken sich Parteien lediglich in ihrer Funktion auf die Nominierung von Kandidaten für Wahlämter, so dass die Nominierten selbst die Partei darstellen,[754] oder es

750 Näher zu diesem Themenkreis *Brugger*, Grundrechte, S. 47 ff. mit w. Nachw. aus der Rechtsprechung und dem einschlägigen Schrifttum.

751 *Brugger*, a.a.O., S. 51.

752 Vgl. bereits zusammenfassend *Bethge*, Parteienrecht USA, S. 273 ff.

753 *Schlesinger*, The American Political Science Review 79 (1985), 1152 (1153).

754 So noch die Beobachtung von *Beck/Sorauf*, Party Politics in America, S. 231, die auf die Sicht der Wähler abstellen.

handelt sich bei Parteien um eine lose, aber sehr komplexe Organisation, die wenig reguliert ist und deren Hauptaufgabe darin besteht, selbst rekrutierte Bewerber für öffentliche Ämter zu nominieren und wählen zu lassen.[755]

Ein anderer Autor wiederum versteht unter Parteien nur eine lose oder organisierte Gruppierung, deren Hauptaufgabe darin besteht, Amtsträger unter einem bestimmten Etikett wählen zu lassen.[756] Nach einem anderen Ansatz handelt es sich bei einer Partei lediglich um ein Mittel zum Zweck, die zur Wahl stehenden Kandidaten zu unterstützen. Dabei gestalten die Kandidaten den Wahlkampf eigenständig und mit einem eigenen Wahlprogramm.[757]

Bei all diesen Ansätzen fällt auf, dass es zunächst nur um Machtgewinnung und -erhalt und um die Kandidatenaufstellung geht. Dass es sich bei Parteien auch um die Verbindung von einer Vielzahl von Individuen handelt, die politische Ansichten teilen, wird auch vertreten.[758] Bereits ein Blick auf die Mehrheitsparteien (Republikaner und Demokraten) in den Vereinigten Staaten verdeutlicht aber, dass konkrete gemeinsame politische Ansichten nicht unbedingt notwendig sind, um eine Partei zu bilden oder einer solchen anzugehören. Jedenfalls war das genannte Merkmal nicht prägend für die Bildung und Etablierung der beiden großen Mehrheitsparteien.[759]

Die vorgenannten Ansätze haben drei gemeinsame Ansatzpunkte.[760] Der erste besteht darin, Kontrolle über die Regierung und damit Macht zu erreichen, der zweite in der Nominierung von Wahlkandidaten und der dritte darin, dass sich die potenziellen Wahlbewerber und späteren Amtsinhaber mit einem gemeinsamen Etikett identifizieren.[761] Eine Partei ist daher eine Verbindung von Bürgern, die aber organisiert ist. Die Mitglieder dieser Verbindung teilen zwar nicht notwendigerweise konkrete, aber grundlegende politische Ansichten. Diese versuchen sie dadurch durchzusetzen, dass sie als Ganzes Kandidaten nominieren, die unter dem Namen der jeweiligen Partei (Etikett) Wahlkampf betreiben, mit dem Ziel, durch die Übernahme der Regierungsgewalt politische Macht zu erringen.[762]

---

755 *Gitelson/Conway/Feigert*, American Political Parties, S. 4.

756 *Epstein*, Political Parties in Western Democracies, S. 9.

757 *Lawson*, in: *Reichley* (Hrsg.), Election American Style, S. 240 (242).

758 *Ceaser*, in: King (Hrsg.), The New American Political System, S. 87 (90 f.). Vgl. zur genaueren Erläuterung der vorgenannten Ansätze schon *Bethge*, Parteienrecht USA, S. 274.

759 So *Bethge*, Parteienrecht USA, S. 274.

760 Vgl. schon zusammenfassend und erläuternd a.a.O., S. 275.

761 Ebda.

762 Ebda.

Parteien werden daher in den Vereinigten Staaten nach drei grundlegenden Merkmalen definiert. Das erste besteht im Zusammenschluss von Personen mit den gleichen grundlegenden politischen Ansichten. Das zweite besteht in der Rekrutierung und Nominierung von Wahlkandidaten, die dann unter dem Etikett der Partei Wahlkampf betreiben können. Das dritte Merkmal besteht in der Machterlangung und -erhaltung durch die Regierungsübernahme. Nach amerikanischem Verständnis hat eine Partei daher nur die primäre Funktion, Kandidaten für öffentliche Ämter zu nominieren, damit diese dann gewählt werden können.[763] Weitergehende Aufgaben, wie etwa die politische Bildung der Bürger, sind dem amerikanischen Parteienverständnis weitgehend fremd.[764]

4. Die Parteiorganisation in den Vereinigten Staaten im Allgemeinen (seit den 1870er Jahren)

Die Hauptaufgabe der Parteien in den Vereinigten Staaten besteht darin, Kandidaten für öffentliche Wahlämter zu nominieren, damit diese von den wahlberechtigten Bürgern gewählt werden können. Entsprechend dieser Aufgabenstellung haben sich die Parteien mit ihrer Organisation der Gliederung des Wahlgebietes angeglichen.[765] In jedem Wahlbezirk existiert ein sogenanntes Party Committee, welches sich lediglich auf die Kandidatengewinnung in dem jeweiligen Wahlbezirk konzentriert. Die kleinste Organisationseinheit bildet dabei das Precinct Committee, das von dem Precinct Captain, einem lokalen Parteirepräsentanten, geleitet wird, dessen Aufgabe besteht darin, potenzielle Wähler der eigenen Partei für die Wahl zu registrieren und dann zur Stimmabgabe zu bewegen.[766] Die nachfolgenden Parteiorganisationseinheiten bilden weitere Committees in den Städten, auf Gemeindeebene sowie auf Kommunalbezirksebene.[767]

Die nächsthöhere Ebene bilden dann die County Committees, die auf Landkreisebene Wahlkandidaten nominieren. Die Mitglieder dieser Organisationseinheit gelten, wegen der Vielzahl von zu besetzenden Wahlämtern im kommunalen Bereich, als besonders einflussreich.[768] Unmittelbar der Landkreisebene übergeordnet

763 *Lösche*, Die politischen Parteien, in: *Jäger/Haas/Welz* (Hrsg.), Regierungssystem der USA, S. 289. Daher fällt in diesem Zusammenhang auch oft der Satz: „A party ist to elect“, vgl. ebda.

764 Ebda.

765 *Lösche*, a.a.O., S. 289 (294).

766 Ebda.

767 *Bethge*, Parteienrecht USA, S. 75.

768 *Lösche*, Die politischen Parteien, in: *Jäger/Haas/Welz* (Hrsg.), Regierungssystem der USA, S. 289 (295).

findet man zudem Parteiorganisationen für den jeweiligen Kongresswahlbezirk.[769] Die höchste Organisationsstruktur einer Partei in einem Gliedstaat bildet das sich regelmäßig aus den Delegierten der unteren Parteiebenen zusammensetzende State Committee. Diese Organisationseinheit wird von einem Chairman nach außen vertreten. Dieser ist auch für die Parteiorganisation zuständig.[770]

Neben den Committees gibt es auf Landkreis und Staatsebene im jeweiligen Gliedstaat auch noch Conventions, die mit den Parteitagen der deutschen Parteien vergleichbar sind, und deren Delegierte entweder – wie im Fall der County Conventions – von den Wählern des jeweiligen Stimmbezirks oder – wie im Falle der State Conventions – von den County Conventions selbst gewählt werden.[771] Auf Bundesebene finden alle vier Jahre anlässlich der Präsidentschaftswahl die Bundeskonvente statt. Dabei handelt es sich aus formaler Sicht um die höchsten Parteiorgane, welches jeweils die Aufgabe der Nominierung des Präsidentschaftskandidaten für die folgende Wahl und die Ratifizierung der Wahl der Mitglieder der National Committee hat.[772] In den National Committees sind wiederum einzelstaatliche Parteiorganisationen und verschiedene Interessengruppen vertreten.[773] Die Aufgabe dieser National Committees besteht darin, die Bundeskonvente vorzubereiten, die Wahlkämpfe zu planen und die einzelstaatlichen Parteien finanziell und organisatorisch zu unterstützen.[774] Da die National Committees nur zweimal jährlich tagen, fällt die Erledigung der laufenden Geschäfte den Executive Committees zu, die die Parteien zu diesem Zweck eingerichtet haben.[775]

Die vorgenannten Grundzüge der Parteiorganisation dürfen aber nicht zu der Annahme führen, dass die Bundeseinrichtungen der Parteien in einer Hierarchie zu den Organen der einzelstaatlichen Parteien mit einer entsprechenden Weisungsbefugnis von oben nach unten stehen. Die einzelnen Ebenen sind getrennt zu sehen. Diesbezügliche bildliche Darstellungen der Parteiorganisation in den Vereinigten Staaten in Form einer Pyramide treffen so nicht zu.[776]

Aus alledem ergibt sich, dass in den Vereinigten Staaten entsprechend der Anzahl der Gliedstaaten und dem District of Columbia 51 verschiedene Parteien

---

769 *Bethge*, Parteienrecht USA, S. 75.

770 Ebda.

771 Ebda.

772 *Lösche*, Die politischen Parteien, in: *Jäger/Haas/Welz* (Hrsg.), Regierungssystem der USA, S. 289 (306).

773 *Lösche*, a.a.O., S. 289 (296).

774 Ebda.

775 Ebda.

776 So schon *Magiera*, Vorwahlen, S. 31.

nebeneinander und formal unabhängig bestehen und in jeden Einzelstaat im Detail auch unterschiedlich strukturiert sind.[777] Bei den amerikanischen Parteien handelt es sich aus diesem Grunde nicht um jeweils eine einheitliche Partei, sondern vielmehr um ein Bündnis der Parteien der Einzelstaaten der Union, die wiederum aus lokalen Einheiten bestehen und unabhängig sind.[778] Besonderes Gewicht kommt den örtlichen Einheiten der jeweiligen gliedstaatlichen Partei zu. Da diese über den notwendigen Einfluss in der Wählerschaft des jeweiligen Wahlbezirks und ausreichend Geldquellen verfügen, sind nicht nur örtliche, sondern auch bundesweite Kandidaten auf diese angewiesen; umgekehrt können – wegen der bereits angesprochenen fehlenden Weisungsbefugnis von oben nach unten – die überörtlichen Parteiorganisationen keinen oder nur geringen Einfluss auf die örtlichen Parteiführer ausüben, die wiederum oft direkt von den Parteiwählern gewählt werden.[779] Jede Stufe der Parteiorganisation ist darauf besinnt, die ihr zukommende Autonomie gegenüber der höheren Parteieinheit zu erhalten.[780]

Mit dieser dezentralen Organisationsstruktur geht auch die Parteimitgliedschaft einher. In der Bundesrepublik Deutschland hat der Bundesgesetzgeber mit dem Parteiengesetz[781] eine umfassende normative Regelung erlassen, in der nicht nur der Begriff der Partei geregelt ist,[782] sondern auch, unter welchen Voraussetzungen ein Mitglied ausgeschlossen werden kann[783] und welches Verfahren dabei einzuhalten ist[784]. Wegen der Freiheit der politischen Betätigung liegt die Aufnahme neuer Mitglieder im Ermessen einer Partei.[785] In den Vereinigten Staaten gibt es solche detaillierte Regelungen nicht. Den US-Amerikanern ist ein formelles Antrags- oder Ausschlussverfahren aus einer Partei ebenso fremd wie eine Beitragspflicht der Mitglieder. Eine Parteimitgliedschaft, die ähnlich wie in Deutschland organisiert ist, existiert faktisch nicht.[786] Wenn in den Vereinigten Staaten von Parteimitgliedschaft die Rede ist, dann meint man damit nicht primär die juristische Bindung in Form einer Mitgliedschaft, sondern vielmehr die

777 *Lösche*, Die politischen Parteien, in: *Jäger/Haas/Welz* (Hrsg.), Regierungssystem der USA, S. 289 (296); *Magiera*, Vorwahlen, S. 31.
778 *Magiera*, a.a.O, S. 31.
779 Ebda.
780 *Eilfort/Wasser*, in: *Lösche* (Hrsg.), Länderbericht USA, S. 237 (246).
781 PartG, BGBl I, 1994, 149.
782 Vgl. § 2 Abs. 1 PartG.
783 Vgl. § 10 Abs. 4 PartG.
784 § 10 Abs. 5 Satz 1 PartG i.V.m. der jeweiligen Schiedsgerichtsordnung der Partei.
785 *Degenhart*, Staatsrecht I, S. 27 m. w. Nachw. Vgl. § 10 Abs. 1 Satz 1 PartG.
786 *Eilfort/Wasser*, in: *Lösche* (Hrsg.), Länderbericht USA, S. 237 (246).

Verbundenheit von Personen mit einer Partei durch eine regelmäßige Registrierung für die parteieigenen Vorwahlen. Dazu zählt auch ein entsprechendes Abstimmungsverhalten und die Bereitschaft, für den Wahlkampf der Partei einen bestimmten Betrag zu spenden.[787] Entsprechend sind die vorhandenen Regelungen zur Parteimitgliedschaft nach amerikanischem Verständnis ausgestaltet.

5. *Die Parteimitgliedschaft*

a) *Die grundlegende Bedeutung der Parteimitgliedschaft für die geschlossene Vorwahl*

Wegen der verfassungsrechtlichen Stellung von Parteien und der daraus folgenden faktischen Entwicklung hat sich keine feste Mitgliederorganisation mit formalen Voraussetzungen für die Parteimitgliedschaft entwickelt, so wie es etwa im Parteienrecht der Bundesrepublik Deutschland vorgesehen ist.[788] In den Satzungen der Parteien fehlt es grundsätzlich an typischen Merkmalen wie etwa der Herausgabe von offiziellen Mitgliedsausweisen oder der Erhebung von Mitgliedsbeiträgen.[789] Zwar sind sowohl die Normierung von Grundprinzipien[790] als auch die Abhaltung von regelmäßigen Wahlversammlungen von den Anhängern einer Partei im Vorfeld von Vorwahlen denkbar, damit ist allerdings noch nichts über die formalen Voraussetzungen der Parteimitgliedschaft gesagt. Aus diesem Grund wird vereinzelt im Schrifttum empfohlen, anstelle des Begriffs Parteimitgliedschaft alternativ die Begriffe Parteizugehörigkeit oder Parteiverbundenheit zu verwenden.[791]

Problematisch wird dieser Befund dann, wenn die Wahlberechtigung in der Vorwahl von der Parteizugehörigkeit abhängig gemacht wird, wie es grundsätzlich bei der geschlossenen Vorwahl (Closed Primary) der Fall ist. Dann muss nämlich festgelegt werden, ab wann eine Person als zugehörig zu einer Partei gilt, weil sonst die Unterscheidung und Abgrenzung zwischen der genannten Vorwahlart und der offenen Vorwahl (Open Primary) leerläuft und damit entgegen der genannten Unterscheidung zwischen den beiden grundlegenden Vorwahlarten de facto jeder in der Hauptwahl Wahlberechtigte auch an einer Vorwahl

---

787 Ebda.

788 Die nähere Ausgestaltung der Mitgliedschaft, insbesondere die Voraussetzungen ihrer Begründung, fällt zwar in die Satzungsautonomie der Parteien, solche Vorschriften müssen aber zwingend erlassen werden, vgl. § 9 Abs. 2 Nr. 2, 3 und 4 PartG.

789 So schon die Feststellung von *Kölsch*, Vorwahlen, S. 21; *Magiera*, Vorwahlen, S. 31.

790 Article I Section 1 Rules New York Democrats.

791 *Magiera*, Vorwahlen, S. 32 m. w. Nachw.

teilnehmen könnte.[792] Ab wann ist also eine Person in den Vereinigten Staaten als einer Partei zugehörig anzusehen und wie ist die Parteizugehörigkeit grundsätzlich rechtlich ausgestaltet?

Bei der Betrachtung zeigt sich in der Tat, dass die Parteizugehörigkeit nicht als formale Mitgliedschaft, etwa vergleichbar mit der in einem Verein, sondern als Sympathiebekundung des Einzelnen gegenüber der Partei ausgestaltet ist, die Verfahren je nach Einzelstaat zwar variieren, bei der konkreten Ausgestaltung grundsätzlich aber zwischen zwei Arten, nämlich zwischen dem Enrollment-System und dem Challenge-System, unterschieden werden kann.

b) *Enrollment-System*

Das Enrollment-System hängt mit der in den Vereinigten Staaten von Amerika grundsätzlich notwendigen Wahlregistrierung zusammen, die ein wahlberechtigter Bürger vornehmen muss, um an einer Hauptwahl teilnehmen zu können. Dabei hat er sich innerhalb einer bestimmten Frist, die grundsätzlich Wochen oder Monate vor dem Wahltermin liegt, für die Hauptwahl zu registrieren (registration). Bei dieser kann er sich zugleich für eine Partei registrieren (enrollment) und so die Wahlberechtigung für die Vorwahl dieser Partei erwerben, die entsprechend vermerkt und von der zuständigen staatlichen Stelle geprüft wird (enrollment at the time of registration).[793] Gibt er bei der Wahlregistrierung keine Partei an oder gibt er je nach Ausgestaltung an, dass er keiner Partei angehöre, so ist er zwar für die Hauptwahl registriert und damit wahlberechtigt, zugleich ist er aber von der Parteivorwahl ausgeschlossen.[794] Die für die Teilnahme an der Vorwahl konstitutiv wirkende Parteiregistrierung kann auch erst am Wahltag im Wahllokal vorgeschrieben sein, dann aber nur durch einfache Angabe einer Partei und ohne weitere Auskunft zur Parteiverbundenheit seitens des Vorwählers, etwa durch eine eidesstattliche Erklärung (enrollment at the primary).[795]

Grundsätzlich gilt die Parteizugehörigkeit nach dem Wahltermin bis zur nächsten Vorwahl, wobei der Wähler sie am Wahltag oder innerhalb einer festgesetzten Frist im Rahmen des Registrierungsverfahrens wechseln kann, um beim nächsten Wahltermin an der Vorwahl einer anderen Partei teilnehmen zu können.[796]

---

792 *Kölsch,* Vorwahlen, S. 21.

793 *Penniman,* Sait's American Parties and Elections, S. 378 f.; *Kölsch,* Vorwahlen, S. 22.

794 *Ranney/Kendall,* Democracy and the American Party System, S. 207.

795 *Penniman,* Sait's American Parties and Elections, S. 379.

796 *Kölsch,* Vorwahlen, S. 22 f.

c) *Challenge-System – Past Allegiance Test, Present Affiliation Test und Future Intention Test*

Ein anderes Verfahren ist im Challenge-System vorgesehen. Der grundlegende Unterschied zum Enrollment-System besteht darin, dass der Wahlberechtigte nicht am Tag der Wahlregistrierung seine Parteizugehörigkeit angeben muss, sondern erst am Wahltag im Wahllokal. Dabei wird er vom zuständigen Wahlhelfer aufgefordert (challenge), seine Zugehörigkeit zu einer Partei in besonderer Form zu erklären.[797] Die bloße Angabe einer Partei reicht hier nicht. Je nach Einzelstaat kann die vorgeschriebene Erklärung inhaltlich unterschiedlich ausgestaltet sein. Das Schrifttum unterscheidet grundsätzlich zwischen drei Arten solcher Erklärungen, die sich inhaltlich unterscheiden und zusammenfassend als Parteitest oder Test der Parteimitgliedschaft bezeichnet werden.[798]

Beim Past Allegiance Test wird der Wähler bei der Parteiregistrierung gefragt, ob er bei der letzten Hauptwahl den Kandidaten oder die Partei unterstützt habe. Beim Present Affiliation Test muss er erklären, dass er sich als Anhänger der Partei fühle und zu ihren Prinzipien stehe. Letztlich gibt es noch den Future Intention Test. Hier erklärt der Wähler, dass er vorhabe, den Kandidaten in der sich der Vorwahl unmittelbar anschließenden Hauptwahl zu unterstützen.[799]

d) *Zusammenfassung: Die Parteimitgliedschaft als psychologisches Moment*

In den Vereinigten Staaten von Amerika fehlt es an einer greifbaren, aktiven Parteimitgliedschaft. Wie gesehen, geht es in diesem Bereich vielmehr um Sympathiebekundungen zugunsten einer Partei. Die Parteimitgliedschaft in den Vereinigten Staaten entzieht sich der juristischen Definition im Sinne einer formalen Mitgliedschaft. Sie ist daher kein juristisches, sondern ein psychologisches Moment.[800] Ist der Einzelne politisch interessiert, sieht er sich entweder als Anhänger der Demokratischen, Republikanischen oder einer sonstigen Partei. Das Engagement kann sich auf die bloße Teilnahme an der Vorwahl beschränken, es kann sich aber auch auf den aktiven Wahlkampf erstrecken.[801] Je nach gesetzlicher Ausgestaltung kann man innerhalb eines Zeitraums in der Regel problemlos

---

797 Ebda.

798 *Magiera*, Vorwahlen, S. 76; *Kölsch*, Vorwahlen, S. 22.

799 So z.B. *Ranney/Kendall*, Democracy and the American Party System, S. 206; *Penniman*, Sait's American Parties and Elections, S. 377 f., stellt weitere Varianten des *Future Intention Test* vor. Vgl. ebenfalls schon *Magiera*, Vorwahlen, S. 76 ff., sowie *Kölsch*, Vorwahlen, S. 22.

800 *Krippendorff*, ZfP NF 8 (1961), S. 54 (58).

801 Ebda.

die Mitgliedschaft einer Partei abgeben und die einer anderen erwerben, indem man sich für die Vorwahl einer anderen Partei registriert und teilnimmt.[802] Mitgliederparteien sind dem amerikanischen Parteienrecht grundsätzlich fremd.

6. Die Parteien als „Wahlkampforganisationen"[803]

Gemäß der primären Aufgabenstellung der Parteien in den Vereinigten Staaten von Amerika handelt es sich bei ihnen um Vereinigungen, die in erster Linie den Wahlkampf zu organisieren haben. Sie sind wegen des dezentralen Staatsaufbaus und der großen Anzahl von durch Wahlen zu besetzenden öffentlichen Ämtern zum einen dezentral organisiert und zum anderen einer ideologischen Einflussnahme nicht oder kaum zugänglich.[804] Der Grund ist darin zu sehen, dass die jeweilige Partei, sofern sie denn auch überörtliche Wahlämter mit ihren Kandidaten besetzen will, mit ihrem Wahlprogramm eine Vielzahl von Wählern ansprechen muss und sich nicht nur auf eine oder wenige Wählergruppen beim Wahlkampf beschränken kann.[805] In keinem anderen demokratischen Staat der Welt wird häufiger gewählt als in den Vereinigten Staaten von Amerika: Die wahlberechtigten US-Bürger besetzen in den verschiedenen Einzelstaaten und auch im Bund selbst durch Wahlen und Abstimmungen etwa 500.000 öffentliche Ämter, die vom Amt eines Schulbeirates bis zu dem des Präsidenten reichen.[806] Darauf haben sich die Parteien eingestellt.

Aus dem Gesagten ergibt sich aber nicht, dass im amerikanischen Wahlkampf gegensätzliche politische Interessen und Positionen fehlen, die von führenden politischen Vertretern verteidigt werden; dies führte aber in der geschichtlichen Entwicklung nie dazu, dass die politischen Gegensätze so groß werden konnten, dass – jedenfalls bei den beiden großen Parteien – sich Parteien im klassischen Sinne[807], also mit einer klar abgrenzbaren Programmatik, entwickeln konnten.[808]

---

802 *Krippendorff*, a.a.O., S. 54 (56 f.).

803 Begriff nach *Magiera*, Vorwahlen, S. 27.

804 *Magiera*, Vorwahlen, S. 27 f.

805 *Magiera*, a.a.O., S. 28.

806 *Schreyer*, in: *Wersich* (Hrsg.), USA Lexikon, S. 243.

807 Darunter ist zu verstehen, dass eine Partei, die von der Politikwissenschaft entwickelten vier Kriterium erfüllt: die Zielfindungsfunktion, die Funktion der Artikulation und Aggregation gesellschaftspolitischer Interessen, die Funktion der Mobilisierung und Sozialisation der Bürger und die Elitenrekrutierungs- und Regierungsbildungsfunktion. Vgl. dazu im Detail und speziell für die amerikanischen Parteien *Eilfort/Wasser*, in: Lösche (Hrsg.), Länderbericht USA, S. 237 (249 f.).

808 *Magiera*, Vorwahlen, S. 28.

7. *Die Bedeutung der „dritten Parteien"*

Aus der von der Bundesverfassung garantierten Vereinigungsfreiheit ergibt sich die Möglichkeit der rechtlichen Existenz von „dritten Parteien". Nur spielten sie bei der Mandatsverteilung bisher in der Geschichte des Landes bei Kongresswahlen keine gewichtige Rolle. Keine der dritten Parteien konnte bisher Mandate im Kongress gewinnen. Lediglich den Wahlausgang von einzelnen Präsidentschaftswahlen haben sie beeinflusst.[809] Anders stellt sich diese Entwicklung in den Gliedstaaten dar, wo sich in der Geschichte vereinzelnd andere Parteien als die Republikanische und die Demokratische Partei behaupten konnten und sich in einigen Staaten solche Parteien sogar zu Mehrheitsparteien entwickeln und über einen längeren Zeitraum Mandate in der Legislative gewinnen konnten.[810]

8. *Zusammenfassung*

Die Parteien haben zunächst als rein private Vereinigungen eigenständig und ohne staatliche Regulierung existiert und gehandelt. Durch ihre wesentliche Mitwirkung am Wahlprozess, etwa durch die nicht transparente Nominierung von Wahlkandidaten, und die damit einhergehende aktive Einflussnahme auf die Zusammensetzung der Legislativkörperschaften und sonstige Wahlämter, fingen die Gliedstaaten ähnlich wie im Bereich des Wahlrechts an, das Parteienrecht zu regeln.

Die Parteien sind dezentral und ohne Weisungsbefugnis von oben nach unten organisiert, wobei die örtlichen Parteieinrichtungen einen besonderen Einfluss aufweisen. Es gibt aber auch nicht die eine Demokratische oder Republikanische Partei, weil es bei amerikanischen Parteien nicht um einheitliche Parteiengebilde, sondern vielmehr um ein Bündnis der Parteien der Einzelstaaten handelt, deren primäre Aufgabe darin besteht, Kandidaten für öffentliche Ämter zu nominieren, damit diese dann gewählt werden.

Eine formale Parteimitgliedschaft gibt es in den Vereinigten Staaten nicht. Die Verbundenheit mit einer Partei, die Voraussetzung für die Teilnahme an einzelnen Formen der Vorwahlen ist, wird vielmehr durch Sympathieerklärungen begründet, die sowohl formell als auch materiell unterschiedlich ausgestaltet sind.

---

809 *Eilfort/Wasser*, in: *Lösche* (Hrsg.), Länderbericht USA, S. 237 (242).

810 So ebda. Bei a.a.O., S. 237 (243 f.) findet sich auch eine tabellarische Aufstellung der bisherigen Drittparteien und -kandidaten bei den Präsidentschaftswahlen bis zum Jahre 2004.

Die Parteien in den Vereinigten Staaten werden daher auch als Wählerparteien und nicht als Mitgliederparteien bezeichnet.[811]

B. Die Vorwahl als Wesensmerkmal der Kandidatenaufstellung in den USA

I. Die historische Entwicklung der Vorwahl

1. Die Nominierung der Kandidaten vor Einführung von Vorwahlen

a) Begriffsbestimmungen für diesen Abschnitt: Caucus und Konvent

Für das Verständnis ist es notwendig, die Begriffe Caucus und Konvent näher zu bestimmen. Unter Caucus versteht man eine Gruppe von Anhängern der gleichen Partei, die sich versammeln, um Kandidaten für Ortsämter zu nominieren, Delegierte zu wählen, die die am Caucus teilnehmenden Parteianhänger später auf Vertreterversammlungen vertreten sollen, und um sonstige Parteiangelegenheiten zu erledigen bzw. sonstige Beschlüsse zu fassen. Unter einer Convention versteht man die vorgenannte Vertreterversammlung, auf den die in den Caucus gewählten Delegierten weitere Kandidaten nominieren, neue Delegierte wählen, Komiteemitglieder für die Partei ernennen und Parteiprogramme formulieren.[812]

b) Die Entwicklung der Kandidatenaufstellung im Allgemeinen bis zur Herausbildung der Legislative Caucus“[813]

Die Nominierung der Kandidaten für die Wahlämter in den Vereinigten Staaten ist nicht nachvollziehbar, wenn man nicht zunächst die Grundlagen beleuchtet, also insbesondere die historische Entwicklung[814] des hier zu besprechenden Vorgängermodells der Vorwahlen auf dem Gebiet der Kandidatennominierung eingeht: das Caucus-und Konvent-System.

---

811 *Lösche*, Die politischen Parteien, in: *Jäger/Haas/Welz* (Hrsg.), Regierungssystem der USA, S. 289 (313).

812 Vgl. schon *Meyer*, Vorwahl, S. 53; zur Herkunft des Wortes „Caucus“ *Meyer*, a.a.O., S. 56, Fn. 1; *Magiera*, Vorwahlen, S. 37 m w. Nachw. Vgl. auch die Begriffsbestimmungen bei *Loewenstein*, Verfassungsrecht, S. 169 f.

813 Der Begriff findet sich bei *Magiera*, JöR NF 22 (1973), 621 (625).

814 Vgl. zusammenfassend zur historischen Entwicklung dieses Nominierungssystems für alle Wahlämter in den Vereinigten Staaten etwa *Dallinger*, Nominations, S. 3–48; *Meyer*, Vorwahl, S. 53–102; weitere Nachweise aus dem Schrifttum bei *Magiera*, Vorwahlen, S. 37 ff.

Als die nordamerikanischen Kolonien gegründet wurden, richteten die Kolonisten entsprechende Wahlämter ein, die sie selbst durch Wahlen besetzten. Wegen der noch geringen Bevölkerungsanzahl war es möglich, die Wahlen in allgemeinen Versammlungen abzuhalten, auf denen man sich auch gleich auf den jeweiligen Kandidaten einigte. Später ging man dazu über, die Vorauswahl der Kandidaten durch einen kleineren Kreis von Personen vornehmen zu lassen, um die jeweilige Person dann der Wahlversammlung als Kandidaten vorzuschlagen.[815] Diese den Kandidaten nominierenden Zusammenkünfte wurden später als Caucus bezeichnet. Die Caucus waren anfangs als Versammlung eines kleinen Personenkreises ausgestaltet, die abgeschlossen und geheim tagten. Diese Art der Versammlung bedeutete „die Entstehung des ersten Gliedes des „Caucus- und Convention-Systems"[816]. Im Laufe des Unabhängigkeitskrieges gegen das englische Königreich entwickelten sie sich zu allgemeinen Nominierungsversammlungen, die für alle Wahlberechtigten offenstanden, öffentlich waren und vor der allgemeinen Wahl stattfanden.[817] Diese Form der direkten Demokratie erwies sich aber in großen Wahlgebieten mit einer hohen Anzahl an wahlberechtigten Einwohnern als unpraktisch, weil nicht alle Wahlberechtigten die Möglichkeit hatten, auf der jeweiligen Nominierungsversammlung zu erscheinen, und auch oft nicht die räumlichen Kapazitäten vorhanden waren, um im Sinne der Caucus-Idee sinnvoll über die Kandidatur der in Betracht kommenden Personen zu beraten.[818]

Aus den vorgenannten Gründen entwickelten sich die Caucus in den größeren Wahlgebieten zu Delegiertenversammlungen[819] (Konvente), auf denen Vertreter der Wahlberechtigten erschienen, um über die Fähigkeiten der einzelnen Bewerber zu beraten und den jeweiligen Kandidaten zu nominieren.[820] Die

---

815 *Magiera*, Vorwahlen, S. 37.

816 *Meyer*, Vorwahl, S. 56.

817 *Magiera,* Vorwahlen, S. 37 f. m. w. Nachw.

818 *Meyer*, Vorwahl, S. 59. Eine Möglichkeit, diesem Missstand zu begegnen, waren die kolonialweit operierenden Korrespondenzkomitees, die in der Revolutionszeit die Verwaltungsaufgaben in den Kolonien übernahmen. Durch die ihnen eingeräumten Kompetenzen wirkten sie auch bei der Kandidatenaufstellung mit. Unzufriedenheit führte schließlich nach Gründung der Union zu ihrem Ende. Vgl. *Meyer*, a.a.O., S. 60 f.

819 Die Kolonisten hielten bereits vor 1785 Vertreterversammlungen ab, auf denen sich aber nicht nur die aus fernliegenden Orten entsendeten Delegierten, sondern auch Bürger versammelten, die aus Ortschaften stammten, die sich in unmittelbarere Nähe zum Versammlungsort befanden. Man nannte diese Versammlungen daher auch „mixed conventions", vgl. *Meyer*, Vorwahl, S. 61.

820 *Magiera,* a.a.O., S. 38.

Delegierten wurden entweder von den Wahlberechtigten entsandt oder hatten sich selbst zu solchen ernannt. Vor der Herausbildung von politischen Parteien existierten keine festen Regeln für die Nominierung der Delegierten durch die Wahlberechtigten.[821] In kleinen Einzelstaaten wie New York oder Delaware war es für die Delegierten unproblematisch zu den jeweiligen Nominierungskonventen zu erscheinen. Hier entwickelten sich Konvente auf gesamtstaatlicher Ebene, um Kandidaten für die staatsweiten Ämter zu nominieren. In den flächenmäßig größeren Einzelstaaten bestand die Schwierigkeit, dass es den Delegierten wegen der schlechten Verkehrsanbindungen im ausgehenden 18. Jahrhundert nur schwer möglich war, zu den Nominierungskonventen zu erscheinen.[822] Aus diesem und aus dem Grund, dass wichtige Staatsämter in den Einzelstaaten am Anfang von deren Legislativkörperschaften besetzt wurden[823], erfolgte die Nominierung durch die Mitglieder der jeweiligen einzelstaatlichen gesetzgebenden Körperschaft, die dazu in mehreren speziellen Legislativcaucus zusammentraten und den jeweiligen Kandidaten nominierten. Mit der Herausbildung von politischen Parteien trafen sich die Abgeordneten getrennt nach ihrer Parteizugehörigkeit und nominierten ihren Kandidaten.[824] Man nannte diese Versammlungen Congressional oder Legislative Caucus.[825]

Mit der Demokratisierung des Wahlrechts in der Mitte des 19. Jahrhunderts verloren diese Nominierungskörperschaften im Hinblick auf das Gewaltenteilungsprinzip ihren Einfluss und büßten ihre Funktion ein. Nun fand auch bei staatlichen Wahlämtern das Caucus-und Konvent-System Anwendung.[826]

---

821 Ebda.

822 *Magiera*, Vorwahlen, S. 38.

823 *Magiera*, a.a.O., S. 38, vgl. z.B. die ursprüngliche Regelung über die Wahl der US-Senatoren in der Bundesverfassung: Nach der ursprünglichen Regelung des Art. 1 Abschnitt 3 Satz 1 wurden die Senatoren von den Legislativkörperschaften der Einzelstaaten gewählt. Erst durch den 17. Verfassungszusatz aus dem Jahre 1913 wurde durch den verfassungsändernden Gesetzgeber die allgemeine Volkswahl der Senatoren eingeführt. Die Vorschriften finden sich bei *Sautter*, Die Vereinigten Staaten, S. 185 und S. 200.

824 *Magiera*, Vorwahlen, S. 38; *ders.*, JöR NF 22 (1973), 621 (625) jeweils m. w. Nachw.

825 Vgl. *Magiera*, Vorwahlen, S. 38; *Magiera*, JöR NF 22 (1973), 621 (625) m. w. Nachw.

826 *Loewenstein*, Verfassungsrecht, S. 170.

c) *Die direkte und indirekte Nominierung von Wahlkandidaten in den Vereinigten Staaten von Amerika nach dem Caucus-und Konvent-System*

Bezogen auf alle Wahlämter gab es in den Einzelstaaten im 19. Jahrhundert demnach zwei Arten der Kandidatennominierung: Wo das Wahlgebiet klein war, wie etwa in Stadtbezirken und kleineren Ortschaften, war es praktisch möglich, dass die Parteiwähler die Kandidaten direkt in Vorversammlungen, zu denen sich alle wahlberechtigten Parteimitglieder des jeweiligen Wahlbezirks versammelten, nominierten. In größeren Wahlbezirken fand das Prinzip der repräsentativen Demokratie Anwendung, auf dem das Caucus-und Konvent-System grundsätzlich beruht. Das Verfahren funktionierte wie folgt: Nach der Nominierung der Kandidaten für die örtlichen Wahlämter wählten die Parteiwähler in den Vorversammlungen die Delegierten für den Parteikonvent des nächst größeren Wahlbezirkes und die Parteifunktionäre für ihren Wahlbezirk. Auf der nächst höheren Wahlebene wiederholte sich dieses Verfahren, d.h., die Delegierten des Konvents nominierten die Kandidaten für die Wahlämter des jeweiligen Wahlbezirks und wählten die Delegierten für den Parteikonvent der nächst höheren Wahlebene. Dieses Verfahren setzte sich fort bis zur Bestellung der Delegierten für die Bundeskonvente, auf denen die Delegierten den Präsidentschaftskandidaten der Partei nominierten.[827] Damit war das Caucus-Konventsystem als Kandidatenaufstellungsverfahren, das sich zunächst nur auf Bezirks- und Ortsebene entwickelt hat, vollständig ausgebildet.[828]

d) *Der Einfluss der Parteiorganisation auf die Kandidatenaufstellung*

Diese im vorherigen Abschnitt skizzierte Entwicklung führte im Laufe der zweiten Hälfte des 19. Jahrhunderts zu einer stärkeren Stellung lokaler Parteiorganisationen und der ihnen vorstehenden Parteiführer[829], die dann bis zur Jahrhundertwende ihren Höhepunkt erreichte und schließlich zur Einführung von Vorwahlen in den Einzelstaaten führte. Die Gründe für diesen Einfluss sind mannigfaltig.[830]

---

827 Vgl. Insgesamt zur damaligen Rechtslage bei der Nominierung der Kandidaten für das Präsidentschaftsamt, den Senat und das Repräsentantenhaus *Dallinger*, S. 74–92; allgemein zusammenfassend *Magiera*, Vorwahlen S. 39; *ders.*, JöR NF 22 (1973), 621 (626) m. w. Nachw.

828 *Meyer*, Vorwahl, S. 69; *Magiera*, Vorwahlen, S. 39.

829 Diese werden im Schrifttum oft „bosses“ oder „Parteibosse“ genannt, vgl. dazu *Magiera*, JöR NF 22 (1973), 621 (626); *Davis*, Primaries, S. 11 f. Zusammenfassend zu den „Parteimaschinen“ auch *Bethge*, Parteienrecht USA, S. 116 ff.

830 Siehe ausführlich *Meyer*, Vorwahl, S. 69 ff.; vgl. auch *Bone*, American Politics and the Party System, S. 278 ff.; *Magiera*, Vorwahlen, S. 42 f., zusammenfassend aus dem neueren Schrifttum etwa *Davis*, Primaries, S. 11 f.; *Wayne*, Road, S. 9.

Zunächst hatte sich durch die industrielle und finanzielle Entwicklung die wirtschaftliche Lage nach dem Bürgerkrieg geändert, die zu einem stärkeren Einfluss der Parteiorganisation gerade auch in den Städten führte.[831] Damit hing der Grundsatz zusammen, dass wie im wirtschaftlichen Bereich auch im politischen Bereich ein freies Spiel der Kräfte ohne Regulierung herrschen sollte und der Einzelne nur am Erfolg gemessen wurde. Die bei Wahlen siegreiche Partei besetzte dann nicht nur das betreffende Wahlamt, sondern hatte auch einen großen Einfluss auf die sonstigen staatlichen Ämter in dem betreffenden Wahlbezirk. Auch Unternehmer mussten sich nicht einem gegenüber den anderen Mitbewerbern fairen Wettbewerb unterziehen, wenn sie nur gute Kontakte zur entsprechenden Parteiorganisation hatten. Im Gegenzug zur Vergabe staatlicher Aufträge erhielten die Parteiorganisationen finanzielle Zuwendungen, mit denen sie wiederum ärmere Bevölkerungsschichten unterstützten in der Erwartung, diese würden dann auch für ihre Kandidaten stimmen.[832] Die Reformen im 19. Jahrhundert hatten wegen der Abschaffung des Zensuswahlrechts und der damit einhergehenden weiten Verbreitung der unmittelbaren Volkswahl[833] zur Folge, dass nun auch mehr Wahlämter nicht nur auf staatlicher, sondern auch auf kommunaler Ebene zu besetzen waren. Selbst diejenigen wahlberechtigten Bürger, die am Wahlgang und an den Kandidaten interessiert waren, konnten bei der Masse der Wahlämter in den dicht besiedelten Wahlbezirken nicht den Überblick behalten. Wie auch bei den Sozialleistungen für die Bedürftigen konnten auch hier die Parteiorganisationen mit entsprechenden Kandidatenlisten (slate) Abhilfe schaffen und auf diese Weise ihre Kandidaten bekannt machen.[834] Durch die Regulierung des Parteienrechts und die damit zusammenhängende Regelung des Hauptwahlverfahrens stand dieses nunmehr unter Aufsicht des Staates. Den Parteiorganisationen war die Beeinflussung der Hauptwahl entzogen, so dass sie sich nun auf die Kandidatenaufstellung für die Hauptwahl konzentrierten.[835] So entwickelten sich die Parteiorganisationen zu sogenannten „Parteimaschinen", denen – besonders in den Städten – „Parteibosse" vorstanden und die Kandidatenaufstellung im Caucus-und Konvent-System beeinflussten.[836]

Die Beeinflussung der Kandidatenaufstellung entwickelte sich über die Parteiausschüsse (Party Commitee), die jede Partei in jeder Stadt und anderen

831 *Davis*, a.a.O., S. 11.
832 *Magiera*, Vorwahlen, S. 42.
833 Ausführlich dazu und zu den Hintergründen *Keyssar*, The Right To Vote, S. 22 ff.
834 *Magiera*, Vorwahlen, S. 42.
835 *Meyer*, Vorwahl, S. 72.
836 Näher *Bethge*, Parteienrecht USA, S. 116 f.

Wahlbezirken eingerichtet hatte[837] und die ursprünglich die Aufgabe hatten, die Parteikandidaten im Wahlkampf zu unterstützen. Nach einiger Zeit fiel diesen Ausschüssen außerdem die Aufgabe zu, das Verfahren in den Caucus und den Konventen zu organisieren. Sie hatten so einen nicht unerheblichen Einfluss auf den Nominierungsvorgang im jeweils betroffenen Wahlbezirk. Da die Ausschussmitglieder und insbesondere die Ausschussvorsitzenden als Parteifunktionäre immer im Amt waren, hatte sie einen viel besseren Überblick über die auf die Kandidaten zukommenden Aufgaben in der Partei und in den Staatsämtern. Sie gaben Empfehlungen für entsprechende Personen für die Parteikandidatur an die nur gelegentlich zusammentretenden Parteiurwähler in den Caucus und die Delegierten in den Konventen ab.[838] Später begannen diese Ausschüsse, unter dem Einfluss ihrer Vorsitzenden – im Folgenden nun Parteiführer genannt – die Nominierung von Wahlkandidaten noch weiter zu beeinflussen, indem sie das Nominierungsverfahren in den Caucus oder den Konventen lenkten[839]. Die Beeinflussung der Kandidatennominierung war in den Caucus durch die Einberufung der Wahlversammlung an für illoyale Parteiwähler ungünstig gelegenen Wahllokalen, durch die Manipulation der Stimmabgabe, etwa durch die Genehmigung mehrfacher Stimmabgabe durch zuverlässige Parteiwähler oder durch die Manipulation der Stimmauszählung selbst, zu erreichen.[840] Die Beeinflussung der Konvente war durch die Wahl von linientreuen Delegierten bereits vorgezeichnet. Wählten die Parteiwähler in den Caucus dennoch andere als die von den Parteiführern vorgesehenen Delegierten in die Konvente, so hatten die Parteiausschüsse auf der nächsten Ebene die Aufgabe, durch eine entsprechende Besetzung des Wahlausschusses für die Zulassung der in den Caucus nicht gewählten Delegierten zu sorgen. Wegen der Größe der Konvente war eine nach der ursprünglichen Idee vorgesehene Beratung ebenso wenig möglich wie eine ordnungsgemäße Abstimmung, die der Vorsitzende entsprechend im Sinne der Parteiführer organisierte und damit beeinflusste. Die eigentliche Kandidatenaufstellung – als Kernaufgabe der Konvente – erfolgte nicht im Plenum, sondern in einem kleinen Kreis von Personen. Der Konvent hatte nur noch die Aufgabe, die jeweilige Nominierung formal zu bestätigen.[841]

Das Prinzip der repräsentativen Demokratie, auf dem das Caucus-und Konvent-System beruhte und das verlangte, dass der Wille der Parteimitglieder auf

837 *Dallinger*, Nominations, S. 59.

838 *Magiera*, Vorwahlen, S. 42; vgl. auch *Dallinger*, a.a.O., S. 59 f.

839 Vgl. dazu ausführlich *Dallinger*, Nominations, S. 95 ff.; *Meyer*, Vorwahl, S. 81 ff.

840 *Magiera*, Vorwahlen, S. 41.

841 Ebda.

jeder Stufe repräsentiert ist, wurde nicht sehr ernst genommen.[842] Es wurde praktisch umgangen.

2. Die Einführung von Vorwahlen ab 1903

a) Die allgemeine Herausbildung: Die frühen Modelle der unmittelbaren Kandidatennominierung im 19. Jahrhundert und das Vorwahlgesetz von Wisconsin aus dem Jahre 1903

Neben dem Versuch, das Caucus-und Konvent-System im Ganzen zu reformieren[843] bildete sich in der Gesetzgebung der Einzelstaaten eine weitere Nominierungsmethode immer mehr heraus, deren Entwicklung bis zum Beginn des 20. Jahrhunderts eng mit der Regulierung des Parteienrechts in den Einzelstaaten zusammenhing und das Nominierungsverfahren am Ende der Entwicklung auf den Staat verlagerte: die Vorwahl als unmittelbare Nominierung von Wahlkandidaten.

Die Vorwahl (Primary) war aber nicht nur ein Modell, das erst im 19. Jahrhundert in Erscheinung trat. Bereits vor Gründung der Union fanden in der Kolonie Connecticut Vorwahlen statt, die aber später dem Caucus-und Konvent-System gewichen sind. Nach Gründung der Union führte die Demokratische Partei 1842 und die Republikanische Partei 1860 im Staate Pennsylvania erstmals die unmittelbare Kandidatennominierung auf County-Ebene ein, um nun ihre Kandidaten für die Wahlämter im County Crawford nicht mehr durch den County-Konvent, sondern durch die Parteiwähler direkt aufstellen zu lassen; freilich waren hier weiter die Parteien befugt, die Details des Wahlvorgangs, wie etwa den Wahltermin, zu regeln.[844] Es folgte, ebenfalls im Staate Pennsylvania, 1871 die erste, für die Parteien aber nur fakultativ geltende staatliche Regelung, die nicht staatsweit, sondern nur in einem County galt.[845] In den folgenden Jahrzehnten

---

842 *Loewenstein*, Verfassungsrecht, S. 171.

843 Auf die Einzelheiten kann hier nicht näher eingegangen werden, vgl. dazu *Mayer*, Vorwahl, S. 89 ff.; zusammenfassend *Magiera*, Vorwahlen, S. 43 ff. Das erste Reformgesetz, welches aber nur fakultativ für die Parteien galt, hat dann der kalifornische Gesetzgeber im Jahre 1866 erlassen, um das Nominierungsverfahren zu regulieren. Neben der rechtzeitigen öffentlichen Bekanntmachung der Wahlversammlungen war auch die staatliche Aufsicht des Wahlverfahrens durch eine vereidigte Person geregelt. Vgl. *Magiera*, a.a.O., S. 43 mit Quellenangaben; *Epperson*, Legal Status, S. 50 f. Bei diesem und den folgenden Reformgesetzen war es das Ziel der gesetzgeberischen Maßnahmen, die Missstände im Caucus-und Konvent-System zu beseitigen.

844 Dazu *Meyer*, Vorwahl, S. 110; *Magiera*, Vorwahlen, S. 45; *Epstein*, Political Parties in the American Mold, S. 168.

845 *Magiera*, Vorwahlen, S. 45 f. m. w. Nachw.

verbreitete sich durch eine Vielzahl von staatlichen Regelungen die Vorwahl als neue Nominierungsmethode in den Einzelstaaten der Vereinigten Staaten, die aber – ähnlich wie in Pennsylvania – in den Einzelstaaten nur in einigen Countys galt.[846] Die erste für Parteien zwar obligatorische, aber nur in einem County Geltung entfaltende staatliche Regelung erließ der Staat Minnesota im Jahre 1899; die erste gesamtstaatliche Regelung verabschiedete der Gesetzgeber in Mississippi im Jahre 1902.[847] Nach der letztgenannten Regelung hatten die Parteien weiter alle Kosten der unmittelbaren Kandidatennominierung zu tragen.[848]

b) Das Vorwahlgesetz von Wisconsin im Jahre 1903

Erst im Jahre 1903 verabschiedete der Staat Wisconsin ein Vorwahlgesetz, das heute als Grundmodell der weiteren Vorwahlgesetzgebung in den Vereinigten Staaten gelten kann.[849] Vorausgegangen war – wie auch schon in anderen Einzelstaaten – die politische Einflussnahme der parteiübergreifenden progressiven Bewegung[850] und eines ihrer um die Jahrhundertwende bekanntesten Vertreters, des späteren Gouverneurs von Wisconsin Robert M. La Follette. Kern dieser neuen Gesetzgebung war die staatsweite Einführung der Vorwahl als unmittelbares Nominierungsverfahren für die wichtigsten Wahlämter. Dabei war das Vorwahlverfahren dem allgemeinen Wahlverfahren formal angeglichen, das sich an der Aufsicht des Staates über das Vorwahlverfahren, in Verweisungen auf das allgemeine Wahlgesetz und die Kostenübernahme durch den Staat Wisconsin zeigte. Damit war die Entwicklung der Gesetzgebung weitestgehend abgeschlossen. Die folgenden Gesetze waren ähnlich weitreichend und folgten im Kern der Gesetzgebung von Wisconsin.[851]

---

846 Einzelheiten mit Quellenangaben der entsprechenden Gesetze finden sich bei *Meyer*, Vorwahl, S. 114 ff.; vgl. auch ausführlich *Epperson*, Legal Status, S. 49 ff.

847 Quellenangabe bei *Meyer*, Vorwahl, S. 124.

848 Quellennachweise bei *Magiera*, Vorwahlen, S. 46.

849 *Magiera*, Vorwahlen, S. 46.

850 Dabei handelte es sich um eine Reformbewegung, die von der Jahrhundertwende bis zum Kriegseintritt der Vereinigten Staaten im Jahre 1917 ihren Höhepunkt hatte. Ein Anliegen dieser Bewegung war es, die Kandidatennominierung transparenter zu gestalten, etwa durch die Einführung von Vorwahlen. Auf die Details kann hier nicht eingegangen werden. Vgl. dazu z. B. einführend *Heideking/Mauch*, Geschichte der USA, S. 206 ff.; *Flessner*, in: *Wersich* (Hrsg.), USA Lexikon, S. 602 ff., m w. Nachw. am Ende des Beitrags.

851 Vgl. zu den Einzelheiten *Magiera*, Vorwahlen, S. 46 ff. mit entsprechenden Quellenangaben.

In den folgenden Jahren verbreitete sich die Vorwahl als Nominierungsmethode auch bei der Bestellung der Delegierten für die Bundeskonvente der jeweiligen Partei, auf denen der Präsidentschaftskandidat formal nominiert wird.[852]

3. Zusammenfassung

Ausgangspunkt für die Entwicklung der Vorwahl war die Konzeption der amerikanischen Verfassung. Der Verfassungsgeber hat Parteien nicht berücksichtigt und sie daher in der Verfassung unerwähnt gelassen. Faktisch bildeten sich aber bereits früh politische Gruppen, wie bereits im vorherigen Abschnitt dargestellt wurde. Dies hing damit zusammen, dass ein Zusammenfallen der Nominierung und der Wahl in größeren Wahlbezirken naturgemäß – anders in der Frühzeit der englischen Kolonien – nicht mehr möglich ist. In kleineren Einzelstaaten entwickelten sich auf den verschiedenen Wahlebenen Delegiertenversammlungen. In größeren Einzelstaaten fiel diese Aufgabe bestimmten Gruppierungen in den gesetzgeberischen Körperschaften zu. Als sich diese Situation änderte, wurden auch in diesen Wahlbezirken die Delegiertenkonvente eingeführt. Im Laufe der Zeit breitete sich das Caucus-und Konvent-System aus, das aber, wegen der zunächst fehlenden Regulierung der Parteien, für Manipulationen anfällig war. Die Folge war die Reform der Kandidatenaufstellung durch Einführung von Vorwahlen als neue Form der unmittelbaren Kandidatennominierung. Die Vorwahlen ersetzten in vielen Wahlgebieten das auf den Prinzipien der repräsentativen Demokratie aufbauende Caucus-und Konvent-System.

II. Die unterschiedlichen Erscheinungsformen der Vorwahl

1. Die allgemeinen Prinzipien der Vorwahl

Es gibt nicht ein Kandidatenaufstellungsverfahren. Es existieren in den Vereinigten Staaten von Amerika heute verschiedene Verfahren für die Aufstellung von Wahlkandidaten. Grundsätzlich kann aber bei der Kandidatennominierung zwischen der direkten Kandidatennominierung, also der direkten Vorwahl, und dem Konventsystem, einer Art indirekter Kandidatennominierung, unterschieden werden.[853] Hinzu kommen noch das Einschreibeverfahren und der unabhängige Wahlvorschlag. Der Schwerpunkt der Darstellung liegt hier aber auf der Vorwahl.

---

852 Zur historischen Entwicklung der „presidential Primary“ vgl. *Davis*, Primaries, S. 12 ff.; *Wayne*, Road, S. 10 ff.

853 Z.B. *Hershey*, Party Politics in America, S. 163.

Es gibt auch nicht die eine Vorwahl. Vielmehr bestehen in den Vereinigten Staaten von Amerika verschiedene Arten der Vorwahl,[854] auf die im Folgenden näher eingegangen wird. Im Rahmen einer Vorwahl wird auf einzelstaatlicher Ebene nur selten an einem Wahltag über die Kandidatur für nur ein Wahlamt entschieden. Im Regelfall entscheidet der Vorwahlwähler über die Kandidatur für mehrere Wahlämter am gleichen Vorwahltag. Diese Praxis erschwert die Untersuchung des US-amerikanischen Wahlrechts gerade in diesem Bereich.

Bei der Vorwahl handelt es sich um ein staatliches Verfahren, das der nachfolgenden Hauptwahl vorgeschaltet ist. Der Unterschied zwischen der Vorwahl und der sich ihr anschließenden Hauptwahl besteht im Wesentlichen darin, dass in der Vorwahl über die Kandidatennominierung und in der Hauptwahl über die Ämterbesetzung durch Wahl entschieden wird.[855] Oder – vereinfacht ausgedrückt – bei der Vorwahl handelt es sich auch um eine staatliche Wahl. Der Unterschied zur Hauptwahl besteht aber darin, dass bei der Vorwahl die Bewerber innerhalb einer Partei, während bei der Hauptwahl die Bewerber aller Parteien gegeneinander antreten.[856] Aber auch dieser Unterschied trifft nicht immer zu.[857]

Das Vorwahlgebiet und das Wahlgebiet der Hauptwahl sind daher grundsätzlich, aber nicht ausschließlich identisch.[858] Bei der Kandidatenaufstellung für das Repräsentantenhaus der Vereinigten Staaten von Amerika handelt es sich um den jeweiligen Kongressbezirk. Wie bei der Hauptwahl gilt auch bei der Vorwahl das mit den Worten „one man, one vote" umschriebene Prinzip der Wahlrechtsgleichheit bei der Stimmenzählung.[859]

Wenn die Vorwahl ebenfalls eine Staatswahl ist, muss es auch für diese Wahl ein Kandidatenaufstellungsverfahren geben, in dem festgelegt wird, welche Bewerber an der Vorwahl teilnehmen können. Dabei werden neben der Selbstnominierung des Bewerbers hauptsächlich Petitionsverfahren und

---

854 Zu den verschiedenen Arten und Erscheinungsformen der Vorwahlen allgemein z. B. *Hershey*, Party Politics in America, S. 163 ff.; *Gitelson/Conway/Feigert*, American Political Parties, S. 176 ff.; *Keefe/Hetherington*, Parties, Politics, and Public Policy in America, S. 61 ff.; *Magiera*, Vorwahlen, S. 58 ff.; *ders.*, JöR NF 22 (1973), 621 (632 ff.); *Kölsch*, Vorwahlen, S. 21 ff.; speziell für die mittelbare Nominierung der Präsidentschaftskandidaten finden sich eine Aufstellung und die entsprechende Erläuterung bei *Davis*, Road, S. 53 ff.

855 *Magiera*, Vorwahlen, S. 63.

856 *Loewenstein*, Verfassungsrecht, S. 172.

857 Ebda.

858 Ebda.

859 Gray vs. Sanders, 372 US 368, 374 ff. (1963).

Vor-Vorwahlen, etwa durch eine parteiinterne Wahlversammlung, angewandt.[860] Das letztgenannte Verfahren könnte den Vorteil haben, dass damit qualifizierte Kandidaten aktiv von der Partei ausgesucht werden können, von denen nicht anzunehmen ist, dass sie einen der beiden ersten Wege wählen.[861]

2. *Die Parteivorwahl (Partisan Primary)*

a) *Begriffsbestimmung, Verfahren und Abgrenzung zu anderen Nominierungsverfahren*

Die Parteivorwahl ist die wichtigste und bedeutendste Vorwahlart in den Vereinigten Staaten von Amerika, weil durch sie für fast alle Wahlämter auf Bundes- und Staatsebene die Kandidaten ermittelt werden.[862] Wie der Name dieser Vorwahlart bereits erkennen lässt, handelt es sich hier um die Vorwahl der politischen Parteien, in denen die Parteikandidaten von den Parteiwählern, die wahlberechtigt sind, direkt aufgestellt werden.[863] Die Vorwahl ist der allgemeinen Hauptwahl, in der über die Besetzung des Wahlamtes entschieden wird, dem Verfahren nach angeglichen.[864]

Dabei können die Vorwahlwähler für den Kandidaten nur einer Partei stimmen, wobei die Zugehörigkeit des Bewerbers um die jeweilige Kandidatur zu einer Partei auf dem Stimmzettel vermerkt wird.[865] Je nachdem, ob die Vorwahlwähler ihre Parteizugehörigkeit beim Wahlverfahren aufdecken müssen oder nicht, handelt es sich entweder um eine geschlossene (Closed Primary) oder um eine offene Vorwahl (Open Primary). Die Einteilung der Parteivorwahl richtet sich daher nach den Anforderungen, die das jeweilige Vorwahlgesetz an den Vorwahlwähler in Bezug auf die Offenlegung seiner Parteiverbundenheit stellt.[866]

Die Parteiwahl insgesamt unterscheidet sich im Ergebnis von der Hauptwahl darin, dass in der allgemeinen Hauptwahl die Wähler über die Vergabe der Wahlämter und nicht über die Aufstellung der Kandidaten entscheiden. Von dem Caucus-und Konvent-System unterscheidet sie sich letztlich darin, dass dort die Parteianhänger

---

860 So schon die Feststellung von *Loewenstein*, Verfassungsrecht, S. 172 f.

861 Ebda.

862 *Magiera*, Vorwahlen, S. 71. Diese Aussage spiegelt die Rechtslage Anfang der 70er Jahre wider.

863 *Magiera*, JöR NF 22 (1973), 621 (632).

864 Ebda.

865 *Kölsch*, Vorwahlen, S. 25.

866 *Magiera*, JöR NF 22 (1973), 621 (632).

nur mittelbar durch Delegiertenversammlungen über die Kandidatur der Bewerber befinden.[867]

b) Die geschlossene Vorwahl (Closed Primary): Begriff, Verfahren und Abgrenzungskriterium zu verwandten Vorwahlarten

Von einer geschlossenen Parteivorwahl wird dann gesprochen, wenn der Wähler beim Wahlgang in der Vorwahl den Wahlzettel nur einer Partei mit den darauf vermerkten Kandidaten erhält. Dabei hat sich der Vorwähler im Vorfeld der Vorwahl zu dieser einen Partei öffentlich zu bekennen[868] und muss bei Bedarf seine Parteizugehörigkeit nachweisen.[869] Andere in Betracht kommende Vorwahlwähler, die sich aber zu einer anderen Partei öffentlich bekannt haben, sind dann von der Vorwahl dieser einen Partei ausgeschlossen.[870] Der Parteivorwähler kann also nur bei seiner eigenen Partei an der Vorwahl teilnehmen. Zur Feststellung der Parteizugehörigkeit finden in den Einzelstaaten mehrere Verfahren Anwendung. Dabei wird unterschieden zwischen dem präventiv ausgestalteten Registrierungsverfahren, dem repressiv ausgestalteten Einschreibeverfahren und dem Parteitest.[871] Das Ausschlusskriterium ist hier die Parteimitgliedschaft des Vorwählers.[872] Aus diesem Grunde kann man die früher in einigen Einzelstaaten verbreitete White Primary, bei der nur Vorwähler mit weißer Hautfarbe wahlberechtigt waren, nicht als Closed Primary einordnen.[873]

c) Die halb-geschlossene Vorwahl (Semi-Closed Primary)

Bei einer halb-geschlossenen Vorwahl handelt es sich um eine Mischform, bei der neben den eigenen Parteianhängern auch Nichtmitglieder an einer Vorwahl teilnehmen können.[874] Diese Möglichkeit kann der Gesetzgeber durch Gesetz festlegen oder den Parteien einräumen, damit diese dann im Rahmen ihrer Satzungsautonomie bei Bedarf auf diese Möglichkeit zurückgreifen können. Diese Möglichkeit ist insbesondere für Minderheitsparteien interessant, die so versuchen können,

867 So die grundsätzliche Abgrenzung bei ebda.
868 *Kölsch*, Vorwahlen, S. 23; *Hershey*, Party Politics in America, S. 164.
869 *Magiera*, Vorwahlen, S. 75; *ders.*, JöR NF 22 (1973), 621 (632).
870 *Keefe/Hetherington*, Parties, Politics, and Public Policy in America, S. 61.
871 Vgl. zu den einzelnen Verfahren schon die zusammenfassenden Erläuterungen bei *Magiera*, Vorwahlen, S. 75 ff.; *ders.*, JöR NF 22 (1973), 621 (635 f.).
872 *Kölsch*, Vorwahlen, S. 24.
873 *Kölsch*, Vorwahlen, S. 24.
874 *Bibby*, Politics, Parties, and Elections in America, S. 160.

ihre Anhängerschaft zu vergrößern.[875] In manchen Einzelstaaten kann man seine Parteizugehörigkeit auch am Tag der Wahl direkt im Wahllokal angeben oder eine bestehende verändern und unmittelbar im Anschluss an der Vorwahl seiner Partei teilnehmen. Man ist dann „Anhänger für einen Tag"[876]. Hier mag für den Wähler kein Unterschied erkennbar sein zur offenen Vorwahl. Ein solcher ergibt sich aber aus der Perspektive der Parteien. In manchen Staaten werden Anhängerlisten geführt, auf die die Parteien zugreifen können. So ist es ihnen möglich gezielt bei ihrer Anhängerschaft um Unterstützung zu werben.[877]

d) Die halb-offene Vorwahl (Semi-Open Primary)

Als halb-offene Vorwahl wird eine solche bezeichnet, bei der das betreffende Vorwahlgesetz vorschreibt, dass die Parteivorwähler ihre Parteizugehörigkeit nur angeben, nicht aber auch nachweisen müssen.[878]

e) Die offene Vorwahl (Open Primary)

Bei der offenen Vorwahl braucht der Vorwähler seine Zugehörigkeit zu einer bestimmten Partei nicht anzugeben, kann aber wiederum nur an der Vorwahl einer Partei teilnehmen. Im Gegensatz zur geschlossenen Vorwahl muss der Vorwahlwähler hier also nicht die Partei benennen, an deren Vorwahl er als Parteivorwähler teilnehmen möchte, ist allerdings auf der anderen Seite auf die Teilnahme an der Vorwahl nur einer Partei beschränkt.[879] Bei dieser Vorwahlart händigt die zuständige Person dem Vorwähler am Wahltag im Wahllokal einen Wahlzettel mit verschiedenen Kandidaten aus, die aber getrennt nach Parteienspalten auf dem Wahlzettel vermerkt sind („Party Column Ballot"[880]).[881] Der Wähler muss sich dann in der Wahlkabine für die Kandidatenliste einer Partei entscheiden und darf nur einen Bewerber oder – wenn über die Kandidatur für mehrere Wahlämter zu befinden ist – nur Bewerber aus dieser einen Parteiliste wählen.[882] Stimmt der Vorwähler entgegen dieser Regelung für Bewerber verschiedener Parteien, so ist sein Stimmzettel regelmäßig ungültig.[883] Die Ausgestaltung der Stimmzettel und

---

875 Ebda.
876 *Hershey*, Party Politics in America, S. 164.
877 Ebda.
878 *Magiera*, JöR NF 22 (1973), 621 (632).
879 *Ders.*, Vorwahlen, S. 79.
880 *Kölsch*, Vorwahlen, S. 23 m w. Nachw.
881 Ebda.
882 Ebda.
883 Ebda.

das Wahlverfahren sind von Einzelstaat zu Einzelstaat sehr unterschiedlich und reicht von der Ausgabe mehrerer Stimmzettel, die getrennt nach Parteilisten sortiert sind und auf verschiedene Arten zusammenhängen, bis zur Ausgabe nur eines Wahlzettels, der nach Parteilisten aufgeteilt ist.[884] Im amerikanischen Schrifttum wird diese Vorwahlart auch als eine solche definiert, in der die Vorwähler, die für irgendeine Partei registriert sind, oder auch unabhängige Vorwahlwähler an jeder Parteivorwahl ihrer Wahl teilnehmen können.[885]

f) Die weit-offene Vorwahl (Blanket Primary bzw. Wide Open Primary")

Bei einer weit-offenen Vorwahl[886] ist der Vorwähler nicht an eine Parteiliste gebunden. Bei dieser Vorwahlart kann er für die Nominierung jedes Wahlamtes einen Kandidaten bestimmen, wobei gerade hier die Besonderheit besteht, dass nicht alle Kandidaten der gleichen Partei angehören müssen.[887] Der Vorwähler erhält in der Regel am Wahltag einen Vorwahlstimmzettel, auf dem die Kandidaten nicht getrennt nach Parteiliste, sondern getrennt nach Wahlämtern erscheinen. Wie in den anderen Vorwahlarten kann der Vorwähler für ein öffentliches Wahlamt nur einen Kandidaten nominieren, er ist aber nicht dazu verpflichtet, nur Kandidaten einer Partei zu nominieren.[888] Das kann in der Praxis dazu führen, dass ein Vorwähler in der Vorwahl einen demokratischen Bewerber als Kandidaten nominiert, für ein anderes Wahlamt aber in der gleichen Vorwahl einen republikanischen Bewerber, einen Bewerber einer dritten Partei oder einen unabhängigen Bewerber als Kandidaten auswählt. Diese Vorwahlart eröffnet dem Vorwähler deshalb die Möglichkeit der Stimmteilung zwischen verschiedenen Parteien.[889] Man könnte diese Vorwahlart auch als „Zwitter"[890]

---

884 *Magiera*, Vorwahlen, S. 79 f.

885 Z.B. *Keefe/Hetherington*, Parties, Politics, and Public Policy in America, S. 62.

886 *Magiera*, Vorwahlen, S. 79 f., unterscheidet zwischen der Grundform der offenen Vorwahl und der weit-offenen Vorwahl. Er begreift die weit-offene Vorwahl als eine Sonderform der offenen Vorwahl. Andere Autoren erläutern diese Vorwahlart getrennt von der offenen Vorwahl, vgl. *Keefe/Hetherington*, Parties, Politics, and Public Policy in America, S. 63 f.; Die Einteilung der weit-offenen Vorwahl kann hier mit Blick auf das Untersuchungsziel dahinstehen. Aus Gründen der Übersicht wird die weit-offene Vorwahl hier aber in einem getrennten Abschnitt behandelt.

887 *Magiera*, JöR NF 22 (1973), 621 (632 f.).

888 *Magiera*, Vorwahlen, S. 80.

889 *Keefe/Hetherington*, Parties, Politics, and Public Policy in America, S. 63.

890 So *Kölsch*, Vorwahlen, S. 25.

bezeichnen, denn sie ist bezüglich der Bewerber als Parteivorwahl, hinsichtlich der Wahlberechtigten aber als parteilose Vorwahl[891] ausgestaltet.[892]

g) *Die Entscheidungsvorwahl (Run-off Primary) als notwendige Erscheinung eines besonderen Stimmenerfordernisses*

Bei der Entscheidungsvorwahl handelt es sich um eine Stichwahl im Vorwahlverfahren, die meist in den südlichen Einzelstaaten der Vereinigten Staaten von Amerika angewendet wird.[893] In einigen Vorwahlgesetzen ist geregelt, dass für den Vorwahlsieg die absolute Stimmenmehrheit notwendig ist.[894] Erreicht keiner der Bewerber diese Stimmenmehrheit, so findet eine zweite Vorwahl – die Entscheidungsvorwahl (oder Run-off Primary[895]) – als Stichwahl zwischen den beiden Erstplatzierten des ersten Vorwahlgangs statt.[896] Der Anwendungsbereich der Entscheidungsvorwahl als Stichwahl erstreckt sich nur auf die Kandidatennominierung und darf – jedenfalls aus juristischer Sicht – nicht mit dem ähnlichen Verfahren in der parteilosen Vorwahl verwechselt werden. Bedeutung erlangt die Entscheidungsvorwahl dann, wenn in dem betreffenden Wahlbezirk wegen der dominanten Stellung einer Mehrheitspartei die Wahlentscheidung in der Vorwahl zugleich auch den Wahlsieg in der allgemeinen Hauptwahl bedeutet, weil ein anderer Kandidat, den die Minderheitspartei in der Hauptwahl als Kandidat aufgestellt hat, keine Aussicht auf den Sieg in der allgemeinen Hauptwahl hat. In solchen Ein-Parteien-Wahlbezirken ersetzt die Vorwahl somit faktisch die Hauptwahl.

3. *Parteilose Vorwahlen (Nonpartisan Primary)*

Bei einer parteilosen Vorwahl handelt es sich um eine solche, bei der die Kandidaten unter Ausschluss der Mitwirkung von Parteien und damit ohne Parteibezeichnung für ein öffentliches Wahlamt nominiert werden.[897] Diese Art der Vorwahl findet aber nur für richterliche und örtliche Wahlämter Anwendung, und für die Aufstellung der Kandidaten für das Legislativorgane in Nebraska.[898] Bei der

---

891 Dazu sogleich.

892 *Kölsch*, Vorwahlen, S. 25.

893 *Keefe/Hetherington*, Parties, Politics, and Public Policy in America, S. 64.

894 So etwa in Louisiana, RS 18:511A. S. 1, Louisiana EC.

895 Dieser Begriff findet sich z.B. bei *Keefe/Hetherington*, Parties, Politics, and Public Policy in America, S. 64.

896 Vgl. etwa *Kölsch*, Vorwahlen, S. 26.

897 *Magiera*, Vorwahlen, S. 101.

898 32–508 Satz 5 Nebraska Stat.

folgenden allgemeinen Hauptwahl sind die Parteien dann ebenso ausgeschlossen wie bei der vorangegangenen Kandidatennominierung. Der Anwendungsbereich der parteilosen Vorwahl deckt sich daher mit dem der jeweiligen allgemeinen und parteilosen Wahl, wie sie in den Vereinigten Staaten gerade auf örtlicher Ebene verbreitet ist.[899] Erfolgt eine Nominierung auf diese Art, werden die beiden Bestplatzierten für die allgemeine Wahl aufgestellt, außer einer der Bewerber erreicht die absolute Mehrheit der Stimmen. Er gilt in diesem Fall gleichzeitig als gewählt, womit dann auf eine Hauptwahl verzichtet wird.[900] Bei einer Nonpartisan Primary findet demnach keine Entscheidungsvorwahl statt,[901] weil der Anwendungsbereich der Nonpartisan Primary sich nur auf die Kandidatennominierung, nicht aber auch auf die allgemeine Wahl erstreckt, wobei das faktische Ergebnis – die endgültige Wahl des Kandidaten in das Wahlamt – letztlich das gleiche ist.

4. *Andere Nominierungsmöglichkeiten – Caucus, Konvent und Einschreibeverfahren*

Neben der Vorwahl in ihren einzelnen Ausgestaltungen gibt es in den Vereinigten Staaten von Amerika heute noch andere Nominierungsformen, die sich teilweise erhalten haben. Der Caucus als örtliche Wahlversammlung zur Nominierung von Kandidaten und der Konvent als Delegiertenversammlung stehen heute als Nominierungsverfahren in den Vereinigten Staaten von Amerika nebeneinander.[902] Dabei ist zu berücksichtigen, dass es sowohl bei der Kongresswahl als auch bei der Präsidentschaftswahl an einer bundeseinheitlichen Regelung für die Kandidatenaufstellung fehlt. Vielmehr werden die einschlägigen Rechtsvorschriften von den einzelstaatlichen Gesetzgebern erlassen oder – je nach Einzelstaat – von den Parteien selbst.[903]

Ein Caucus als örtliche Wahlversammlung kann vorgeschrieben sein bei der Kandidatennominierung für kommunale Wahlämter, so wie es der Gesetzgeber im Staat New York festgelegt hat.[904] Auch Wahlkonvente finden Anwendung. Am wichtigsten ist hier der Bundeskonvent der großen Parteien, auf dem diese ihre Präsidentschaftskandidaten nominieren. Die Präsidentschaftskandidaten

899 Vgl. schon die allgemeine Feststellung von *Magiera*, Vorwahlen, S. 34.

900 *Magiera*, a.a.O., S. 102; *Kölsch*, Vorwahlen, S. 26.

901 So schon die Erkenntnis von *Kölsch*, ebda.

902 So etwa *Lösche*, Die politischen Parteien, in: *Jäger/Haas/Welz* (Hrsg.), Regierungssystem der USA, S. 289 (306); vgl. auch zu den anderen Nominierungsverfahren *Magiera*, Vorwahlen, S. 104 ff.

903 *Lösche*, ebda.

904 Vgl. § 6-106, State of New York, Election Law, 2012.

werden nach geltender Rechtslage nicht direkt, etwa durch eine bundesweite Vorwahl, aufgestellt, sondern indirekt durch den jeweiligen bundesweiten Konvent der Parteien.[905]

Die genannten Nominierungsverfahren stehen zwar nebeneinander, sie können aber auch in einem Einzelstaat gleichzeitig zur Anwendung kommen, wie die Rechtslage im Staat New York verdeutlicht. Neben dem Caucus für Wahlämter auf kommunaler Ebene in einer Stadt (Towns) mit weniger als 750.000 Einwohnern[906] ist ein Wahlkonvent für die Kandidatennominierung für Richterposten für den Obersten Gerichtshof vorgeschrieben.[907] Sowohl für staatsweite Wahlämter als auch für sonstige staatliche Wahlämter werden die Kandidaten in Vorwahlen ermittelt.[908]

Eine weitere Nominierungsmethode ist das Einschreibeverfahren: Hier kann der Wähler in der Hauptwahl jede ihm qualifiziert erscheinende Person in die dafür vorgesehene Zeile auf dem Wahlzettel schreiben.[909] Eine vorangegangene Nominierung findet hier nicht getrennt statt, sondern fällt mit dem Hauptwahlgang zusammen. Die Zulässigkeit dieses Verfahrens folgt wiederum aus dem Gedanken, dass der Wähler ein unbeschränktes Auswahlrecht hat.[910]

C. Die Regelung der Kandidatenaufstellung in den USA am Beispiel von Wisconsin und New York – die zentrale Rolle der einzelstaatlichen Wahlgesetze

I. Die einschlägigen Rechtsquellen

Die gesetzliche Ausgestaltung sowohl der Kandidatenaufstellung als auch des Wahlverfahrens fällt in die Kompetenz der Einzelstaaten. Weil es sich bei der Vorwahl grundsätzlich um ein dem staatlichen Wahlverfahren angeglichenes Verfahren handelt, kommt es neben den isolierten Regelungen über die Nominierung der Kandidaten auch auf jene über das Wahlverfahren an. Die einschlägigen Rechtsquellen der hier zu untersuchenden Staaten New York und Wisconsin bilden

905 Vgl. z. B. *Davis*, Road, S. 53; *Keefe/Hetherington*, Parties, Politics, and Public in America, S. 67, die bereits hier grundsätzlich auf die unterschiedliche Ausgestaltung der Delegiertenbestimmung in den Einzelstaaten hinweisen.

906 Es liegt aber im Ermessen der Partei, ob sie alternative Vorwahlen durchführen will, vgl. § 6–108 Nr. 1 Satz 2, State of New York, Election Law, 2012.

907 § 6–106 State of New York, Election Law, 2012.

908 § 6–104, § 6–160 Nr. 1; § 6–110.

909 *Magiera*, Vorwahlen, S. 109; *ders.*, JöR NF 22 (1973), 621 (635).

910 *Ders.*, Vorwahlen, S. 98 m. w. Nachw.

die jeweils einzelstaatlichen Wahlgesetze, die sehr umfangreiche Regelungen enthalten.[911] Trotz oder gerade wegen der nicht einheitlichen Regelung der Vorwahlverfahren in den Einzelstaaten veröffentlicht die Federal Election Commission in jedem Wahljahr – also alle zwei Jahre[912] – eine gesammelte Übersicht der Vorwahltermine in den Einzelstaaten.[913]

Das Bundesrecht beschränkt sich auf eine Art Rahmengesetzgebung. Zu nennen wäre im Bereich der Kandidatenaufstellung für die Wahl zum Repräsentantenhaus 2 U.S.C. § 5 US Code, der regelt, dass die Kandidaten für die Wahl zum Repräsentantenhaus in den Einzelstaaten so aufgestellt werden sollen, wie die jeweiligen Kandidaten für die Gouverneurswahlen, sofern die einzelstaatlichen Gesetzgeber keine abweichenden Regelungen erlassen haben.[914]

II. Die Kandidatenaufstellung

1. Die Kandidatenaufstellung im Bundesstaat Wisconsin

a) Die äußeren Bedingungen der Kandidatenaufstellung

aa) Vorbemerkung zu den Rechtsquellen

Maßgebliche, aber nicht die einzige Rechtsquelle für die Kandidatenaufstellung ist hier das 8. Kapitel der Gesetzessammlung des Staates Wisconsin; hier finden sich

911 So auch schon *Magiera*, Vorwahlen, S. 61.

912 Art. 1 Abschnitt 2 Satz 1 der Bundesverfassung, abgedruckt in: *Schambeck*, Dokumente, S. 169.

913 2012 Presidential Primary Dates and candidate filing Deadlines for ballot Access / 2012 Congressional Primary Dates and Candidate Filing Deadlines for ballot access, http://www.fec.gov/pubrec/fe2012/2012pdates.pdf (Stand: 17.7.2012) . Speziell für die Wahl zum Senat der Vereinigten Staaten veröffentlicht der zuständige Senatsausschuss („Committee on Rules and Administration“) zusätzlich ein Handbuch mit den einschlägigen Bundesverfassungsbestimmungen, Bundes- und Landesgesetzen und Vorschriften aus der Geschäftsordnung des Senats mit der entsprechenden Zusammenfassung der einschlägigen Normen und Vorschriften, vgl. zuletzt Senat Election Law Guidebook 2010, http://www.gpo.gov/fdsys/pkg/CDOC-111sdoc18/pdf/CDOC-111sdoc18.pdf (Stand: 17.7.2012).

914 2 U.S.C. § 5: „Candidates for Representative or Representatives to be elected at large in any State shall be nominated in the same manner as candidates for governor, unless otherwise provided by the laws of such State“, https://www.law.cornell.edu/uscode/text/2/5 (Stand: 24.05.2015). Eine Darstellung der weiteren Gesetzgebung des Bundes findet sich schon bei Magiera, Vorwahlen, S. 47 f. Diese braucht hier, weil es dort nicht um das Kandidatenaufstellungsverfahren geht, nicht weiter berücksichtigt werden.

die wesentlichen Vorschriften für die Nominierung der Wahlkandidaten.[915] Auch im Staat Wisconsin werden – ähnlich wie im Staat New York – die Verfahren für die Kandidatenaufstellung aller in diesem Einzelstaat zu besetzenden Wahlämter in einem Kapitel geregelt; der Gesetzgeber differenziert nur dann nach der Art des Wahlamtes, wenn eine solche wegen der Art des Wahlamtes geboten ist.

bb) Die Organisation der Vorwahl – Grundzüge

(1) Der staatliche Wahlausschuss: „Government accountability board"

Grundsätzlich zuständig für die Organisation der Wahlen ist im Staat Wisconsin der staatliche Wahlausschuss (Government accountability board).[916] Er besteht, anders als der oberste Wahlausschuss im Staat New York, nicht aus Vertretern politischer Parteien, sondern aus sechs ehemaligen Richtern, die von einer Wahlkommission aus Richtern der Bezirksgerichte vorgeschlagen und nach Bestätigung durch den Senat des Staates Wisconsin vom Gouverneur ernannt werden, wobei ihre Amtszeit jeweils sechs Jahre beträgt.[917] Nicht wählbar für den Wahlausschuss sind solche Personen, die entweder – hier gilt dann wieder eine Ausnahme für das Richteramt am Bezirks- oder Bezirksberufungsgericht – ein öffentliches Wahlamt innehaben[918], kürzer als ein Jahr vor der Nominierung für den Ausschuss oder während einer Tätigkeit Mitglieder einer Partei waren oder sind, Mitglied in einem Komitee eines politischen Vereins sowie Mitarbeiter eines Wahlbewerbers,[919] selbst Wahlbewerber sind,[920] einem sonstigen Wahlbewerber eine Wahlkampfspende bis zwölf Monate vor Beginn seiner Amtszeit oder während einer solchen geleistet haben[921] sowie Mitglied einer Lobbyistengruppe sind oder als Mitarbeiter eines solchen Mitglieds mit einem solchen zusammengearbeitet haben.[922] Bei diesem Ausschuss handelt es sich folglich um eine Institution, die mit unabhängigen und

---

915 Auf weitere Vorschriften aus sonstigen Kapiteln wird im Laufe der Untersuchung hingewiesen. Alle Rechtsquellen können über den offiziellen Onlinedienst der Legislative des Staates bezogen werden: https://docs.legis.wisconsin.gov/ (Stand: 5.9.2012). Vgl. auch die Hinweise zu den Internetquellen unten im Anhang zum Schrifttumsverzeichnis.

916 5.05 (1) Satz 1, das Wahlgesetz macht bei der Wahlorganisation keinen Unterschied zwischen der Vorwahl und der Hauptwahl. Vgl. auch den Internetauftritt des Wahlausschusses: http://gab.wi.gov/ (Stand: 29.10.2012).

917 15.60 (1) (2) Satz 1 (3).

918 15.60 (4).

919 15.60 (5).

920 15.60 (6).

921 15.60 (7).

922 15.60 (8).

mit dem Wahlrecht vertrauten und juristisch sachkundigen Personen besetzt ist.[923] Um die ihm von Gesetzes wegen zugewiesenen Aufgaben erfüllen zu können, verfügt der staatliche Wahlausschuss über einen entsprechenden Verwaltungsunterbau.[924]

Der staatsweite Wahlausschuss hat verschiedene Befugnisse, um sicherzustellen, dass die Vorgaben des Wahlgesetzes auf jeder Ebene der staatlichen Organisation eingehalten werden; hier spiegelt sich zugleich die wahlleitende Funktion des Ausschusses wider: Zunächst obliegt es ihm, die Erscheinungsform aller Wahlzettel im Staat Wisconsin entsprechend den aktuellen gesetzlichen Vorgaben für die unteren Ebene der Wahlorganisation anzuordnen sowie bei Bedarf bestehende Anordnungen zur Erscheinungsform der Wahlzettel entsprechend zu novellieren, etwa um sie mit dem zugelassenen Pool an Parteien zu harmonisieren.[925] Jeweils eine Kopie eines solchen Wahlzettels wird an diejenige Verwaltungsstelle weitergeleitet, die für die konkrete Durchführung der jeweiligen Wahl vor Ort sowie zur Anfertigung der Wahlzettel auf unterer Verwaltungsebene zuständig ist.[926] Er erstellt auch die notwendigen Muster zur Durchführung der Stimmabgabe, der Stimmenauszählung und sonstigen Vorgängen in diesem Bereich entsprechend den gesetzlichen Vorgaben des Wahlgesetzes.[927] Beim Wahlausschuss sind grundsätzlich vom Bewerber alle notwendigen Unterlagen für eine beabsichtigte Kandidatur einzureichen.[928] Nachdem die Frist für die Einreichung der Unterlagen für die Kandidatur abgelaufen ist, hat der oberste Wahlausschuss die Namen der Bewerber an die jeweilige für die Durchführung der Wahl zuständige Gebietskörperschaft (County) zu übermitteln.[929] Zu den Kernaufgaben des Wahlausschusses außerhalb der Organisation des Wahlvorgangs gehören unter anderem auch die Publizierung des

---

923 Das Merkmal der Unabhängigkeit ergibt sich nicht nur aus den Vorschriften zum passiven Wahlrecht für den Wahlausschuss, sondern auch aus der Tatsache, dass der Gesetzgeber die entsprechende Norm (15.60), die die Bildung des Wahlausschusses regelt, unter dem Unterabschnitt „Independent Agencies“ erfasst hat.

924 Dazu sogleich.

925 7.08 (1) Satz 1.

926 7.08 (1) Satz 2.

927 Näher 7.08 (b) und (c). Das beinhaltet auch die Wahl mit Wahlmaschinen, dazu 7.08 (d).

928 Vgl. für die Parteikandidatur 8.15 (8) (a); für die unabhängige Wahlkandidatur siehe 8.20 (7). Das gleiche gilt für die Zustimmungserklärung der Bewerber (Declaration of candidacy), 8.21 (1) Satz 2 HS. 1.

929 Vgl. die näheren Vorgaben in 7.08 (2) (a).

Wahlgesetzes und dessen Weiterleitung an die unteren Verwaltungsstellen sowie an die Öffentlichkeit.[930]

(2) Die unterstaatlichen Wahlausschüsse in größeren Verwaltungseinheiten: Board Of Election commissioners

Die faktische Durchführung der Wahlen in Wisconsin und der damit zusammenhängende Vollzug der gesetzlichen Bestimmungen obliegt den unterstaatlichen Gebietskörperschaften (Counties). Sofern es um die Vorwahl und die Hauptwahl für staatsweite Wahlämter geht, obliegt die unterstaatliche Wahlleitung wiederum den jeweiligen unterstaatlichen Wahlausschüssen. Es wird jedoch nicht in jeder County nur ein Wahlausschuss gebildet, sondern in jeder County sowie in jeder sonstigen unterstaatlichen Verwaltungseinheit, die mehr als 500.000 Einwohner hat.[931] Anders als der staatsweite Wahlausschuss bestehen die unterstaatlichen Wahlausschüsse aber nicht aus unabhängigen Mitgliedern, sondern aus Repräsentanten der politischen Mehrheitsparteien.

Jeder Ausschuss besteht aus drei Mitgliedern, die nach einem gesetzlich vorgeschriebenen Verfahren ausgewählt werden: Zunächst hat der parteiinterne Ausschuss der beiden Parteien, die bei den letzten Gouverneurswahlen im Staat Wisconsin in der Gebietskörperschaft, für die der Wahlausschuss eingerichtet wird (z.B. für eine County oder eine Stadt), den meisten Stimmenanteil erreicht haben, eine Liste von drei Personen zu erstellen.[932] Sodann hat das Exekutivorgan der jeweiligen Gebietskörperschaft[933] aus diesen Listen jeweils zwei Personen von der Mehrheitspartei und eine Person von der Partei, die den nächstgrößeren Stimmenanteil bei der Gouverneurshauptwahl erreicht hat, für den Wahlausschuss auszuwählen.[934] Bei den Kandidaten für den Wahlausschuss muss es sich um wahlberechtigte Bürger handeln, die ihren Wohnsitz in der jeweiligen Gebietskörperschaft haben und dort auch wahlberechtigt sind.[935] Sie dürfen darüber hinaus kein öffentliches Wahlamt innehaben und verlieren für den Zeitraum ihrer Amtszeit im Wahlausschuss ihr passives Wahlrecht für sonstige öffentliche

---

930 7.08 (4). Zu den weiteren, hier nicht näher auszuführenden Aufgabenbereichen des Wahlausschusses vgl. näher 7.08 (5) – (12).

931 7.20 (1).

932 7.20 (2) Satz 1.

933 Handelt es sich um eine County, ist hierfür das County Executive, handelt es sich um eine Stadt, so ist der jeweilige Bürgermeister (Major) zuständig, vgl. 7.20 (2) Satz 2 und 3.

934 Ebda.

935 7.20 (3).

Wahlämter.[936] Die Amtszeit eines jeden Mitglieds beträgt vier Jahre, beginnend am 1. Juli im Jahr nach dem Präsidentschaftswahljahr.[937] Jeder Wahlausschuss hat zudem einen Vorsitzenden (Chairman) zu bestimmen; es gilt bei Entscheidungen das Mehrheitsprinzip.[938]

Die Wahlausschüsse sind dafür zuständig, die gesetzlichen Bestimmungen des Wahlgesetzes auf unterstaatlicher Ebene umzusetzen.[939] Sie können zur Erfüllung dieser Aufgabe jeweils einen Geschäftsführer oder Verwaltungsdirektor (Executive Director) ernennen, der die von dem Wahlausschuss ihm übertragenden Aufgaben auszuführen hat.[940]

Auf örtlicher sowie städtischer Ebene werden ebenfalls entsprechende Wahlausschüsse (Municipal Board Of Election Commissioners) gebildet, die nach dem gleichen Verfahren zu besetzen sind, sofern das jeweilige Verwaltungsgebiet mehr als 500.000 Einwohner aufweist.[941]

(3) Die unterstaatliche Wahlorganisation: County Clerks und Municipal Clerks

Der Wahlleiter für eine ganze County wird als County Clerk bezeichnet.[942] Anders als die vorgenannten unterstaatlichen Wahlausschüsse, die speziell für die Wahlorganisation gebildet werden, nimmt der County Clerk nicht nur Aufgaben im Rahmen der Wahlorganisation wahr, sondern auch in anderen Bereichen, die in das Aufgabenfeld der öffentlichen Verwaltung fallen.[943] Beim County Clerk kann es sich um eine einzige Person handeln oder um mehrere; dieser Umstand hängt von der Einwohnerzahl einer County ab: Weist eine County mehr als 500.000 Einwohner auf, werden die Aufgaben des County Clerk von einem Board Of Election Commissioners, das in diesem Fall die Bezeichnung County Board Of Election Commissioners trägt, wahrgenommen.[944] Der County Clerk

936 7.20 (6). Ausnahmen bestehen hier nur für das Amt eines Notars.

937 7.20 (7) Satz 1. Die Amtszeit der aktuellen Mitglieder endet daher am 30.6.2013 oder dann, wenn die Nachfolger ernannt wurden, vgl. ebda.

938 7.20 (5).

939 7.21 (1).

940 7.21 (2) Satz 1. Vgl. zu den sonstigen Aufgaben des Ausschusses 7.21 (3) - (5).

941 7.20 (1). Zum Besetzungsverfahren vgl. näher 7.10 (2). Zu den weiteren Aufgaben dieses Ausschusses vgl. ausführlich 7.22.

942 5.02 (2).

943 Ein Beispiel nennt *Treffer*, Amerikanisches Kommunalrecht, S. 70, aus der Stadt San Antonio im Staat Texas, wo der Clerk auch als Protokollbeamter fungiert. *Magiera*, Vorwahlen, S. 25 bezeichnet auch Wahlhelfer als Clerk.

944 7.21 (1). Vgl. auch die Definition in 5.02 (2).

hat die Aufgabe, entsprechend der vom staatlichen Wahlausschuss vorgegebenen Erscheinungsform und anhand der übermittelten Bewerberlisten für die staatlichen und örtlichen Vorwahlen die Herstellung und Vervielfältigung der Wahlzettel zu veranlassen.[945] Sodann sind die Wahlzettel für die Parteivorwahl bis spätestens 48 Tage vor dem Wahltermin an den jeweiligen Municipal Clerk weiterzuleiten.[946]

Bei einem Municipal Clerk handelt es sich um den Wahlleiter auf gemeindlicher Ebene. Bei der Amtsbezeichnung kommt es im Einzelfall darauf an, um welche Art von Gemeinde es sich handelt. Bei einem Municipal Clerk kann es sich also – entsprechend der Bedeutung der Bezeichnung Municipality für städtische oder kleinere Verwaltungseinheiten[947] – sowohl um einen City als auch um einen Town, einen Village Clerk oder – sofern es sich um eine Stadt handelt, die eine größere Einwohnerzahl aufweist – um die City Election Commission handeln.[948] Die Municipal Clerks haben, neben der Erstellung von Wahlzetteln für städtische Wahlen[949] und für Briefwähler,[950] die Aufgabe, die örtliche Organisation der staatlichen Wahl zu übernehmen. Dazu gehören die Einrichtung von Wahllokalen, deren Ausstattung sowie der Transport der selbst angefertigten Wahlzettel für die kommunalen sowie die vom County Clerk erhaltenen Wahlzettel für sonstige Vorwahlen zu den Wahllokalen.[951] Auch die Rekrutierung und Schulung der Wahlhelfer fallen in den Aufgabenbereich der Municipal Clerks.[952] Im Bereich der Wahlorganisation nehmen sie also die Funktion eines Wahlleiters auf kommunaler Ebene ein.

---

945 7.10 (1) (a); 7.10 (2) Satz 1. Die zitierten Vorschriften betreffen nach dem Wortlaut nur die Hauptwahl, allerdings gilt für die Vorwahl das gleiche Verfahren, weil der Begriff Election nicht nur die Haupt-, sondern auch die Vorwahl umfasst, vgl. die Begriffsdefinition in 5.02 (4).

946 7.10 (3) (a) Satz 1. Vgl. zu den weiteren Aufgaben 7.10 (3) (b) – (10).

947 5.02 (11).

948 5.02 (10).

949 Vgl. 7.15 (1) (c) Satz 1, HS. 1.

950 Vgl. 7.15 (1) (cm).

951 7.15 (1) (a); 7.15 (1) (b); 7.15 (1) (c) Satz 2.

952 Näher 7.15 (1) (e). Im Übrigen ist der Aufgabenbereich weit gefächert, vgl. dazu ausführlich 7.15 (1) (f) – (k), (2) – (15).

cc) Zusammenfassung und eigene Bewertung: „Pyramidenaufbau" der Wahlorganisation mit Teileinfluss der Parteien bei der Besetzung der Wahlämter!

Zusammenfassend kann festgestellt werden, dass die einzelstaatliche Organisation bei der Vorwahl dem allgemeinen Verwaltungsaufbau nachgebildet ist. Auffallend ist der Einfluss der Parteiorganisationen bei der Bildung eines einzelnen Verwaltungsorgans im Rahmen der Vorwahlorganisation. Sofern nicht auf allgemeine Verwaltungsstrukturen zurückgegriffen werden kann, etwa wegen der hohen Einwohnerzahl einer County, hat der Gesetzgeber die Möglichkeit der Bildung entsprechender Verwaltungsorgane im Wahlgesetz festgeschrieben, an denen die Parteien mit Vorschlagslisten beteiligt sind.

Bei der Feststellung des Wahlergebnisses wirken die Parteien nicht nur mit, weil wegen des Verwaltungsaufwandes weitere Verwaltungsorgane eingerichtet werden müssen, sondern ihre Mitwirkung ist von Gesetzes wegen sogar geboten und gesetzlich in Form des Vorschlagsrechts für die Mitgliederbestimmung festgeschrieben. Hier haben die Parteien nur ein entsprechendes Vorschlagsrecht.

dd) Die Party Committees im Staat Wisconsin als außerhalb der Kandidatenaufstellung stehende Bindeglieder zwischen der Partei und den Wählern

Das Wahlgesetz räumt den in Wisconsin als Partei anerkannten Vereinigungen die Möglichkeit ein, Committees zu bilden, und bezeichnet die Mitglieder dieser Körperschaften als Committeewomen oder Committeemen.[953] Wählbar für dieses Amt sind grundsätzlich alle Personen, die ihren Wohnsitz in dem Verwaltungsbezirk (Election District)[954] haben, in dem sie ihre Partei repräsentieren, und die mindestens 18 Jahre alt sind;[955] das passive Wahlrecht ist hier nicht an eine Parteimitgliedschaft geknüpft. In jedem Election District hat die Partei eine Committeewoman oder einen Committeeman zu bestimmen; wann ein geographisches Gebiet als Election District gilt und damit in den Aufgabenbereich einer Committeewoman oder eines Committeeman fällt, kommt auf die Einwohnerzahl

953 8.17 (1) (a) Satz 1.

954 Das Wahlgesetz benennt zwar hier die Verwaltungsbezirke als Election District, grenzt diesen als allgemein zu verstehenden Begriff aber auf den Anwendungsbereich der Vorschrift ein („In this section […]"), 8.17 (1) (b) Satz 2.

955 8.17 (1) (b) Satz 3.

und auf die Wahlorganisation an sich an.[956] Die Committeewomen oder Committeemen nehmen zwischen der Partei selbst und den wahlberechtigten Bürgern eine Art Vermittlerposition ein, was an ihrer Doppelrolle innerhalb und außerhalb der Partei deutlich wird: Sie sollen zum einen die Partei in dem jeweiligen Wahlgebiet gegenüber den wahlberechtigten Bürgern repräsentieren und zugleich innerhalb der Partei ein Abbild der Wählerstruktur („represent their neighborhoods"[957]) des jeweiligen Wahlgebiets darstellen.[958] Wegen der unterschiedlichen Größe der Countys kann sich ein County committee über mehrere Election Districts erstrecken, entsprechend viele Mitglieder umfasst das County Committee. Mitglieder in einem County Committee sind ausschließlich alle Committeewomen oder Committeemen, die ihren Wohnsitz in der gleichen County haben. Die County Committees bilden die unterste Ebene der Committees; die nächsthöhere Ebene bilden die Congressional District Committees.[959]

Bei der Wahl zum Repräsentantenhaus der Vereinigten Staaten sind die Congressional District Committees für die genannten Aufgaben in dem jeweiligen Kongresswahlbezirk zuständig. Die Congressional District Committees werden durch Wahl auf der unteren Verwaltungsebene durch Parteivollversammlungen (Combined Meeting) in den Countys ermittelt.[960] An diesen Versammlungen, die in jeder County getrennt abgehalten werden und frühestens 15 Tage nach jeder Parteivorwahl, aber spätestens am 1. April des nächsten Jahres stattzufinden haben, nehmen nicht nur die Mitglieder des County Committees, also die Committeewomen und Committeemen teil, sondern auch die sonstigen Parteimitglieder aus den Countys.[961] Bei der Wahl der Mitglieder für das Congressional District Committee sind aber nur die Mitglieder des County Committees wahlberechtigt.[962] Die Mandatsverteilung für das mehrere Countys umfassende Congressional District committee des Kongresswahlbezirks erfolgt nach einem vom Gesetzgeber festgelegten Verteilungsschlüssel.[963] Auf der gleichen Parteivollversammlung werden auch die Mitglieder des County Committees bestimmt. Hier sind dann

956 Das Wahlgesetz bestimmt hier nur, wann ein Wahlgebiet als Election District gilt. Näher 8.17 (1) (b) Satz 2.
957 8.17 (1) (a) Satz 2.
958 8.17 (1) (a) Satz 2 und 3.
959 Die höchste Organisationsebene bildet das State Committee. Zur Mandatsverteilung näher 8.17 (8) (a).
960 8.17 (5) (b) Satz 3.
961 8.17 (5) (b) Satz 1.
962 8.17 (5) (b) Satz 3.
963 Vgl. 8.17 (6) (b) (c) und (d).

neben den amtierenden Mitgliedern auch die sonstigen Parteimitglieder der County wahlberechtigt.[964] Wählbar für das Congressional District committee sind alle Parteimitglieder; nicht notwendig ist, dass sie zugleich Committeewomen und Committeemen sind.[965] Die gleiche Regelung gilt für Ämter (Offices) innerhalb des Congressional District Committees – auch für diese Ämter sind grundsätzlich alle Individualpersonen wählbar, die nicht zugleich Mitglieder im Congressional District committee sind.[966] Die Parteiämter innerhalb des Congressional District Committees[967] werden auf einer jährlich stattfindenden Wahlversammlung (Caucus) der Mitglieder dieser Körperschaft durch Wahl besetzt.[968]

Den Committeewomen oder Committeemen innerhalb der County Committees sind ausdrücklich die Aufgaben zugewiesen, die Partei in dem jeweiligen Wahlgebiet, für das sie das Committee gebildet hat, bekannt zu machen, für diese zu werben, die Wähler bei der Wahlregistrierung zu unterstützen, Hilfestellungen zu leisten sowie den Einfluss der Wähler innerhalb der Partei zu stärken.[969]

Die genannten Aufgabenbereiche liegen also auf der Aktivseite und somit auf der Seite der Wähler – sie stehen damit zwar außerhalb des Verfahrens der Kandidatenaufstellung im Staat Wisconsin, zeigen aber auch hier, welche Funktionen eine Partei in den Vereinigten Staaten erfüllt.

b) Die Parteivorwahl

aa) Anwendungsbereich und Abgrenzung zu sonstigen Vorwahlarten

Bei der Parteivorwahl (Partisan Primary) handelt es sich um das reguläre Vorwahlverfahren, welches im Staat Wisconsin für die Besetzung von Parteikandidaturen für Wahlämter auf Staats- und Bundesebene, also auch für das Repräsentantenhaus, Anwendung findet,[970] sofern sich mehrere Bewerber um

---

964 8.17 (5) (b) Satz 2. Mit dem Zusammentritt der Parteivollversammlung in jeder County endet zugleich die Amtszeit der Committeewomen oder Committeemen, vgl. 8.17 (4); 8.17 (5) (b). Die Wahl der Mandatsträger für das Congressional District Committee erfolgt auf der Parteivollversammlung erst im zweiten Schritt.

965 Die gleiche Regelung gilt für Ämter innerhalb des County Committees, also z. B. für das Amt des Vorsitzenden (Chairperson), 8.17 (5) (b) Sätze 5 und 6.

966 8.17 (6) (e) Satz 3.

967 Dazu zählen der Vorsitzende (Chairperson), sein Stellvertreter (Vice Chairperson) und der Schatzmeister (Treasurer), 8.17 (6) (e) Satz 2.

968 8.17 (6) (e) Satz 1 und 2.

969 Zu den genannten und weiteren Aufgabenkreisen ausführlich 8.17 (1) (a) Satz 4.

970 Insgesamt dazu 8.50.

die Parteikandidatur für die Hauptwahl bewerben.[971] Die Hauptwahl (General Election) folgt auf die Parteivorwahl und findet wiederum am ersten Dienstag im November eines Jahres mit einer geraden Jahreszahl statt.[972] Aus diesem verfassungsrechtlich vorgeschriebenen Wahltermin ergibt sich zugleich der Wahltermin für die Parteivorwahl. Für individuelle Wahlvorschläge gelten indes in diesem Bereich Sondervorschriften für die Kandidatenaufstellung und die dort entsprechend anzuwendende Vorwahl.[973]

Abzugrenzen von der Parteivorwahl sind zwei Sonderformen der Vorwahl: zum einen die Frühjahrs-Vorwahl (Spring Primary) für sonstige Wahlämter, etwa solche auf kommunaler Ebene oder auch in der Justiz, die grundsätzlich als parteilose Vorwahlen ausgestaltet sind und am dritten Freitag im Februar stattfinden.[974] Die genannten Wahlämter werden wiederum nicht in der Hauptwahl im Herbst, sondern in der Frühjahrs-Hauptwahl (Spring Election) am ersten Dienstag im April besetzt.[975] Als Besonderheit ist hier hervorzuheben, dass zeitgleich auch die Vorwahl für die Präsidentschaftswahl im Herbst stattfindet, so dass das Wahlgesetz diese Vorwahlart ebenfalls als Spring Election bezeichnet,[976] obwohl es sich eigentlich um eine Vorwahl und nicht um eine Hauptwahl handelt.

Zum anderen ist die Parteivorwahl von der Special Primary abzugrenzen, in der die Ersatzkandidaten bei der Vakanz eines Wahlamtes nach der Hauptwahl ermittelt werden.[977] Die darauf folgende Hauptwahl wird dann als Special Election bezeichnet, in der neben der Neubesetzung von vakanten Wahlämtern auch Referenden abgehalten werden.[978] Entsprechend ihrem Anwendungsbereich und der daraus folgenden im Vorfeld nicht absehbaren Ämtervakanz ist die Special Election nicht von Gesetzes wegen auf einen Termin festgelegt, sondern variabel, so dass sie auch auf den Termin der Frühjahrs-Hauptwahl oder Herbst-Hauptwahl fallen kann, d.h., die Special Primary kann sowohl mit der Parteivorwahl als auch mit der Spring Primary zeitgleich abgehalten werden.[979]

---

971 8.50 (3) (b) Satz 3 HS. 2.
972 5.02 (5).
973 Dazu sogleich unten.
974 Vgl. die Legaldefinition in 5.02 (22).
975 5.02 (21) HS. 1
976 5.02 (21) HS. 2.
977 5.02 (20).
978 5.02 (19).
979 5.02 (20).

bb) Die Kandidatenaufstellung für die Parteivorwahl

(1) Das passive Wahlrecht in der Parteivorwahl und die Wohnsitzbestimmung

Die Bewerber müssen, um sich in der Parteivorwahl für die Parteikandidatur in der Wahl zum Repräsentantenhaus bewerben oder als Kandidat direkt an der Hauptwahl zu diesem teilnehmen zu können, entsprechend den allgemeinen Maßstäben die allgemeinen Wählbarkeitsvoraussetzungen für das Amt eines Repräsentanten erfüllen.[980] Im Fall der Kandidatenaufstellung für das Repräsentantenhaus gelten im Staat Wisconsin zur Einreichung der notwendigen Wahlunterlagen besondere Regeln: Um als Bewerber in der Vorwahl oder als Kandidat direkt für die Hauptwahl aufgestellt zu werden, müssen ein rechtswirksamer Wahlvorschlag sowie die Erklärung der Kandidatur des Bewerbers beim staatlichen Wahlausschuss der Wahlkommission eingereicht werden.[981] Zwar muss der Kandidat zum Zeitpunkt der Vor- und Hauptwahl seinen Wohnsitz gemäß den Bestimmungen der Bundesverfassung im Staatsgebiet von Wisconsin haben,[982] für den Zeitpunkt der Einreichung der Vorwahlvorschläge sowie für die Erklärung der Kandidatur für das Repräsentantenhaus gilt hier aber die Regel, dass der an der Teilnahme Interessierte zum Zeitpunkt der Einreichung der Unterlagen seinen Wohnsitz nicht in dem Kongresswahlbezirk im Staat Wisconsin haben muss, in dem er an der Vor- und Hauptwahl zum Repräsentantenhaus antreten will.[983]

(2) Das Vorschlagsrecht und das Einreichen der Wahlvorschläge

Die Vorschlagsformulare (Nomination Papers) dürfen nicht früher als am 15. April vor einer Hauptwahl in Umlauf gebracht werden und müssen grundsätzlich spätestens am 1. Juni um 17 Uhr vor einem Vorwahltermin von dem Bewerber oder einer anderen Person eingereicht werden, damit der Vorgeschlagene als Bewerber an der Vorwahl teilnehmen kann, sein Name also auf dem Vorwahlzettel

---

980 Vgl. Art. 1, Abschnitt 2, Satz 3 der Bundesverfassung, abgedruckt in: *Schambeck*, Dokumente, S. 169.

981 Vgl. sogleich die nächsten beiden Abschnitte.

982 Art. 1, Abschnitt 2, Satz 3 der Bundesverfassung, abgedruckt in: *Schambeck*, Dokumente, S. 169.

983 Vgl. den Wortlaut in der Fußnote der Vorschrift 8.21, 2009–10 Wisconsin Statutes & Annotations, die hier auf 61 Atty. Gen. 155 verweist: „A candidate for election to Congress need not be a resident of the district at the time he or she files nomination papers and executes the declaration of intent to accept the office if elected. A candidate for Congress must be an inhabitant of the state at the time of election."

erscheint.[984] Diese Frist verlängert sich für alle weiteren vorgeschlagenen Personen um weitere 72 Stunden, wenn der Amtsinhaber die vorgenannte Frist selbst versäumt, sofern er nicht vorzeitig seinen Verzicht auf die Wahlteilnahme gegenüber dem staatlichen Wahlausschuss bis 17 Uhr am zweiten Freitag vor der formellen Frist erklärt hat. Die genannte Nachfrist von 4 Tagen gilt nur für die übrigen Bewerber, nicht aber für den Amtsinhaber.[985]

Ein Wahlvorschlag für die Kandidatur zum Repräsentantenhaus muss grundsätzlich von mindestens 1000 Wahlberechtigten unterstützt werden.[986] Jeder Wähler kann für jedes Wahlamt nur einen Bewerber mit seiner Unterschrift unterstützen; dabei ist zu beachten, dass der Unterstützer grundsätzlich auch in dem Wahlgebiet – hier dem jeweils betroffenen Kongresswahlbezirk – des Wahlamtes seinen Wohnsitz haben muss, in dem der Bewerber antritt; er muss deshalb bei Leistung der Unterschrift zugleich seinen Wohnsitz angeben.[987] Die Unterstützung von zwei Kandidaten für das Amt eines Repräsentanten bei der gleichen Wahl ist danach unzulässig; sollte ein Wahlberechtigter entgegen dieser Regelung dennoch zwei oder mehr Bewerber unterstützen, so gilt immer die erste Unterschrift, mithin die früheste Unterstützung.[988] Das Gleiche gilt für die vorschlagende Person.[989]

Auf der anderen Seite reicht die Wahlberechtigung in dem betreffenden Wahlbezirk aus, um wirksam einen Vorwahlvorschlag einer Partei unterstützen zu können; der Unterstützer muss nicht auch ein eingeschriebenes Parteimitglied sein. Entsprechend ist das jeweilige Unterstützungsformular mit den notwendigen Angaben, insbesondere mit der Erklärung, man habe keine weitere Petition eines anderen Bewerbers für das gleiche Wahlamt unterzeichnet, ausgestaltet, das jeder Unterstützer für den Bewerber in der angebenden Form ausfüllen und unterschreiben muss.[990]

Einzureichen sind die Wahlvorschläge für die Kandidatenaufstellung zum Repräsentantenhaus unter Einhaltung der genannten Frist grundsätzlich in einem Büro des staatlichen Wahlausschusses (Government Accountability Board).[991]

---

984 8.15 (1) Satz 1, 2009–10 Wisconsin Statutes & Annotations; 8.15 (1) Satz 4 2009–10, a.a.O., 8. Die folgenden Vorschriften ohne Gesetzesbezeichnung in diesem Abschnitt (1. Kapitel, G, II, 3) sind solche des 2009–10 Wisconsin Statutes & Annotations.

985 8.15 (1) Satz 2 und 3.

986 8.15 (6) (b).

987 8.15 (2) und (3).

988 8.04 Satz 1.

989 8.04 Satz 2.

990 Einzelheiten 8.15 (5) (a).

991 Ausdrücklich 8.15 (8) (a).

(3) Die Zustimmung der Bewerber (Declaration Of Candidacy)

Neben der fristgerechten Einreichung eines Wahlvorschlags verlangt das Wahlgesetz auch eine ausdrückliche Einverständniserklärung des Bewerbers.[992] Hier zeigt sich, dass der Wahlvorschlag nicht nur von dem Bewerber, sondern auch von jeder anderen Einzelperson beim Wahlausschuss eingereicht werden kann, weil sonst eine gesonderte Erklärung entbehrlich wäre. Der Bewerber hat die Möglichkeit, sein Einverständnis früher als oder mit dem Wahlvorschlag, der die vom Wahlgesetz vorgesehenen Angaben, wie etwa die Bestätigung, dass er schon oder spätestens bei Amtsantritt die Anforderungen des aktiven Wahlrechts erfüllen wird[993], enthalten muss, beim staatlichen Wahlausschuss[994] (Government Accountability Board) einzureichen. Dabei hat er die gleiche Frist einzuhalten, die bei den Wahlvorschlägen gilt.[995]

(4) Der gesetzliche Ausschluss des Cross-Filing

Grundsätzlich kann man nicht für das gleiche Wahlamt, aber für unterschiedliche Parteien oder für die gleiche Partei, aber unterschiedliche Wahlämter kandidieren. Das Wahlgesetz von Wisconsin schließt ausdrücklich die Doppelkandidatur in der Vorwahl und damit notwendigerweise eine solche in der Hauptwahl aus,[996] wobei hier eine Ausnahme für die Präsidentschaftswahl gilt.[997] Sofern aber die vorgeschlagenen Personen einen Bewerber für die Parteikandidatur von zwei verschiedenen Parteien zum Repräsentantenhaus nominiert haben, so hat dies nicht die Nichtigkeit aller Wahlvorschläge zur Folge; vielmehr soll dann der zeitlich erste Wahlvorschlag maßgeblich sein. Das Gleiche gilt auch in dem Fall, dass ein Bewerber für eine Partei, aber für mehrere Wahlämter aufgestellt wird.[998] Werden die Wahlvorschläge gleichzeitig beim Wahlausschuss eingereicht, so hat der Kandidat eine entsprechende Erklärung gegenüber diesem abzugeben, auf welcher Parteiliste er in der Vorwahl kandidieren möchte.[999] Versäumt er diesen Schritt, so ist es dem zuständigen Verwaltungsmitarbeiter des Wahlausschusses nicht erlaubt,

992 8.15 (4) (b) Satz 1. i.V.m. 8.21.
993 8.21 (2) Satz 2 (b). Zu den weiteren Angaben vgl. näher 8.21 (2) Satz 2; 8.21 (3).
994 8.21 (1) Satz 2.
995 8.21 (1) Satz 1 i.V.m. 8.15 (1).
996 8.15 (7).
997 Ein Wahlsieg bei der Präsidentschaftswahl bei gleichzeitigem Sieg in einer anderen Wahl bewirkt die Ungültigkeit der zweiten Wahl. Dann ist eine Nachwahl erforderlich, vgl. 8.03 (2).
998 8.03 (1) Satz 1.
999 8.03 (1) Satz 2.

den Bewerber mehr als einmal auf dem Wahlzettel bei verschiedenen Parteien zu platzieren.[1000] Der widersprüchliche Wortlaut der Norm ist hier zwar nicht ganz eindeutig,[1001] die Regelung kann aber im Hinblick auf den Normzweck – Vermeidung von Doppelkandidaturen – nur so verstanden werden. Ein Bewerber könnte nämlich sonst durch bloße Nichtreaktion die Doppelbewerbung erreichen, um so seine Chancen auf eine Parteikandidatur zu erhöhen.

Schließlich kann auch der Fall vorkommen, dass ein Bewerber durch einen Wahlvorschlag oder in der Vorwahl für die Parteikandidatur nominiert und gleichzeitig auch über das Write-in-Verfahren in der Vorwahl für eine andere Partei oder für ein anderes Wahlamt aufgestellt wird. In einem solchen Fall gilt ausschließlich der Vorrang der Nominierung im ordentlichen Verfahren durch die Wahlvorschläge vor der im Write-in-Verfahren erfolgten Kandidatenaufstellung.[1002]

(5) Die Parteimitgliedschaft des Wahlbewerbers als nicht-konstituierendes Merkmal

Bei der Untersuchung des Wahlgesetzes des Staates Wisconsin fällt auf, dass die rechtlichen Vorgaben für die Kandidatenaufstellung für die Parteivorwahl nicht auch auf die Parteimitgliedschaft eines Bewerbers eingehen. Es ist für einen Bewerber nach den Vorgaben des Wahlgesetzes des Staates Wisconsin nicht notwendig, auch eingeschriebenes Mitglied der Partei zu sein, um als Kandidat in der Parteivorwahl antreten zu können. Auf die jeweilige Parteiorganisation kommt es aber dann an, wenn es um die Wahlkampfunterstützung geht.

(6) Rücknahme von Vorwahlbewerbungen?

Im Wahlgesetz ist nicht ausdrücklich die Möglichkeit der Rücknahme von Vorwahlbewerbungen vorgesehen. Die Bewerber haben zwar die Möglichkeit, ihre Zustimmungserklärung (Declaration Of Candidacy) bis zur Nominierung, also bis zum Vorwahltermin, zu ändern und damit auch ihre Nichtteilnahme zu erklären. Diese Möglichkeit besteht nur für Wahlämter im Staat Wisconsin (State or Local Office), nach dem Wortlaut des Gesetzes aber nicht für solche auf Bundesebene (Federal Office).[1003] Allerdings bestimmt der der Bundesgesetzgeber, dass

---

1000 So wohl 8.03 (1) Satz 3.

1001 „If the candidate fails to select the party or office, the filing officer shall place the candidate's name on the ballot under either party or office, but may not permit it to appear more than once", ebda.

1002 8.03 (1) Satz 4.

1003 8.21 (6).

die Kandidaten für das Repräsentantenhaus in den Einzelstaaten durch das gleiche Verfahren aufgestellt werden sollen, das auch für das Amt des Gouverneurs Anwendung findet, sofern der einzelstaatliche Gesetzgeber ausdrücklich keine abweichende Regelung trifft.[1004] Da hier eine ausdrücklich abweichend formulierte Regelung für Wahlämter nicht ersichtlich ist, kann unter Zugrundelegung dieser Rechtslage die oben angesprochene Regelung auch für die Kandidatenaufstellung zum Repräsentantenhaus übernommen werden. Eine Rücknahme von Bewerbungen für die Parteivorwahl zum Repräsentantenhaus ist also möglich.

(7) Zusammenfassung und Folgerungen

Die vorgenannten normativen Regelungen zeigen, dass die Partei bei der Kandidatenaufstellung für die Vorwahl eine nur geringe Rolle spielt: Es ist möglich, dass der Wahlausschuss einen Bewerber unabhängig von der Einwilligung der Parteiorgane zur Vorwahl einer Partei zulässt, sofern die genannten Voraussetzungen für eine Bewerbung für die Vorwahl oder für die Kandidatur in der Hauptwahl erfüllt sind, also sowohl der Bewerber oder eine dritte Person den Vorwahlvorschlag mit dem notwendigen Unterschriftenquorum fristgerecht eingereicht als auch der Bewerber seine Einwilligung nach den gesetzlichen Vorgaben gegenüber der Wahlkommission erklärt hat. Sofern die vorgenannten Voraussetzungen nicht eingehalten werden, ist die Kandidatenaufstellung unzulässig und die Wahlkommission dazu befugt, die Platzierung des Bewerbers auf dem Vorwahlstimmzettel zu verweigern.[1005]

Die Rolle der Parteien selbst muss sich bei dieser Rechtslage demnach im Bereich der Kandidatenaufstellung für die Hauptwahl auf einen anderen Bereich beschränken als bei der Kandidatennominierung für die Parteivorwahl. Möglich ist dies entweder in dem sich der Kandidatenaufstellung anschließenden Wahlverfahren im Rahmen der Parteivorwahl selbst oder im Bereich der Wahlkampfunterstützung außerhalb der rechtlichen Vorgaben des Gesetzgebers für die Parteivorwahl. Im letztgenannten Bereich würde es dann nicht mehr um das „Ob“ der Kandidatenaufstellung, sondern um das „Wie“ der Wahlkampfführung gehen.

cc) Das Parteivorwahlverfahren

(1) Die Vorwahlregistrierung

Um an einer Vorwahl teilnehmen zu können, muss sich der interessierte Bürger wie für jede Hauptwahl auch für die Vorwahl nach dem im Wahlgesetz vorgesehenen

---

1004 2 U.S.C. § 5. Vgl.

1005 So die Klarstellung in 8.30.

Verfahren registrieren. Auch das Wahlgesetz von Wisconsin stellt die Vorwahl mit der Hauptwahl entsprechend den allgemeinen Prinzipien gleich;[1006] damit gelten die allgemeinen Vorschriften der Wählerregistrierung.[1007]

Für die Wahlregistrierung muss die interessierte Person Bürger der Vereinigten Staaten sein, das 18. Lebensjahr vollendet und ihren Wohnsitz[1008] seit wenigstens 28 aufeinanderfolgenden Tagen im Wahlbezirk – hier also dem entsprechenden Kongresswahlbezirk – haben.[1009] Sofern sich der Wähler dazu entscheidet, sich persönlich vor Ort für die Vorwahl zu registrieren, muss er das Registrierungsformular (Registration Forms) grundsätzlich, aber nicht ausschließlich bis spätestens 17 Uhr am dritten Mittwoch vor der Vorwahl eingereicht haben.[1010] Einzureichen sind die Registrierungsunterlagen, deren Ergänzung oder Korrektur im ganzen Jahr, jedoch für die bestimmte Vorwahl nur die Einhaltung der genannten Frist, bei jeder dafür zuständigen Stelle – hier kommt es auf den Einzelfall an, der wiederum vom Wohnsitz des Vorwählers abhängt.[1011] Unabhängig vom Wahlamt und nur bedingt abhängig vom Wohnsitz kann der Wähler seine Registrierungsunterlagen von Gesetzes wegen grundsätzlich immer im Büro des County Clerk der County einreichen, in der er wohnhaft ist.[1012] Dieser hat sodann innerhalb von 5 Tagen die Unterlagen entweder an das Büro des zuständigen Municipal Clerk oder, sofern er wohnhaft ist in einer Stadt mit mehr als 500.000 Einwohnern, an das zuständige Board Of Election Commissioners weiterzuleiten.[1013]

1006 Dies kommt deutlich in der Begriffsdefinition von 5.02 (4) zum Ausdruck: Die genannte Vorschrift bestimmt, dass unter Elections im Sinne des Wahlgesetzes nicht nur eine Hauptwahl, sondern eben auch eine Vorwahl (Public Primary) zu verstehen ist. Nur dort, wo Besonderheiten zu beachten sind, unterscheidet der Gesetzgeber nach den genannten Wahlarten.

1007 Vgl. 6.27.

1008 Zur Wohnsitzbestimmung näher 6.10.

1009 6.02 (1). Sofern eine Registrierung bereits vollzogen wurde, der Vorwähler aber wenigstens 28 Tage vor dem Vorwahltermin seinen Wohnort innerhalb des Wahlgebietes geändert hat, werden die aufgenommenen Daten von Amts wegen übermittelt. Der Vorwähler hat auch die Möglichkeit, sich am Wahltag im Wahllokal zu registrieren, vgl. 6.10 (3) Satz 1 sowie sogleich unten. Hält der Vorwähler die genannte Frist nicht ein, ist er an seinem alten Wohnsitz wahlberechtigt, vgl. 6.10 (3) Satz 2.

1010 6.28 (1) Satz 1.

1011 Das Wahlgesetz nennt hier verschiedene staatliche Stellen (z.B. das Büro des Municipal oder County Clerks), die legitimiert werden können, die Registrierungsunterlagen anzunehmen, vgl. dazu ausführlich 6.28 (1) Satz 3.

1012 6.28 (4) Satz 1.

1013 6.28 (4) Satz 3.

Letztlich kann sich ein Vorwähler auch bei nichtstaatlichen Stellen wie etwa öffentlichen Bibliotheken oder Polizeistationen für die Vorwahl registrieren[1014] oder von Verwaltungserfüllungsgehilfen (Special Registration Deputies) registriert werden.[1015]

Nach Fristablauf ist es weiterhin möglich, sich bis zum letzten Werktag oder – je nachdem, wie der Wahltermin liegt und welches Fristende später liegt – zum letzten Freitag vor der Wahl bis 17 Uhr im Büro des Municipal Clerks zu registrieren (Later Registration In Person);[1016] der interessierte Bürger hat aber weitere Nachweise beizubringen.[1017] Sofern er nicht die persönliche Registrierung vor Ort, sondern die Briefregistrierung mit dem entsprechenden Formular wählt (Voter Registration Application), reicht zur Fristwahrung das entsprechende Datum auf dem Poststempel.[1018] Unter besonderen Voraussetzungen ist auch eine nachträgliche Registrierung im Wahllokal möglich, sofern man in einem anderen Wahlbezirk registriert ist.[1019] Bei der Registrierung selbst muss der Vorwähler regelmäßig neben seinem Namen und seinem aktuellen Wohnort auch seine Sozialversicherungsnummer angeben sowie einige weitere Angaben machen, die der Gesetzgeber für den ordentlichen Ablauf des Wahlverfahrens für notwendig hält.[1020] Eine Angabe, an der Vorwahl welcher Partei der Vorwähler teilnehmen möchte, sowie die Offenlegung einer möglichen Parteimitgliedschaft sind im Rahmen des Registrierungsverfahrens nicht beizubringen.

Eine Nachweispflicht des Wohnsitzes (Proof Of Residence) mit den entsprechenden Dokumenten[1021] bei der Registrierung besteht nur dann, wenn der interessierte Vorwähler sich zum ersten Mal für die Vorwahl registrieren will, er die Registrierung auf elektronischen Weg wählt oder erst nach Fristablauf[1022] den Schritt der Registrierung entweder im Büro des Municipal Clerks oder am Wahltag im Wahllokal vollzieht.[1023] Bei Briefwählern reicht eine Kopie des

1014 6.28 (1) Satz 4.
1015 6.28 (1) Satz 5.
1016 6.29 (2) (a) Satz 1.
1017 Zur Proof Of Residence sogleich unten.
1018 6.28 (1) Satz 1 und 2.
1019 Näher 6.55 (2).
1020 Vgl. die Aufzählung in 6.33 (1) Satz 4.
1021 Zu den Dokumenten vgl. den ausführlichen Katalog in 6.34 (3).
1022 Siehe schon oben. Ausführlich dazu 6.29.
1023 6.34 (2) Satz 1 und 2. Zum Erfordernis der Proof Of Residence bei der Registrierung im Wahllokal vgl. 6.55 (2) (a) 2. (b) Satz 1.

betreffenden Dokuments.[1024] Von der Nachweispflicht des Wohnsitzes befreit sind indes Militärangehörige (Military Electors) sowie Bürger, die ihren ständigen Wohnsitz außerhalb der Vereinigten Staaten haben (Overseas Electors).[1025]

Im letzten Schritt des Registrierungsverfahrens werden die vom Vorwähler gemachten Angaben in einer Registrierungsliste vermerkt, die von jedem Berechtigten innerhalb einer gewissen Frist öffentlich eingesehen werden kann.[1026] Im Übrigen ähnelt das weitere Verfahren jenem im Staat New York.

Neben den bereits genannten Registrierungsarten gibt es auch die Möglichkeit, sich bei einem Special Registration Deputy für die Vorwahl registrieren zu lassen. Dabei handelt es sich um wahlberechtigte Bürger (Electors), den ein Municipal Clerk oder ein Board Of Election Commissioners in der jeweiligen Gemeinde auf Antrag zum Special Registration Deputy ernannt hat; eine doppelte Ernennung für mehrere Gemeinden ist grundsätzlich zulässig.[1027] Hier gelten die gleichen Registrierungsfristen wie bei der Vorwahlregistrierung vor Ort.[1028] Eine Registrierung nach dieser Frist (Late Registration In Person) ist in diesem Fall dann nicht möglich.[1029]

(2) Der Wahltermin ,die Stimmabgabe und die Erscheinungsform des Vorwahlstimmzettels

Als offiziellen Wahltermin für die Parteivorwahl hat der Gesetzgeber, jedenfalls für das Wahljahr 2012,[1030] den zweiten Dienstag im August bestimmt.[1031] Am Wahltag hat der Wähler im Wahllokal gegenüber den Wahlhelfern die notwendigen Angaben zu seiner Person zu machen sowie die gemachten Angaben durch entsprechende Dokumente nachzuweisen, um seinen Status als Wahlberechtigter zu legitimieren. Die Wahlhelfer haben die Angaben nach den ihnen vorliegenden Registrierungsunterlagen (Poll List) zu prüfen; diese hat der Wähler dann zu

1024 6.34 (2) Satz 2 HS. 2.

1025 6.34 (2) Satz 1.

1026 Dazu und insgesamt zur Registrierungsliste (Official Registration List) 6.36.

1027 6.26 (2) (a) und (b).

1028 6.28 (1) Satz 5; 6.28 (1) Satz 1.

1029 Nach dem Wortlaut von 6.29 (2) (a) Satz 1 ist eine spätere Registrierung ausschließlich möglich in einem Büro des municipal clerks oder bei einem clerk's agent.

1030 Der Gesetzgeber hat durch Novellierung des Wahlgesetzes den Wahltermin für die Parteivorwahl geändert, vgl. dazu 2011 Senate Bill 116, Wisconsin Act 75, Section 1.

1031 5.02 (12s). Im Wahljahr 2012 war dies folglich der 14.8.2012.

unterschreiben. Auch an dieser Stelle braucht ein Vorwähler, der Mitglied einer Partei ist, seine Mitgliedschaft nicht offenlegen.[1032]

Das Wahlgesetz regelt auch die genauen Vorgaben über die allgemeine Erscheinungsform des Vorwahlzettels sowie die darauf verzeichnete Reihenfolge der Kandidaten. Betrachtet man die einschlägige Vorschrift, so fällt auf, dass im Staat Wisconsin für jede an der Vorwahl teilnahmeberechtigte Partei ein eigener Wahlzettel an die Vorwähler ausgegeben wird. Die Besonderheit, die zugleich die Charakteristik des Vorwahlsystems ausmacht, ist aber, dass die Vorwahlstimmzettel nicht einzeln, sondern zusammenhängend an den Vorwähler ausgegeben werden, wobei die einzelnen Wahlzettel an der Unterseite miteinander verbunden sind.[1033] Die Gesamtheit der einzelnen, miteinander verbundenen Parteiwahlzettel ergibt demnach den Vorwahlzettel für die Vorwahl im Staat Wisconsin. Sofern das jeweilige Wahllokal eine Wahlmaschine oder ein elektronisches Wahlsystem gemäß den gesetzlichen Bestimmungen einsetzt, legt das Wahlgesetz eine andere Erscheinungsform fest, die an der Charakteristik des Vorwahlsystems aber nichts ändert: In diesem Fall wird der Wahlzettel lediglich optisch nach Parteilisten in Form von Spalten (für die Parteien) und Zeilen (für die jeweiligen Kandidaten, geordnet nach den Parteilisten) aufgeteilt; einzelne, physisch voneinander getrennte Parteiwahlzettel existieren hier – anders als im Staat New York – nicht.[1034] Die Parteilisten wiederum werden nach dem zu besetzenden Wahlamt auf dem Vorwahlzettel zusammen aufgelistet und entsprechend den Vorgaben des Wahlgesetzes der Reihe nach aufgelistet, wobei das Wahlamt für das Repräsentantenhaus der Vereinigten Staaten an siebter Stelle platziert werden muss.[1035] Die unterschiedliche Erscheinungsform des Vorwahlzettels hat auch entsprechend unterschiedliche Auswirkungen auf das Verfahren der Stimmabgabe im Wahllokal.

Sofern der zusammenhängende Vorwahlstimmzettel Verwendung findet, ordnet das Wahlgesetz folgendes Verfahren im Wahllokal an: Vor der Stimmabgabe

---

1032 Zum ganzen Verfahren näher 6.79 (2).

1033 Vgl. 5.62 (1) (a) Satz 2 und 3.

1034 5.62 (1) (a) Satz 7 und 8.

1035 Vgl. dazu 5.62 (3) Satz 2. Das Wahlgesetz sieht für alle Wahlämter insgesamt folgende Reihenfolge auf dem Vorwahlstimmzettel vor: 1) Gouverneur, 2) Vizegouverneur, 3) Generalstaatsanwalt, 4) Innenminister (Secretary Of State), 5) Finanzminister bzw. Landesschatzmeister (State Treasurer), 6) Senator für den US-Kongress, 7) Repräsentant im US-Kongress, 8) Senator im Senat des Staates Wisconsin, 9) Angeordneter in der Nationalversammlung des Staates Wisconsin, 10) Bezirksstaatsanwalt, 11) kommunale Wahlämter (County Offices).

erhält der Wähler von den Wahlhelfern (Inspectors) grundsätzlich den gesamten Vorwahlzettel. Sodann begibt er sich alleine[1036] in die Wahlkabine und füllt einen der Parteivorwahlzettel aus, löst diesen von den anderen nicht ausgefüllten Parteivorwahlzetteln und wirft ihn, nach der in der Wahlkabine durchgeführten Stimmabgabe, in die dafür vorgesehene Wahlurne; die restlichen, nicht ausgefüllten, aber noch zusammenhängenden Parteivorwahlzettel sind hingegen in eine hierfür vorgesehene und im Wahllokal separat platzierte Wahlurne (Blank Ballot Box) zu werfen.[1037] Der Wähler kann im Übrigen für jede Partei auch andere Bewerber für die Parteikandidatur als solche nominieren, die in der Parteivorwahl gegeneinander antreten, indem er in den dafür vorgesehenen leeren Zeilen einen Bewerber handschriftlich einträgt (Write-in-Verfahren).[1038]

Wird im Wahllokal eine Wahlmaschine verwendet, so sind alle Parteikandidaten getrennt nach Parteien und Wahlamt auf dem gleichen Vorwahlzettel verzeichnet. In diesem Fall ist der Vorwahlzettel mit einer zusätzlichen Zeile zu versehen, in welcher der Vorwähler die Partei vermerken kann, an deren Vorwahl er teilnehmen möchte.[1039] Er hat entsprechend seiner angegebenen Präferenz nur die Bewerber der von ihm bevorzugten Partei auszuwählen. Bestimmt der Wähler entgegen dieser Regelung für die einzelnen Wahlämter Bewerber verschiedener Parteien, so ist sein Vorwahlzettel insgesamt ungültig.[1040] Eine Art Stimmensplitting dergestalt, dass der Vorwähler etwa für zwei verschiedene Wahlämter jeweils Bewerber von verschiedenen Parteien für die Kandidatur wählt und damit de facto an der Kandidatenbestimmung für unterschiedliche Wahlämter an verschiedenen Parteivorwahlen teilnimmt,[1041] ist im Vorwahlsystem des Staates Wisconsin nicht möglich. Der Wähler darf ausschließlich an einer Parteivorwahl teilnehmen.

Der Gesetzgeber hat im Wahlgesetz auch die Reihenfolge der einzelnen Parteivorwahlzettel oder Parteilisten geregelt: Die Reihenfolge der Parteistimmzettel

---

1036 Ausnahmen sind hier in zwei Fällen denkbar: Entweder die weitere Person ist ein nicht wahlberechtigtes minderjähriges Kind oder ein Mündel, wobei es sich bei dem Wähler dann um ein sorgeberechtigtes Elternteil bzw. um den Betreuer handeln muss, oder es liegt nach 6.82 (2) ein Fall der assistierenden Stimmabgabe vor, vgl. 6.80 (1).

1037 6.80 (2) (f) Satz 1 und 2.

1038 6.80 (2) (am).

1039 5.81 (4) Satz 1.

1040 7.50 (1) (d) Satz 2.

1041 Damit ist also der Fall gemeint, dass der Vorwähler in der gleichen Parteivorwahl für das Amt des Senators einen Bewerber der Partei A, für das Amt des Repräsentanten dann aber einen Bewerber der Partei B als Kandidaten für die Hauptwahl bestimmt.

richtet sich nach dem Stimmenanteil der Parteien bei den letzten Gouverneurs- oder Präsidentschaftshauptwahlen, beginnend mit der Partei, die den höchsten Stimmenanteil erhalten hat.[1042] Grundsätzlich sind Vorwahllisten von Minderheitsparteien, die sich nach einem speziellen Verfahren für die Parteivorwahl qualifizieren müssen,[1043] vor solchen von neuen Parteien auf dem Vorwahlzettel zu platzieren. Sofern Wahllisten verschiedener neuer Parteien von der Wahlbehörde zugelassen werden, richtet sich hier die Reihenfolge nach dem zeitlichen Eingang des Antrags auf Zulassung zur Parteivorwahl beim staatlichen Wahlausschuss.[1044]

Richtete sich die Reihenfolge der Parteilisten auf dem Vorwahlwahlzettel nach dem Stimmenanteil bei der letzten staatsweiten Hauptwahl, so gilt dies nicht für die Reihenfolge der Auflistung der Bewerbernamen auf dem Parteivorwahlzettel oder innerhalb einer Parteiliste. Hier bestimmt das Wahlgesetz, dass die Reihenfolge der Namensnennung durch Auslosung vom staatlichen Wahlausschuss ermittelt werden muss.[1045] Eine bevorzugte Platzierung eines Bewerbers, etwa des Amtsinhabers, findet ebenso wenig statt wie eine Rotation der Bewerbernamen innerhalb einer Liste.[1046] Zusätzlich zu den genannten Elementen hat entweder das County Clerk oder das County Board Of Election Commissioners in jeder Spalte weitere Zeilen für Kandidaten einzurichten, die im Rahmen des Einschreibeverfahrens (Write-in) von den Wählern für die Hauptwahl nominiert werden können.[1047]

(3) Das Stimmenerfordernis zum Vorwahlsieg im Staat Wisconsin

Bei dem Stimmenerfordernis für den Vorwahlsieg differenziert der Gesetzgeber von Wisconsin danach, nach welchen Verfahren sich der Bewerber für die Parteivorwahl qualifiziert hat. Danach ist zu unterscheiden, ob er sich nach dem ordentlichen Verfahren, also durch das Erreichen des entsprechenden Unterschriftenquorums in dem jeweiligen für ihn einschlägigen ordentlichen Verfahren oder durch das Einschreibeverfahren qualifiziert hat.

Hat sich der Kandidat durch das ordentliche Verfahren für die Vorwahl qualifiziert, genügt für den Vorwahlsieg die relative Mehrheit der abgegebenen Stimmen. Der jeweilige Sieger wird dann als Kandidat der betreffenden Partei auf dem

1042 5.62 (1) (a) Satz 4.
1043 Vgl. 5.62 (1) (b).
1044 5.62 (1) (a) Satz 5.
1045 5.62 (3) Satz 1 i.V.m. 5.60 (1) (b) Satz 2.
1046 Zur Rotation noch *Magiera,* Vorwahlen, S. 97.
1047 5.62 (1) (b) 2. Subd. 1. Satz 2 HS. 2.

Hauptwahlstimmzettel platziert;[1048] für die Vorwahl zum Amt des Gouverneurs gilt hier eine andere Regelung.[1049]

Anders gestaltet sich indes die Rechtslage bei Kandidaten, die die Vorwähler selbst durch das Einschreibeverfahren als Bewerber aufgestellt und zugleich zum Kandidaten gewählt haben. Hier reicht nicht die relative Mehrheit der abgegebenen Stimmen, denn das Wahlgesetz ordnet zugleich eine Mindestanzahl an Stimmen an, die der Bewerber außerdem erreichen muss. Diese liegt bei mindestens 5 % der Stimmen, die die aufstellende Partei bei der letzten Gouverneurswahl erreicht hat, oder – sofern es sich um einen unabhängigen Wahlvorschlag oder um einen solchen von einer neuen zugelassenen Partei handelt – mindestens 5 % der Mindestanzahl von Unterschriften, die für den entsprechenden Wahlvorschlag für ein Mandat im Repräsentantenhaus notwendig wären.[1050] Bei etablierten Parteien gilt die gleiche Regel, sofern sich bei einem Vergleich zwischen den absoluten Zahlen ergibt, dass das genannte Quorum nach dem Ergebnis der letzten Gouverneurswahl niedriger ausfallen würde als nach dem notwendigen Unterschriftenquorum.[1051]

Abschließend muss für eine wirksame Parteikandidatur die entsprechende Zustimmung des Bewerbers der Wahlbehörde bis spätestens 17 Uhr des dritten Tages nach Bekanntgabe des Wahlergebnisses zugehen.[1052] Sofern in der Parteivorwahl zwei oder mehr Bewerber für die gleiche Parteikandidatur die gleiche Stimmenanzahl erreicht haben, wird der Parteikandidat zwischen diesen Bewerbern für die Hauptwahl durch Los bestimmt.[1053]

1048 8.16 (1).

1049 8.16 (6) schreibt vor, dass die beiden Erstplatzierten in der Parteivorwahl für das Amt des Gouverneurs auf dem Wahlzettel der Hauptwahl platziert werden. Der Vorwahlgewinner ist dann der Parteikandidat für das Gouverneursamt, der Zweitplatzierte jener für das Amt des Vizegouverneurs.

1050 Demnach müsste der Bewerber bei der Kandidatenaufstellung zum Repräsentantenhaus im Kongresswahlbezirk neben der relativen Mehrheit zugleich auch mindestens 5 % von 1000, also wenigstens 50 Stimmen erreichen, 8.16 (2) Satz i.V.m. 8.15 (6) (b).

1051 Vgl. den Wortlaut von 8.16 (2): „whichever is greater".

1052 8.16 (2) (a). Zusätzlich sind noch Erklärungen über wirtschaftliche Gesichtspunkte abzugeben sowie eine, in der er über entsprechende Zuwendungen Auskunft geben muss, 8.16 (2) (b), (c).

1053 5.01 (4) (b).

(4) Rücknahme von Parteikandidaturen?

Bewerber, welche die Vorwähler in der Parteivorwahl zum Kandidaten gewählt haben, können die Parteikandidatur grundsätzlich nicht zurücknehmen; diese Regelung gilt aber nicht für die Rücknahme von Vorwahlbewerbungen.[1054] Eine Ausnahme ist ausdrücklich nur dann vorgesehen, wenn der Kandidat vor der Wahl verstirbt[1055] oder die Vorwähler ihn im Rahmen des Write-in-Verfahrens in der Vorwahl nominiert haben.[1056]

c) Die Parteivorwahlen von Minderheitsparteien und neuen Parteien

Grundsätzlich können auch Minderheitsparteien sowie neue, noch nicht an vorherigen Wahlen teilgenommene Parteien an der Parteivorwahl mit einer eigenen Wahlliste teilnehmen. Der Grundgedanke ist hier aber, dass nicht jede politische Partei oder Vereinigung einen Anspruch auf Teilnahme an der Parteivorwahl mit einer eigenen Wahlliste hat. Der Gesetzgeber hat vielmehr im Wahlgesetz bestimmte Voraussetzungen normiert, die von der Vereinigung erfüllt werden müssen, damit sie im Rahmen einer Parteivorwahl an der gesetzlich vorgeschriebenen Kandidatenaufstellung für das Repräsentantenhaus teilnehmen kann. Der Gesetzgeber unterscheidet hier zwischen Minderheitsparteien und sonstigen Vereinigungen.

Sofern es sich um eine bereits bei Wahlen angetretene Partei handelt, die aber bei der letzten Hauptwahl nicht die meisten Stimmen erreicht hat (Minderheitspartei), muss der Kandidat der betroffenen Partei bei der letzten Gouverneurswahl wenigstens 1 % der abgegebenen Wählerstimmen staatsweit erreicht haben. Sofern zeitlich mit der letzten Gouverneurswahl auch die Präsidentschaftswahl stattgefunden hat, muss der Präsidentschaftskandidat der betroffenen Partei zusätzlich wenigstens 1 % der abgegebenen Wählerstimmen erreicht haben.[1057] Auf die Gesamtzahl der tatsächlich für die jeweilige Hauptwahl registrierten Wähler kommt es aber nicht an. Erfüllt die jeweilige Minderheitspartei dieses Erfordernis, so hat sie Anspruch auf einen eigenen Vorwahlzettel oder eine eigene Vorwahlliste,[1058]

1054 Die Regelung erfasst ausdrücklich nur die Parteikandidatur, vgl. 8.35 (1) Satz 1: „Any person who files nomination papers and qualifies to appear on the ballot may not decline nomination."

1055 8.35 (1) Satz 2.

1056 8.35 (1) Satz 3.

1057 5.62 (1) (b) 1. Satz 1. Das genannte Stimmenquorum gilt aber nur für Parteien, deren Kandidaten bei der entsprechenden Wahl unter dem Parteinamen kandidiert haben. Näher 5.62 (1) (b) 2. Satz 1.

1058 Ebda.

die entsprechend der Bedeutung der Partei nach der Wahlliste der Mehrheitspartei von der Wahlbehörde auf dem Vorwahlstimmzettel zu platzieren ist.[1059]

Sofern bei einer der genannten Wahlen eine politische Vereinigung nicht unter einer Parteibezeichnung, sondern als „unabhängig" angetreten ist, gilt für sie das gleiche Stimmenquorum.[1060] Die betreffende Vereinigung muss dann aber noch unter Angabe des gewählten Parteinamens, der sich von den übrigen Namen der bereits zugelassenen Parteien unterscheiden muss, die Zulassung zur Parteivorwahl beim staatlichen Wahlausschuss beantragen. Der Antrag muss in jedem Wahljahr, in dem die Erstzulassung beantragt wird, bis 17 Uhr am 1. April in jedem Wahljahr eingereicht werden.[1061]

Ein anderes Verfahren sieht der Gesetzgeber für neue Parteien vor, also für solche, die noch bei keiner Wahl mit einem Kandidaten angetreten sind. Da mangels vorheriger Wahlteilnahme das notwendige Stimmenquorum der letzten Wahl nicht vorliegen kann, knüpft der Gesetzgeber hier an ein von der Vereinigung staatsweit zu erreichendes Unterschriftenquorum an. Dieses ist aber durch ein besonderes Mindestquorum, das an die Einteilung des Staates in Kongresswahlbezirke gebunden ist, modifiziert: Demnach muss die jeweilige Vereinigung staatsweit insgesamt mindestens 10.000 Unterschriften wahlberechtigter Bürger des Staates Wisconsin sammeln. Mindestens 3000 müssen aber von Wahlberechtigten aus drei verschiedenen Kongressbezirken stammen, also jeweils 1000 Unterschriften aus je einem Kongresswahlkreis.[1062] Es reicht nach diesen Erfordernissen also nicht aus, wenn etwa alle 10.000 Unterschriften nur in einem Kongresswahlbezirk eingeworben werden. Die Petition mit der notwendigen Anzahl von Unterschriften[1063] und der Antrag auf Zuteilung eines separaten Vorwahlstimmzettels oder einer eigenen Wahlliste müssen von der Vereinigung fristgerecht, d.h. spätestens um 17 Uhr am 1. April des Jahres, in der die Parteivorwahl stattfinden soll, beim staatlichen Wahlausschuss eingereicht werden.[1064] Unterschriften die ein oder mehrere Wahlberechtigte vor dem 1. Januar des Vorwahljahres geleistet haben, sind ungültig.[1065]

1059 Vgl. 5.62 (1) (b) Satz 4 und 5.

1060 5.62 (1) (b) 1. Subd. Satz 2.

1061 5.62 (1) (b) 1. Subd. Satz 3.

1062 5.62 (2) (a) Satz 3.

1063 Die gesetzlich normierte Erscheinungsform der hier in Rede stehenden Petition deckt sich mit den sonstigen Petitionen, wie etwa solche für eine Volksabstimmung, vgl. 5.62 (2) (a) Satz 4 i.V.m. 8.40.

1064 5.62 (2) (a) Satz 2.

1065 5.62 (2) (a) Satz 5.

Das eigentliche Verfahren der Kandidatenaufstellung im Rahmen der Parteivorwahl richtet sich in beiden Fällen jeweils nach den gleichen Vorschriften.[1066] Werden diese Voraussetzungen nicht erfüllt, so bleibt den Bewerbern nur die Möglichkeit, über das für unabhängige Wahlvorschläge vorgesehene Verfahren an der Vor- oder Hauptwahl teilzunehmen.

d) Die unabhängigen Wahlvorschläge

aa) Notwendiges Unterschriftenquorum und Fristen

Die genannten Kandidatenaufstellungsverfahren hatten alle gemein, dass es sich jeweils um Bewerber für eine Parteikandidatur gehandelt hat. Es ist aber auch möglich, als unabhängiger Kandidat an der Hauptwahl für das Repräsentantenhaus teilzunehmen. Notwendig ist auch in diesem Fall das Einwerben einer Mindestanzahl von Unterschriften. Es handelt sich um das gleiche Unterschriftenquorum wie bei der Aufstellung eines Bewerbers für die Kandidatur einer Partei.[1067]

Ein Bewerber muss demnach auch hier, sofern er sich um einen Sitz im Repräsentantenhaus bewirbt, wenigstens 1000 Unterschriften von wahlberechtigten Bürgern des Staates Wisconsin in dem Kongresswahlbezirk einwerben, für den er sich bei der Wahl zum Repräsentantenhaus bewirbt.[1068] Dabei darf auch hier jeder Wahlberechtigte nur eine Person durch Unterschrift unterstützen.[1069] Zwecks Vermeidung einer Doppelunterstützung entweder in Form der Unterstützung von zwei verschiedenen Bewerbern für das gleiche Wahlamt oder für den gleichen Bewerber hat der jeweilige Wahlberechtigte zugleich auch seinen Wohnsitz sowie das Datum der Leistung der Unterschrift auf der Unterschriftenliste zu vermerken.[1070]

Die Wahlunterlagen mit den Unterschriften (Nomination Papers)[1071] sowie die Zustimmung des Bewerbers zur Kandidatur (Declaration Of Candidacy)[1072] dürfen grundsätzlich nicht später als 17 Uhr am 1. Juni vor dem Parteivorwahltermin beim staatlichen Wahlausschuss eingereicht werden.[1073] Die genannte Frist verlängert sich auch hier um 72 Stunden, sofern der Amtsinhaber selbst

1066 Ausführlich 8.15 und 8.16.
1067 Vgl. zum Ganzen 8.20 (4) Satz 1 i.V.m. 8.15 (6).
1068 8.20 (4) Satz 1 i.V.m. 8.15 (6) (b), 8.20 (5) Satz 3.
1069 8.20 (5) Satz 1.
1070 8.20 (5) Satz 2.
1071 Vgl. zur Erscheinungsform der Wahlunterlagen 8.20 (2) (a) Satz 1.
1072 8.20 (6) Satz 1.
1073 8.20 (8) (a) Satz 1, 8.20 (7).

die Frist nicht einhalten kann.[1074] Die Fristverlängerung gilt nicht, sofern der Amtsinhaber seinen Verzicht auf die Vorwahl bis spätestens 17 Uhr am zweiten Freitag vor Fristablauf erklärt.[1075]

bb) Rechtsfolge: Keine Vorwahl

Bewerber, welche die genannten Voraussetzungen erfüllen, nehmen an der Hauptwahl als unabhängige Kandidaten teil; eine Vorwahl müssen die Bewerber indes nicht durchlaufen.[1076] Dabei wird der Hauptwahlstimmzettel um eine Spalte oder Zeile erweitert, die entweder rechts oder unterhalb der Parteikandidaten platziert ist und in der alle unabhängigen Bewerber, die nicht unter einer Pateibezeichnung an der Hauptwahl teilnehmen, in einer besonderen Wahlliste aufgeführt sind; an Stelle des Parteinamens trägt die genannte Wahlliste die Bezeichnung Independent.[1077] Eine Doppelkandidatur unter einer Parteibezeichnung sowie unter der Bezeichnung „Independent" ist unzulässig.[1078]

2. Die Kandidatenaufstellung im Bundesstaat New York

a) Die äußeren Bedingungen der Kandidatenaufstellung

aa) Vorbemerkung zu den Rechtsquellen

Die einschlägigen Vorschriften zur Nominierung von Kandidaten finden sich im 6. Abschnitt des Wahlgesetzes des Staates New York. Nach den allgemeinen Prinzipien handelt es sich bei dem Vorwahlsystem um ein dem eigentlichen Wahlverfahren vorgeschaltetes und an dieses angeglichene staatliche und nicht parteiinterne Wahlverfahren. Folglich finden auch Vorschriften aus anderen Abschnitten, wie etwa die Bestimmung des Vorwahltermins,[1079] Anwendung. Manche Vorschriften des Wahlgesetzes sind durch die Parteien abdingbar; an den entsprechenden Stellen wird darauf gesondert eingegangen.

1074 8.20 (8) (a) Satz 2.

1075 8.20 (8) (a) Satz 3.

1076 Vgl. den Wortlaut von 8.20 (1): „Independent nominations may be made for any office to be voted for at any general or partisan special election."

1077 8.20 (9) Satz 1; 5.64 (1) (e) 1. Satz 1.

1078 Ausdrücklich 8.20 (9) Satz 2.

1079 § 8–100 a) S. 1, State of New York Election Law 2012, Die folgenden Normen in diesem Anschnitt (1. Kapitel, F, II, Nr. 2) ohne Gesetzesbezeichnung sind solche des New Yorker Wahlgesetzes, „State of New York Election Law 2012", http://www.elections.ny.gov/NYSBOE/download/law/2012NYElectionLaw.pdf (Stand: 17.7.2012).

bb) Die einzelstaatliche Organisation der Vorwahl und der Einfluss der Parteien

(1) Das State Board of Elections – Wesen und Besetzung

Zuständig für die Leitung des Vorwahlverfahrens und für die damit zusammenhängenden Aufgabenstellungen ist im Staat New York nicht eine oberste staatliche Wahlbehörde, sondern das State Board Of Elections.[1080] Dabei handelt es sich um eine überparteiliche Kommission, welche die Aufgabe hat, den rechtmäßigen Vollzug des Wahlgesetzes im Staate New York zu organisieren und sicherzustellen.[1081] Das State Board Of Elections besteht aus vier Mitgliedern, die vom Gouverneur des Staates New York für die Amtszeit von zwei Jahren ernannt werden[1082], wobei der Gouverneur hier an die strengen Vorgaben durch das Wahlgesetz gebunden ist, die zugleich zwei der drei grundsätzlichen Ebenen der amerikanischen Parteiorganisation widerspiegeln: Zwei der Mitglieder werden jeweils vom Vorsitzenden des jeweiligen State Committees der beiden großen Mehrheitsparteien außerhalb der Parlamentskammern vorgeschlagen; die anderen beiden Mitglieder stellen Kompromisskandidaten der in den Parlamentskammern vertretenen Parteien dar: Nach den Vorgaben des Wahlgesetzes werden die beiden anderen Mitglieder jeweils von einer der beiden Parteien vorgeschlagen, die im Legislativorgan des Staates New York vertreten sind. Da aber – analog zur Rechtslage auf Bundesebene – zwei Parlamentskammern existieren, ist jeder Parteikandidat hier zugleich auch ein Kompromisskandidat von zwei Parlamentsfraktionen der gleichen Partei (Repräsentantenhaus[1083] und Senat des Staates New York).[1084] Für eine öffentliche Maßnahme durch das State Board Of Elections reicht aber die Zustimmung von drei der vier Mitglieder; ein einstimmiges Votum ist nicht erforderlich.[1085]

(2) Der Verwaltungsunterbau: County Board of Elections

Neben dem staatsweiten State Board Of Elections legt das Wahlgesetz fest, dass der Staat New York in jeder County ebenfalls eine überparteiliche Wahlkommission

---

1080 Vgl. ausführlich § 3–102.

1081 Vgl. aus dem umfangreichen Aufgabenbereich etwa § 3–102 Nr. 1. Siehe insgesamt den 3. Teil (Election Officials), Titel 1 des Wahlgesetzes von New York.

1082 § 3–100 Nr. 1 Satz 1 HS. 1 und Satz 2.

1083 Die Verfassung des Staates New York bezeichnet das Repräsentantenhaus des Staates New York als Assembly, vgl. Art. III, sec. 1 NYC.

1084 Vgl. daher die Regelung § 3–100 Nr. 4 Satz 2.

1085 § 3–100 Nr. 4 Satz 2.

bilden muss (County Board Of Elections)[1086], welches mindestens jeweils aus zwei Kommissaren besteht[1087], die durch ein ebenfalls im Wahlgesetz vorgesehenes Verfahren, in dem die politischen Parteien das Vorschlagsrecht haben, bestimmt werden.[1088] Das Wahlgesetz garantiert aber auch hier die gleichberechtigte Teilnahme der großen Parteien.[1089] Es sieht darüber hinaus eine umfassende Kontrolle des jeweiligen County Board Of Elections vor, etwa durch eine jährliche Berichterstattung gegenüber der zuständigen Vertretungskörperschaft der jeweiligen County,[1090] oder durch die amtliche Übermittlung der Wählerregistrierung in den Countys an das State Board Of Elections als der zentralen Wahlkommission des Staates New York.[1091] Eine Hauptaufgabe der County Boards Of Elections ist es, die lokalen Gegebenheiten einer – auch staatsweiten – Vorwahl zu organisieren, wie etwa die Einrichtung des Wahllokals[1092] und die Erstellung der Wahlzettel für den Vorwahltag[1093]. Hier kommt besonders die Charakteristik der County Boards Of Elections als Verwaltungsunterbau des staatsweiten State Boards Of Elections zum Ausdruck.

Aus den Vorschriften des Wahlgesetzes geht schließlich auch hervor, dass es nicht nur die Aufgabe der County Boards Of Elections ist, den Vollzug der New Yorker Wahlgesetze auf County-Ebene in Bezug auf den Wahlakt zu gewährleisten, sondern auch über das gesamte Wahlverfahren, etwa an Schulen, zu informieren.[1094]

1086 § 3–200 Nr. 1. Für die Countys der Stadt New York gilt eine abweichende Anzahl, vgl. ebda. Das State Board of Elections hat für die Bürger des Staates New York und sonstige Personen eine Liste mit Adressen der County Boards of Elections veröffentlicht: State of New York, State Board of Elections, County Board of Elections, August 7, 2012, http://www.elections.ny.gov:8080/reports/rwservlet?cmdkey=nysboe_roster (Stand: 7.8.2012). Auf http://www.elections.ny.gov/CountyBoards.html (Stand: 7.8.2012) findet man darüber hinaus eine Karte der Countys mit den County Bords of Elections und einer Weiterleitung auf die jeweilige Webpräsenz.

1087 § 3–200 Nr. 2 Satz 1.

1088 Vgl. dazu ausführlich § 3–204.

1089 § 3–200 Nr. 2 Satz 2.

1090 Vgl. nur § 3–212 Nr. 4 (a) Satz 1.

1091 § 3–212 Nr. 4 (b) (3).

1092 § 4–104 Nr. 1 Satz 1.

1093 Die Erstellung der Stimmzettel erfolgt nach den Vorgaben des State Board of Elections. Dies gilt etwa für die Farbeinteilung der Stimmzettel, vgl. § 7–114 Nr. 2 (h).

1094 Vgl. nur § 3–212 Nr. 4 (b).

cc) Die Parteiorganisation in New York im Hinblick auf die Kandidatenaufstellung: State Committee und County Committee als vom Gesetzgeber vorgegebene parteiinterne Organe

(1) Allgemeines

Das Wahlgesetz von New York enthält auch einen Abschnitt über die Parteiorganisation, die der Gesetzgeber für die Organisation der im Staat New York abzuhaltenden Wahlen für nötig erachtet.[1095] Wichtig für die Vorwahl zum Kongress (Repräsentantenhaus und Senat) ist die vorgeschriebene Einrichtung von Parteiausschüssen, den sogenannten Party Committees. Einzurichten haben die Parteien jeweils ein State Commitee[1096] und jeweils für eine County ein County Committee.[1097] Weitere Parteiausschüsse können die Parteien durch Satzungsrecht begründen; sie sind dazu aber ausdrücklich nicht verpflichtet. Die weiteren Vorschriften des Wahlgesetzes begrenzen sich auf allgemeine Anforderungen an die Zusammensetzung der genannten Parteiausschüsse und die Wahl ihrer Mitglieder, wie etwa die Bestimmung der Ausschussmitglieder durch eine direkte Vorwahl.[1098]

(2) State Committee

Beim State Committee handelt es sich um einen Parteiausschuss, dessen Existenz vom New Yorker Gesetzgeber als Teil der Parteiorganisation vorausgesetzt wird[1099], die kleineren Parteibezirke repräsentiert und von den Wählern in diesen Bezirken (Units) durch Wahl besetzt wird.[1100] Die Anzahl der Mitglieder pro Bezirk kann unterschiedlich sein, jedoch hat jedes Mitglied innerhalb seines Bezirks das gleiche Stimmrecht.[1101] Die Mitglieder des State Committees sind durch Vorwahl für eine zweijährige Amtszeit bestimmt.[1102] 15 Tage nach der Wahl hat das State Committee einen Vorsitzenden (Chairman), einen Schriftführer (Secretary) sowie einen Schatzmeister (Treasurer) zu wählen.[1103] Weitere Ämter können die Parteien durch Satzungsrecht einrichten.[1104]

1095 Zum Ganzen § 2-100 ff.
1096 Zur Bildung § 2-102.
1097 Zur Bildung § 2-103.
1098 § 2-106 Nr. 1.
1099 Vgl. § 2-100.
1100 § 2-102 Nr. 1, Satz 1.
1101 § 2-102 Nr. 1, Satz 2.
1102 § 2-106 Nr. 1 und Nr. 2.
1103 § 2-112 Nr. 1 Satz 1.
1104 Ebda.

Die Mitgliedschaft im State Committee richtet sich nach den Regelungen der Republikanischen Partei nach dem jeweiligen Wahlbezirk der Volksversammlung des Staates New York und daher nicht nach dem Kongresswahlbezirk auf Bundesebene. Wegen der unterschiedlichen Größe der Countys im Staat New York bei gleicher Größe der Wahlbezirke kann ein Wahlbezirk eine oder mehrere Countys sowie nur Teile von Countys umfassen. Die Satzung bestimmt daher, dass jede County sowie jeder Teil einer County mindestens zwei Mitglieder in das State Committee entsenden soll.[1105] Jedes Mitglied des State Committees muss zudem ein eingeschriebenes Mitglied der Republikanischen Partei im betreffenden Wahlbezirk sein.[1106]

Die Einteilung der Committee-Mitglieder nach Wahlbezirken der Volksversammlung des Staates New York ist wichtig für die Stimmengewichtung bei der Vornominierung zur Parteivorwahl: Die Satzung regelt in diesem Bereich die Stimmengewichtung und die Art der Stimmenabgabe in der Wahlversammlung des State Committees; die Regelungen decken sich weitgehend mit denen des Wahlgesetzes: Danach werden die Mitglieder aus den Wahlbezirken der Volksversammlung bei der Stimmengewichtung innerhalb der Wahlversammlung bevorzugt, in denen die Republikanische Partei mit ihrem Parteikandidaten bei den letzten Gouverneurswahlen besonderes erfolgreich war.[1107]

Die Zusammensetzung des State Committees der Demokratischen Partei richtet sich auch hier nach dem Wahlbezirk der Volksversammlung des Staates New York.[1108] Die Mitgliederzahl pro Wahlbezirk im State Committee richtet sich nach der Anzahl der Countys, wobei jeder Wahlbezirk mindestens zwei entsendet und damit mindestens zwei Stimmen im State Committee hat.[1109] Der Stimmenanteil erhöht sich, entsprechend der Anzahl der Countys, die ein Wahlbezirk umfasst; dabei müssen die Countys angemessen im Gremium, welches der Wahlbezirk in das State Committee entsendet, vertreten sein.[1110]

1105 Article 1 Rule 1 A Rules New York Republican.

1106 Article 1 Rule 1 B Rules New York Republican.

1107 Vgl. Article III Rules 1 und 2 Rules New York Republican.

1108 Article II Section 1 (b) Satz 1 Rules New York Democrats.

1109 Article II Section 1 Satz 2 Rules New York Democrats.

1110 Einzelheiten bei Article II Section 1 (c) Rules New York Democrats: Jede County und jeder Teil einer Countys entsenden zwei weitere Vertreter für den Wahlbezirk in das State Committee.

Im Bereich der Kandidatenaufstellung sieht die Satzung bei der Stimmengewichtung – abweichend von sonstigen Abstimmungen im State Committee[1111] und entsprechend den Vorgaben des Wahlgesetzes – eine abweichende Regelung vor: Die Anzahl der Stimmen richtet sich nach dem Stimmenanteil des Kandidaten der Demokratischen Partei bei der letzten Gouverneurshauptwahl in dem betreffenden Wahlbezirk. Je höher der Stimmenanteil in dem jeweiligen Wahlbezirk war, desto mehr Stimmen dürfen die Vertreter bei der Kandidatenaufstellung für die Hauptwahl oder für die Kandidatennominierung für eine möglicherweise notwendige Parteivorwahl abgeben: Als Grundregel gilt hier, dass jedem im State Committee vertretenen Wahlbezirk die gleiche Stimmenanzahl zusteht, wie Stimmen bei der letzten Gouverneurswahl in diesem Wahlbezirk auf den Parteikandidaten entfallen sind.[1112]

Entsprechend der Vertreteranzahl, die jedem Wahlbezirk wegen der unterschiedlichen Größe der Countys im State Committee zusteht, ist auch die Stimmenverteilung im State Committee für jeden einzelnen Vertreter nach einem in der Satzung festgelegten Schlüssel genau geregelt.[1113]

(3) County Committee

Neben dem angesprochenen State Committee haben die Parteien auch eine Vielzahl von County Committees zu bilden. Jedes County Committee hat, ebenso wie das State Committee, im Rahmen der vom Wahlrechtsgesetzgeber eingeräumten Autonomie seine eigenen Regelungen zu erlassen.[1114] Die Mitglieder des für jede County einzurichtenden County Committees werden für eine zweijährige Amtszeit durch direkte Vorwahl von den Parteimitgliedern in der County bestimmt.[1115]

1111 So ausdrücklich angesprochen in Article II Section 1 (b) Satz 2 Rules New York Democrats.

1112 Article VI Section 1 HS. 1 Rules New York Democrats.

1113 Einzelheiten der sehr ausführlichen Vorschrift: Article VI Section 1 HS. 2 Rules New York Democrats.

1114 Vgl. hier z. B. für das County Committee der Demokratischen Partei in der County Albany im Bundesstaat New York Rules of the Albany County democratic County Committee, as amended on April 26, 2006 [and as effective September 25, 2008], http://www.albanycountydems.org/images/stories/PDF/ACDCrules08withContentsB.pdf (Stand: 4.3.2013). Dadurch haben die County Committees nach der Einschätzung von *Zimmerman*, The Government and Politics of New York State, S. 55, einen weiten Spielraum, ihre Angelegenheiten selbst zu regeln.

1115 § 2–104 Nr. 1 Satz 1. Die Mitglieder des Albany Democratic Committees etwa werden alle zwei Jahre in einem Jahr mit einer geraden Jahreszahl gewählt, Article II, Section 1, Satz 1, Rules of the Albany County democratic County Committee.

Dafür und für weitere parteiinterne Wahlen wird der Staat New York von den Boards Of Elections, von denen in jedem County ein solcher unterstaatlicher Wahlausschuss (County Board Of Elections) zu bestehen hat,[1116] in besondere Wahlkreise eingeteilt, die anders als in anderen Staaten die Bezeichnung Election District tragen und die unterste Organisationseinheit der Parteien bilden.[1117] Sie sind damit nicht identisch mit den Wahlkreisen bei staatlichen Wahlen.[1118] Die Election Districts werden so eingeteilt, dass ein solcher nicht mehr als 950 registrierte Wahlberechtigte umfasst.[1119] Von dieser Höchstgrenze kann aber unter Zustimmung des jeweiligen County Boards Of Elections eine Ausnahme gemacht und die Höchstgrenze auf 1150 wahlberechtigte Wähler hochgesetzt werden; dann muss aber der Election District in Wahlbezirke eingeteilt werden.[1120] Sofern sich die genannte Höchstzahl zum Zeitpunkt einer staatlichen Wahl mindestens um 50 Wahlberechtigte verändert hat, sind die Election Districts in jedem Kalenderjahr bis zum oder am 15. Februar mit Wirkung zum 1. April oder – wenn in den Parteiuntergliederungen weitere Wahlen vor April durchgeführt werden müssen – mit sofortiger Wirkung von dem County Board Of Elections anzugleichen.[1121]

In jedem Election District, welcher in der County liegt, haben die Parteimitglieder mindestens zwei Repräsentanten für das County Committee zu bestimmen. Dabei handelt es sich aber nur um eine gesetzlich vorgegebene Mindestanzahl, weil ein County Committee durch seine Satzung bestimmen kann, dass noch weitere Mitglieder aus dem jeweiligen Election District in das County Committee entsendet werden können (Additional Members).[1122] Diese vom Gesetzgeber eingeräumte Möglichkeit richtet sich aber wiederum nach dem Stimmenanteil der Partei in den Election Districts bei der letzten staatlichen Gouverneurswahl, sofern der Gesetzgeber seit der letzten Wahl die Wahlbezirke nicht neu festgelegt hat,[1123] sonst an der nach der letzten Wahl zum einzelstaatlichen Repräsentantenhaus (Assembly) und,

---

1116 § 3–200 Nr. 1.

1117 § 4–100 Nr. 1; § 4–100 Nr. 2. In anderen Einzelstaaten werden die untersten Organisationseinheiten dann als Precinct bezeichnet, *Zimmerman,* The Gouvernement and Politics of New York State, S. 55.

1118 Die Grenzen dieser Wahlkreise sind jedoch bei der Einteilung ebenso zu beachten wie die bei großen und kleineren Städten, näher § 4–100 Nr. 3 a) Satz 1.

1119 § 4–100 Nr. 3 a) Satz 3. Im Einzelnen ist die Wahlkreiseinteilung sehr detailliert geregelt und kann hier nicht weiter ausgeführt werden, vgl. insgesamt § 4–100 Nr. 3.

1120 § 4–100 Nr. 3 a) Satz 3.

1121 § 4–100 Nr. 2; § 4–100 Nr. 4; § 4–100 Nr. 5 Satz 1.

1122 § 2–104 Nr. 1.

1123 Dazu § 4–100 Nr. 4.

sofern seit der Wahlkreisneueinteilung keine solche Wahl stattgefunden haben sollte, an der Quote der in den Wahlkreisen eingeschriebenen Parteimitglieder.[1124] Damit erhöht sich – jedenfalls bei Inanspruchnahme der genannten gesetzgeberischen Möglichkeit – auch hier das Gewicht der Vertreter aus den Wahlkreisen im County Committee, in denen die Partei besonders erfolgreich war oder in denen die Partei eine hohe Mitgliederanzahl aufweist.[1125]

20 Tage nach der Wahl hat jedes County Committee ebenfalls einen Vorsitzenden (Chairman), einen Schriftführer (Secretary) sowie einen Schatzmeister (Treasurer) zu wählen.[1126] Auch können hier die Parteien durch Satzungsrecht weitere Ämter einrichten.[1127] Insbesondere die Vorsitzenden der County Committees spielen bei der Ersatznominierung für die Nachwahl bei Ämtervakanz eines Repräsentanten im Repräsentantenhaus des Kongresses eine wichtige Rolle.

b) *Die Parteivorwahl*

aa) Anwendungsbereich bei öffentlichen Wahlämtern und Abgrenzung zu sonstigen Kandidatenaufstellungsverfahren

Nicht für jedes im Staat New York durch Wahl zu besetzende Wahlamt findet die Parteivorwahl Anwendung. Das Wahlgesetz differenziert hier nach dem in der Hauptwahl zu besetzenden Wahlamt. Die Nominierung von Parteikandidaten für staatsweite Ämter erfolgt im Staat New York grundsätzlich in einer Parteivorwahl, sofern sich mehrere Personen für die Kandidatur einer Partei bewerben.[1128] Parteivorwahlen finden darüber hinaus auch Anwendung auf sonstige Wahlämter im Staat New York auf allen Verwaltungsebenen.[1129] Partielle Ausnahmen gelten für Wahlämter auf kommunaler Ebene und für die Wahl der Mitglieder

---

1124 § 2–104 Nr. 1 Satz 1.

1125 Das Albany County Democratic Committee hat nach aktueller Rechtslage diese Möglichkeit nicht in Anspruch genommen, vgl. Article I, Section 4, Rules of the Albany County Democratic County Committee. Danach dürfen aus jedem Election District nur jeweils zwei Vertreter gewählt werden.

1126 § 2–112 Nr. 1 Satz 1.

1127 Ebda.

1128 § 6–160 Nr. 1. Im Übrigen wählt der Gesetzgeber für Wahlvorschläge für die Hauptwahl den Begriff „Nomination“, für Vorwahlvorschläge verwendet er dagegen den Begriff „Designation“, vgl. die Begriffsdefinitionen in § 1–104 Nr. 7 und § 1–104 Nr. 11. Im Folgenden wird auf diese gesetzgeberische Begriffsdifferenzierung nicht weiter eingegangen, weil sie für die weitere Untersuchung als nicht fruchtbar angesehen wird.

1129 § 6–110.

des Obersten Gerichtshofes; ausgeschlossen ist die Parteivorwahl hingegen bei unabhängigen Wahlvorschlägen.

Auf kommunaler Ebene finden Parteivorwahlen grundsätzlich auch in Städten (Towns) sowie kleineren Ortschaften (Villages) für die dort zu besetzenden Wahlämter statt. Hier sind aber Unterschiede zu beachten, die sich in der gesteigerten Satzungsautonomie der Parteien widerspiegeln: In Städten mit mehr als 750.000 Einwohnern schreibt das Wahlgesetz wie auf staatlicher Ebene zwingend Parteivorwahlen für die Kandidatenaufstellung der dort zu besetzenden Wahlämter vor.[1130] In kleineren Städten mit weniger Einwohnern sowie in kleineren Ortschaften kann die Partei selbst bestimmen, ob sie Vorwahlen oder Wahlversammlungen (Caucus) für die Kandidatennominierung durchführt;[1131] zuständig für die Normsetzung ist dann aber nicht die staatliche, sondern die unterstaatliche Organisation der Parteien, die genannte Aufgabe obliegt dann in jedem Fall dem jeweilige County Committee.[1132] Parteilose Vorwahlen finden im Staat New York nicht statt.

Für die Kandidatenaufstellung zur Wahl der Mitglieder des Obersten Gerichtshofes gilt ein besonderes Verfahren, welches eine direkte Vorwahl ausschließt: Hier obliegt die Kandidatennominierung einer besonderen Delegiertenversammlung der Partei (Judicial District Convention),[1133] wobei die Delegierten, die dann den Kandidaten aufstellen, durch Vorwahl bestimmt werden.[1134]

bb) Die Kandidatenaufstellung für die Parteivorwahl

(1) Das allgemeine Vorschlagsrecht: Die Designation Petitions

Grundsätzlich sieht der Gesetzgeber ein individuelles Vorschlagsrecht vor. Das Wahlgesetz des Staates New York räumt den für die jeweilige Partei eingeschriebenen Parteimitgliedern die Möglichkeit ein, neben dem sogleich zu behandelnden innerparteilichen Wahlverfahrens im State Committee bei staatsweiten Wahlämtern, für diese[1135] sowie für die sonstigen Wahlämter,[1136] weitere Personen für die Bewerbung in der Vorwahl vorzuschlagen. Diese Möglichkeit der direkten und individuellen Einflussnahme auf die Kandidatenaufstellung hat der Gesetzgeber ausführlich geregelt: Zunächst muss es sich bei der vorschlagenden

---

1130 § 6–108 Nr. 1 Satz 1.

1131 § 6–108 Nr. 1 Satz 2 (Towns); § 6–202 Nr. 1 Satz 1 (Villages).

1132 Ebda.

1133 § 6–106.

1134 Näher zur Besetzung und zum Verfahren § 6–124; § 6–126.

1135 § 6–104 Nr. 5.

1136 § 6–118.

sowie bei der vorgeschlagenen Person grundsätzlich, aber nicht ausschließlich um Mitglieder der Partei handeln, für die der Kandidatenvorschlag bei der Wahlbehörde eingereicht wird.[1137]

Anders als im innerparteilichen Wahlverfahren im State Committee ist es hier zudem möglich, einen Bewerber für mehrere öffentliche Wahlämter zu nominieren, wobei dann verschiedene Petitionen getrennt bei der jeweilig zuständigen Wahlbehörde eingereicht werden sollten.[1138] Neben der vorgeschlagenen Person hat der Vorschlagende drei weitere wahlberechtigte Personen zu benennen, die zum Zwecke der Ersatzwahl einen Ausschuss bilden, um einen Ersatzkandidaten für die Vorwahl zu bestimmen.[1139] Im Übrigen hat der New Yorker Gesetzgeber die notwendigen Angaben auf der Petition und weitere Verfahren sehr detailliert geregelt.[1140] Dies gilt auch für die Form des Petitionsdokuments.[1141] Letztlich macht das Wahlgesetz auch wörtliche Vorgaben, welche Angaben sich auf dem amtlichen Dokument für die Petition bezüglich des Antragstellers und der verschlagenen Kandidaten[1142] befinden müssen.

Für die Vorwahl zum Repräsentantenhaus der Vereinigten Staaten müssen in dem betreffenden Kongresswahlbezirk mindestens 5 % der eingeschriebenen Wähler der Partei, die ihren Wohnsitz in dem Kongresswahlbezirk haben, den Bewerber durch Unterschrift unterstützen, wobei hier die Obergrenze von maximal 1250 Unterstützern gilt.[1143] Die Anmeldung von individuellen Vorwahlvorschlägen ist fristgebunden. Die Petition darf nicht früher als der zehnte Montag und nicht später als der neunte Dienstag vor der Vorwahl zur Prüfung bei der für den Wahlbezirk zuständigen Wahlkommission eingereicht werden.[1144]

Die Zustimmung des qualifizierten Bewerbers zur Kandidatur in der Vorwahl wird zunächst nicht eingeholt. Erst wenn der Bewerber die Vorwahl gewonnen hat, muss er die Parteikandidatur nach Aufforderung durch die zuständige staatliche Stelle annehmen oder ablehnen.[1145] Eine Teilnahmegebühr, wie sie in anderen Einzelstaaten vorgeschrieben ist, ist im Staat New York vom Wahlbewerber nicht zu

1137 Allgemein § 6–120 Nr. 1. Für staatsweite Ämter § 6–104 Nr. 5.

1138 § 6–134 Nr. 1.

1139 Vgl. dazu näher § 6–134 Nr. 8.

1140 Auf die Details kann hier im Hinblick auf die Zielsetzung der Untersuchung nicht weiter eingegangen werden, vgl. näher § 6–134 Nr. 2–13.

1141 Vgl. die sehr ausführliche Vorschrift des § 6–132.

1142 §§ 6–130; 6–132 Nr. 1.

1143 § 6–136 Nr. 2 g).

1144 § 6–158 Nr. 1.

1145 § 6–146 Nr. 3.

entrichten. Die Möglichkeit für einen Bewerber, sich selbst für die Parteikandidatur vorzuschlagen, sieht das New Yorker Vorwahlrecht hingegen nicht vor.

Diejenigen Bewerber, die die vorgenannten Voraussetzungen erfüllen, werden für die Vorwahl der betreffenden Partei zugelassen und treten bei der Kandidatenaufstellung zum Senat gleichberechtigt gegen den Bewerber der Parteiführung und die sonstigen Bewerber, die im ordentlichen Verfahren im Rahmen der innerparteilichen Wahlversammlung im State Committee das entsprechende Quorum an Stimmen erreicht haben, in der Parteivorwahl an.[1146] Bei der Kandidatenaufstellung für die Wahl zum Repräsentantenhaus findet ebenfalls eine Parteivorwahl statt.[1147]

(2) Das besondere Vorschlagsrecht: Das Preprimary Endorsement und die Challenge Primary

Der Gesetzgeber unterscheidet bei der Kandidatenaufstellung und dem Anwendungsbereich der Parteivorwahl grundsätzlich nach den in der Hauptwahl zu besetzenden Wahlämtern, was sich wiederum nach dem jeweiligen Wahlgebiet richtet. Bei der Kandidatenaufstellung für die Parteivorwahl für den Senat als staatsweites Wahlamt sieht er, neben dem bereits dargestellten, zusätzlich ein besonders ausgestaltetes Vorschlagsrecht vor, das sich durch zwei Merkmale auszeichnet. Das erste Merkmal ist allgemeiner Natur und richtet sich auf das Vorschlagsrecht an sich, welches zugunsten der Pateiorganisation ausgestaltet ist und als Preprimary Endorsement[1148] bezeichnet wird. Dieses Merkmal findet sich auch auf anderer Nominierungsebene einer Partei. Dieses Vorschlagsrecht steht im Spannungsfeld zur Ausgestaltung des New Yorker Vorwahlrechts bei staatsweiten Wahlämtern als Challenge Primary, die unter bestimmten Voraussetzungen die Teilnahme weiterer Bewerber als solcher der Parteiorganisation an der Parteivorwahl zulässt, die dann aber nicht mehr auf das im Wahlgesetz normierte Unterschriftenquorum angewiesen sind.

Das Recht für die Nominierung der Partei in der Vorwahl zum Senat der Vereinigten Staaten obliegt grundsätzlich dem State Committee der Partei[1149], das aber nicht befugt ist, einen Bewerber für mehr als ein staatsweites Wahlamt zu nominieren.[1150] Die Versammlung des State Committees zur Wahl der Bewerber

1146 § 6–160 Nr. 1.

1147 § 6–110.

1148 Bibby, Politics, Parties, and Elections in America, S. 169.

1149 § 6–104 Nr. 1.

1150 § 6–104 Nr. 8.

für die Vorwahl der jeweiligen Partei darf nicht früher als 21 Tage vor Beginn der Frist zur Einreichung von Vorwahlvorschlägen bei der zuständigen Wahlkommission, dem Board Of Elections, aber nicht später als nach dem ersten Tag des vorgenannten Fristbeginns stattfinden.[1151] Gewählt für die Parteikandidatur ist die vorgeschlagene Person, die bei der Wahl im State Committee die meisten Stimmen erhalten hat.[1152] Besonders zu beachten ist hier die Stimmengewichtung innerhalb der Wahlversammlung: Das Wahlgesetz schreibt vor, dass die Mitglieder aus den unteren Parteibezirken mehr Stimmen abgeben dürfen, in denen die jeweilige Partei bei der letzten Gouverneurswahl besser abgeschnitten hat; der Gesetzgeber orientiert sich hier am Stimmengewinn der Partei in den einzelnen Parteibezirken.[1153] Die Regelung der genauen Stimmenverteilung bleibt aber den Parteien vorbehalten.[1154] Findet keine Vorwahl statt, so muss das gewählte Parteimitglied, sofern es nicht als Parteikandidat in der Hauptwahl antreten will, die Parteikandidatur unverzüglich und ausdrücklich durch Erklärung gegenüber der Wahlbehörde ablehnen.[1155] Das Schweigen des nominierten Parteimitglieds gilt hier also nicht als Ablehnung, sondern als Annahme der Kandidatur. Nach Eingang der Erklärung muss die Wahlbehörde das State Committee auffordern, einen Ersatzkandidaten zu nominieren und zugleich die zuständigen staatlichen Stellen informieren, die für die Erstellung des Wahlzettels zuständig sind.[1156]

Alle anderen im State Committee vorgeschlagenen Personen haben ebenfalls die Möglichkeit, als Bewerber an der dann notwendigen Vorwahl teilzunehmen, wenn die jeweilige Person bei der Wahlversammlung mindestens 25 % der Stimmen bei der Wahl des State Committees auf sich vereinigt. Sie hat ihre Teilnahme an der Parteivorwahl mindestens 7 Tage nach der parteiinternen Wahl gegenüber der Wahlbehörde des Staates New York zu erklären. Die sonstigen Bewerber können jedoch ihre Teilnahme an der Vorwahl noch bis 14 Tagen nach der Wahl im State Committee gegenüber der zuständigen Wahlbehörde widerrufen.[1157] Spätestens 4 Tage nach der Wahl muss das State Committee der Wahlbehörde das Ergebnis mitteilen.[1158] Inhalt dieser Meldung ist die Mitteilung, welche Bewerber

1151 § 6–104 Nr. 6.

1152 § 6–104 Nr. 2, Satz 1. Die Regelung ist aber durch Erlass entsprechender Parteiregelungen abdingbar.

1153 § 6–104 Nr. 4 Satz 1.

1154 § 6–104 Nr. 4 Satz 2.

1155 § 6–146 Nr. 1 HS. 1.

1156 § 6–146 Nr. 2.

1157 Vgl. § 6–104 Nr. 2, Satz 2, 3.

1158 § 6–104 Nr. 7, Satz 1.

den notwendigen Stimmenanteil bei der Wahlversammlung erreicht und sich damit für die Vorwahl qualifiziert haben.[1159]

(3) Das weitere Verfahren: Das Einreichen der Vorwahlvorschläge bei der Wahlkommission und die besondere Frist für die Ersatzkandidatur für die Parteivorwahl

Den Abschluss der Kandidatenaufstellung für die Parteivorwahl bildet hier die fristgerechte Einreichung der Vorwahlvorschläge bei der zuständigen Wahlkommission.[1160] Bei der Kandidatenaufstellung zum Repräsentantenhaus der Vereinigten Staaten von Amerika handelt es sich um eine Wahl, deren Wahlbezirke sich über mehrere Countys des Staates New York erstrecken.[1161] Daher müssen nach den Bestimmungen des Wahlgesetzes sämtliche Kandidatenvorschläge von der Parteiorganisation sowie von sonstigen Parteimitgliedern beim State Board Of Elections eingereicht werden,[1162] welches dann die Aufgabe hat, die Vorwahlvorschläge auf die vorgenannten Voraussetzungen (z.B. auf das Stimmenerfordernis im Rahmen der parteiinternen Wahlversammlung im State Committee) zu prüfen. Sodann hat das State Board Of Elections die Aufgabe, dem jeweiligen County Board Of Elections, das für die lokale Organisation der Wahl zuständig ist, eine amtliche Mitteilung zu übersenden, aus der die notwendigen Angaben, die für die Erstellung des Vorwahlzettels notwendig sind, hervorgehen. Dabei handelt es sich z.B. um den Namen des Bewerbers, die Partei, in deren Vorwahl er kandidiert, und auch das staatliche Wahlamt, für das sich der Bewerber letztlich bewirbt.[1163]

Stellt eine Partei durch ihre Parteiorganisation einen Kandidaten für die Hauptwahl ohne Vorwahl auf, weil er der einzige Bewerber war oder andere Bewerber die vorgenannten Voraussetzungen nicht erfüllt haben, so hat sie eine amtliche Bescheinigung (Certification) zur Vorlage bei der Wahlkommission zu erstellen, an deren Form das Wahlgesetz besondere Anforderungen knüpft: Aus dem Dokument muss sich der Name des Bewerbers, seine Adresse, das

---

1159 § 6–104 Nr. 7a).

1160 Bei der Nominierung durch die Parteiorganisation gilt eine Frist von 4 Tagen nach der Nominierungsversammlung im State Committee der nominierenden Partei, vgl. § 6–104 Nr. 7. Handelt es sich um einen individuellen Vorwahlvorschlag, so räumt der Gesetzgeber den Initiatoren eine Frist von 9 Wochen ein, vgl. § 6–158 Nr. 1.

1161 Vgl. Congressional Districts, 112th congress (January 2010 – January 2013), http://nationalatlas.gov/printable/images/pdf/congdist/pagecgd112_ny.pdf (Stand: 17.7.2012).

1162 § 6–144 Satz 1 HS. 2.

1163 § 4–110 Satz 1.

angestrebte Wahlamt, für das er sich in der Hauptwahl bewirbt, und die etwaige Ersatzkandidatur ergeben und es muss vom Vorsitzenden und vom Schriftführer der nominierenden parteiinternen Körperschaft, also im Regelfall des State Committees, unterzeichnet sein.[1164] Hat nicht das State Committees, sondern davon abweichend eine andere parteiinterne Körperschaft oder Institution den Kandidaten – insbesondere den Ersatzkandidaten – aufgestellt, so schreibt das Wahlgesetz zudem die Übermittlung der einschlägigen Parteiregelungen im Anhang vor, nach denen die Partei den Bewerber für die Vorwahl aufgestellt hat.[1165]

Auch wenn die Vorwahlvorschläge frist- und formgerecht bei der Wahlkommission eingereicht werden, kann der Fall eintreten, dass ein Vorwahlkandidat nicht an der Vorwahl teilnehmen kann. Dies betrifft unter anderem den Umstand, dass er verstorben ist, die Nominierung für die Vorwahl nicht angenommen hat[1166] oder von der Teilnahme an der Vorwahl ausgeschlossen ist. Das Wahlgesetz sieht im Übrigen für einen solchen Fall eine besondere Frist für die Einreichung eines Ersatzkandidatenvorschlags für die Vorwahl vor: Wird die Ersatzkandidatur etwa wegen des Todes des Bewerbers oder seiner Disqualifikation notwendig, so hat die Partei bis 4 Tage vor der Vorwahl Zeit, gegenüber der Wahlkommission einen Ersatzkandidaten zu benennen.[1167] Hat der Bewerber die Vorwahlnominierung abgelehnt, so endet für die Partei die Frist für die Nachnominierung am vierten Tag nach dem Ablauf der Frist zur Ablehnung von Nominierungen.[1168]

Der Name des neuen Vorwahlbewerbers erscheint aber dann nicht auf dem Vorwahlzettel, wenn die Umstände, die eine Ersatznominierung notwendig gemacht haben, nach 12 Uhr (Noon) am siebten Tag vor der Vorwahl und vor der Schließung der Wahllokale eintreten: Danach bleibt die Erscheinungsform des Vorwahlzettels unverändert und die Stimmen für den betroffenen Bewerber werden gezählt; eine Nachnominierung nach den Regeln des Wahlgesetzes oder der Partei hat nach Fristablauf nur dann stattzufinden, wenn der Bewerber die Vorwahl gewinnt, für den ein Ersatzkandidat aus den genannten Gründen notwendig ist.[1169] Die Nachwahl erfolgt in diesem Fall – sofern nicht bereits geschehen – wie auch bei der Ersatznominierung vor der Vorwahl durch das State

1164 § 6–156 Satz 1.
1165 § 6–156 Satz 2.
1166 § 6–146 Nr. 4 Satz 1 und 2.
1167 § 6–158 Nr. 3 Satz 2.
1168 § 6–158 Nr. 3. Satz 1.
1169 § 6–152.

Committee der Partei oder einer anderen parteiinternen Körperschaft, die durch Parteiregeln festgelegt werden kann.[1170]

cc) Das Verfahren der Parteivorwahl

(1) Registration und Enrollment

Allgemein stellt sich zunächst die Frage, wer in den Vorwahlen wahlberechtigt ist. Nach der Rechtsprechung des Supreme Courts der Vereinigten Staaten ist jeder Bürger, der das aktive Wahlrecht besitzt, zugleich berechtigt, an der Kandidatennominierung in den Vorwahlen teilzunehmen.[1171] An der Nominierung der Kandidaten kann daher grundsätzlich – analog zur Wahlberechtigung für die sich der Vorwahl anschließenden Hauptwahl – jeder im Staate New York wahlberechtigte Bürger teilnehmen. Daraus ergibt sich aber nicht die Konsequenz, dass die wahlberechtigten Bürger an jeder Vorwahl teilnehmen dürfen, sondern nur, dass sie überhaupt die Möglichkeit haben, an der Kandidatennominierung als solcher teilzunehmen. Daraus folgt, dass der einzelstaatliche Gesetzgeber befugt ist, Einschränkungen bei der Teilnahme an der Vorwahl vorzunehmen; im Fall der Kandidatenaufstellung für das Repräsentantenhaus der Vereinigten Staaten in einer Parteivorwahl hat der einzelstaatliche Gesetzgeber von dieser Möglichkeit Gebrauch gemacht.

Aktiv wahlberechtigt sind für eine Parteivorwahl im Staate New York nach den Regeln des Wahlgesetzes die Parteimitglieder der jeweils die Kandidaten aufstellenden Partei.[1172] Notwendig für die Teilnahmeberechtigung an der Parteivorwahl ist, dass sich der interessierte Vorwähler für die Vorwahl seiner Partei fristgerecht registriert (Registration) und für die Partei auch eingeschriebenes Mitglied (Enrollment) ist. Zum Nachweis der Parteiverbundenheit sieht das New Yorker Wahlgesetz zudem eine besondere Erklärung des Vorwählers vor. Das passive Wahlrecht in der Parteivorwahl richtet sich, entsprechend ihrem Anwendungsbereich als Kandidatenaufstellungsverfahren, nach dem in der Hauptwahl.[1173]

1170 § 6–148 Nr. 3.

1171 Diese Berechtigung folgt aus dem in der Bundesverfassung angelegten Prinzip der Volkssouveränität, Gray v. Sanders, 372 US 368, 380 (1968).

1172 Vgl. schon die Legaldefinition in § 1–104 Nr. 9. Die Parteien können jedoch durch Erlass entsprechender Regelungen das aktive Wahlrecht in der Parteivorwahl auf Nichtmitglieder ausweiten.

1173 Vgl. auch die negative Formulierung in § 6–122: Danach muss es sich um einen Bürger des Staates New York handeln, der für das angestrebte Wahlamt passiv wahlberechtigt ist. Die Voraussetzungen müssen zum Zeitpunkt der Wahl erfüllt sein. Das Wahlgesetz sieht nur bei der Kandidatenaufstellung im Bereich der Judikative eine Ausnahme vor: Wenn es sich bei dem Wahlamt um ein Richteramt handelt, so räumt der Gesetzgeber dem Bewerber hier eine Frist von 30 Tagen zur Erfüllung der Voraussetzung ein.

(2) Das Registrierungsverfahren für die Vorwahl und für die Partei – In Person Registration

Die Registrierung für die Vorwahl einer Partei erfolgt grundsätzlich beim jeweiligen County Board Of Elections,[1174] also bei der örtlich zuständigen Wahlkommission. Wählt der interessierte Vorwähler die Registrierungsmöglichkeit beim County Board Of Elections, so kann er an jedem Tag, außer am Tag der Wahl, sich zu den Bürozeiten für eine Parteivorwahl registrieren, sofern er die vom Wahlgesetz vorgesehene Frist zur Registrierung einhält.[1175] Die Registrierungsformulare werden – sofern es sich wie hier um die Kandidatenaufstellung für ein staatsweites Wahlamt handelt – vom State Board Of Elections erstellt. Dabei ist die Wahlkommission aber an das einschlägige Bundeswahlrecht und an die Vorgaben des New Yorker Wahlgesetzes gebunden.[1176]

Für eine Parteivorwahl kann sich grundsätzlich jeder Bürger der Vereinigten Staaten registrieren, der im Registrierungsjahr das 18. Lebensjahr spätestens bis zum 31. Dezember vollendet sowie seit wenigstens 30 Tagen vor der Vorwahl seinen Wohnsitz im Staat New York hat. Bei einer Registrierung für eine Parteivorwahl muss er sich zudem für eine Partei registrieren.[1177] Das einzelstaatliche Vorwahlrecht von New York schreibt aber nicht zwingend vor, dass nur die registrierten Parteivorwähler an der jeweiligen Parteivorwahl teilnehmen dürfen, sondern räumt den Parteien die Möglichkeit ein, durch Erlass entsprechender Regelungen auch Nichtmitglieder zur Vorwahl zuzulassen.[1178]

Umgekehrt darf man nicht auf Grundlage eines begangenen Verbrechens eine rechtskräftig angeordnete Gefängnisstrafe absitzen, nicht wegen einer Geisteskrankheit geschäftsunfähig sein sowie nicht seinen Wohnsitz entsprechend geändert haben, so dass man die vorgenannten Voraussetzungen nicht

1174 § 5–210 Nr. 1.

1175 § 5–210 Nr. 1.

1176 § 5–210 Nr. 5 Satz 1. In Satz 2 sind die Angaben, die das Formular enthalten muss, aufgelistet.

1177 Vgl. im Allgemeinen die Vorschriften der § 5–100 ff. (Wahlregistrierung) sowie im Besonderen für die Parteiregistrierung solche der § 5–300 ff. (Parteiregistrierung – Enrollment).

1178 § 5–210 Nr. 5 (f): „in order to vote in a primary election of a political party, a voter must enroll in that political party, unless state party rules allow otherwise."

mehr erfüllt.[1179] Dann ist man von der Vorwahlregistrierung ausgeschlossen und daher nicht wahlberechtigt; das State Board Of Elections ist ausdrücklich zum Ausschluss (Disqualification) befugt.[1180]

Die an der Parteivorwahl interessierten Parteivorwähler müssen die vollständigen Registrierungsunterlagen spätestens bis zum 25. Tag vor einer Parteivorwahl im Büro des lokalen Boards Of Elections[1181] einreichen, um an der Parteivorwahl teilnehmen zu können.[1182] In der Registrierungserklärung muss der Vorwähler unter anderem[1183] auch erklären, in welcher Vorwahl er über die Kandidatennominierung abstimmen will; er muss also seine Parteizugehörigkeit – anders als bei der Registrierung für die Hauptwahl – angeben.[1184] Mit dem gleichen Formular kann man sich auch als Parteiwähler registrieren; Partei- und Vorwahlregistrierung fallen im Staat New York damit zusammen. Letztlich muss der Vorwähler im Registrierungsformular eine Erklärung abgeben, dass die gemachten Angaben der Wahrheit entsprechen.[1185]

(3) Das Registrierungsverfahren bei nicht im Wahlbezirk anwesenden Wahlberechtigten – Mail Registration

Es ist auch für abwesende Wahlberechtigte möglich, sich für eine Parteivorwahl zu registrieren, ohne persönlich im Büro des zuständigen Boards Of Elections oder einer anderen Registrierungsstelle zu erscheinen. Dafür muss der Wahlberechtigte zunächst das Registrierungsformular auf postalischem Wege beantragen; Empfänger der Mitteilung ist das Büro des Boards Of Elections,[1186] welches

---

1179 § 5–102 Nr. 1; Die Parteimitgliedschaft erwähnt auch die Ausführungsvorschrift § 6217.5 (a): „and if required, be enrolled in a political party." Vgl. zu den genannten Ausschlusstatbeständen § 6217.5 (a) (2).

1180 § 6217.5. (a) (2).

1181 Das Wahlgesetz räumt dem Wähler weitere Möglichkeiten zur (Vor-)Wahlregistrierung ein, die hier nicht weiter behandelt werden. Siehe auch die detaillierten Regelungen in § 5–211 f.

1182 § 5–210 Nr. 3 Satz 1. Im Wahljahr 2012 endete daher die Registrierungsfrist für die Vorwahlen zum Kongress der Vereinigten Staaten am 1.6.2012, wenn man den 26.6.2012 als Vorwahltermin zugrunde legt.

1183 Vgl. zu den Nachweisen, die der Vorwähler erbringen muss, und den sonstigen Elementen des Registrierungsformulars, § 5–210 Nr. 5.

1184 § 5–210 Nr. 5 (f).

1185 Unwahre Angaben werden vom Staat New York mit einer Geldstrafe i.H.v. 5000 US-$ sowie bzw. alternativ mit einer Freiheitsstrafe mit bis zu vier Jahren bestraft, § 5–210 Nr. 5 Satz 2 (k), (xi).

1186 § 5–210 Nr. 1.

dann das Formular an den Wahlberechtigten versenden muss.[1187] Hat sich der Wahlberechtigte bereits in der Vergangenheit für eine Parteivorwahl registriert und handelt es sich bei der Registrierung um die Änderung der Adresse des Wohnsitzes des Wahlberechtigten, so hat das Board Of Elections Informationsmaterial beizufügen, aus dem hervorgeht, dass die Adressänderung den anderen Boards Of Elections gemäß den Bestimmungen des Wahlgesetzes[1188] mitgeteilt werden.[1189] Das Registrierungsformular muss dem zuständigen Board Of Elections spätestens am 20. Tag vor dem Vorwahltermin auf postalischem Wege zugehen.[1190]

(4) Korrektur der Registrierung und Fehler im Registrierungsverfahren – Verfahren und Fristen

Handelt es sich um eine wiederholte Teilnahme an einer Vorwahl, hat sich aber die Parteizugehörigkeit des Wähler zwischenzeitlich geändert oder ist er inzwischen parteilos geworden, so hat der Betroffene bis 25 Tage vor der Vorwahl Zeit, die Registrierung entsprechen zu ändern.[1191] Bis 20 Tage vor der Vorwahl hat der Wähler zudem die Möglichkeit, eine eingetretene Namens- oder Adressänderung dem County Board Of Elections bekannt zu geben.[1192] In beiden Fällen erfolgt die Änderung durch das vorgenannte Registrierungsverfahren[1193], d.h., der Wähler muss lediglich das Registrierungsformular nochmal ausfüllen; das Formular selbst enthält entsprechende Angaben.[1194] Ist dem Wähler bei Registrierung ein Fehler unterlaufen, so hat er gegenüber dem zuständigen County Board Of Elections bis 25 Tagen[1195] vor einer Vorwahl eine entsprechende Erklärung abzugegeben, damit der Fehler rechtswirksam für die Vorwahl korrigiert werden kann.[1196] Hat sich der Wähler im falschen Wahlbezirk registriert,

---

1187 § 5–210 Nr. 2 (a) Satz 1–2; § 5–210 Nr. 2 (b).

1188 § 5–402 Nr. 4.

1189 § 5–210 Nr. 2 (b).

1190 § 5–210 Nr. 3 Satz 2. Die Frist ist nach dieser Vorschrift auch gewahrt, wenn die Poststelle den Brief spätestens am 25. Tag vor dem Vorwahltermin abgestempelt hat.

1191 § 5–208 Nr. 4 i.V.m. § 5–304 Nr. 3 Satz 1.

1192 § 5–208 Nr. 3. Zudem sind die Wahlkommission sowie die weiteren Anlaufstellen dazu verpflichtet, die Daten der Wähler durch entsprechende Datenabgleiche mit anderen staatlichen Stellen aktuell zu halten. Zum Ganzen ausführlich § 5–708.

1193 Das Gegenteil ist das sogenannte Einwendungsverfahren, bei dem nicht präventiv, sondern repressiv, also nach dem Wahlgang, die Parteizugehörigkeit festgestellt wird, vgl. dazu bereits *Magiera*, Vorwahlen, S. 76.

1194 § 5–210 Nr. 5 (a).

1195 § 5–306 Nr. 3 Satz 2.

1196 Zum gesamten Verfahren ausführlich § 5–306.

so kommt es darauf an, ob der Wahlbezirk, in dem der Wähler wahlberechtigt wäre, dem Zuständigkeitsbereich des County Boards Of Elections untersteht, bei dem sich der Wähler registriert hat. Ist dies der Fall, so erfolgt die Korrektur von Amts wegen; ist dies nicht der Fall, wird seine Registrierung aufgehoben. In beiden Fällen wird der Wähler amtlich benachrichtigt; im Falle der Aufhebung der Registrierung ist diese Benachrichtigung begründungsbedürftig. Eine Liste der korrigierten und aufgehobenen Registrierungen ist im Büro der lokalen Wahlkommission auszulegen sowie bis spätestens 7 Tage vor dem Vorwahltermin dem Vorsitzenden jeder Partei mitzuteilen.[1197] Eine Vorwahlregistrierung kann schließlich auch von Gesetzes wegen durch die Wahlkommission aufgehoben werden, etwa wenn der registrierte Wähler seinen Wohnsitz in einen anderen Wahlbezirk verlegt hat.[1198]

(5) Der Abschluss der Registrierungsphase

Die County Boards Of Elections haben, nach Abschluss der Registrierungsphase, die Aufgabe, für jeden Wahlbezirk eine Registrierungsliste, aus der sich die Anzahl der registrierten Vorwähler nach Parteizugehörigkeit ergibt, zu veröffentlichen.[1199] Es müssen von jeder Vorwahlregistrierung zwei Dokumente, die jeweils anders eingefärbt sind[1200], erstellt werden, auf denen der Name, die Adresse und die sonstigen für die ordnungsgemäße Wahl notwendigen Informationen[1201] – wie etwa die entsprechenden Daten zur Parteizugehörigkeit[1202] – enthalten sind. Ein Exemplar – es trägt die amtliche Bezeichnung „central registration poll record"[1203] – verbleibt im Büro des zuständigen Boards Of Elections, das andere, mit der Bezeichnung „registration poll record"[1204], wird an das Wahllokal, bei dem der Vorwähler gemäß seinen Angaben zur Stimmabgabe berechtigt ist, zur ordnungsgemäßen Durchführung der Wahl für jede Vorwahl übermittelt; zwischen den Wahlgängen bleibt das Dokument im Büro des Boards Of Elections.[1205]

1197 Vgl. zum Verfahren § 5–226.
1198 Für die weiteren Fallgruppen vgl. § 5–400 Nr. 1.
1199 § 5–604 Nr. 1.
1200 § 5–500 Nr. 1 Satz 5.
1201 Diese sowie die weiteren Bestandteile sind in § 5–500 Nr. 4 Satz 2 genau aufgelistet.
1202 § 5–500 Nr. 4 Satz 2 (m).
1203 § 5–500 Nr. 1 Satz 4.
1204 § 5–500 Nr. 1 Satz 2.
1205 § 5–500 Nr. 1 Satz 1–4.

(6) Der Vorwahltermin und das Verfahren im Wahllokal

Der Wahltermin für die Vorwahlen für die Kandidatenaufstellung für staatsweite Wahlämter, die aber nicht im Rahmen der Nominierung von Delegierten für die Nominierung von Präsidentschaftskandidaten der Parteien abgehalten werden, legt das New Yorker Wahlgesetz grundsätzlich für den ersten Dienstag nach dem zweiten Montag im September vor jeder Hauptwahl fest, wobei dieser Vorwahltermin durch Gesetz abgeändert werden kann.[1206] Für alle im Staat New York abgehaltenen Vorwahlen der vorgenannten Art gilt ein einheitlicher Wahltermin. Am Vorwahltermin kann der Wähler dann im Wahllokal erscheinen und sich als registrierter Wähler vor den beiden Wahlhelfern, die jeder einer anderen Partei angehören müssen, mit der Nennung seines Namens und seines Wohnsitzes sowie durch eigenhändige Unterschrift legitimieren. Seine Angaben sowie die Unterschrift werden sodann von den Wahlhelfern anhand der im Wahllokal vorliegenden Registration Poll Record geprüft und von diesem gegengezeichnet – eine Ausweispflicht sieht das Wahlgesetz nicht vor. Sodann erhält der Wähler die Erlaubnis zu wählen.[1207]

(7) Die allgemeine Erscheinungsform des Vorwahlstimmzettels

Im nächsten Schritt wird dem Vorwähler der Vorwahlstimmzettel der Partei, für deren Vorwahl er sich in der Vorbereitungsphase registriert hat, ausgehändigt. Zur Unterscheidung sind die Vorwahlstimmzettel der Parteien jeweils anders eingefärbt; wird zudem eine neue Partei zu den Vorwahlen zugelassen, so hat das State Board Of Elections die Farbe für den Vorwahlzettel der neuen Partei festzulegen

1206 § 8-100 (a) Satz 1. Im Wahljahr 2012 fanden die Vorwahlen für den Kongress der Vereinigten Staaten, nicht aber für die Delegiertenbestimmung im Rahmen der Kandidatenaufstellung für die Präsidentschaftswahl sowie für die sonstigen Vorwahlen auf einzelstaatlicher Ebene, abweichend am 26.6.2012 statt, also am vierten Dienstag im Juni. Festgelegt hat diesen Vorwahltermin das US-Bezirksgericht in New York, um die vom Bundesrecht vorgesehene rechtmäßig fristgerechte Auszählung von Briefwahlstimmen, hier von Soldaten der Streitkräfte der Vereinigten Staaten vom Amerika, sicherzustellen, vgl. U.S. v. State of New York, 2012 WL 254263 (N.D.N.Y.), January 27, 2012, S. 3.

1207 § 8-302 Nr. 1 und 2; § 8-304 Nr. 1. Das Wahlgesetz regelt sehr ausführlich den Fall, dass die Daten des Vorwählers nicht in der Liste verzeichnet sind, sowie bei der Vorwahl den Fall der fehlerhaften Übermittlung der Parteiregistrierung an das Wahllokal, vgl. dazu näher § 8-302 Nr. 3-4, 8-314. Siehe insgesamt zum Wahlgang § 8-300 ff.

und den County Boards Of Elections auf amtlichem Weg Mitteilung zu machen.[1208] Es gibt bei der Parteivorwahl demnach nicht – wie etwa bei der Hauptwahl[1209] – nur einen Stimmzettel, auf dem nicht nur die Bewerber der eigenen Partei, sondern auch die Bewerber der anderen Parteien aufgelistet sind. Auf der Vorderseite des Vorwahlzettels stehen – neben den maßgeblich allgemeinen Informationen für eine rechtmäßige Stimmabgabe[1210] – das Symbol der jeweiligen Partei, ihr Name sowie die Wörter: „Official primary ballot".[1211] Die gleichen Angaben sieht das Wahlgesetz auch für die Rückseite des Stimmzettels vor, wobei hier auf der Oberseite nur der Name der Partei erscheint, während auf der Unterseite des Stimmzettels der Name sowie die restlichen Angaben aufzuführen sind.[1212]

Der allgemeine Vorwahlstimmzettel selbst ist grundsätzlich in zwei Teile aufgeteilt: Im ersten Teil sind nur die Parteikandidaten aufgelistet, die sich für öffentliche Ämter, im anderen solche, die sich um Parteiämter bewerben. Entsprechend sind die Teile beschriftet.[1213] In jedem Teil werden so viele Spalten gebildet, wie Wahlämter zu besetzen sind; diejenigen Bewerber, die sich um das gleiche Amt bewerben, sind in der gleichen Spalte, also nebeneinander, aufzulisten.[1214] Jeder Teil wird mit den Wahlämtern beschriftet, für die die jeweilige Parteinominierung ermittelt wird. Sodann werden unter dieser Überschrift alle für die Vorwahl qualifizierten Bewerber mit Namen vermerkt.[1215] Unabhängig davon, mit wie vielen Petitionen die Parteimitglieder in der Nominierungsphase zur Vorwahl einen Bewerber unterstützt haben, wird sein Name auf dem Wahlzettel nur einmal erwähnt.[1216] Jeder Kandidat erhält einen lateinischen Buchstaben und eine arabische Ziffer. Der Buchstabe steht für die jeweilige Partei, wobei sich die Buchstabenverteilung nicht am Namen der Partei, sondern nach dem Ergebnis der letzten Gouverneurswahl im Staat New York richtet; dabei erhält die bei dieser Wahl erfolgreichste Partei den Buchstaben A.[1217] Die Ziffernverteilung richtet sich nach der Reihenfolge der

1208 § 7–114 Nr. 2 (h).
1209 Zur Gestaltung des Stimmzettels für die Hauptwahl siehe § 7–102 Nr. 1.
1210 Näher § 7–114 Nr. 2 (c) i.V.m. § 7–106 Nr. 5.
1211 „Offizieller Vorwahlstimmzettel", vgl. § 7–114 Nr. 2 (b) Satz 2 HS. 2.
1212 Näher § 7–114 Nr. 2 (b) Satz 1 und Satz 2 HS. 1.
1213 Die erste Spalte trägt den Titel „Candidates for nomination for public office", die zweite ist mit der Überschrift „Candidates for party positions" zu beschriften, vgl. § 7–114 Nr. 1 (a) Satz 1–4.
1214 § 7–114 Nr. 1 (a) Satz 5.
1215 § 7–114 Nr. 1 (b).
1216 § 7–114 Nr. 1 (c).
1217 § 7–116 Nr. 1.

Bewerbernamen auf dem Wahlzettel.[1218] Die Reihenfolge, nach der die Bewerber auf dem Vorwahlstimmzettel erscheinen, wird durch Los ermittelt. Das Ergebnis wird den Kandidaten, dem jeweiligen State Committee sowie den Parteimitgliedern, die erfolgreich einen Individualvorschlag bei der Wahlkommission eingereicht haben, mitgeteilt.[1219] Der Kandidat der Parteiorganisation wird im Staat New York daher nicht bevorzugt behandelt.

Unter den ersten Bewerbernamen für jedes Wahlamt befindet sich jeweils eine weitere Zeile, die aber keinen Namen enthält.[1220] Hier haben die Wähler die Möglichkeit, einen weiteren Bewerber einzutragen, um ihn für die Parteikandidatur zu nominieren. Hierbei handelt sich um die sogenannte Einschreibemethode (Write-in), die in jeder Vorwahl Anwendung findet und auf dem Gedanken des freien Auswahlrechts des Wählers beruht.[1221]

(8) Das Stimmenerfordernis für den Vorwahlsieg im Staat New York

In der Parteivorwahl selbst reicht für den Bewerber die Mehrheit der gültigen Stimmen der wahlberechtigten Parteimitglieder, um als Kandidat der jeweiligen Partei an der Hauptwahl teilzunehmen.[1222] Eine Entscheidungsvorwahl – diese wird als Run-Off Primary bezeichnet – sieht das New Yorker Vorwahlrecht für staatsweite Wahlämter[1223] ebenso wenig vor wie etwa einen Nachwahlkonvent der Parteiorganisation, wenn der Sieger der Vorwahl zwar die Mehrheit der Stimmen, nicht aber eine vom Gesetz vorgesehene Mindeststimmenanzahl erreicht hat.[1224] Das Wahlgesetz enthält für die Vorwahl insoweit keine Sonderregelungen.

Sollte nach dem Wahlgang Stimmengleichheit zwischen den Bewerbern bestehen, so sieht das Wahlgesetz nicht eine Losentscheidung sondern eine Nachnominierung durch die Parteiorganisation vor. Danach obliegt es der Partei, bei der Kandidatennominierung für den Kongress, dem State Committee, den Kandidaten

---

1218 § 7–114 Nr. 2 (e).

1219 § 7–116 Nr. 3 Satz 1.

1220 § 7–114 Nr. 2 (g).

1221 *Magiera*, Vorwahlen, S. 98 mit Verweis auf Jackson vs. Norris, 173 Md. 579, 195 A 576, 586 (1937); State ex rel. Lamar v. Dillon, 32 Fla. 545, 14 So 383, 393 f. (1893).

1222 § 6–160.

1223 Für New York City findet aber bei Vorwahlen für kommunale Wahlämter, wie etwa das Amt des Bürgermeisters der Stadt New York, eine Run-Off Primary zwischen den beiden Erstplatzierten statt, wenn keiner der Bewerber wenigstens 40 % der Stimmen bei der Vorwahl erreicht, § 6–162 Nr. 1.

1224 Dazu *Magiera*, Vorwahlen S. 98.

im Rahmen eines Nachwahlkonvents für die Hauptwahl zu bestimmen; gewählt ist hier, wer die relative Mehrheit der Stimmen auf sich vereinigt. Alternativ kann die Partei hier durch Erlass entsprechender Regelungen auch ein anderes Verfahren vorsehen.[1225] Das Wahlgesetz sieht in einem solchen Fall die freie Kandidatenwahl für die Parteiorganisation vor.

c) Die Parteivorwahlen von neuen Parteien

Auch eine neu gegründete Partei hat ihren Kandidaten in einer Parteivorwahl aufzustellen[1226] – so weit kann auf die vorherigen Ausführungen verwiesen werden. Allerdings sieht der Gesetzgeber des Staates New York nicht jede Vereinigung zugleich als politische Partei an, sondern knüpft an die Eigenschaft als Partei entsprechende Anforderungen, die sich nach dem Wahlergebnis der letzten Gouverneurswahlen im Staat New York richten. Auf den Kandidaten einer Vereinigung müssen, damit diese im Staat New York den Status als Partei erreichen kann, bei der letzten Gouverneurswahlen staatsweit wenigstens 50.000 Stimmen entfallen sein.[1227] Erreicht eine politische Vereinigung bei der genannten Wahl dieses Stimmenquorum nicht, kann sie auch keine Parteivorwahl abhalten. Umgekehrt ist es auch möglich, die staatliche Anerkennung als Partei wieder zu verlieren, sofern diese bei einer nachfolgenden Gouverneurswahl weniger als 50.000 Stimmen erreicht hat. Die Folge ist, dass sie ihr Recht, eigene Kandidaten durch eine Parteivorwahl auf dem Wahlzettel zu platzieren, wieder verliert.[1228]

Die Vereinigungen müssen dann andere Möglichkeiten der Kandidatennominierung in Anspruch nehmen. Ihre Anhänger müssen entweder Wahlvorschläge für die Vorwahl von unabhängigen Wahlkandidaten einreichen oder über das Einschreibeverfahren (Write-in) einen Kandidaten für die Hauptwahl aufstellen.[1229] Das Gleiche gilt auch bei der ersten Gouverneurswahl, bei der das genannte Quorum erreicht werden muss. Eine Sonderregelung für diesen Fall ist im Wahlgesetz nicht vorgesehen. Eine andere, vereinigungsinterne Nominierungsmethode, etwa die Kandidatenaufstellung durch einen Wahlkonvent, ist nur bei der Kandidatenaufstellung für Richterämter[1230] und auch lediglich für im Staat New York anerkannte Parteien vorgesehen und scheidet hier als weitere Nominierungsmethode für staatliche Wahlämter aus.

1225 § 6–148 Nr. 3.

1226 § 6–160 Nr. 1.

1227 § 1–104 Nr. 3.

1228 *Zimmerman*, The Government and Politics of New York State, S. 54.

1229 So auch schon *Magiera*, Vorwahlen, S. 67 f.

1230 Ausdrücklich § 6–106.

Sofern eine im Staat New York anerkannte Partei erstmals Kandidaten in einer Vorwahl aufstellt, hat sie mit der Meldung des Kandidaten dem State Board Of Elections nach Ende des Vorwahlverfahrens neben den üblichen Angaben weitere Informationen zum Ablauf des – sofern erfolgten – parteiinternen Nominierungsverfahrens und den daran beteiligten Körperschaften bis 7 Wochen vor der Hauptwahl zu übermitteln.[1231]

d) Die unabhängigen Wahlvorschläge

Grundsätzlich ist es auch möglich, individuelle Wahlvorschläge für eine Vorwahl einzureichen. Diese Art der Kandidatur besteht aber nur für eingeschriebene Wähler in dem betroffenen Wahlbezirk, in dem die betreffende Hauptwahl stattfindet.[1232] Bei der Kandidatenaufstellung zum Repräsentantenhaus muss der Wahlvorschlag von wenigstens 5 % der eingeschriebenen Wähler der letzten Gouverneurswahl in dem Kongresswahlbezirk unterstützt werden, wobei hier eine Obergrenze von maximal 3500 Unterstützern gilt.[1233] Die Vorwahlvorschläge sind nicht früher als 12 Wochen vor dem Wahltermin beim State Board Of Elections einzureichen.[1234]

Sofern ein Wahlbewerber die vorgenannten Voraussetzungen erfüllt, wird er als unabhängiger Kandidat für die Hauptwahl zugelassen; eine Vorwahl – etwa zwischen anderen unabhängigen Kandidaten – findet nicht statt. Im Übrigen gelten die gleichen Regelungen wie bei individuellen Wahlvorschlägen in der Parteivorwahl.[1235]

e) Das Cross-Filing als Wesensmerkmal des New Yorker Vorwahlrechts

Das Wahlrecht des Staates New York weist eine Besonderheit auf. Es ist für einen Kandidaten möglich, unter mehreren Parteibezeichnungen in der Parteivorwahl und, sofern der jeweilige Bewerber aus der Vorwahl als Sieger hervorgeht bzw. als einziger Bewerber von der Parteiorganisation ohne Vorwahl nominiert wird, dann auch in der Hauptwahl unter mehr als einer Parteibezeichnung anzutreten. Bei der Betrachtung muss hier wieder nach dem besonderen Vorschlagsrecht der Parteiorganisation und dem individuellen Vorschlagsrecht der Parteimitglieder differenziert werden:

1231 Näher § 6–128 Nr. 1 Satz 2; § 6–128 Nr. 2.

1232 § 6–138 Nr. 1 Satz 1.

1233 § 6–142 Nr. 2 (e).

1234 § 6–158 Nr. 9 Satz 1; § 6–144 Satz 1 HS. 3.

1235 So ausdrücklich in § 6–138 Nr. 2 festgelegt.

Das Wahlgesetz des Staates New York macht für die Wahl des Kandidaten durch das jeweilige State Committee anders als für die individuellen Vorwahlvorschläge der sonstigen Parteikandidaten[1236] keine näheren Angaben über die Parteizugehörigkeit des Kandidaten, was dem Kandidaten damit die Möglichkeit eröffnet, auch ein Nichtmitglied als Parteikandidaten aufzustellen. Dabei ist es unschädlich, wenn der Kandidat bereits von einer anderen Partei aufgestellt worden ist.[1237] Deshalb schreibt das New Yorker Wahlgesetz vor, dass der Kandidat die Annahme der Kandidatur ausdrücklich erklären muss, wobei das Fehlen dieser Erklärung zur Unzulässigkeit der Kandidatur führt.[1238] Zuständig für die Entgegennahme ist für den Fall einer Kandidatur für den Senat hier das State Board Of Elections als zuständige Wahlbehörde.[1239] Bei der Wahl zum Repräsentantenhaus kommt es auf die Größe des jeweiligen Kongresswahlbezirks an.[1240] Die Entscheidung des State Committees, ein Nichtparteimitglied aufzustellen, muss der Behörde spätestens 4 Tage nach Ablauf der allgemeinen Frist zur Einreichung von Vorwahlvorschlägen bekannt gegeben werden.[1241] Der Gesetzgeber des Staates New York sieht in diesem Fall der Nominierung von Nichtparteimitgliedern also eine längere Frist vor als bei der Nominierung von Parteimitgliedern durch die Wahlversammlung des State Committees.

Findet keine Vorwahl statt, weil kein weiterer Bewerber die genannten Voraussetzungen erfüllt oder grundsätzlich sonst niemand ein Interesse an der Parteikandidatur bekundet, so soll das Nichtmitglied die Parteikandidatur gegenüber der Wahlbehörde ausdrücklich annehmen oder ablehnen.[1242] Das Wahlgesetz sieht hier eine Frist von 5 Tagen vor, die ab Zeitpunkt des Eingangs der amtlichen Benachrichtigung der Nominierung bei der betroffenen Person zu

---

1236 § 6–104 Nr. 5; allgemein § 6–120 Nr. 1 und 2.

1237 Diese Möglichkeit der Nominierung von Nichtmitgliedern räumt § 2–120 Nr. 3 Satz 1 dem State Committee ausdrücklich ein. Zu den politischen Hintergründen des cross-filing schon zusammenfassend *Bibby*, Politics, Parties, and Elections in America, S. 164 ff.

1238 § 6–146 Nr. 1 HS. 2.

1239 § 6–144 Satz 1 HS. 2.

1240 Ebda. Das State Board of Elections hat auf seiner Onlinepräsenz entsprechende Hinweise (vgl. dort unter Where to File Petitions, Public office only, Congressional Districts) veröffentlicht: http://www.elections.ny.gov/RunningOffice.html (Stand: 19.2.2013).

1241 § 2–120 Nr. 3 Satz 3.

1242 § 6–146 Nr. 4 Satz 2.

laufen beginnt.[1243] Das Schweigen des Nichtparteimitglieds gilt hier, anders als die Nominierung eines Parteimitglieds, als Ablehnung der Parteikandidatur.[1244]

Bei sonstigen Wahlämtern, bei denen das individuelle Vorschlagsrecht einschlägig ist, gelten diese Sonderregelungen nicht. Sofern dann ein Bewerber durch Designation Petition vorgeschlagen wird, ist hier eine Mitgliedschaft in der aufstellenden Partei notwendig.[1245] Davon kann aber das für das jeweilige Wahlgebiet zuständige Party Committee mit Stimmenmehrheit eine Ausnahme zulassen.[1246]

Im Ergebnis ist damit im Staat New York eine Parteidoppelkandidatur möglich. Diese Möglichkeit nutzen im Staat New York die kleinen Parteien, die dann einen Kandidaten der beiden großen Mehrheitsparteien unterstützen.[1247] Faktisch unterstützt etwa die Liberal Party den Kandidaten der Demokratischen Partei und die Conservative Party den Kandidaten der Republikanischen Partei.[1248] Die Doppelkandidatur der kleineren Parteien führt zu einem besseren Abschneiden eines Kandidaten in der Hauptwahl, weil für ihn in der Regel dann auch die Wähler der kleineren Parteien stimmen. Das führt allgemein zu mehr politischem Einfluss, etwa auf die Ämterbesetzung in der öffentlichen Verwaltung.[1249]

Anders als im Staat New York ist das Cross-Filing in den meisten anderen Einzelstaaten nicht erlaubt. Das führt faktisch – jedenfalls bei Geltung des Mehrheitswahlrechts – zu einer Benachteiligung kleiner Parteien.[1250] Die Abschaffung eines bestehenden Cross-Filing begründet aber umgekehrt auch nicht einen Verfassungsverstoß, wie der Supreme Court im Jahre 1997 in einem Fall aus Minnesota entschieden hat.[1251]

3. *Zusammenfassung der wesentlichen Erkenntnisse*

Im vorigen Abschnitt wurde das Vorwahlsystem des Staates Wisconsin anhand der einschlägigen Vorschriften des Wahlgesetzes untersucht und wurden die wesentlichen Vorschriften dargestellt. Dabei fallen einige Merkmale auf, die das

1243 § 6–146 Nr. 4 Satz 3.
1244 § 6–146 Nr. 4 Satz 2.
1245 Vgl. § 6–120 Nr. 1.
1246 § 6–120 Nr. 3 Satz 1.
1247 *Bibby*, Politics, Parties, and Elections in America, S. 164 f.
1248 *Bibby*, a.a.O., S. 164.
1249 *Bibby*, a.a.O., S. 165, der als Beispiel für die Ämterpatronage hier die Wahl des Republikaners Giuliani zum Bürgermeister von New York City in den Jahren 1993 und 1997 nennt.
1250 Ebda.
1251 Timmons v. Twin Cities Area New Party, 520 U.S. 351, 357 ff. (1997).

Vorwahlsystem dieses Einzelstaates kennzeichnen und anhand der zentralen Schwerpunkte aufgezeigt werden können.

Das Wahlgesetz von Wisconsin sieht juristisch kein konstitutiv wirkendes Vorschlagsrecht der Parteiorganisation oder der Parteiführung, das sogenannte Preprimary Endorsement, vor. Vielmehr werden Kandidaten durch individuelle Vorwahlvorschläge in Form von Petitionen nach einem im Wahlgesetz nominierten Verfahren für eine bei mehreren Kandidaten notwendige Vorwahl aufgestellt. Dies mag de facto auf die Unterstützung des betreffenden Bewerbers durch die Parteiorganisation im Wahlkampf Auswirkungen haben – es handelt sich hier um das sogenannte Extralegal Endorsement.[1252] Es begründet aber nicht de jure die Befugnis, auch unter dem Namen der Partei als Bewerber auf dem Stimmzettel anzutreten, und wirkt daher nur deklaratorisch.

Für die Einreichung der Wahlvorschläge gelten allgemeine Fristen, die für eine wirksame Bewerbung in der Vorwahl eingehalten werden müssen; sofern der Amtsinhaber nicht rechtzeitig seine eigenen Unterlagen einreicht, räumt der Gesetzgeber den übrigen beteiligten Personen eine Nachfrist ein; umgekehrt schließt er eine solche aus, wenn der Amtsinhaber bereits vor Fristende seinen Verzicht erklärt hat.

Die Bewerber für eine Vorwahl müssen ein bestimmtes Quorum an Unterschriften einwerben. Auffallend ist an dieser Stelle, dass das Quorum für Parteibewerber genauso hoch ist wie bei unabhängigen Bewerbern. Die Bewerbung für die Kandidatur einer Partei macht hier also keinen Unterschied. Die Parteien sind im Vorwahlsystem von Wisconsin nur noch als „Wahlkampfplattformen" einzuordnen.

Dieser Befund zeigt sich auch an der Vorwahlorganisation: Zwar können die Parteien auf die Besetzung der unterstaatlichen Wahlorganisation durch Vorschlagslisten Einfluss nehmen Doch gilt dies gerade nicht für den staatlichen Wahlausschuss, der die Vorwahl organisiert und die wesentlichen Entscheidungen im Wahlverfahren trifft. Der staatliche Wahlausschuss wird weder von den Parteien direkt besetzt noch wird die Besetzung indirekt durch ein Vorschlagsrecht der Parteien beeinflusst.

Zentrales Merkmal ist aber der Personenkreis, der teilnahmeberechtigt ist. An der Vorwahl kann grundsätzlich jeder Wahlbeteiligte teilnehmen, unabhängig von einer möglichen Parteizugehörigkeit. Kennzeichnend für das Vorwahlsystem ist hier, dass die Zugehörigkeit zu einer Partei bei der Wahlregistrierung nicht

1252 Näher dazu und zu den sonstigen Einzelstaaten, die den Parteien diese Möglichkeit eröffnen, *Bibby*, Politics, Parties, and Elections in America, S. 168 f.

angegeben werden muss, sie bleibt also grundsätzlich geheim. Alle Vorwahlen werden sodann an einem Tag durchgeführt. Dies gilt sowohl für Parteivorwahlen als auch für Vorwahlen von unabhängigen Bewerbern. Den Unterschied zwischen den genannten Vorwahlarten erkennt man nur an der Gestaltung des Vorwahlzettels, der in mehrere Parteilisten aufgeteilt ist, in denen dann wiederum die einzelnen Bewerber für die Kandidatur der jeweiligen Partei aufgelistet sind. Die Bewerber sind wiederum nach den Wahlämtern sortiert, für die sie in der Hauptwahl kandidieren wollen. Alternativ können auch getrennte, aber an bestimmten Stellen miteinander verbundene einzelne Wahlzettel, getrennt nach Parteien und unabhängigen Bewerbern, ausgegeben werden. Die getrennten Stimmzettel treten dann an die Stelle der genannten Wahllisten. Der Wahlberechtigte hat nach Erhalt des Stimmzettels, auf dem alle an der Vorwahl teilnehmenden Bewerber für alle Wahlämter aufgelistet sind, in der Wahlkabine Gelegenheit, einen Bewerber zu wählen, ohne an eine Parteiliste gebunden zu sein. Es ist also faktisch möglich und keineswegs unzulässig, als Mitglied einer Partei an der Vorwahl einer anderen Partei teilzunehmen. Dies ist kennzeichnend für das Vorwahlsystem des Staates Wisconsin.

Nicht möglich ist es, Bewerber verschiedener Parteilisten und für verschiedene Wahlämter zu wählen. Hat man sich also bei einem Wahlamt für den Bewerber eine Parteiliste entschieden, so kann man für die weiteren Wahlämter keine Bewerber aus anderen Parteilisten wählen. Bei dem Vorwahlsystem des Staates Wisconsin handelt es sich im Ergebnis um ein Open Primary-Vorwahlsystem, in dem die Parteien nur noch einen geringen Einfluss bei der Kandidatenaufstellung haben.

Die Parteivorwahl im Staat New York für die Kandidatenaufstellung hat der Gesetzgeber –wie gesehen – sehr ausführlich geregelt. Auch dass die Parteien hier einen nicht unerheblichen Einfluss auf die Besetzung der Wahlkommission haben und für wirksame Maßnahmen ein einstimmiges Votum nicht erforderlich ist, kann an der Grundcharakteristik der New Yorker Vorwahl als ein staatliches Verfahren im Sinne der allgemeinen Prinzipien nichts ändern. Der New Yorker Gesetzgeber hat durch Anhang zum Wahlgesetz die Vorschriften und Regeln über die Arbeitsweise der Wahlkommission genau geregelt. Er hat damit der Wahlkommission nur einen sehr engen Entscheidungsspielraum eingeräumt.[1253]

1253 Vgl. „Rules and Regulation of the State Board of Elections", in: State of New York 2012 Election Law S. 485 ff., http://www.elections.ny.gov/NYSBOE/download/law/2012NYElectionLaw.pdf (Stand: 17.7.2012).

Dennoch räumt das Wahlgesetz an wichtigen Stellen, wie etwa im Bereich der Wahlberechtigung in der Vorwahl, den Parteien die Möglichkeit zum Erlass abweichender Regelungen ein. Auffällig ist der nicht unerhebliche Einfluss der Parteiführung bei der Kandidatenaufstellung: Sowohl bei der Nominierung für die Vorwahl (Vorschlagsrecht) als auch bei einer möglichen Stimmengleichheit spielt das State Committee eine nicht unerhebliche Rolle: Das State Committee hat zum einen die Möglichkeit, auch parteifremde Personen für ein Amt oder – sofern die Voraussetzungen erfüllt sind – für die Vorwahl zu nominieren. Zum anderen sieht das Wahlgesetz bei Stimmengleichheit eine Nachwahl im State Committee vor. Die letztgenannte Regelung ist durch Parteiregelungen aber abdingbar.

Bei der genannten Wahlversammlung gilt zwar grundsätzlich das Prinzip der Wahlgleichheit, das aber durch die unterschiedliche Zahl der Einzelstimmen wieder relativiert wird. Nach dem Wahlgesetz des Staates New York haben die Konvent-Mitglieder, die nach Maßstab der letzten Gouverneurswahl einen erfolgreichen Wahlbezirk repräsentieren, innerhalb der Wahlversammlung mehr Stimmen als Mitglieder, die einen solchen repräsentieren, in dem der Stimmenanteil der Partei geringer war. Entsprechende Vorschriften haben die beiden großen Parteien in ihre Satzungen aufgenommen. Damit werden letztlich „Parteihochburgen" bei der Kandidatenaufstellung für die Haupt- und – sofern erforderlich – für die Parteivorwahl bevorzugt behandelt. Die starke Stellung der Parteiorganisation bei der Kandidatenaufstellung zu einem staatsweiten Wahlamt erhält aber eine Einschränkung durch die Ausgestaltung des New Yorker Vorwahlsystems als Challenge Primary: Zwar ist der Bewerber, der in der innerparteilichen Wahlversammlung im State Committee die relative Mehrheit der Stimmen erreicht hat, als Sieger zugleich der Kandidat der Parteiführung. Für einen anderen Bewerber ist es aber möglich, ebenfalls an der Parteivorwahl teilzunehmen, sofern er mindestens 25 % der Stimmen erreicht hat. Die Challenge Primary, die der Gesetzgeber im Jahre 1967 im Staat New York eingeführt hat, bewirkt eine Schwächung der Parteiorganisation bei der Kandidatenaufstellung. So geschah es 1974, dass die Parteimitglieder den Bewerber der Parteiführung für den Senat der Vereinigten Staaten in der Parteivorwahl als Kandidat für die Hauptwahl abgelehnt haben.[1254]

Wahlberechtigt in der Vorwahl sind – auch diese Regelung ist durch die Parteien abdingbar – grundsätzlich nur die eigenen Parteimitglieder. Diese müssen ihre Zugehörigkeit zur entsprechenden Partei bei der Vorwahlregistrierung

1254 *Zimmerman,* The Government and Politics of New York State, S. 67.

angeben. Weil grundsätzlich nur Parteimitglieder wahlberechtigt sind, handelt es sich hier um eine geschlossene Parteivorwahl (Closed Primary). Die Parteien können aber auch Nichtmitgliedern die Wahlberechtigung einräumen.

Damit eine neue Partei am Nominierungsverfahren teilnehmen kann, muss sie bei der letzten Gouverneurswahl vor der Parteivorwahl einen Mindestanteil an Stimmen erreicht haben. Erreicht sie diesen nicht, bleibt ihr faktisch nur noch die Möglichkeit, über das Verfahren der individuellen Vorwahlvorschläge einen Kandidaten aufzustellen. Ein Sonderverfahren für sonstige politische Gruppierungen sieht das Wahlgesetz hier nicht vor. Die Kandidaten solcher Gruppierungen müssen dann unabhängige Wahlvorschläge einreichen oder die Wähler müssen sie über das Einschreibeverfahren nominieren.

Durch das relative Mehrheitswahlrecht werden tendenziell kleinere Parteien benachteiligt. Deshalb gibt es auf dem Gebiet der Kandidatenaufstellung das Cross-Filing. Dies ermöglicht Abreden zwischen den Parteien. Damit sonstige Vereinigungen diese Möglichkeit in Anspruch nehmen können, müssen sie aber die Voraussetzungen erfüllen, die auch die Parteien zu erfüllen haben.

3. Kapitel: Die Kandidatenaufstellung in Frankreich – Grundzüge

A. Grundlagen

I. Das Wahlrecht

1. Überblick über die Rechtsquellen

Das Wahlrecht zur Wahl der Nationalversammlung findet man in zwei Rechtsquellen. Während die Verfassung der V. Republik[1255] die Wahl zur Nationalversammlung nur in Grundzügen regelt, finden sich im Wahlgesetz[1256] die maßgeblichen Bestimmungen zum aktiven und passiven Wahlrecht, zum Wahlmodus und -verfahren, zur Stimmenverrechnung sowie zur Regelung des Wahlrechts der Franzosen, die ihren Wohnsitz nicht in Frankreich haben.

2. Die Vorgaben der Verfassung der V. Republik

In der Verfassung von 1958 sind maßgeblich die Artt. 3, 24, 25 und 34 sowie die Erklärung der Menschen- und Bürgerrechte vom 26.8.1789[1257].

Zunächst bestimmt die Verfassung, dass sich die Nationalversammlung aus höchstens 577 Abgeordneten zusammensetzt und in direkter Wahl gewählt werden muss.[1258] Die Regelung der Einzelheiten des Wahlrechts bleibt dem Gesetzgeber vorbehalten. Für die gesetzliche Ausgestaltung des Wahlverfahrens reicht grundsätzlich ein einfaches Gesetz[1259] aus. Ein verfassungsausführendes

---

1255 Verfassung vom 4.10.1958, http://www.conseil-constitutionnel.fr/conseil-constitutionnel/root/bank_mm/allemand/constitution_allemand.pdf (Stand: 2.9.2013).

1256 Code Électoral, Version à venir au 1 avril 2014, abrufbar unter: http://legifrance.gouv.fr/affichCode.do;jsessionid=827DB2529C214328B56DCB5ADBE5DC64.tpdjo03v_2?cidTexte=LEGITEXT000006070239&dateTexte=20140401 (Stand: 8.10.2013).

1257 Erklärung der Menschen- und Bürgerrechte vom 26. August 1789 („Déclaration des droits de l'homme et du citoyen de 1789"), http://www.conseil-constitutionnel.fr/conseil-constitutionnel/root/bank/pdf/conseil-constitutionnel-25773.pdf (Stand: 2.9.2013).

1258 Art. 24 Abs. 3 der Verfassung.

1259 Sog. Loi Ordinaire.

Gesetz[1260], für dessen Verabschiedung die Verfassung ein besonders ausgestaltetes Gesetzgebungsverfahren mit strengeren Verfahrensschritten vorsieht,[1261] ist also, anders als ursprünglich geplant,[1262] grundsätzlich nicht vorgesehen. Dieser Umstand wird aus einem Umkehrschluss aus Art. 25 Abs. 1 i.V.m. Art. 34 Abs. 2 Verfassung gefolgert:[1263] Nach Art. 34 Abs. 2 1. Spiegelstrich ist das Wahlverfahren durch Gesetz zu regeln. In Art. 25 Abs. 1 werden wiederum in Bezug auf die Besetzung von Nationalversammlung und Senat die Materien aufgezählt, die ausnahmsweise durch ein Loi Organique vom Gesetzgeber zu regeln sind. Das Wahlrecht wird hier in seiner Gesamtheit nicht erwähnt, so dass es im Umkehrschluss einer Regelung durch Loi Ordinaire bedarf. Zudem ist die Aufzählung der Lois Organiques an einigen Stellen[1264] der Verfassung abschließend. In allen anderen Bereichen können keine Lois Organiques erlassen werden.[1265] Deshalb sind Änderungen am Wahlrecht leicht möglich und können von der jeweiligen Regierungsmehrheit zu ihren Gunsten verändert werden. Bedenken zu dieser Regelung wurden in den Beratungen zur Verfassung vorgetragen.[1266]

1260 Sog. Loi Organique. Diese Gesetze werden als Organgesetze bezeichnet. Sie nehmen in der französischen (und auch spanischen) Staatslehre einen höheren Rang ein als die einfachen Gesetze. Sie unterliegen einem speziellen Gesetzgebungsverfahren und einer obligatorischen Verfassungskontrolle, vgl. *Weber*, Europäische Verfassungsvergleichung, S. 31 m. w. Nachw. Speziell für Frankreich *Weber* a.a.O., S. 195 m. w. Nachw. sowie ausführlich *Grote*, Das Regierungssystem der V. französischen Republik, S. 166 ff. m. w. Nachw. Im deutschen Verfassungsrecht nehmen etwa verfassungsändernde Gesetze, die nach Art. 77 GG zustande kommen, keine Zwischenstufe in der Normenhierarchie ein. Es gilt aber in diesem Fall das qualifizierte Mehrheitserfordernis (Zweidrittelmehrheit) von Art. 79 Abs. 2 GG, vgl. Weber a.a.O., S. 194.

1261 Vgl. Art. 46 der Verfassung.

1262 Dazu *Grote*, Das Regierungssystem der V. französischen Republik, S. 67 m. w. Nachw.

1263 Ebda.

1264 Bei *Avril/Gicquel*, Droit parlementaire, S. 183 findet sich eine vollständige Aufzählung der Verfassungsbestimmungen, die regeln, für welche Gegenstände ein verfassungsänderndes Gesetz erlassen werden muss.

1265 Ausdrücklich Conseil constitutionnel vom 10.3.1988 (Nr. 88–242 DC), Rec. 36 (consid. 12).

1266 Näher *Comité national chargé de la publication des travaux préparatoires des institutions de la Ve République* Dokumente, Bd. 2, S. 243 f. Die von Präsident Mitterand eingesetzte Wahlrechtskommission hat in ihrem Abschlussbericht im Jahre 1993 deshalb vorgeschlagen, dass künftig für Änderungen am Wahlrecht eine qualifizierte Mehrheit von zwei Dritteln notwendig sein solle, vgl. Comité consultatif, Propositions pour une révision de la constitution, S. 67.

Ausnahmen bestehen hier im Bereich des passiven Wahlrechts im Allgemeinen und im Bereich der Unwählbarkeit und Inkompatibilität im Besonderen.[1267] Diese Teilbereiche des Wahlrechts sind somit jeweils in einem Loi Organique zu regeln, sie gehören also nicht zum einfachen Gesetzesrecht.[1268] Die Unwählbarkeit betrifft hier die Unvereinbarkeit von Regierungsamt und Parlamentsmandat.[1269] Mit der letztgenannten Regelung hat der Verfassungsgeber drei Ziele verfolgt. Zunächst soll dem Gewaltenteilungsgrundsatz Rechnung getragen werden, indem die Verfassung eine strikte Trennung der Gewalten vorsieht. Ferner soll Interessenkonflikten vorgebeugt werden. Schließlich sollen die Volksvertreter ihre Aufgaben mit der gebotenen Sorgfalt und Konzentration wahrnehmen.[1270] Art. 23 Verfassung hat letztlich auch Auswirkungen auf das Verfahren der Kandidatenaufstellung.

Das vom Gesetzgeber zu erlassende einfache Gesetz muss den in der Verfassung normierten Anforderungen genügen. Neben dem bereits genannten Art. 24 Abs. 3 im Besonderen sind hier auch Art. 3 Abs. 3, Art. 2, Abs. 1 Satz 2 der Verfassung im Allgemeinen sowie die Anforderungen, die sich aus der Präambel i.V.m. Art. 6 Satz 3 und 4 der Erklärung der Menschen- und Bürgerrechte vom 26.8.1789 ergeben, einschlägig.[1271] Die Wahl zur Nationalversammlung muss also direkt (unmittelbar)[1272], allgemein, gleich und geheim[1273] ausgestaltet sein.

3. Das Wahlgesetz – Code Électoral

a) Die Entstehung des heute geltenden Wahlrechts: Gründe und Ziele

Die Verfassung von 1958 regelt nur die Grundzüge, nicht aber die konkrete Ausgestaltung des Wahlrechts. Es bleibt dem einfachen Gesetzgeber vorbehalten, die Vorgaben der Verfassung umzusetzen. Im Vorfeld wurde über das genaue Wahlverfahren beraten. Zwei Gesichtspunkte fallen hier auf.

Der erste Gesichtspunkt ist historischer Natur. In Frankreich hat sich das Wahlrecht nicht kontinuierlich entwickelt, wie etwa in den Vereinigten Staaten von Amerika für die Kongresswahl, oder wie in Großbritannien für die Wahlen

1267 Vgl. Art. 25 Abs.1, Alt. 4–6 der Verfassung.

1268 *Favoreu/Gaia/Ghevontian u. a.*, Droit constitutionnel, Rn. 1013.

1269 Art. 23 der Verfassung.

1270 *Mastias*, in: *Luchaire/Concac*, La constitution de la république française, Article 25, S. 667.

1271 *Grote*, Das Regierungssystem der V. französischen Republik, S. 68.

1272 Vgl. Art. 24, Abs. 3 Art. 3, Abs. 3 Satz 1 der Verfassung.

1273 Vgl. Art. 3 Abs. 3 Satz 2 der Verfassung; Präambel der Verfassung i.V.m. Art. 6 Satz 3 und 4 der Erklärung der Menschen- und Bürgerrechte vom 26. August 1789.

zum Unterhaus.[1274] Gerade in Großbritannien kann man eine kontinuierliche Entwicklung auf dem Gebiet des Verfahrens der Stimmenverrechnung hin zum heute geltenden relativen Mehrheitswahlrecht in Einerwahlkreisen beobachten.[1275] In Frankreich hingegen zeigt sich eine wechselvolle Entwicklung.

Im Jahre 1848 hat der Gesetzgeber zunächst das relative Mehrheitswahlrecht in Mehrpersonenkreisen eingeführt. Von 1852 bis 1870 galt das absolute Mehrheitswahlrecht in Einpersonenwahlkreisen in zwei Wahlgängen. 1870 kehrte der Gesetzgeber sodann zum relativen Mehrheitswahlrecht in Mehrpersonenwahlkreisen zurück. Ab 1873 gab es eine erneute Wahlrechtsänderung. Nun galt bis 1945 als Grundtypus wieder das absolute Mehrheitswahlrecht in zwei Wahlgängen mit verschiedenen Ausprägungen in unterschiedlichen Teilbereichen des Wahlrechts. Die Wahlrechtsänderungen hatten sowohl Auswirkungen auf die Wahlkreiseinteilung als auch auf die Listenform, das Wahlerfordernis oder das Verrechnungsverfahren.[1276] Die Wahlkreise wurden in diesem Zeitraum z.B. entweder in Einpersonenwahlkreise oder Mehrpersonenwahlkreise eingeteilt.[1277] Zwischen 1889 und 1919 sind zudem Parallelen zum Wahlrecht in Deutschland erkennbar. Auch der Reichstag im Deutschen Kaiserreich wurde zwischen 1871 und 1918 nach dem absoluten Mehrheitswahlrecht in Einerwahlkreisen und zwei Wahlgängen gewählt. Die beiden Erstplatzierten des ersten Wahlgangs nahmen an der Stichwahl teil.[1278] Beide Staaten hatten im Übrigen zu dieser Zeit neben Griechenland das modernste Wahlrecht für Männer.[1279]

In der IV. Republik ab 1946 galt, wie schon im Jahre 1945, zunächst das Verhältniswahlrecht in Mehrpersonenwahlkreisen mit Einzelstimmabgabe und, im Unterschied zu 1945, wo das Wahlrecht starre Listen vorsah, lose gebundene

---

1274 So schon die Beobachtung von *Jesse*, Wahlen, S. 42.

1275 *Brew*, in: *Sasse/Georgel/Hand* (Hrsg.), Das Wahlrecht der Neun, S. 261 (264).

1276 Vgl. zu den verschiedenen Wahlsystemen in Frankreich von 1948 bis 1993 die ausführliche Übersicht bei *Nohlen*, Wahlrecht und Parteiensystem, S. 346, Tab. 36.

1277 Vgl. ebda.

1278 Vgl. § 6 Satz 1 und § 12 Satz 2 und 3 Wahlgesetz für den Reichstag des Norddeutschen Bundes v. 31.5.1869, Bundes-Gesetzblatt des Norddeutschen Bundes 1869, S. 145 (146 f.). Das zitierte Wahlgesetz wurde nach der Reichsgründung unverändert 1871 als Reichswahlgesetz für die Reichstagswahlen im Deutschen Reich übernommen. Es blieb bis 1918 in Kraft, vgl. *Huber*, Deutsche Verfassungsgeschichte III, S. 861.

1279 So in Bezug auf die Allgemeinheit der Wahl, die sich im Fall von Deutschland aus dem Grundsatz in § 1 Wahlgesetz für den Reichstag des Norddeutschen Bundes v. 31.5.1869, a.a.O., S. 145 ergibt. Vgl. zuletzt *Kroll*, Geburt der Moderne, S. 35. Der Frauenwahlrecht wurde erst 1906 im Großfürstentum Finnland erstmals in Europa eingeführt, vgl. *Kroll*, a.a.O., S. 35 Anm. 1.

Listen.[1280] Die Parteien hatten einen wesentlichen Einfluss auf die Verfassung der III. Republik und auf die Gestaltung der Wahlrechts ausgeübt.[1281] Im Jahre 1951 hat der Gesetzgeber dann ein zweigeteiltes Wahlrecht eingeführt. In der Pariser Region galt weiterhin das Verhältniswahlrecht, während im übrigen Frankreich nach dem absoluten Mehrheitswahlrecht in Mehrpersonenkreisen gewählt wurde.[1282] Diese Entwicklungslinie fanden die Verantwortlichen im Jahre 1958 vor.

Der zweite Gesichtspunkt für das heute geltende Wahlrecht ist rechtspolitischer Natur. Er ist eng mit der Entstehung und den Grundgedanken, auf denen die Verfassung der V. Republik beruht, verbunden. Das der Verfassung der V. Republik zugrunde liegende Konzept wird als rationalisierter Parlamentarismus bezeichnet.[1283] Merkmale sind die doppelköpfige Exekutive und die eingeschränkten Rechte der Legislative gegenüber der Exekutive.[1284] Maßgeblichen Einfluss auf die Entstehung der neuen Verfassung hatten Charles De Gaulle und Michel Debré. Ihre Überlegungen bilden auch das Fundament des französischen Wahlrechts. Beide übten scharfe Kritik an den parlamentarischen Systemen der III. und IV. Republik.

Der aus juristischer Sicht wichtige Akteur war Michel Debré. Wie auch De Gaulle war Debré gerade in der Zeit der IV. Republik ein großer Kritiker des Parlamentarismus in Frankreich. Er entwickelte sich im Laufe der Zeit zum wichtigsten Verfassungstheoretiker in der von De Gaulle begründeten Sammelbewegung RPF.[1285] Er nahm durch seine Mitgliedschaft in den entsprechenden Gremien entscheidenden Einfluss auf die Ausarbeitung der Verfassung der V. Republik.[1286] Vor dem Hintergrund der militärischen Niederlage im Jahre 1940 entwickelte er als Verfassungsexperte während seiner Zeit in der Résistance eine Analyse über die Gründe des staatlichen Zusammenbruchs der III. Republik.[1287] Kernkritik war die faktische Entwicklung des im Verfassungsgesetz von 1875 vorgesehenen parlamentarischen Regierungssystems hin zu einem Regierungssystem, in dem die

1280 *Nohlen*, Wahlrecht und Parteiensystem, S. 346, Tab. 36.

1281 Näher und zu den Gründen *Baedermann*, Der Einfluss des Wahlrechts auf das Parteiensystem, S. 163 m. w. Nachw.

1282 *Nohlen*, Wahlrecht und Parteiensystem, S. 346, Tab. 36.

1283 *Grote*, Das Regierungssystem der V. französischen Republik, S. 63.

1284 Näheres bei ebda.

1285 *Grote*, a.a.O., S. 48.

1286 Ebda.

1287 Vgl. *Michel Debré*, Le problème constitutionnel français. Cahiers politiques (1), No 8, avril 1944, abgedruckt als Nachdruck in: *Michel, Henri / Mirkine-Guetzévitch*, Boris, Les idées politiques et sociales de la Résistance. Documents clandestins – 1940–1944, Paris 1954, S. 287–297. Vgl. auch *ders.*, La République et ses problèmes, Paris 1952.

Abgeordnetenkammer (Chambre des Députés) alle wichtigen Entscheidungen an sich gezogen hatte.[1288] Das Übergewicht der Abgeordnetenkammer führte zu einer Schwächung der Gewaltenteilung zuungunsten der Regierung. Sie konnte sich den Rechtsakten der Abgeordnetenkammer nach seiner Ansicht nicht widersetzen, weil sie sonst mit ihrem Sturz rechnen musste. Dies führte dazu, dass langfristig geplante Politik nicht mehr möglich war.[1289] Das von ihm angesprochene parlamentarische Übergewicht beobachtete er auch in der IV. Republik.[1290] Hier liegt zugleich der Anknüpfungspunkt für Debrés Kritik am bisherigen Wahlrecht. Er kritisierte sowohl das in der III. Republik praktizierte Mehrheitswahlrecht in zwei Wahlgängen als auch das in der IV. Republik geltende Verhältniswahlrecht. Beide Systeme seien ungeeignet gewesen, einer Zersplitterung der Parteienlandschaft entgegenzuwirken, weil beide Wahlsysteme zu einem sich immer in Auflösung befindlichen Vielparteiensystem geführt haben.[1291]

In der Folge schlug Debré eine Reihe von Maßnahmen vor, die schließlich Eingang in die Verfassung der V. Republik fanden.[1292] Die vorgeschlagenen Reformen hatten zum Ziel, die staatliche Autorität zum Schutze der Nation zu stärken. Deshalb war es nach seiner Ansicht notwendig, ein grundlegend geändertes Wahlrecht zur Nationalversammlung einzuführen. Dieses sollte klare Mehrheitsverhältnisse bewirken. Er forderte deshalb die Einführung des Mehrheitswahlrechts.[1293]

In dieser Frage, ob das Mehrheits- das Verhältniswahlrecht ablösen sollte, waren sich De Gaulle und Debré einig. Doch gab es unterschiedliche Ansichten in der näheren Ausgestaltung des Mehrheitswahlrechts. Debré bevorzugte für eine schonende Übergangszeit das absolute Mehrheitswahlrecht in zwei Wahlgängen.[1294] Danach aber sollte die Nationalversammlung nach dem relativen Listenmehrheitswahlrecht auf Ebene der Départements in einem Wahlgang gewählt werden. Der Kandidat mit den meisten Stimmen wäre dann gewählt.[1295] Dadurch sollten in der Nationalversammlung klare Mehrheiten zustande kommen und die zu diesem Zeitpunkt existierende Zersplitterung des Parteiensystems

---

1288 Näher *Michel Debré*, Le problème constitutionnel français, S. 287 (290 f.).

1289 *Ders.*, La République et ses problèmes, S. 39.

1290 Ebda.

1291 Vgl. seine ausführliche Begründung bei *Michel Debré,* La République et ses problèmes, S. 36 ff.

1292 Wie etwa die starke Stellung des Staatschefs, vgl. zusammenfassend dazu *Grote*, Das Regierungssystem der V. französischen Republik, S. 50 ff. m. w. Nachw.

1293 *Michel Debré*, La République et ses problèmes, S. 44 f.

1294 *Ders.*, a.a.O., S. 45; *ders.*, La République et son pouvoir, S. 191.

1295 *Ders.*, Le problème constitutionnel français, S. 287 (296).

überwunden werden.[1296] Mit dieser Überlegung konnte er sich aber nicht durchsetzen. De Gaulle befürwortete vielmehr – bis auf einige kleine Änderungen – das seit 1875 in der III. Republik meist angewandte absolute Mehrheitswahlrecht in Einerwahlkreisen mit zwei Wahlgängen.[1297] Es wird als Scrutin d'Arrondissement bezeichnet, weil die staatliche Verwaltungsgliederung bei der Einteilung des Wahlgebietes (also das französische Staatsgebiet) in Wahlkreise zugrunde gelegt wird.[1298] Durch die darin liegende persönliche Komponente des Mehrheitswahlrechts versprach er sich einen besseren Kontakt zwischen den Abgeordneten und der Bevölkerung im Wahlkreis. Das von Debré favorisierte Listenmehrheitswahlrecht lehnte er ab, weil er dadurch eine Polarisierung des Parteiensystems befürchtete.[1299] Auch hier zeigt sich das grundsätzliche Misstrauen gegenüber Parteien, das De Gaulles verfassungspolitische Überzeugungen prägten.

Die Regierung führte das von De Gaulle favorisierte Wahlrecht zur Wahl der Nationalversammlung zunächst durch Verordnung auf Grundlage von Art. 92 Abs. 2 der neuen Verfassung ein.[1300] Es gilt, bis auf eine kurze Unterbrechung in den Jahren 1985 bis 1986 – hier fand das Verhältniswahlrecht Anwendung[1301] – bis heute. Das geltende Mehrheitswahlrecht entspricht französischer Tradition.[1302] Man verspricht sich davon sichere Mehrheitsverhältnisse in der Nationalversammlung, einen Schutz vor Parteien aus dem extremen Spektrum sowie einen Personenbezug bei der Parlamentswahl.[1303]

Die maßgeblichen Regelungen für die Wahl zur Nationalversammlung finden sich heute im ersten Buch des Code Électoral.[1304]

1296 Näher *ders.*, a.a.O., S. 287 (295 f.).

1297 Vgl. *Nohlen*, Wahlrecht und Parteiensystem, S. 346, Tab. 36.

1298 *Grote*, Das Regierungssystem der V. französischen Republik, S. 68.

1299 Dazu und zu den weiteren Gründen näher *Chapsal*, La vie politique sous la Ve République, S. 80 f.

1300 *Grote*, Das Regierungssystem der V. französischen Republik, S. 68.

1301 *Duverger*, Le système politique français, S. 220.

1302 *Classen*, in: *Sonnenberger/Classen* (Hrsg.), Einführung in das französische Recht, § 5, Nr. 19.

1303 Ebda.

1304 Code Électoral, Version Version à venir au 1 avril 2014, abrufbar unter: http://legifrance.gouv.fr/affichCode.do;jsessionid=827DB2529C214328B56DCB5ADBE5DC64.tpdjo03v_2?cidTexte=LEGITEXT000006070239&dateTexte=20140401 (Stand: 8.10.2013).

b) Die Regelungen im Einzelnen

aa) Loi Ordinaire und Loi Organique

Gemäß den Vorgaben der Verfassung besteht das Wahlgesetz aus zwei Teilen. Diejenigen Bereiche, die durch einfaches Gesetz geregelt werden können, werden mit einem L., was für Loi (Gesetz) steht, zitiert. Die Teilbereiche, die der Regelung eines verfassungsausführenden Gesetzes vorbehalten sind, werden mit LO (Loi Organique) gekennzeichnet.[1305] Die genannten Bezeichnungen werden bei den verschiedenen Regelungen jeweils mitzitiert. Die maßgeblichen Regelungen für die Wahl der Nationalversammlung finden sich im ersten Buch des Wahlgesetzes. Darauf beziehen sich die nachfolgenden Ausführungen.

bb) Das aktive Wahlrecht und die Wahllisten

Maßgeblich sind hier zunächst die Vorgaben der Verfassung. Danach genießen alle volljährigen französischen Staatsbürger, die im Besitz ihrer bürgerlichen Rechte sind, das aktive Wahlrecht.[1306] Nach dem Wahlgesetz müssen die zur Wahl berechtigten französischen Staatsbürger volljährig, also mindestens 18 Jahre alt sein und im Besitz ihrer bürgerlichen Rechte sein.[1307] Beim Status der Staatsbürgerschaft gibt es seit 1973 keinen Unterschied mehr zwischen Staatsbürgern von Geburt an und solchen, die eingebürgert wurden.[1308] Sie sind heute gleichgestellt.[1309]

Ausnahmsweise kann der Einzelne vom aktiven Wahlrecht ausgeschlossen sein. Das französische Recht unterscheidet hier zwischen dauerhaften oder nur vorübergehenden Ausschlussgründen. Die dauerhaften Ausschlussgründe sind im Gesetz ausdrücklich geregelt. Sie betreffen die Personen, die unter einer Geisteskrankheit leiden oder unter Vormundschaft stehen.[1310] Der vorübergehende Ausschluss vom

---

1305 Vgl. das Abkürzungsverzeichnis bei *Masclet,* Droit électoral, S. 9.

1306 Vgl. Art. 3 Abs. 4 der Verfassung vom 4. Oktober 1958, abrufbar unter: http://www.conseil-constitutionnel.fr/conseil-constitutionnel/root/bank_mm/allemand/constitution_allemand.pdf (Stand: 2.9.2013).

1307 Art. L. 2 Code électoral. Weitere Vorschriften im Abschnitt „Das Wahlgesetz“ ohne Gesetzesbezeichnung sind solche des Code électoral.

1308 *Pactet/Mélin-Soucramanien*, Droit constitutionnel, S. 376.

1309 Ausdrücklich Art. 80 Code de la nationalité française. Das Gesetz ist abrufbar unter: http://www.legifrance.gouv.fr/affichCode.do?cidTexte=LEGITEXT000006071189&dateTexte=19930722 (Stand: 14.9.2013).

1310 Art. L. 5. Näher *Masclet,* Droit électoral, Rn. 22.

aktiven Wahlrecht beruht entweder auf richterlicher Entscheidung oder ist vom Gesetz obligatorisch vorgesehen.[1311]

Zwecks Ausübung des Wahlrechts und zugleich zur Vermeidung einer doppelten Stimmabgabe muss jeder Wähler in der Wahlliste des Wahlkreises eingetragen sein.[1312] Einschlägig ist die Wahlliste desjenigen Wahlkreises, in dem der Wähler entweder mindestens sechs Monate ohne Unterbrechung gelebt hat,[1313] fünfmal ohne Unterbrechung kommunale Beiträge geleistet hat,[1314] oder Amtsträger in der Gemeinde ist, die zum Wahlkreis gehört.[1315]

Neben der Eintragung auf Antrag[1316] erfolgt die Aufnahme in die Wahlliste auch von Amts wegen, wenn der Staatsbürger das Wahlalter erreicht hat.[1317] Die Wahllisten unterliegen der jährlichen Überprüfung durch die Wahlverwaltung[1318] und, zur Korrektur und Kontrolle durch die Öffentlichkeit, der Veröffentlichungspflicht.[1319]

Zur Ausübung des Wahlrechts ist schließlich kein ständiger Wohnsitz in Frankreich notwendig. Auch französische Staatsbürger, die im Ausland leben, sind wahlberechtigt. Hier findet ein besonderes Verfahren Anwendung, auf das gesondert eingegangen wird.

cc) Passives Wahlrecht im ersten Wahlgang und die Beschränkungen

Die Voraussetzungen für das passive Wahlrecht im ersten Wahlgang knüpfen an jene des aktiven Wahlrechts an.[1320] Jedermann, der aktiv wahlberechtigt ist, kann auch für ein Mandat in der Nationalversammlung kandidieren. Das vorgesehene Wahlalter von 18 Jahren muss nicht am Tag der Einreichung der Kandidatur, sondern erst am Tag der Wahl erreicht sein.[1321] Nach französischem Verständnis vertreten die Abgeordneten nicht einen Wahlkreis, sondern die gesamte französische Nation. Dies leitet sich aus dem Grundsatz der nationalen Identität

---

1311 Dazu näher *Pactet/Mélin-Soucramanien*, Droit constitutionnel, S. 377.

1312 Art. L. 9, Satz 1.

1313 Art. L. 11 Nr. 1.

1314 Art. L. 11 Nr. 2.

1315 Art. L. 11 Nr. 3.

1316 Vgl. Art. L. 11.

1317 Dazu im Einzelne Art. L. 11–1 und L. 11–2.

1318 Art. L. 16 Satz 2.

1319 Näheres zum Verfahren in Art. L. 17 ff. Zum Ganzen *Pactet/Mélin-Soucramanien*, Droit constitutionnel, S. 377 ff.

1320 Art. LO 127. Zur Sperrklausel im zweiten Wahlgang sogleich.

1321 *Masclet*, Droit électoral, Rn. 53 m w. Nachw.

ab.[1322] Entsprechend sieht das Wahlgesetz keine Residenzpflicht in dem Wahlkreis vor, in dem sich der Bewerber für ein Mandat bewirbt. Ein Bewerber kann den Wahlkreis frei wählen, in dem er gewählt werden will. Er muss dort nicht wohnhaft sein. Diese Möglichkeit einer Kandidatur ohne persönliche Verbindung mit dem Wahlkreis wird als Parachutage (Fallschschirmabwurf) bezeichnet.[1323]

Das Wahlgesetz sieht auch Beschränkungen des passiven Wahlrechts vor. Damit hat der Gesetzgeber dem Gesetzesvorbehalt in Art. 25 Abs. 1 der Verf. Rechnung getragen. Danach können sich Beschränkungen aus vom Gesetzgeber festgelegtem Ausschluss der Wählbarkeit des Bewerbers (Ineligibilität) oder aus der Inkompatibilität des Mandats mit einem anderen Mandat oder einem politischen Amt ergeben, das der Bewerber bereits bekleidet.

Gesetzliche Ausschlussgründe können sich entweder auf die gesamte Wahl und damit die Kandidatur in allen Wahlkreisen (absolute Ausschussgründe) oder auf bestimmte Wahlkreise beziehen (relative Ausschlussgründe).[1324] Absolute Ausschlussgründe können sich etwa aus einer strafrechtlichen Verurteilung ergeben.[1325] Relative Ausschlussgründe beziehen sich auf die Unvereinbarkeit des Mandats mit einer höheren Funktion, die der Bewerber in dem betreffenden Wahlkreis ausübt, wie etwa dem Amt des Richters.[1326] Diese Regelung soll einerseits Interessenkonflikten vorbeugen und sicherstellen, dass der Bewerber in seiner öffentlichen Funktion bei der Wahl keinen Druck auf die Wähler ausübt und sie in ihrer politischen Willensbildung und Wahlentscheidung nicht beeinflusst. Zum anderen soll im Wahlkampf die Gleichheit nicht beeinträchtigt werden.[1327] Die höhere Funktion steht jedoch der Kandidatur in einem anderen Wahlkreis nicht im Wege; der Bewerber kann wegen der fehlenden Residenzpflicht problemlos in einem anderen Wahlkreis kandidieren.

Unvereinbar ist das Mandat in der Nationalversammlung mit dem Mandat im französischen Senat[1328] oder im Europäischen Parlament.[1329] Ausnahmen bestehen für kleinere regionale Mandate und Ämter. Hier sieht der Gesetzgeber

---

1322 *Favoreu/Gaia/Ghevontian* u.a., Droit constitutionnel, Rn. 1015; *Masclet*, Droit électoral, Rn. 57.

1323 *Masclet*, Droit électoral, Rn. 59.

1324 *Pactet/Mélin-Soucramanien*, Droit constitutionnel, S. 387.

1325 Näher Art. LO 128.

1326 *Pactet/Mélin-Soucramanien*, Droit constitutionnel, S. 387.

1327 *Masclet*, Droit électoral, Rn. 65.

1328 Art. LO 137 I. Im Senat als der zweiten Kammer des Parlaments sind die Gebietskörperschaften der Republik vertreten, vgl. Art. 24 IV S. 2 der Verfassung.

1329 Art. LO 137-1 I. Zu den sonstigen *Inkompatibilitäten* ausführlich Artt. LO 138 ff.

aber wiederum eine entsprechende Begrenzung auf nur ein Mandat oder Amt vor.[1330] Besonders zu beachten ist die Inkompatibilität zwischen Abgeordnetenmandat und einem Amt in der Regierung, die Verfassungsrang genießt.[1331] Die Kandidatur für ein Abgeordnetenmandat ist aber nach höchstrichterlicher Rechtsprechung sowohl für ein amtierendes Regierungsmitglied als auch für einen Kandidaten, der sich für ein Regierungsamt bewirbt, möglich.[1332] Hier liegt der Unterschied zu den Ausschlussgründen, die für die Teilnahme an der Wahl gelten. Deshalb ist mit der Einreichung der Kandidatur zugleich auch die Benennung eines Ersatzmannes (Suppléant) vorgeschrieben, auf den das Mandat bei Eintreten der Inkompatibilität bis zum Ende der Legislaturperiode übergeht.[1333]

dd) Wahlkreiseinteilung und Wahlmodus

Die Nationalversammlung wird nach dem absoluten Mehrheitswahlrecht in Einerwahlkreisen gewählt. Da nach dem Wahlgesetz die Nationalversammlung aus insgesamt 577 Mitgliedern besteht,[1334] ist das gesamte Wahlgebiet in 577 Wahlkreise einzuteilen, in denen jeweils ein Abgeordneter in die Nationalversammlung gewählt wird. Die Abgeordneten werden direkt in den Wahlkreisen gewählt und ziehen nicht über Parteilisten in die Nationalversammlung ein. Die Wahlkreise verteilen sich hauptsächlich auf die Départements im zentralen französischen Staatsgebiet und zusätzlich auf Neukaledonien sowie auf die Überseegebiete, die zum französischen Staat gehören.[1335] Zusätzlich bilden die außerhalb Frankreichs lebenden französischen Staatsbürger weitere Wahlkreise.[1336]

Die Wahlkreiseinteilung erfolgt in zwei Schritten und orientiert sich an der Gliederung des französischen Staatsgebietes in Départements, also an der staatlichen Verwaltungsgliederung. Es wird deshalb als Scrutin d'Arrondissement bezeichnet. Im ersten Schritt werden die zu vergebenden Mandate auf die Départements nach Einwohnerzahl verteilt, im zweiten Schritt sind die Départements

1330 Näher Art. LO 141.
1331 Art. 23 Abs. 1 1. Alt. der Verfassung.
1332 Conseil constitutionnel v. 21. Juni 1967 (Nr. 67–439, A.N., Rhone, 4e cir.),Rec. 134.
1333 Art. 5 Ordonnanz Nr. 58–1065 v. 7.11.1958 (Ordonnance no. 58–1065 du 7 novembre 1958 portant loi organique relative à la composition et à la durée des pouvoirs de l'Assemblée nationale), abrufbar unter: http://legifrance.gouv.fr/jopdf/common/jo_pdf.jsp?numJO=0&dateJO=19581109&numTexte=&pageDebut=10128&pageFin (Stand: 16.11.2013).
1334 Art. LO 119.
1335 Art. L 125.
1336 Art. L 125.

in Wahlkreise (Circonscription) einzuteilen, aus denen jeweils ein Abgeordneter in die Nationalversammlung gewählt wird.[1337] Bei der Verteilung der Mandate gelten zwei Grundsätze. Es sollen ungefähr 108.000 Einwohner von einem Angeordneten repräsentiert werden, jedoch entsendet ein Departement mindestens zwei Abgeordnete in die Nationalversammlung.[1338]

Nachdem die Mandate entsprechend ihrer Einwohnerzahl auf die Départements verteilt sind, werden in den Départements Wahlkreise gebildet. Der Conseil Constitutionnel hat für die Wahlkreiseinteilung Grundsätze entwickelt.[1339] Zunächst muss die territoriale Kontinuität beachten werden, d.h., es dürfen beim Wahlkreiszuschnitt im Département keine Exklaven oder Enklaven entstehen. Ferner müssen sowohl die Grenzen der Kantone im Département als auch die Demographie beachtet werden.[1340] Der letzte Grundsatz besagt, dass beim Wahlkreiszuschnitt die Zahl der Wahlberechtigten im Wahlkreis von der durchschnittlichen Einwohnerzahl im Département nicht mehr als 20 % abweichen darf.[1341] Der Conseil Constitutionnel folgert dieses Erfordernis aus der Verfassung.[1342]

Nach den Bestimmungen des Wahlgesetzes wird die Nationalversammlung durch Mehrheitswahl in zwei Wahlgängen gewählt.[1343] Jeder Wahlberechtigte hat nur eine Stimme, d.h., in Frankreich gilt bei der Wahl zur Nationalversammlung ausschließlich die Einzelstimmabgabe.[1344] Im ersten Wahlgang ist bereits derjenige gewählt, der die absolute Mehrheit der Stimmen erreicht hat, sofern ein Viertel der registrierten Wähler für ihn gestimmt hat.[1345] Diese Regelung soll vermeiden, dass der Wahlerfolg auf einer sehr niedrigen Wahlbeteiligung beruht.[1346] Sollte kein Kandidat im Wahlkreis dieses Erfordernis erfüllen, findet ein zweiter Wahlgang statt. Hier reicht dann die relative Mehrheit der abgegebenen Stimmen für den Sieg. Sollte es zur Stimmengleichheit zwischen mehreren Kandidaten kommen, so gilt der ältere Kandidat als gewählt.[1347] Am zweiten Wahlgang dürfen nicht nur die beiden Erstplatzierten des

1337 Art. L 124.

1338 *Hartmann*, Frankreichs Parteien, S. 28.

1339 Vgl. dazu folgende Entscheidungen: Conseil constitutionnel v. 2.7.1986 (Nr. 86–208 DC) und v. 18.11.1986 (86–218 DC).

1340 Vgl. *Gicquel/Gicquel*, Droit constitutionnel et institutions politiques, S. 641, dort auch mit den gesetzlichen Bestimmungen.

1341 Ebda.

1342 Näher dazu auch *Masclet*, Droit électoral, Rn. 127 m. w. Nachw.

1343 Art. L 123.

1344 *Baedermann*, Der Einfluss der Wahlrechts auf das Parteiensystem, S. 181.

1345 Art. L 126.

1346 *Grote*, Das Regierungssystem der V. französischen Republik, S. 69.

1347 Art. L 126.

ersten Wahlgangs, sondern alle Kandidaten teilnehmen, auf die im ersten Wahlgang mindestens 12,5 % der Gesamtzahl an eingeschriebenen Wahlberechtigten entfallen sind. Diese Prozenthürde wird nicht an der Gesamtzahl der tatsächlich abgegebenen Stimmen im ersten Wahlgang gemessen.[1348] Deshalb ist theoretisch die Teilnahme von bis zu acht Bewerbern am zweiten Wahlgang möglich. Sollte im ersten Wahlgang nur ein Kandidat das erforderliche Mindeststimmenquorum erreichen, so ist der Zweitplatzierte unabhängig von seinem Wahlergebnis zur Teilnahme am zweiten Wahlgang zugelassen.[1349] Diese Regelung gilt aber nur, sofern auch nur ein Kandidat im ersten Wahlgang das Mindeststimmenquorum erreicht. Erreichen etwa zwei das Quorum, verzichtet aber einer auf seine Teilnahme, so rückt ein anderer Kandidat, der die Teilnahmevoraussetzung nicht erfüllt hat, nicht nach.[1350] Sofern keiner der Kandidaten im ersten Wahlgang das Mindeststimmenquorum für den zweiten Wahlgang erreicht hat, findet im zweiten Wahlgang eine Stichwahl zwischen den beiden Erstplatzierten vom ersten Wahlgang statt.[1351] Diejenigen Kandidaten, die das Mindeststimmenquorum erreicht haben, sind nicht verpflichtet, am zweiten Wahlgang teilzunehmen. Sie haben nur einen Anspruch auf Teilnahme, sofern sie sich nach dem dafür vorgesehenen Verfahren zum zweiten Wahlgang anmelden. Im zweiten Wahlgang darf grundsätzlich kein anderer Ersatzmann als jener vom ersten Wahlgang nominiert werden.[1352] Dies gilt wiederum nicht bei Tod des Kandidaten oder des Ersatzmannes. Im ersten Fall rückt der Ersatzmann in die Kandidatur nach und hat sodann einen neuen Ersatzmann zu nominieren,[1353] im zweiten Fall ist die Ernennung eines neuen Ersatzmannes vorgeschrieben.[1354]

ee) Wahlleitung und Wahlanfechtung

Die Wahlleitung und die Wahlanfechtung bei den Wahlen zur Nationalversammlung obliegen seit 1958 dem Conseil Constitutionnel. Er ist die oberste Wahlkommission und das zuständige Wahlanfechtungsgericht bei Wahlen auf nationaler Ebene.[1355]

1348 Art. L 162 Abs. 3.

1349 Art. L 162 Abs. 4.

1350 Zusammenfassend *Baedermann*, Der Einfluss der Wahlrechts auf das Parteiensystem, S. 184 f.

1351 Art. L 162 Abs. 5.

1352 Art. L 162 Abs. 6.

1353 Vgl. Art. L 163 Abs. 1.

1354 Dazu Art. L 163 Abs. 2.

1355 Vgl. auch *Doucet/Fleck*, Dictionnaire juridique et économique, Bd. 1, S. 173, Stichwort: „Conseil constitutionnel". Die Funktion als Wahlanfechtungsgericht ergibt sich aus Art. 59 der Verfassung.

Insbesondere die Funktion als Wahlanfechtungsgericht war eine Neuerung im Jahre 1958, weil für die Prüfung der Wahlen vor 1958 das Parlament zuständig war, was öfters zu Unregelmäßigkeiten zu Lasten des jeweiligen politischen Gegners führte, indem etwa die Wahl von gegnerischen Abgeordneten für ungültig erklärt wurde. Auch in der Errichtung des Conseils Constitutionnel ist also die Zielsetzung von 1958 zu erkennen, die Macht des Parlaments einzuschränken, um einen möglichen Machtmissbrauch zu verhindern.[1356]

Grundsätzlich prüft nach der Wahl der Conseil Constitutionnel im Falle der Wahlanfechtung[1357] auch das passive Wahlrecht des gewählten Abgeordneten nach. Diese Nachprüfung umfasst jede Maßnahme, die vor der Wahl getroffen wurde, wie etwa die Anmeldung von Kandidaturen.[1358] Sollten sich jedoch bereits vor der Wahl Unregelmäßigkeiten bei der Anmeldung der Kandidaten zeigen, so ist zunächst nicht der Conseil Constitutionnel, sondern das jeweilige Verwaltungsgericht (Tribunal Administratif) zuständig.[1359]

4. Das Wahlrecht für Auslandsfranzosen: Die Verfassungsreform von 2008 und die Auslandswahlkreise seit der Wahl 2012

Zum Wahlrecht der im Ausland lebenden französischen Staatsbürger gibt es seit einer Verfassungsänderung im Jahre 2008 eine Neuerung. Eine neu eingefügte Verfassungsnorm bestimmt nun, dass die im Ausland lebenden Franzosen ebenfalls in der Nationalversammlung vertreten sind.[1360]

Vorher hatten nach Abschaffung der Briefwahl im Jahre 1975 die Auslandsfranzosen die Möglichkeit, ihre Stimme durch einen Bevollmächtigten abgeben zu lassen. Sie konnten sich dazu in jeder Gemeinde mit mehr als 30.000 Einwohnern für die Wahl in die Wahllisten eintragen lassen, sofern der Anteil der Auslandsfranzosen an den Wahlberechtigten nicht höher als 2 % lag. Die Vollmacht konnten die

1356 *Fromont*, in: *Strack/Weber* (Hrsg.), Verfassungsgerichtsbarkeit in Westeuropa, Tb. I, S. 227 (229).

1357 Zur Wahlprüfung schon *Zimmermann*, in: *Wolfrum/Schuster* (Hrsg.), Verfahren der Kandidatenaufstellung und der Wahlprüfung im europäischen Vergleich, S. 61 (69 ff.).

1358 *Fromont*, in: *Strack/Weber* (Hrsg.), Verfassungsgerichtsbarkeit in Westeuropa, Tb. I, S. 227 (240).

1359 *Mels*, Bundesverfassungsgericht und Conseil constitutionnel, S. 343.

1360 Vgl. Art. 24 V. 1. Alt. der Verfassung. Vgl. dazu Art. 9 Satz 5 vom Gesetz Nr. 2008–724 zur Modernisierung der Institutionen der V. Republik v. 23.7.2008 (LOI constitutionnelle no 2008–724 du 23 juillet 2008 de modernisation des institutions de la Ve République), abrufbar unter: http://www.legifrance.gouv.fr/jopdf/common/jo_pdf.jsp?numJO=0&dateJO=20080724&numTexte=2&pageDebut=11890&pageFin=11895 (Stand: 28.11.2013).

Auslandsfranzosen bei der Botschaft oder einem Konsulat abgeben. Sowohl der Wahlkreis als auch der Bevollmächtigte war frei wählbar.[1361] Später wandte man ein ähnliches Verfahren wie in den Vereinigten Staaten von Amerika an. Der im Ausland lebende französische Staatsbürger war in dem Wahlkreis wahlberechtigt, in dem er seinen letzten Wohnsitz oder zu dem er eine sonstige Beziehung hat, wie etwa Beziehungen verwandtschaftlicher Art oder sonstige Verbindungen.[1362] Die Wahl vollziehen konnte er in einem französischen Konsulat.[1363]

Heute bilden alle im Ausland lebenden französischen Staatsbürger wegen des Mehrheitswahlrechts in Einerwahlkreisen eigene Wahlkreise[1364] und entsenden direkt gewählte Abgeordnete aus diesen Wahlkreisen in die Nationalversammlung. Die Wahlberechtigten haben die Möglichkeit, sich in den jeweiligen konsularischen Bezirken direkt beim französischen Konsulat in Wahllisten einzutragen.[1365] Der Gesetzgeber hat die Regierung ermächtigt, durch Dekret die Population der im Ausland lebenden französischen Staatsbürger zu authentifizieren und eine entsprechende Liste zu veröffentlichen. Die Listen sind jedes Jahr zum 1. Januar zu aktualisieren.[1366] Dieser Ermächtigung ist die Regierung 2012 nachgekommen.[1367] Der Gesetzgeber hat auch hier als Annex zum Wahlgesetz eine Übersicht der Wahlkreise der Auslandsfranzosen veröffentlicht.[1368] Daraus ergibt sich, dass die etwa in

1361 *Georgel*, in: *Sasse/Georgel/Hand* (Hrsg.), Das Wahlrecht der Neun, S. 109 (125), mit Verweis auf das entsprechende Gesetz vom 19.7.1977.

1362 So noch die Rechtslage bei *Baedermann,* Der Einfluss der Wahlrechts auf das Parteiensystem, S. 170.

1363 Ebda.

1364 Art. L 125.

1365 Art. L 330-3 I mit Verweis auf Art. 8 des verfassungsausführenden Gesetzes (loi organique) vom 31. Januar 1976 (Loi organique n° 76-97 du 31 janvier 1976 relative aux listes électorales consulaires et au vote des Français établis hors de France pour l'élection du Président de la république), zuletzt geändert durch Art. 18 des verfassungsausführenden Gesetzes vom 14. April 2011 (Loi organique n°2011-410 du 14 avril 2011) abrufbar unter: http://legifrance.gouv.fr/affichTexteArticle.do?cidTexte=JORFTEXT000000510005&idArticle=LEGIARTI000006529083&dateTexte=&categorieLien=cid (Stand: 24.05.2015).

1366 Vgl. Art. L 330-1. I. Satz 1.

1367 Vgl. Décret n° 2012-231 du 17 février 2012 authentifiant la population des Français établis hors de France au 1er janvier 2012, abrufbar unter: http://www.legifrance.gouv.fr/affichTexte.do?cidTexte=JORFTEXT000025377232&dateTexte=&categorieLien=id (Stand: 21.10.2013). Die gesetzliche Ermächtigung findet sich in Art. L 330-1 I Satz 2.

1368 Vgl. Tableau des circonscriptions électorales des français établis hors de France, abrufbar unter: http://legifrance.gouv.fr/affichCode.do;jsessionid=0F6158D15C78385099BA1A87627D1CBE.tpdjo03v_2?idSectionTA=LEGISCTA000020950783&cidTexte=LEGITEXT000006070239&dateTexte=20140401 (Stand: 21.10.2013).

Deutschland lebenden französischen Staatsangehörigen im 7. Auslandswahlkreis wahlberechtigt sind. Dieser umfasst neben Deutschland auch Österreich, Polen und weitere Staaten.[1369] Zudem ist Deutschland in zwei Wahlbezirke eingeteilt. Diese Einteilung richtet sich nach den konsularischen Bezirken.[1370] Aus dem zitierten Dekret geht hervor, dass bei der Wahl im Jahre 2012 genau 142.427 französische Staatsbürger im 7. Auslandswahlkreis wahlberechtigt waren.[1371]

II. Die Verwaltungsgliederung und -organisation der V. Republik in Bezug auf die Kandidatenaufstellung – insbesondere die Präfektur

Die V. Republik wird als zentralistischer Einheitsstaat eingeordnet, dessen Verwaltungsgliederung eine Pyramidenstruktur aufweist. Auf jeder Ebene des Staatsgebietes ist die Staatsgewalt vertreten.[1372] An diesem Befund hat die Dezentralisierungsgesetzgebung im Jahre 1982 nichts Grundlegendes geändert.[1373] Man kann bei der Verwaltungsgliederung der V. Republik grundsätzlich zwischen der unmittelbaren Staatsverwaltung und der mittelbaren Staatsverwaltung unterscheiden.[1374] Die mittelbare Staatsverwaltung wird durch dezentrale Gebietskörperschaften (Collectivités Territoriales)[1375] sowie durch die Organisationsform établissement public ausgeübt.[1376] Als établissement public wird ganz allgemein jede juristische Person des öffentlichen Rechts bezeichnet, ausgenommen sind

1369 Sonstige Staaten sind: Albanien, Bosnien und Herzegowina, Bulgarien, Kroatien, Ungarn, Mazedonien, Rumänien, Serbien und Montenegro, Slowenien, Tschechische Republik, Slowakei, vgl. ebda.

1370 Vgl. bei ebda. den 7. Circonscription.

1371 Vgl. Décret n° 2012–231 du 17 février 2012 authentifiant la population des Français établis hors de France au 1er janvier 2012, abrufbar unter: http://www.legifrance.gouv.fr/affichTexte.do?cidTexte=JORFTEXT000025377232&dateTexte=&categorieLien=id (Stand: 21.10.2013).

1372 *Mazzega*, in: Dokumentation der Fachschule für öffentliche Verwaltung Kehl, S. 16.

1373 Zur Reform von 1982 ausführlich *Fromont*, DÖV 1983, S. 397 (399 ff.).

1374 *Heuterkes*, Rechtsfähige Organisationseinheiten der Verwaltungsstruktur Frankreichs, Deutschlands und der Europäischen Gemeinschaften, S. 14.

1375 Zusammenfassend zu den Aufgabenbereichen der Gebietskörperschaften seit der Dezentralisierungsgesetzgebung, *Thedieck*, Verwaltungsstruktur in Frankreich und Deutschland, S. 30 f.

1376 *Heuterkes*, Rechtsfähige Organisationseinheiten der Verwaltungsstruktur Frankeichs, Deutschlands und der Europäischen Gemeinschaften, S. 18.

der Staat und die Gebietskörperschaften.[1377] Die mittelbare Staatsverwaltung ist hier in Bezug auf die Kandidatenaufstellung für die Nationalversammlung allerdings nicht näher von Interesse.

Die unmittelbare Staatsverwaltung gliedert sich in zwei Bereiche. Sie besteht aus der Administration Centrale, die sich aus dem Präsidenten der Republik und dem Ministerrat, also dem Premierminister und den Fachministern, zusammensetzt.[1378] Für die Erledigung der Verwaltungsaufgaben vor Ort durch die Administration Déconcentrée ist das Staatsgebiet vertikal in Verwaltungsbezirke gegliedert. Bei diesen handelt es sich – hier nun von der größten zur kleinsten Einheit aufgezählt – um die Régions,[1379] die Départements und die Arrondissements. Diese Verwaltungseinheiten sind nicht zu verwechseln mit den Gebietskörperschaften, obwohl sie teilweise durch die gleichen Organe handeln, teilweise dieselben Gebiete umfassen und teilweise die gleichen Namen tragen.[1380] Wenn man also etwa von einem Département spricht, kann ein staatlicher Verwaltungsbezirk oder aber eine Gebietskörperschaft gemeint sein.

Die Verwaltungsbezirke bilden die „Außenstellen“[1381] der Regierung.[1382] In jedem Bezirk wird die Zentralregierung von einem Präfekten vertreten.[1383] So findet sich etwa in jedem Département eine Präfektur, die staatliche Aufgaben auf dieser Verwaltungsebene erledigt. Die Regionalpräfekten fungieren in Personalunion auch als Präfekten des Départements als Sitz der Regionalverwaltung. Die nächste kleinere Organisationseinheit ist die Unterpräfektur (Souspréfets), denen jeweils die Zuständigkeit für ein Arrondissement obliegt.[1384] Die Präfekten gehen noch auf die napoleonische Zeit zurück.[1385]

1377 *Hübner/Constantinesco*, Einführung in das französische Recht, S. 88. Näher zum Établissement Public, *Heuterkes,* a.a.O., S. 19 ff.

1378 *Heuterkes*, a.a.O., S. 14.

1379 Die Régions wurden 1955 zunächst nur als Verwaltungsbezirke geschaffen und bestehen aus jeweils zwei bis sieben Départements, vgl. *Fromont*, DÖV 1983, 397 (398).

1380 *Heuterkes*, Rechtsfähige Organisationseinheiten in der Verwaltungsstruktur Frankreichs, Deutschlands und der Europäischen Gemeinschaften, S. 15 f. Vgl. zu den Gebietskörperschaften Art. 72 Abs. 1 Satz 1 der Verfassung.

1381 So *Thedieck*, Verwaltungsstruktur in Frankreich und Deutschland, S. 28.

1382 Ebda.

1383 Ebda; *Classen*, in: *Sonnenberger/Classen* (Hrsg.), Einführung in das französische Recht, § 3, Nr. 52.

1384 *Mazzega,* in: Dokumentation der Fachschule für öffentliche Verwaltung Kehl, S. 17; *Classen*, in: ebda.

1385 *Classen*, in: ebda.

Das Gesetz vom 2.3.1982 hat zu einer Neugestaltung der Organe auf Ebene der Regionen und der Départements geführt. Dadurch hat die Präfektur Befugnisse an die Gebietskörperschaften und deren Organe eingebüßt.[1386] Dennoch ist der Präfekt auch nach der zitierten Reform der Vertreter der Staatsverwaltung im Département.[1387] Der Präfekt ist nur nicht mehr Leiter der Verwaltung in dem jeweiligen Département oder in der jeweiligen Region.[1388]

Entsprechend der genannten Funktion hat der Präfekt bzw. die Präfektur Aufgaben bei der Aufstellung der Kandidaten für die nationalen Wahlen zur Nationalversammlung. Darauf wird später näher eingegangen.

III. Die politischen Parteien in Frankreich

1. Die Stellung der Parteien im Verfassungsrecht der V. Republik

a) Vorbemerkung: Die ablehnende Haltung Charles De Gaulles gegenüber politischen Parteien und die Ziele der V. Republik

Die Entstehung der Verfassung der V. Republik ist wie bereits oben angeführt mit der Person Charles De Gaulles und dessen verfassungspolitischen Ideen eng verknüpft.[1389] Für De Gaulle standen die Nation und die Frage, wie diese zu erhalten und zu schützen sei, im Vordergrund. Zur Erfüllung dieser Aufgabe bedurfte es nach seiner Überzeugung eines machtvollen französischen Staates.[1390]

Ein solches Gebilde war aber nur denkbar, wenn auch Verfassungsinstitutionen vorhanden waren, welche die Handlungsfähigkeit des Staates gewährleisteten. Diese Gewährleistung sah er nicht in den bisherigen Institutionen der III. und IV. Republik. Vielmehr waren nach seiner Ansicht die parlamentarischen Regierungssysteme, insbesondere jenes der IV. Republik, außerstande, die politischen Probleme zu lösen, wirkungsvolle politische Entscheidungen zu treffen und den Schutz der Nation zu gewährleisten. Grund dafür war der nach seiner Ansicht zu große Einfluss der politischen Parteien und der Parteipolitik.[1391] Denn nach seiner Meinung waren gerade die politischen Parteien nicht am Wohl der Nation, sondern zunächst nur an ihren eigenen Partikularinteressen interessiert.[1392]

1386 Vgl. dazu die Erläuterungen von *Fromont*, DÖV 1983 (397) 399.

1387 *Thedieck*, Verwaltungsstruktur in Frankreich und Deutschland, S. 29 f.

1388 *Fromont*, DÖV 1983 (397) 399.

1389 Zusammenfassend schon *Grote*, Das Regierungssystem der V. französischen Republik, S. 44 ff.

1390 *Grote*, Das Regierungssystem der V. französischen Republik, S. 45.

1391 Zusammenfassend *Grote*, a.a.O., S. 46.

1392 Ebda.

De Gaulle lehnte einen zu großen Einfluss von politischen Parteien in der neuen V. Republik ab und sah insbesondere in der starken Stellung der Exekutive eine Möglichkeit, die Interessen der Nation wirksam zu vertreten. Das primäre Ergebnis dieser Überlegungen war die in der Verfassung der V. Republik vorgesehene starke Stellung des Präsidenten der Republik, der über den Parteien stehen sollte.[1393] Diese Regelung hat Einfluss auf die Stellung der Parteien im französischen Verfassungsrecht.[1394] Doch auch andere Bestimmungen geben Aufschluss über ihre Stellung. Ausgangspunkt der Untersuchung ist jedoch die Verfassungsnorm, die die Parteien zum Regelungsgegenstand hat.

b) Der Norminhalt von Art. IV der Verfassung

In der Verfassung der V. Republik werden die politischen Parteien nur an einer Stelle erwähnt. Ebenso wie das deutsche Grundgesetz von 1949 enthält die Verfassung der V. Republik auch einen Parteienartikel. Der hier maßgebliche Art. IV Abs. 1 der Verfassung hat folgenden Wortlaut:

„Die politischen Parteien und Gruppierungen wirken bei den Wahlentscheidungen mit. Ihre Bildung und die Ausübung ihrer Tätigkeit sind frei. Sie haben die Grundsätze der nationalen Souveränität und der Demokratie zu achten.“[1395]

Die Bestimmung umfasst verschiedene Regelungsbereiche, welche unmittelbar Einfluss auf die Stellung der Parteien im Allgemeinen und die Kandidatenaufstellung im Besonderen nehmen.

aa) Satz 1

Der Wortlaut des Art. 4 Satz 1 ist sehr eng gefasst. Denn es ist gerade die Funktion von politischen Parteien, um die politische Macht zu konkurrieren und bei Wahlen anzutreten.[1396] Sie beschreibt eine Selbstverständlichkeit. Hier zeigt sich, dass der Verfassungsgeber schon bei der Formulierung dieses Verfassungsartikels den

---

1393 *Grote*, a.a.O., S. 47.

1394 Dazu sogleich.

1395 Art. IV der Verfassung vom 4. Oktober 1958, abrufbar unter: http://www.conseil-constitutionnel.fr/conseil-constitutionnel/root/bank_mm/allemand/constitution_allemand.pdf (Stand: 2.9.2013). Vgl. den Originalwortlaut der Norm: „Les partis et groupements politiques concourent à l'expression du suffrage. Ils se forment et exercent leur activité librement. Ils doivent respecter les principes de la souveraineté nationale et de la démocratie“, abrufbar unter: http://legifrance.gouv.fr/Droit-francais/Constitution/Constitution-du-4-octobre-1958 (Stand: 13.2.2014).

1396 *Israel*, in: *Luchaire/Conac*, La constitution de la République française, Article 4, S. 220.

politischen Parteien Misstrauen entgegenbrachte.[1397] Sie wirken danach nämlich nicht an der – weitergehenden – politischen Willensbildung mit.

Im Laufe der Verfassungsentwicklung hat aber entgegen dem Wortlaut die Staatsrechtslehre darauf hingewiesen, dass die Verfassung auch andere Aktivitäten der Parteien zulässt.[1398] Auch der Conseil Constitutionnel[1399] hat die mit dem Parlament verbundenen Funktionen der Partei hervorgehoben, indem er etwa die Fraktionen als Parteien anerkannt hat.[1400]

bb) Satz 2

Art. 4 Satz 2 garantiert die Gründungs- und Betätigungsfreiheit von Parteien. Daraus folgt hier lediglich, dass eine gesetzliche Begrenzung auf wenige oder nur eine Partei verfassungswidrig wäre. Das Mehrparteiensystem ist verfassungsrechtlich garantiert.[1401] Aus der Norm folgt auch, dass die Nationalversammlung keine Prüfungskompetenz bezüglich der Verfassungsmäßigkeit von Fraktionen oder Parteien besitzt. Dies schließt die Prüfung ihrer Programme im Allgemeinen und die der Fraktionen im Besonderen ein.[1402] Die Nationalversammlung kann also auch die Bildung von Fraktionen nicht verhindern. Bei der Bestimmung handelt sich um einen besonderen Fall der Vereinsfreiheit.[1403] Hier zeigt sich die Nähe der französischen Parteien zum Vereinsrecht.

cc) Satz 3 und das Gebot der innerparteilichen Demokratie

Nach Art. 4 Satz 3 haben die Parteien die Grundsätze der nationalen Souveränität und der Demokratie zu achten. Die Ähnlichkeit zum Wortlaut von Art. 21 Abs. 1 Satz 2 des deutschen Grundgesetzes fällt hier auf. Dieser lautet: „Ihre innere Ordnung [die der Parteien] muß demokratischen Grundsätzen entsprechen."[1404]

1397 *Stentzel*, in: StWStP 1993, 479 (488).

1398 Näher *Israel*, in: *Luchaire/Conac*, La constitution de la République française, Article 4, S. 220.

1399 Conseil constitutionnel v. 24. Juni. 1959 (Nr. 59–2 DC).

1400 *Stentzel*, in: StWStP 1993, 479 (489).

1401 *Gangl*, Verfassungsfragen der Fünften Republik, S. 173.

1402 Conseil constitutionnel v. 24. Juni. 1959 (Nr. 59–2 DC); Conseil constitutionnel v. 18. Mai. 1971 (Nr. 71–42 DC).

1403 *Gangl*, Verfassungsfragen der Fünften Republik, S. 173; *Stentzel*, in: StWStP 1993, 479 (488).

1404 Art. 21, Abs. 1, Satz 1 des Grundgesetzes vom 23. Mai 1949 (BGBl. S. 1), zul. geänd. durch G. v. 11. Juli 2012 (BGBl. I S. 1478).

Bei der Regelung handelt es sich um ein Verfassungsgebot, welches als Prinzip ausgestaltet, daher gestaltungs- und entwicklungsoffen ist und von den Parteien im Rahmen ihrer Satzungsautonomie ausgeformt werden kann.[1405] Auch der Gesetzgeber kann wegen des Gesetzgebungsauftrages von Art. 21 Abs. 3 GG durch Gesetz das Gebot der innerparteilichen Demokratie entsprechend ausgestalten,[1406] den Wirkungskreis der Parteien aber nicht einschränken. Art. 21 Abs. 3 GG enthält keinen Gesetzesvorbehalt.[1407] Einzelne Verstöße gegen das Gebot der innerparteilichen Demokratie begründet die Nichtigkeit der einschlägigen Satzungsbestimmungen (vgl. § 134 BGB) und die der Beschlüsse, die auf Grundlage jener Bestimmungen ergangen sind,[1408] können aber auch, je nach Grad des Verstoßes, eine demokratiefeindliche Einstellung des Partei aufzeigen und daher die materiellen Voraussetzungen für ein Parteienverbot nach Art. 21 Abs. 2 Satz 1 GG erfüllen.[1409]

Es stellt sich die Frage, ob Art. 4 Satz 3 der französischen Verfassung einen ähnlichen Regelungsgehalt aufweist wie die soeben erläuterte Regelung im deutschen Grundgesetz, er also das Gebot der innerparteilichen Demokratie umfasst und eine Ermächtigung zugunsten des Gesetzgebers zur Regulierung der innerparteilichen Demokratie enthält. Der Entstehungsprozess der Norm im Zuge der Beratungen zur Verfassung gibt hier Aufschluss.

Ausgangspunkt ist der Verfassungsvorentwurf vom 10. Juli 1958. Die Bestimmung über die Parteien hatte in ihrem Abs. 1 und Abs. 2 Satz 1 folgenden Wortlaut:

„(1) Gruppen und Verbände, die Kandidaten zur Wahl aufstellen oder eine politische Tätigkeit ausüben, können sich frei bilden. Sie haben sich jedoch anzumelden und ihre Satzungen einzutragen.

(2) Ihre Organisation muß demokratischen Grundsätzen entsprechen. Sie müssen dem Conseil constitutionnel jährlich über ihre Mittel und ihre Ausgaben Rechenschaft ablegen.“[1410]

1405 *Dreier/Morlok*, GG, Art. 21 Rdnr. 124.

1406 Ebda.

1407 S. statt aller *dies.*, a.a.O., Rdnr. 158.

1408 *Jarass/Pieroth*, Art. 21 Rdnr. 26.

1409 BVerfGE 2, 1 (14), Urt. v. 23.10.1952, 1 BvB 1/51.

1410 Zitiert nach *Fromont*, in: *Starck* (Hrsg.), Grundgesetz und deutsche Verfassungsrechtsprechung im Spiegel ausländischer Verfassungsentwicklungen, S. 101 (107).

Der Wortlaut ähnelt dem vom Art. 21 Abs. 1 des Grundgesetzes.[1411] Die Aufnahme der zitierten Bestimmung geht zurück auf einen Vorschlag des Rechtsberaters des Wissenschaftsministers, Professor François Luchaire, den dieser im Rahmen der Beratungen zum Verfassungsentwurf gemacht hat. Insbesondere das Gebot der innerparteilichen Demokratie sollte nach seinem Vorschlag in den Entwurf mit aufgenommen werden.[1412] Eine solche Regelung hätte sich zunächst gegen die Kommunistische Partei gerichtet, die den zitierten Anforderungen wohl nicht genügt hätte.[1413] Im Verfassungsentwurf vom 29. Juli 1958 findet sich dann aber keine entsprechende Regelung über politische Parteien.[1414] Möglicherweise geht die Streichung auf De Gaulle zurück, der eine Regelung über politische Parteien in der Verfassung wegen seiner grundsätzlich ablehnenden Haltung diesen gegenüber vermeiden wollte.[1415]

Der Verfassungsentwurf wurde sodann am 29. Juli 1958 an das Comité Constitutionnel Consultatif weitergeleitet. Hier gab es während der Beratungen am 1. August 1958 den Antrag, eine abgewandelte Bestimmung über Parteien einzuführen. Der Wortlaut lautete wie folgt: „Politische Verbände und Gruppen müssen die demokratischen Grundsätze beachten und vom Ausland unabhängig bleiben."[1416] Hier findet sich erstmals in leicht abgewandelter Form der später in die Verfassung aufgenommene Wortlaut. Zweck des Vorschlags, der zunächst in die Arbeitsgruppe

---

1411 Der wie folgt lautet: „Die Parteien wirken bei der politischen Willensbildung des Volkes mit. Ihre Gründung ist frei. Ihre innere Ordnung muß demokratischen Grundsätzen entsprechen. Sie müssen über die Herkunft und Verwendung ihrer Mittel sowie über ihr Vermögen öffentlich Rechenschaft geben", vgl. Art. 21 Abs. 1 des Grundgesetzes v. 23. Mai 1949 (BGBl. S. 1), zul. geänd. durch G. v. 11. Juli 2012 (BGBl. I S. 1478).

1412 *Comité national chargé de la publication des travaux préparatoires des institutions de la Ve République*, Dokumente, Bd. 1, S. 383.

1413 *Fromont*, in: *Starck* (Hrsg.), Grundgesetz und deutsche Verfassungsrechtsprechung im Spiegel ausländischer Verfassungsentwicklungen, S. 101 (107).

1414 Vgl. den Text des Verfassungsentwurfs vom 29.7.1958 in: *Comité national chargé de la publication des travaux préparatoires des institutions de la Ve République*, Dokumente, Bd. 2, S. 21 ff.

1415 So die Vermutung von *Fromont*, in: *Starck* (Hrsg.), Grundgesetz und deutsche Verfassungsrechtsprechung im Spiegel ausländischer Verfassungsentwicklungen, S. 101 (107).

1416 Zitiert nach ebda. Vgl. den Originalwortlaut auf Französich in: *Comité national chargé de la publication des travaux préparatoires des institutions de la Ve République*, Dokumente, Bd. 2, S. 118 sowie das Beratungsprotokoll bei a.a.O, S. 128.

überwiesen wurde,[1417] war es, ein Verbot von bestimmten Parteien, insbesondere jenes der kommunistischen Partei, zu ermöglichen.[1418] Der Wortlaut des Parteienartikels in den Änderungsvorschlägen lautete nun wie folgt: „Parteien und politische Gruppierungen müssen die in der Verfassung enthaltenen demokratischen Grundsätze beachten. Das Nähere regelt ein verfassungsänderndes Gesetz."[1419]

Bei der Weiterleitung der Änderungsvorschläge am 14. August 1958 fasste der Präsident des Comité Constitutionnel Consultatif die Zielsetzung des Artikels zusammen: „Die Mehrheit des Comité ist der Meinung, dass die Verfassung den Parteien und politischen Gruppen die Beachtung von demokratischen Grundsätzen auferlegen muß. Sie ist nämlich davon überzeugt, daß die Erneuerung der Organisation der Republik mit der Sanierung der politischen Tätigkeit verbunden sein muss. Insbesondere kann sich das politische Leben nicht mit antinationalen und antirepublikanischen Umtrieben von Parteien abfinden, die vom Ausland abhängen."[1420]

Innerhalb der Regierung De Gaulle war die Zweckmäßigkeit eines Parteiartikels umstritten, auch weil man eine übermäßige gesetzmäßige Beschränkung der Parteienfreiheit fürchtete.[1421] Man entschied sich letztlich für eine entschärfte Formulierung, die folgenden Wortlaut hatte: „Parteien und politische Gruppierungen wirken bei den Wahlentscheidungen mit. Sie haben die Grundsätze der nationalen

---

1417 Vgl. das Beratungsprotokoll in: *Comité national chargé de la publication des travaux préparatoires des institutions de la Ve République*, a.a.O, S. 131 sowie *dies.*, a.a.O., S. 682.

1418 So die Vermutung von *Fromont*, in: *Starck* (Hrsg.), Grundgesetz und deutsche Verfassungsrechtsprechung im Spiegel ausländischer Verfassungsentwicklungen, S. 101 (108).

1419 Art. 2 des Verfassungsentwurfs vom 19. August 1958, hier zitiert nach *Fromont*, in: *Starck* (Hrsg.), Grundgesetz und deutsche Verfassungsrechtsprechung im Spiegel ausländischer Verfassungsentwicklungen, S. 101 (108). Vgl. zudem den Originalwortlaut auf Französisch in: *Comité national chargé de la publication des travaux préparatoires des institutions de la Ve République*, Dokumente, Bd. 2, S. 567.

1420 Deutsche Fassung zitiert nach *Fromont*, in: *Starck* (Hrsg.), Grundgesetz und deutsche Verfassungsrechtsprechung im Spiegel ausländischer Verfassungsentwicklungen, S. 101 (108 f.). Siehe zum Vergleich den Originaltext in: *Comité national chargé de la publication des travaux préparatoires des institutions de la Ve République*, a.a.O., S. 558: „ La majorité du Comité a pensé que la prochaine Constitution devait contenir une disposition imposant aux partis et groupements politique le respect des principes démocratique. Il est, en effet, convaincu que la rénovation des institutions de la République doit s'accompagner d'un assainissement de sa vie politique. Celle-ci ne peut, en particulier, s'accommoder des agissements antinationaux et antirépublicains de partis soumis à une obédience étrangère."

1421 *Fromont*, in: *Starck* (Hrsg.), Grundgesetz und deutsche Verfassungsrechtsprechung im Spiegel ausländischer Verfassungsentwicklungen, S. 101 (109).

Souveränität und der Demokratie zu beachten."[1422] Damit war die Parteienfreiheit mit Einschränkung anerkannt. Der Unterschied bestand nun darin, dass die Regelung nicht mehr nur die extremen Parteien, sondern alle Parteien betraf.[1423] Trotz Einwänden des Conseil d'Etat[1424] wurde die Regelung dann in die Verfassung übernommen.

Nach alledem kann festgehalten werden, dass Art. 4 Abs. 1 Satz 3 der französischen Verfassung dem einfachen Gesetzgeber keine Ermächtigung einräumt, die innere Ordnung der Parteien zu regeln.[1425] Der Wortlaut von Satz 3 betrifft nicht das Innenverhältnis der Parteien, sondern zunächst nur das Verhältnis der Parteien zur Republik, also das Außenverhältnis.[1426] Aus der Norm kann keine Vorgabe für die innere Struktur der Parteien hergeleitet werden.[1427] Die gegenteilige Ansicht[1428] verkennt die Entstehungsgeschichte der Verfassungsnorm.

Es gibt in diesem Bereich auch keine gesetzliche Regelung zur inneren Struktur von Parteien.[1429] Die Regelung der inneren Ordnung, insbesondere die Regelung der Kandidatenaufstellung, fällt in die Satzungsautonomie der Parteien. Aus dem Gesagten kann aber nicht gefolgert werden, dass Parteien, die dem Gebot der innerparteilichen Demokratie grundsätzlich nicht entsprechen, per se rechtmäßig sind. Die Frage, wie mit solchen Parteien zu verfahren ist – also die nach dem Parteienverbot – kann hier aber offenbleiben.

dd) Zusammenfassung und Normzweck

Bei den Beratungen über einen Parteienartikel hat sich der Verfassungsgeber an Art. 21 des deutschen Grundgesetzes orientiert, ihn jedenfalls herangezogen. Wie die Beratungsprotokolle zeigen, hat der Verfassungsgeber den zitierten Parteienartikel eher zögerlich in die Verfassung aufgenommen. Die verfassungspolitischen Ziele waren andere als jene des deutschen Verfassungsgebers. Man wollte gerade

---

1422 Zitiert nach Ebda. Vgl. den Originalwortlaut etwa bei *Jean Louis Debré*, La Constitution de la Ve République, S. 181.

1423 *Fromont*, in: *Starck* (Hrsg.), Grundgesetz und deutsche Verfassungsrechtsprechung im Spiegel ausländischer Verfassungsentwicklungen, S. 101 (109).

1424 Vgl. die Übersicht bei *Jean Louis Debré*, La Constitution de la Ve République, S. 181.

1425 Vgl. *Israel*, in: *Conac/Luchaire*, La constitution de la République française, Article 4, S. 221.

1426 So die gängige Auslegung der Norm, vgl. ebda.

1427 *Zimmermann*, in: *Wolfrum/Schuster* (Hrsg.), Verfahren der Kandidatenaufstellung und der Wahlprüfung im europäischen Vergleich, S. 61 (63).

1428 So wohl *Schröder*, Die Kandidatenaufstellung und das Verhältnis des Kandidaten zu seiner Partei in Deutschland und Frankreich, S. 71.

1429 *Fromont*, in: *Tsatsos* (Hrsg.), Parteienrecht im europäischen Vergleich, S. 219 (231).

keinen Parteienstaat in Form einer Parteiendemokratie im Sinne des deutschen Grundgesetzes erschaffen,[1430] sondern durch die Begrenzung der Parteientätigkeit auf die Mitwirkung bei Wahlentscheidungen diesen die Möglichkeit entziehen, maßgeblichen und entscheidenden Einfluss auf politische Entscheidungsprozesse auszuüben.[1431] Der enge Wortlaut von Satz 1 der Norm, den der Verfassungsgeber trotz der Kenntnis von Art. 21 des deutschen Grundgesetzes gewählt hat, stützt diese Aussage. Daher ist Art. 4 anders gestaltet worden als Art. 21 des deutschen Grundgesetzes. Sofern sich der Conseil Constitutionnel mit der Auslegung von Art. 4 der Verfassung beschäftigt hat, ging es primär um die Wahlkampffinanzierung und die damit zusammenhängende Wahlkampfkostenerstattung, weniger jedoch um das Verfahren der Kandidatenaufstellung.[1432]

Der Verfassungsgeber hat versucht, diese Zielsetzung durch die Schaffung einer Verfassungsordnung, in der die Stellung der Parteien durch Verfassungsinstitutionen geschwächt wird, abzusichern. Er hat Art. 4 in eine Staatsordnung eingebettet, in welcher „der parteipolitische Betrieb und der gesellschaftliche Interessenpluralismus durch Gegenkräfte neutralisiert werden sollen."[1433] Zur abschließenden Beurteilung der verfassungsrechtlichen Stellung der Parteien und deren Funktionen müssen weitere Bestimmungen der Verfassung herangezogen werden, die den politischen Willensbildungsprozess direkt oder indirekt erfassen.[1434]

c) *Das Parlament – Der „rationalisierte Parlamentarismus" und die Inkompatibilität von Mandat und Regierungsamt*

Das Parlament ist das eigentliche Betätigungsfeld der Parteien. Demnach gibt die Ausgestaltung seiner Stellung auch Auskunft über die Stellung der Parteien in einem Verfassungssystem. Auch der Verfassungsgeber der V. Republik sah im Parlament in erster Linie das Instrument der Parteien, an der politischen Gestaltung mitzuwirken. Aus diesem Grund hat er die Rechte des Parlaments gegenüber der Regierung und dem Präsidenten der Republik schwächer ausgestaltet, als es in der III. und IV. Republik der Fall war. Das Parlament ist nicht mehr das

---

1430 Ähnlich bereits *Hamon/Troper/Burdeau*, Droit constitutionnel, S. 490 f.

1431 *Kimmel*, Jahrbuch für Politik 1 (1991), S. 319 (329).

1432 Vgl. etwa *Mels*, Bundesverfassungsgericht und Conseil constitutionnel, S. 394 f. sowie die Nachweise ebda.

1433 So *Gangl*, Verfassungsfragen der Fünften Republik, S. 21.

1434 So *Stentzel*, Integrationsziel Parteiendemokratie, S. 182 mit w. Nachw. aus dem einschlägigen französischen Schrifttum.

Zentrum des politischen Lebens.[1435] Merkmale dafür sind hier der rationalisierte Parlamentarismus und die Inkompatibilität von Mandat und Regierungsamt.

Die Gesamtheit der Mechanismen, die die Legislativrechte des Parlaments beschränken, wird als rationalisierter Parlamentarismus bezeichnet.[1436] Dazu gehören, ohne ins Detail gehen zu wollen,[1437] die Regelungen über die Kontrolle der Regierung über das parlamentarische Gesetzgebungsverfahren,[1438] insbesondere hier die Regelung über die Vertrauensfrage,[1439] diejenigen über die Ernennung und Entlassung des Premierministers und der Regierung[1440] sowie die Festlegung der Tagesordnung.[1441]

Die Gegenstände, die vom Parlament durch Gesetz geregelt werden dürfen, sind in der Verfassung abschließend aufgezählt.[1442] Alle sonstigen Gegenstände werden von der Regierung durch Verordnungsrecht geregelt.[1443] Die Regierung ist nicht unbedingt vom Vertrauen des Parlaments abhängig, es reicht die Unterstützung durch den Präsidenten der Republik. Sie kann zwar vom Parlament durch ein destruktives Misstrauensvotum zum Rücktritt gezwungen werden, doch ist dieses Verfahren kompliziert ausgestaltet.[1444] Die Regierung hat die Möglichkeit, direkt Einfluss auf die Tagesordnung zu nehmen und das Parlament zu zwingen, zunächst Vorlagen der Regierung zu beraten.[1445] Es besteht bei knappen parlamentarischen Mehrheiten für die Regierung außerdem die Möglichkeit, eine Gesetzesvorlage in bestimmten Bereichen mit der Vertrauensfrage zu verknüpfen.[1446] Es muss dann innerhalb von 24 Stunden ein eigener parlamentarischer Misstrauensantrag gegen die Regierung eingebracht und mit absoluter Mehrheit angenommen werden. Erfolgen diese Schritte nicht, gilt der Gesetzentwurf als

1435 *Ardant/Mathieu*, Institutions politiques et droit constitutionnel, S. 557.

1436 Dazu meint etwa *Zürn*, Die republikanische Monarchie, S. 261 f., man könne wegen der Beschränkungen des Parlaments die V. Republik nicht mehr als parlamentarisches System im herkömmlichen Sinne bezeichnen.

1437 Ausführlich schon *Sattler*, AöR 87 (1962), S. 335 ff. Aus dem neueren deutschsprachigen Schrifttum *Grote*, Das Regierungssystem der V. französischen Republik, S. 63 ff.

1438 Vgl. Artt. 48 Abs. 1, 44 der Verfassung.

1439 Art. 49 Abs. 3 der Verfassung.

1440 Art. 8 der Verfassung.

1441 Art. 29 Abs. 1 der Verfassung.

1442 Vgl. Art. 34 der Verfassung.

1443 Art. 37 Abs. 1 der Verfassung.

1444 Näher Art. 49 Abs. 2 der Verfassung.

1445 Art. 48 Abs. 2 der Verfassung.

1446 Art. 49 Abs. 3 Satz 1 der Verfassung.

angenommen.[1447] Das Parlament und damit die dort wirkenden Parteien haben also nur die Wahl, entweder das Gesetz zu verabschieden oder die Regierung aktiv zu stürzen, d.h. ihr das Misstrauen auszusprechen, was zwingend zum Rücktritt der Regierung führt[1448] und ihr nicht nur das Vertrauen entzieht. Keine andere Vorschrift bringt die „Entmachtung"[1449] des Parlaments in der Verfassung der V. Republik besser zum Ausdruck als diese Regelung.[1450]

Letztlich ist das Parlament auch in seiner Geschäftsordnungsautonomie eingeschränkt, denn jede Rechtsänderung muss vor ihrem Inkrafttreten dem Verfassungsrat zur Prüfung vorgelegt werden.[1451]

Zu den vorgenannten Merkmalen des rationalisierten Parlamentarismus tritt die Inkompatibilität von Parlamentsmandat und Regierungsamt hinzu. Danach ist die Ausübung des parlamentarischen Mandats unvereinbar mit einem Amt in der Regierung.[1452] Es soll den Parlamentariern kein Anreiz gegeben werden, durch den Sturz der Regierung zugleich ein Amt in der neuen Regierung anzustreben.[1453] Sie verlieren nach geltendem Verfassungsrecht ihr Mandat. Dies macht den Sturz der Regierung unattraktiv und kommt als Motiv kaum mehr in Betracht. Außerdem unterstreicht die Vorschrift auch die Autorität des Präsidenten der Republik. Durch den Mandatsverlust der Abgeordneten bei Eintritt in die Regierung wird ihnen die Möglichkeit genommen, sich bei konkreten Entscheidungen auf ihre Stellung als gewählte Repräsentanten des Volkes zurückzuziehen und damit gegenüber dem Präsidenten der Republik auf ihre politische Autonomie zu bestehen.[1454] Nach dem Ausscheiden aus dem Regierungsamt ist es für das ehemalige Regierungsmitglied möglich, sein Mandat zurückzuerhalten.[1455]

Die Vorschrift hat in der Praxis Auswirkungen auf die Rekrutierung von Regierungspersonal. Hier spielt das Parlament nicht mehr die große Rolle, die es vor 1958 gespielt hat. Früher war es üblich, seine Karriere in den Gemeinden und

1447 Art. 49 Abs. 3 i.V.m. Abs. 2 der Verfassung.

1448 Art. 50 der Verfassung.

1449 So *Grote*, Das Regierungssystem der V. französischen Republik, S. 141.

1450 Ebda.

1451 Art. 61 Abs. 1 der Verfassung. Näher dazu und zu den maßgeblichen Entscheidungen des Conseil constitutionnel, *Grote*, a.a.O., S. 90.

1452 Art. 23 Abs. 1 HS. 1 der Verfassung.

1453 Es soll also zu keinem Rennen auf die Ministerposten kommen, vgl. die Erläuterungen der Vorschrift bei *Debré, Michel*, RFSP 1959, S. 7 (15).

1454 *Grote*, Das Regierungssystem der V. französischen Republik, S. 73.

1455 Vgl. Art. 25 Abs. 2 der Verfassung. Nähere Erläuterung bei *Pactet/Mélin-Soucramanien*, Droit Constitutionnel, S. 445.

Départements zu beginnen, um dann durch die erworbene lokale Machtbasis ins Parlament und nach jahrelanger Arbeit in den parlamentarischen Gremien schließlich in die Regierung einzutreten.[1456] Seit 1958 ist ein neues Karrieremuster hinzugetreten. Nun ist es üblich, als Mitarbeiter in einem ministeriellen Beraterstab anzufangen. Oft handelt es sich bei den zukünftigen Ministern bzw. Regierungsmitgliedern um Absolventen der École National d'Administration, die vor ihrer Tätigkeit in der Regierung eine ministerielle Karrierelaufbahn an wichtigen Institutionen des öffentlichen Dienstes in Frankreich hinter sich haben.[1457] Ihre Berufung in die Regierung verdanken sie nicht einer kontinuierlichen Arbeit in Parteigremien und dem Status als Parlamentarier, sondern dem Vertrauen des Ministers bzw. dem des Präsidenten der Republik.[1458] Der Einfluss der Parteien auf die Besetzung der Regierung ist in der Praxis zwar nicht ausgeschlossen, aber begrenzt. Seit dem Regierungswechsel im Jahre 1981 und insbesondere seit den Kohabitationsregierungen hat sich das Gewicht der Parteien bei der Ämterbesetzung in der Praxis ein wenig vergrößert.[1459]

2. *Die Stellung der Parteien nach dem einfachen Recht*

In der V. Republik existiert kein Parteiengesetz. Das französische Staatsrecht kennt keine Legaldefinition von Parteien wie etwa das deutsche.[1460] Bis 1988 waren Parteien nur als privatrechtliche Vereine einzuordnen. Rechtsgrundlage war hier das Vereinsgesetz aus dem Jahre 1901.[1461] Es verwirklicht die Vereinigungsfreiheit, die nach der Rechtsprechung des Conseils Constitutionnel von der Verfassung geschützt ist.[1462] Danach waren sie entweder als Vereine angemeldet und damit rechtsfähig,[1463] oder sie waren unangemeldet und blieben rechtlich eine lose Gruppe mit einer sehr beschränkten Rechtsfähigkeit.[1464] Seit

1456 *Grote*, Das Regierungssystem der V. französischen Republik, S. 77.

1457 Ebda.

1458 Ebda.

1459 Näher dazu aus politologischer Sicht *Höhne/Kleszcz-Wagner*, ZParl 1986, 515 (524 f.).

1460 *Fromont*, in: *Tsatsos* (Hrsg.), Parteienrecht im europäischen Vergleich, S. 219 (228). Vgl. für die Bundesrepublik Deutschland Art. 21 Abs. 3 GG i.V.m. § 2 Abs. 1 Satz 1 PartG.

1461 „Loi du 1er juillet 1901 relative au contrat d'association. Version consolidée au 24 mars 2012", abrufbar unter: http://www.legifrance.gouv.fr/affichTexte.do?cidTexte=LEGITEXT000006069570&dateTexte=vig (Stand: 19.11.2013).

1462 Vgl. Conseil constitutionnel v. 16.7.1971 (Nr. 71–44 DC).

1463 Vgl. Art. 5 i.V.m. Art. 6 Loi du 1er juillet 1901 relative au contrat d'association. Version consolidée au 24 mars 2012.

1464 *Fromont*, in: *Tsatsos* (Hrsg.), Parteienrecht im europäischen Vergleich, S. 219 (228).

1988 gilt jedoch ein neues Gesetz, welches den Parteien, die sich nicht als Vereine angemeldet haben, dennoch die Rechtsfähigkeit einräumt[1465] und ihnen damit korrespondierend die Aktivlegitimation im Prozess verleiht.[1466] Dieses und ein weiteres als verfassungsausführendes Gesetz ausgestaltetes Regelwerk[1467] betreffen die Transparenz öffentlicher Stellen in finanziellen Angelegenheiten. Vereinzelnd finden sich auch Regelungen in den Versammlungsgesetzen von 1881 und 1907. Einzelne Regelungen existieren noch über die Wahlpropaganda, im Wahlgesetz über die Sendezeiten im öffentlich-rechtlichen Rundfunk sowie in den Geschäftsordnungsregelungen in Bezug auf parlamentarische Fraktionen.[1468] Die genannten Gesetze regeln aber weder die innere Ordnung der Parteien im Allgemeinen noch die Kandidatenaufstellung im Besonderen.[1469] Die genannten Regelungsbereiche werden von den Parteien durch Satzungsrecht selbst ausgestaltet. Parteien sind in Frankreich juristische Personen des Privatrechts ohne eine vom Gesetzgeber fest vorgeschriebene innere Organisation.[1470]

3. *Zusammenfassung*

Insgesamt ist eine schwache Stellung der Parteien im französischen Verfassungsrecht festzustellen. Zwar werden die Parteien in der Verfassung der V. Republik erstmals genannt. Daher ging es aber nicht darum, ihnen eine wesentliche Stellung im Verfassungsgefüge einzuräumen, sondern vielmehr ihre Rechtsstellung zu begrenzen. Dies geht einher mit der kritischen Sicht von De Gaulle auf politische Parteien und die Erfahrungen aus der III. und IV. Republik. Es sollte eben kein Parteienstaat in Form einer Parteiendemokratie geschaffen werden. Man versuchte diese Zielsetzung abzusichern durch den rationalisierten Parlamentarismus und die Inkompatibilität von Mandat und Regierungsamt. Ersteres führt zu einer

---

1465 Art. 7 Satz 1 „Loi n° 88–227 du 11 mars 1988 relative à la transparence financière de la vie politique“, abrufbar unter: http://www.legifrance.gouv.fr/affichTexte.do?cidTexte=JORFTEXT000000321646 (Stand: 19.11.2013).

1466 Art. 7 Satz 2 Loi n° 88–227 du 11 mars 1988 relative à la transparence financière de la vie politique.

1467 „Loi organique n° 88–226 du 11 mars 1988 relative à la transparence financière de la vie politique“, abrufbar unter: http://www.legifrance.gouv.fr/affichTexte.do?cidTexte=LEGITEXT000006069060&dateTexte=20101224 (Stand: 19.11.2013).

1468 So die Zusammenfassung von *Fromont*, in: *Tsatsos* (Hrsg.), Parteienrecht im europäischen Vergleich, S. 219 (227).

1469 *Fromont*, in: *Tsatsos* (Hrsg.), a.a.O., S. 219 (230); vgl. auch die Feststellung von *Stentzel*, Integrationsziel Parteiendemokratie, S. 189 Fn. 415.

1470 *Fromont*, ebda.

nicht unerheblichen Kompetenzbeschränkung des Parlaments im Verhältnis zur Exekutive, Letzteres grundsätzlich, aber nicht ausschließlich, zu einer Beschränkung des Einflusses der Parteien auf die Besetzung der Regierungsämter.

Die Verfassung der V. Republik erwähnt zwar die Parteien und legitimiert sie damit, ihre Funktion bleibt aber im Wesentlichen auf die Wahlmitwirkung begrenzt.[1471] Bis 1988 galten sie zudem nur als Vereine im Sinne des Vereinsgesetzes. Selbst nach der Gesetzgebung im Jahre 1988 hat der Gesetzgeber nicht zu klären versucht, wie die Parteien ihre soeben genannte Mitwirkungsfunktion bei Wahlen auszuüben haben. Aus der Verfassung lässt sich das nicht erkennen.[1472] Hinzu kommt eine allgemeine Abneigung gegenüber Parteien, was sich etwa an dem niedrigen Anteil der Parteimitglieder bei den Wahlberechtigten zeigt.[1473] Die Franzosen sind ganz allgemein der Auffassung, dass nur eine starke Persönlichkeit, die über den Parteien steht, die Nation leiten solle.[1474] Das Regierungssystem der V. Republik und die juristisch schwache Stellung der Parteien kommen dem entgegen.

B. Die Regelung der Kandidatenaufstellung

I. Die einschlägigen Rechtsquellen

Nach dem Gesagten ist die Kandidatenaufstellung grundsätzlich Sache der Parteien. Die wesentlichen Vorschriften finden sich in ihren Satzungen (Statut) und gegebenenfalls in ihren Geschäftsordnungen (Règlement Intérieur). Sowohl in der Verfassung als auch im Wahlgesetz finden sich wenige Vorschriften über die Kandidatur für die Wahl zur Nationalversammlung.

II. Die Regelung der Kandidatenaufstellung nach den Bestimmungen der Verfassung

In der Verfassung selbst finden sich nur Vorschriften zum passiven Wahlrecht. Sie knüpfen regelmäßig am aktiven Wahlrecht an. Das Prinzip der innerparteilichen Demokratie ist – wenn man es mit der entsprechenden Bestimmung im deutschen Grundgesetz vergleicht – auch nicht in der Verfassung angesprochen oder explizit geregelt. Zu erwähnen ist hier nochmals die Unvereinbarkeit zwischen Regierungsamt und Mandat in der Nationalversammlung. Dies macht die Ernennung eines

1471 So schon *Kempf*, Das politische System Frankreichs, S. 174.
1472 Ebda.
1473 *Kempf*, a.a.O., S. 175 nennt hier 1,7 %.
1474 Ebda.

Stellvertreters durch die Parteien notwendig. Auf die entsprechenden Vorschriften in den Satzungen ist später einzugehen.

III. Die Regelung der Wahlbewerbung und der Kandidatenaufstellung nach den Bestimmungen des Wahlgesetzes

Das Wahlgesetz kennt kein Vorschlagsrecht der Parteien, sondern nur die Individualkandidatur. Der Wahlvorschlag muss grundsätzlich vom Kandidaten persönlich oder der Person, die er als seinen Nachrücker (Suppléant) benannt hat, mit den notwendigen Angaben eingereicht werden.[1475] Die Wahlbewerbung in einem Auslandswahlkreis (Wahlrecht der Auslandsfranzosen) kann auch ein Bevollmächtigter einreichen.[1476] Es gelten jeweils die gleichen Fristen. Der Bewerber muss den Antrag unterschreiben.[1477] Die Wahlbewerbung ist in zweifacher Ausfertigung bei der für den Wahlkreis zuständigen Präfektur bis 18 Uhr am vierten Freitag vor dem Wahltag einzureichen.[1478] Bei einer Kandidatur in einem Auslandswahlkreis ist die Wahlbewerbung davon abweichend beim Wahlbüro des französischen Innenministeriums (Ministère de l'Intérieur) einzureichen.[1479] Eine Doppelkandidatur in mehr als einem Wahlkreis ist unzulässig.[1480]

Zudem hat jeder Bewerber einen Stellvertreter (Suppléant) zu benennen,[1481] der in die Nationalversammlung nachrückt, falls der gewählte Abgeordnete in die Regierung eintritt. Ein Kandidat muss die anfallenden Kosten der Wahl – etwa die Druckkosten für die Stimmzettel im Wahlkreis – und des Wahlkampfes tragen, sofern er nicht wenigstens 5 % der abgegebenen Stimmen im ersten Wahlgang erhält. Erreicht der Kandidat diesen Mindeststimmenanteil, so tritt die staatliche Kostenerstattung für die Kosten ein.[1482]

1475 Zu den notwendigen Angaben gehören: die Angabe des Namens, des Wohnortes, des Geschlechts, des Geburtsortes sowie die Angabe des Berufes, vgl. Art. L 154 Satz 1.

1476 Art. L 330–5 Nr. 2.

1477 Art. L 154 Satz 1.

1478 Art. L 157 Satz 1.

1479 Art. R 173–1 Nr. 1. Und zwar direkt beim Wahlbüro (Bureau Des Élections), vgl. Élection de Députés par les française Établis hors de France, Memento a l'usage des candidates, 9.5.2012, S. 6, abrufbar als ZIP-Datei (Elections législatives du 10 et 17 juin 2012) unter: http://www.interieur.gouv.fr/Elections/Etre-candidat (Stand: 18.12.2013).

1480 Art. L 156 Satz 1.

1481 Art. L 157 Satz 2.

1482 Art. L 167 Abs. 2.

Für Klagen gegen eine Wahlkreisbewerbung ist im Wahlzulassungsverfahren das Verwaltungsgericht (Tribunal Administratif) zuständig. Bei der Einreichung der Wahlbewerbung eines Kandidaten können formelle Fehler auftreten. Bei solchen formellen Fehlern hat die Präfektur innerhalb von 24 Stunden einen Antrag beim Verwaltungsgericht auf Feststellung der Fehlerhaftigkeit zu stellen.[1483] Es kann aber auch der Fall eintreten, dass der Bewerber die Kandidatur rechtmäßig einreicht, die Voraussetzungen des passiven Wahlrechts aber nicht erfüllt. Lehnt die Präfektur die Kandidatur aus solchen materiellen Gründen ab, kann der Bewerber oder ein Bevollmächtigter innerhalb von 24 Stunden nach Bekanntgabe der abschlägigen Entscheidung den Rechtsweg zum Verwaltungsgericht beschreiten.[1484] In beiden Fällen hat das Verwaltungsgericht innerhalb von 3 Tagen zu entscheiden. Prüfungsgegenstand ist aber nicht die parteiinterne Kandidatenaufstellung, sondern das Verfahren der Wahlzulassung.[1485] Vor der Wahl kann die Entscheidung nur vor dem Verfassungsrat auf Antrag angefochten werden.[1486]

Im Wahlgesetz finden sich keine Bestimmungen über die Kandidatenaufstellung innerhalb der Parteien. Diese fällt in ihre Satzungsautonomie. Daher ist das Verfahren zur Aufstellung unterschiedlich ausgestaltet. Die Parteien unterliegen hier bei der Ausgestaltung grundsätzlich keinen Beschränkungen.[1487] Das Gleiche gilt für den Grad der innerparteilichen Demokratie bei der Kandidatenaufstellung. Sie wird bei der folgenden Betrachtung der Satzungsbestimmungen im Vordergrund stehen.

IV. Die Regelung der Kandidatenaufstellung nach den Satzungen der Parteien

1. Richtlinien des französischen Wahlrechts für die innerparteiliche Kandidatenaufstellung

a) Die Erscheinungsformen der Kandidatenaufstellung in Frankreich: Investitur, Soutien und sonstige Möglichkeit bei der innerparteilichen Kandidatenaufstellung

Weil das Wahlgesetz kein formales Vorschlagsrecht zugunsten von politischen Parteien kennt, können sie Kandidaten zwar nicht vorschlagen, aber im Wahlkampf unterstützen. Das Wahlgesetz macht für die Erklärung der Unterstützung

1483 Art. L 159.

1484 Näher Art. LO 160.

1485 *Zimmermann*, in: *Wolfrum/Schuster* (Hrsg.), Verfahren der Kandidatenaufstellung und der Wahlprüfung im europäischen Vergleich, S. 61 (70).

1486 Artt. L 159 Satz 2; LO 160 Abs. 2 Satz 3.

1487 *Georgel*, in: *Sasse/Georgel/Hand* (Hrsg.), Das Wahlrecht der Neun, S. 109 (137).

entsprechende Vorgaben.[1488] Es bleibt aber die Frage offen, wie die Parteien entscheiden, wen sie unterstützen. Das ist Gegenstand der vorgelagerten innerparteilichen Kandidatenaufstellung. Es gibt verschiedene Arten von Nominierungen.

aa) l'Investiture

Zunächst wäre hier die Investitur (l'Investiture) zu nennen. Der Bewerber, bei dem es sich in der Regel um ein Parteimitglied handelt, wird von der Partei zum Kandidaten ernannt, der – nach erfolgter Aufstellung – unter dem Namen der Partei im Wahlkampf auftritt und das Siegel der jeweiligen Partei sowohl auf die Wahlkampfunterlagen als auch auf den Wahlschein drucken lässt. Er tritt unter dem Etikett der Partei auf. Dadurch ist es ihm möglich, den Wählern einprägsamer seine politische Haltung nahezubringen und sich den Anhängern der jeweiligen Partei für die Wahl zu empfehlen.[1489] Die Möglichkeit der Verleihung einer Investitur ist nicht auf politische Parteien beschränkt. Vielmehr können auch politische Gruppierungen eine solche verleihen. Die Verwechslungsgefahr, etwa mit dem Etikett einer anderen Partei, muss aber ausgeschlossen sein.[1490]

bb) Le Soutien

Eine weitere Erscheinungsform ist die bloße Unterstützung (Le Soutien) eines Kandidaten. Dabei handelt es sich um die schwächere Form der Kandidatenaufstellung. Formal betrachtet findet hier kein Aufstellungsverfahren statt. Beim Soutien stellt die Partei in dem betreffenden Wahlgang keinen eigenen Kandidaten, sondern gibt zugunsten eines anderen Kandidaten eine Wahlempfehlung an ihre potenziellen Wähler ab. Diese Erscheinungsform der Kandidatenaufstellung findet in der Regel Anwendung im zweiten Wahlgang, wenn der eigene Kandidat, der die Investitur verliehen bekommen hat, keine Chance auf den Sieg hat oder bereits im ersten Wahlgang ausgeschieden ist. Der Unterschied besteht darin, dass der empfohlene Kandidat zwar nicht unter dem Etikett der empfehlenden Partei antreten, aber auf die Unterstützung hinweisen darf.[1491]

1488 Vgl. zusammenfassend Élections législatives de 2012, mémento à l'usage des candidats, S. 11 f., abrufbar als ZIP-Datei (Elections législatives du 10 et 17 juin 2012) unter: http://www.interieur.gouv.fr/Elections/Etre-candidat (Stand: 18.12.2013).

1489 *Schröder*, Die Kandidatenaufstellung und das Verhältnis des Kandidaten zu seiner Partei in Deutschland und Frankreich, S. 119.

1490 *Schröder*, a.a.O., S. 121.

1491 *Schröder*, a.a.O., S. 119 m. w. Nachw.

cc) Sonstiges

Daneben existiert die Wahlhilfe durch eine bekannte politische Persönlichkeit. Sie wird als persönliche Ermunterung (l'Encouragement Personnel) bezeichnet. Der Kandidat darf im Wahlkampf auf diese Unterstützung hinweisen, nicht aber auf eine politische Partei, die möglicherweise die Empfehlung organisiert hat.[1492] Sie spielt bei der innerparteilichen Kandidatenaufstellung keine Rolle.

Es ist einem Kandidaten nicht gestattet, ohne Zustimmung der Partei unter deren Namen für die Wahl zu kandidieren. Die Parteien haben in einem solchen Fall die Möglichkeit, vor der Wahl die Unterlassung zu verlangen bzw. ein Kandidatenverbot zu erwirken. Dieser Anspruch ist vor Gericht durchsetzbar.[1493]

Neben den genannten Gesichtspunkten gibt das französische Wahlrecht Rahmenbedingungen vor, welche die Parteien bei der Ausgestaltung berücksichtigen sollten, um bei der Wahl erfolgreich zu sein.

b) Die Auswirkungen des geltenden Mehrheitswahlrechts in Einerwahlkreisen auf die Kandidatenaufstellung – die Rahmenbedingungen für die Ausgestaltung durch die Parteien

Bevor auf die Parteiregelungen eingegangen wird, ist zu fragen, welche normativen Anforderungen die Parteien bei ihrer Rechtssetzung erfüllen müssen, wenn sie effektiv an der politischen Willensbildung mitwirken und damit bei Wahlen erfolgreich sein wollen. Es sind im Wesentlichen zwei Auswirkungen auf die Gestaltung des Verfahrens der Kandidatenaufstellung zu beobachten.

Zunächst räumt das Wahlverfahren den großen Parteien und den siegreichen Parteienbündnissen einen Vorteil ein, weil sie durch die Stimmenverrechnung in den Einerwahlkreisen in der Nationalversammlung überrepräsentiert sind.[1494] Die sonstigen Stimmen im Wahlkreis zugunsten der anderen kleineren Parteien haben keine Auswirkung auf die Mandatsverteilung, weil sie verfallen. Diese Verzerrung der Repräsentation des Volkswillens durch das Auseinanderfallen von Zähl- und Erfolgswert der Minderheitenstimmen ist dem Grundtypus des Mehrheitswahlrechts immanent.[1495] Es ist auf stabile Mehrheiten, nicht aber auf die Abbildung des Wählerwillens ausgerichtet.[1496] Die Wahlen zur Nationalversammlung im Jahre

1492 Ebda. m. w. Nachw.

1493 Vgl. *Fromont*, in: *Tsatsos* (Hrsg.), Parteienrecht im europäischen Vergleich, S. 219 (238) m. w. Nachw. aus der Rechtsprechung.

1494 *Baedermann*, Der Einfluss des Wahlrechts auf das Parteiensystem, S. 193.

1495 Grundlegend, *Nohlen*, Wahlrecht und Parteiensystem, S. 158.

1496 Vgl. die Übersicht bei *Nohlen*, a.a.O., S. 154.

1993 bieten bei dem Vergleich von Stimmenanteil und Mandatsverteilung nach wie vor[1497] ein gutes Beispiel.[1498]

Des Weiteren erschwert die Wahl in zwei Wahlgängen den kleineren und mittleren Parteien, eine eigenständige bzw. proportionale Vertretung in der Nationalversammlung zu erreichen. Zur Mandatsgewinnung im zweiten und meist auch entscheidenden Wahlgang[1499] ist es nötig, mindestens 12,5 % der Stimmen, gemessen an der Gesamtanzahl der eingeschriebenen Wahlberechtigen, zu erreichen. Diese Quote gilt faktisch aber nur dann, wenn alle Wahlberechtigten mit einer gültigen Stimmabgabe an der Wahl teilnehmen, die Wahlbeteiligung also bei 100 % liegt. Ein solcher Wert wird freilich nie erreicht. Daher müssen die kleineren Parteien, um die Möglichkeit des Mandatsgewinns zu erhalten, faktisch einen höheren Anteil an den abgegebenen Stimmen erreichen. Sofern man die Quote der abgegebenen Stimmen bei der Wahl im Jahre 2012 im ersten Wahlgang zugrunde legt, waren ca. 22 % der abgegebenen Stimmen notwendig, um für den zweiten Wahlgang zugelassen zu werden.[1500] In jedem Fall ist zum Mandatsgewinn die relative Mehrheit notwendig. Diese Werte sind für kleinere oder mittlere Parteien kaum erreichbar. Sofern eine kleinere Partei es in den zweiten Wahlgang schafft, ist sie ohne Bündnisse mit anderen Parteien chancenlos.[1501]

Demnach ist das französische Wahlrecht gerade darauf angelegt, dass sich die politischen Parteien untereinander verbünden, also Allianzen eingehen.[1502] Hier ist ein Unterschied zwischen den beiden Wahlgängen erkennbar:

Im ersten Wahlgang findet die politische Auseinandersetzung innerhalb der politischen Lager statt. Es geht darum sich breit aufzustellen, um die eigene Wählerschaft zu mobilisieren und ihr ein breites Angebot an Kandidaten zu präsentieren.[1503]

1497 Darauf verweist auch schon *Baedermann*, Der Einfluss des Wahlrechts auf das Parteiensystem, S. 193.

1498 Vgl. die Zahlen bei *Fischer*, Die Wahlen zur Französischen Nationalversammlung, S. 66: Danach erhielt das Mitte-Rechts-Spektrum zwar nur 29 % der abgegebenen Stimmen, aber 84 % der Mandate in der Nationalversammlung.

1499 Die meisten Mandate werden erst im zweiten Wahlgang vergeben. Vgl. die Zahlen für die Wahl im Jahre 2012 unter: http://www.interieur.gouv.fr/Elections/Les-resultats/Legislatives/elecresult__LG2012/%28path%29/LG2012/%28path%29/LG2012//FE.html (Stand: 2.12.2013).

1500 Die Quote lag bei 57,77 %. Vgl. die Zahlen unter: http://www.interieur.gouv.fr/Elections/Les-resultats/Legislatives/elecresult__LG2012/%28path%29/LG2012/%28path%29/LG2012//FE.html (Stand: 2.12.2013).

1501 *Fischer*, Die Wahlen zur Nationalversammlung, S. 67.

1502 Dazu näher aus politologischer Sicht *Duverger*, Le système politique français, S. 496.

1503 *Ders.*, a.a.O., S. 467.

Im zweiten Wahlgang müssen die Parteien Allianzen eingehen, weil das Verfahren der Stimmenverrechnung nach den Prinzipien des geltenden relativen Mehrheitswahlrechts sonst zu einer Zersplitterung führt, die für das jeweilige politische Lager nachteilig wäre.[1504] Hier findet die politische Auseinandersetzung zwischen den politischen Lagern statt. So können die Parteien vereinbaren, dass der jeweilige aussichtslose Kandidat entweder nicht antritt (Retrait) oder ausdrücklich seinen Rücktritt erklärt und zugunsten des aussichtsreichen Kandidaten seinen Wählern eine Empfehlung abgibt (Désistement oder Accords de Désistement).[1505] In den Verhandlungen nach dem ersten Wahlgang haben die kleineren Parteien die Möglichkeit, ihr Wählerpotenzial einzubringen, welches nicht zum Mandatsgewinn gereicht hat, aber im zweiten Wahlgang wahlentscheidend sein kann.[1506]

Die vorgenannten Bedingungen können, müssen die Parteien aber nicht erfüllen. Sie werden sie aber regelmäßig beachten, um politischen Einfluss zu gewinnen und diesen zu erhalten. Im Folgenden werden die Satzungen der wichtigsten französischen Parteien untersucht, um die Frage zu beantworten, wie die Parteien ihre Kandidaten benennen und ihnen das jeweilige Etikett verleihen. Hier liegt ein Augenmerk auf dem Grad der innerparteilichen Demokratie. Immer ist zu fragen, wie viel Einfluss Parteimitglieder oder sogar Parteinichtmitglieder im Gegensatz zur Parteiorganisation auf die Kandidatenaufstellung haben (Primary-Gedanke).

2. *Parteiregelungen*

Die folgenden Ausführungen sollen einen Eindruck davon vermitteln, wie die französischen Parteien unabhängig vom staatlichen Zulassungsverfahren den Kandidaten die Befugnis verleihen, unter ihrem Etikett anzutreten. Um die Übersicht nicht zu verlieren, wurden aus der Vielzahl der französischen Parteien und Parteibündnisse die beiden größten ausgesucht. Dabei handelt es sich um die bürgerliche UMP[1507] und die linksorientierte bzw. sozialdemokratische Parti Socialiste (PS).

1504 *Baedermann*, Der Einfluss des Wahlrechts auf das Parteiensystem, S. 195.

1505 Zuletzt ebda.

1506 *Baedermann*, a.a.O., S. 195 f.

1507 Im Mai 2015 erfolgte die Umbenennung der UMP in „Les Républicains". Im Folgenden wird zur besseren Verständlichkeit der alte Namen zugrunde gelegt. Vgl. http://www.faz.net/aktuell/politik/ausland/europa/franzoesische-partei-ump-heisst-jetzt-republikaner-13618981.html (Stand: 10.6.2015). Im Übrigen bezieht sich die Arbeit auf den Rechtsstand vor der Umbenennung.

a) *Union pour un mouvement populaire (UMP)*

aa) Die Kandidatenaufstellung

Die Parteiregelungen der gaullistischen UMP zur Kandidatenaufstellung – also der Verleihung der Investitur und der Soutien – finden sich in zwei Rechtsquellen. Dabei handelt es sich um die Satzung (Statut),[1508] und die Geschäftsordnung (Règlement Intérieur) der Partei.[1509] Die Parteiorgane, die an der Kandidatenaufstellung unmittelbar mitwirken, sind der Nationalrat (Le Conseil National) und das Politische Büro (Le Bureau Politique) der UMP.

Beim Nationalrat handelt es sich um eine Vertreterversammlung, die als kleiner Parteitag zwischen den Sitzungsperioden der Generalversammlung der Mitglieder der UMP (Le Congrès) politische Grundsatzentscheidungen trifft.[1510] Mitglieder sind hier die Delegierten der unteren Parteigliederungen und die Vertreter der verschiedenen Strömungen innerhalb der UMP. Hinzu kommen Mitglieder kraft Amtes, wie etwa der Parteivorsitzende, der Generalsekretär der UMP, alle UMP-Abgeordneten aus der Nationalversammlung, die UMP-Senatoren und die UMP-Abgeordneten des Europäischen Parlaments.[1511]

Beim Bureau Politique handelt es sich um eine Art Parteivorstand. Mitglieder sind hier als Mitglieder kraft Amtes etwa der Parteivorsitzende, der Generalsekretär oder auch der Schatzmeister der UMP. Hinzu kommen wiederum Repräsentanten der verschiedenen Strömungen und vom Conseil National gewählte Delegierte. Besonders zu beachten ist, dass auch – sofern er der UMP angehören sollte – der jeweilige Präsident der Nationalversammlung im Parteivorstand ist, ebenso die Fraktionsvorsitzenden aus der Nationalversammlung, dem Senat und dem Europäischen Parlament. Letztlich gehören auch alle ehemaligen Präsidenten der Republik von der UMP und alle ehemaligen Parteivorsitzenden dem Vorstand an.[1512]

Wenn man von der Kandidatenaufstellung für die Wahl zum Präsidenten der Republik absieht, kann immer das gleiche Verfahren festgestellt werden: Zunächst hat das Bureau Politique vor jeder Wahl eine Wahlkommission (Commission Nationale d'Investiture) zu ernennen, welche die Aufgabe hat, eine Vorschlagsliste derjenigen Personen zu erstellen, die für die jeweilige Wahl die Investitur

1508 „UMP-Statuts“, abrufbar unter: http://www.u-m-p.org/sites/default/files/media/documents/2013-07-01_-_ump_-_statuts.pdf (Stand: 13.1.2014).

1509 „UMP-Règlement Intérieur“, abrufbar unter: http://www.u-m-p.org/sites/default/files/media/documents/2013-07-01_-_ump_-_reglement_interieur.pdf (Stand: 13.1.2014).

1510 *Kempf*, Das politische System Frankreichs, S. 211.

1511 Vgl. näher Art. 22 Nr. 1 UMP-Statut.

1512 Vgl. näher Art. 23 Nr. 1 UMP-Statut.

verliehen bekommen sollen. Das gleiche Verfahren gilt für die Verleihung des Soutien. Im Laufe des Verfahrens hat die Kommission dem politischen Büro der Partei Bericht zu erstatten.[1513] Die entsprechende Vorschlagsliste ist vom Nationalrat der Partei zu ratifizieren.[1514] Eine vorherige Befragung durch die Parteimitglieder sieht die Parteisatzung nur bei den Wahlen in den Gemeinden (Élections Municipales)[1515] und in den Départements (Élections Départementales)[1516] vor. Eine Konsultation der Mitglieder ist hingegen ausgeschlossen bei der Wahl zur Nationalversammlung (Élections Législatives).[1517] Hier bleibt es dabei, dass zunächst von der Wahlkommission eine Vorschlagsliste erarbeitet wird, die sodann vom kleinen Parteitag zu ratifizieren ist. Das gleiche Verfahren gilt für die Wahlen in den Regionen (Élections Régionales). Auch hier ist eine Konsultation der Parteimitglieder nicht vorgesehen.[1518] Aus diesem Grund scheint es geboten, die Kandidatenaufstellung für die Gemeindewahlen näher zu betrachten.

Bei den Gemeindewahlen sieht die Satzung zusätzlich die weitergehende Möglichkeit der Abhaltung einer Vorwahl vor, die auf Vorschlag des Departement-Rates (Fédération Départementale) desjenigen Départements, zu dem die Gemeinde gehört, oder auf Vorschlag des Vorsitzenden der Partei von der Wahlkommission angesetzt werden kann.[1519] Die Gestaltung des Verfahrens ist grundsätzlich dem jeweiligen Parteiverband überlassen, jedenfalls finden sich hierzu in den genannten Rechtsquellen keine näheren Vorschriften. In sonstigen Fällen handelt es sich nur um eine bloße Befragung der Mitglieder.[1520]

Von dieser in der Satzung vorgesehenen Möglichkeit hat die UMP im Vorfeld der Kommunalwahlen im Jahre 2014 in Paris Gebrauch gemacht. Dabei handelte es sich um eine offene Vorwahl, denn es konnten alle Pariser Bürger über die Kandidatur der UMP zum Bürgermeisteramt abstimmen. Die Abstimmung erfolgte elektronisch über das Internet, wobei fünf Schritte notwendig waren, um an der Vorwahl teilzunehmen. Zunächst mussten sich die interessierten Wähler auf einer

1513 Vgl. Art. 36 Nr. 1 und 2; Art. 23 Nr. 5 UMP-Statut.
1514 Art. 36 Nr. 3 UMP-Statut.
1515 Art. 37 UMP-Statut.
1516 Art. 38 UMP-Statut.
1517 Art. 40 UMP-Statut.
1518 Art. 39 UMP-Statut.
1519 Art. 37 Nr. 2 Satz 2 UMP-Statut: „La Commission nationale d'investiture décide, sur proposition d'une Fédération départementale ou sur proposition du Président de l'Union, s'il y a lieu d'organiser une primaire en vue de la désignation d'un candidat de l'Union à une élection municipale."
1520 Näher zum Verfahren Art. 35 UMP-Règlement Intérieur.

Webseite für die Vorwahl registrieren. Anzugeben hatten sie ihre Adresse und ihr Geburtsdatum. Zudem waren 3 Euro per Kreditkarte oder Scheck zu bezahlen. Sodann wurde den Wählern per E-Mail ein Sicherheitscode und, nach Angabe einer Handynummer, ein weiteren Sicherheitscode übermittelt. Mit diesen Daten konnte man sich an der Wahlplattform anmelden und seine Stimme abgeben. Jeder Bewerber um die Kandidatur bekam einem kleinen Metallschlüssel, der einen Teil eines Codes enthielt. Nur wenn alle Metallschlüssel vorlagen, konnte das Vorwahlergebnis sichtbar gemacht werden.[1521] Das skizzierte elektronische Wahlverfahren zeigte aber technische Schwächen. So kam es vor, dass ein Journalist unter dem Namen eines verstorbenen Sängers an der Abstimmung teilnehmen konnte. Auch war es möglich, mit einem Namen aus dem Pariser Telefonbuch dreimal abzustimmen.[1522] Das elektronische Wahlverfahren war also unzureichend gesichert.

Auch in Lyon hat die UMP Vorwahlen abgehalten. Anders als in Paris hat man hier den herkömmlichen Weg mit Stimmzetteln gewählt. Der Wähler musste sich zur Stimmabgabe in einem Büro der neun Kreisräte (Mairies d'Arrondissement) in Lyon einfinden, eine Gebühr in Höhe von Euro einzahlen und die Charta der UMP unterschreiben.[1523] Auch hierbei handelte es sich um eine offene Vorwahl, weil die bloße Unterzeichnung der Charta der UMP nur die Sympathiestellung, nicht aber die Mitgliedschaft des Wählers in der Partei begründet. Dafür ist nach den Parteiregelungen ein besonderes Aufnahmeverfahren vorgesehen.[1524]

Ausdrücklich sind Vorwahlen bei der Kandidatenaufstellung für die Wahl des Präsidenten der Republik in der Satzung geregelt.[1525] Dieser Umstand ist hier deshalb von Interesse, weil das Wahlrecht zum Amt des Präsidenten der Republik fast deckungsgleich mit dem zur Nationalversammlung ausgestaltet ist.[1526]

1521 Die Ausführungen beruhen auf folgendem Artikel aus „Le Figaro“: http://www.lefigaro.fr/politique/2013/05/30/01002-20130530ARTFIG00612-primaire-ump-a-paris-un-scrutin-electronique-complexe-pour-eviter-les-fraudes.php (Stand: 15.1.2014).

1522 F.A.Z. v. 5.6.2013, S. 6: „Etappensieg der Eleganz“.

1523 Die Ausführungen beruhen auf folgendem Artikel aus „Le Figaro“: http://www.lefigaro.fr/politique/2013/05/31/01002-20130531ARTFIG00400-municipales-a-lyon-aussi-l-ump-s-en-remet-a-une-primaire.php (Stand: 16.1.2014).

1524 Vgl. Art. 5 Nr. 1 UMP-Statut i.V.m. Art. 1 UMP-Règlement Intérieur.

1525 Vgl. insgesamt Art. 34 und 35 UMP-Statut.

1526 Vgl. Art. 7 Satz 1–3 der Verfassung. Siehe auch http://www.conseil-constitutionnel.fr/conseil-constitutionnel/francais/election-presidentielle-2012/textes-applicables/liste-des-textes-relatifs-a-l-election-presidentielle-de-2012.104232.html (Stand: 21.1.2014). Dort findet man alle relevanten Gesetzestexte und Entscheidungen zur Wahl des Präsidenten der Republik.

Der Unterschied besteht hier darin, dass am zweiten Wahlgang nur die beiden erstplatzierten Kandidaten des ersten Wahlgangs teilnehmen dürfen. Sowohl die Stichwahl mit zwei Kandidaten im zweiten Wahlgang als auch die Vorgabe des Mehrheitswahlrechts als Grundtypus genießen Verfassungsrang.[1527]

Bei der von der Satzung vergebenen Vorwahl handelt es sich um eine solche, an der jeder Wähler teilnehmen kann, der die Werte der Republik und die der Partei teilt. Es sind also offene Vorwahlen vorgesehen.[1528] Zwingend ausgeschlossen ist die Abhaltung einer Vorwahl, wenn die UMP den Präsidenten der Republik bereits stellt, es also um seine Wiederwahl nach einer Amtsperiode geht.[1529] Auch andere Parteien können über die Vorwahl der UMP ihren Kandidaten aufstellen – es handelt sich dann hier um den gemeinsamen Präsidentschaftskandidaten. Dem Begehren hat das Politbüro zuzustimmen. Die andere Partei muss den Antrag spätestens 84 Tage vor dem ersten Wahlgang stellen.[1530]

Die Vorwahl selbst wird von einer unabhängigen innerparteilichen Wahlkommission (La Haute Autorité) organisiert,[1531] die auch für die innerparteiliche Wahlprüfung zuständig ist.[1532] Die Bewerber um die Kandidatur können, müssen aber nicht Parteimitglieder sein. Voraussetzung ist aber die Sympathiestellung, die auch hier durch die Unterzeichnung der UMP-Charta begründet wird.[1533] Zudem haben sie sich zu verpflichten, den Sieger der Vorwahl, der sich dann als Kandidat der UMP in der Hauptwahl um die Präsidentschaft bewirbt, öffentlich in dessen Wahlkampagne zu unterstützen.[1534]

bb) Zusammenfassung

Bei der Betrachtung der Satzung fällt auf, dass dieses basisdemokratische Elemente bei der Kandidatenaufstellung für solche Wahlen enthält, die entweder aus nationalen oder aus regionalen Gesichtspunkten eine besondere Bedeutung haben. Besonders deutlich wird diese Feststellung bei der Kandidatenaufstellung zur Präsidentschaftswahl. Dabei handelt es sich um Wahlen, die aus

---

1527 Ausdrücklich Art. 7 Satz 1 und 3 der Verfassung.

1528 Art. 34 Nr. 1 Satz 1 UMP-Statut.

1529 Art. 34 Nr. 1 Satz 2 UMP-Statut.

1530 Art. 34 Nr. 2 UMP-Statut.

1531 Art. 35 Nr. 1, Art. 45 Nr. 7 Satz 1 UMP-Statut. Die Unabhängigkeit der Kommission ergibt sich aus Art. 45 Nr. 3 UMP-Statut.

1532 Art. 45 Nr. 7 Satz 2 UMP-Statut.

1533 Art. 35 Nr. 4 Satz 1 UMP-Statut.

1534 Art. 35 Nr. 4 Satz 2 UMP-Statut.

nationalen Gesichtspunkten – genauer: aus verfassungsrechtlichen Gründen – eine besondere Relevanz aufweisen. Hier ist nach der Satzung zwingend die Abhaltung einer offenen Vorwahl vorgesehen. Dies deutet darauf hin, dass der Fokus auf der Mobilisierung der eigenen Anhänger liegt. Als Anhänger werden hier nicht nur die Mitglieder, sondern auch die Sympathisanten der Partei verstanden. Ausgeschlossen ist die Abhaltung einer Vorwahl hingegen, wenn es um die bloße Wiederwahl eines Präsidenten geht, den die UMP bei der ersten Wahl unterstützt hat. Hier scheint die Mobilisierung der Anhänger nicht angezeigt – womöglich um das Ansehen des Amtsinhabers durch ein schlechtes Wahlergebnis nicht zu schwächen.

Bei der Kandidatenaufstellung für die Kommunalwahlen sind ebenfalls Vorwahlen möglich. Auch hier scheint die Mobilisierung der Anhängerschaft im Vordergrund zu stehen, wenn auch nicht aus nationalen, sondern auch regionalen Gründen. Es liegt im Wesen einer Kommunalwahl, dass hier über die Amtsvergabe an Personen entschieden wird, die in der politischen „Normalität", d.h. zwischen den Wahlen und nicht im Wahlkampf, durch ihre Amtstätigkeit eine besondere Nähe zum Wähler haben. Im deutschen Verfassungsrecht ist der Gesichtspunkt der besonderen Nähe in Gestalt der kommunalen Selbstverwaltung und der Aufgabenverteilung etwa im Rastede-Beschluss[1535] vom Bundesverfassungsgericht angesprochen worden. Daher räumt die Satzung der Nominierungskommission die Möglichkeit ein, mit Zustimmung der jeweiligen Regionalorganisation der UMP, Vorwahlen abzuhalten. Anders als bei der Präsidentschaftswahl obliegt der jeweiligen Regionalorganisation die Ausgestaltung der Vorwahl. Dabei kann sie sowohl die genaue Art der Vorwahl als auch das eigentliche Vorwahlverfahren näher bestimmen. So war es möglich, im Vorfeld der Kommunalwahl 2014 in Paris ein elektronisches Verfahren, in Lyon aber das herkömmliche Wahlverfahren (gedruckte Stimmzettel, Wahllokal) anzuwenden, jeweils mit der Erhebung einer Spende. Da es sich hier um zwei sehr große Kommunen handelt, in anderen – soweit ersichtlich – indes keine offenen Vorwahlen abgehalten wurden, liegt auch hier die Vermutung nahe, dass es vorwiegend um die Mobilisierung der eigenen Anhänger in symbolträchtigen Regionen ging. Wegen der Ausgestaltung als offene Vorwahl war es der Partei auch möglich, Wahlberechtigte in der Kommune anzusprechen, die nicht Mitglied der Parteien waren. So konnte man den Bekanntheitsgrad der Bewerber steigern. In allen anderen Fällen sieht die Satzung die bloße Konsultierung der Mitglieder vor.

1535 BVerfGE 79, 127 ff. Beschl. v. 23.11.1988, 2 BvR 1619/83, 2 BvR 1628/83.

Anders sieht es bei der Kandidatenaufstellung für die Wahlen zur Nationalversammlung aus. Hier sieht die Satzung weder eine Vorwahl (offen oder geschlossen) noch eine Umfrage unter den Mitgliedern über die Vergabe der Investitur oder der Soutien vor. Es bleibt beim bereits erwähnten Verfahren, in dem Delegiertenversammlungen über die innerparteiliche Kandidatenaufstellung entscheiden.

b) Parti Socialiste (PS)

aa) Die Kandidatenaufstellung

Auch die Sozialistische Partei hat in ihrer Parteisatzung (Statut) und in der Geschäftsordnung (Règlement Intérieur) die innerparteiliche Vergabe der Investitur geregelt.[1536] Grundsätzlich werden die Inhaber der Investituren für die Wahlen zur Nationalversammlung entweder direkt auf einem nationalen Parteitag (Convention Nationale) benannt oder diese Aufgabe wird durch Delegierte vom nationalen Büro (Bureau National) übernommen.[1537] Wer jedoch die Investitur erhält, wird nicht in den genannten Parteigremien entschieden, sondern auf den unteren Parteiebenen. Hier finden geschlossene Vorwahlen (Urwahlen) statt. Welche Verfahrensschritte eingehalten werden müssen, bestimmt die Geschäftsordnung. Die Vergabe der Investitur ist verknüpft mit der Organisation der Partei.

Die kleinste Organisationseinheit der Sozialistischen Partei ist der Unterbezirk (Section). Jeder Unterbezirk besteht aus mindestens fünf Mitgliedern der Partei und umfasst einen Verwaltungsbezirk (Gemeinde, Stadtviertel) oder einen sonstigen geographisch abgegrenzten Bereich. Auch die Mitglieder in einem Unternehmen oder einer Universität können einen Unterbezirk bilden. Alle Unterbezirke eines Départements bilden zusammen einen Verband (Fédération).[1538] Insbesondere der Unterbezirk der Partei ist die Gliederungsebene, wo die Parteimitglieder sich vor Ort treffen und debattieren.[1539]

Jedoch ist der jeweilige Verband federführend bei der Organisation der Kandidatenaufstellung. Jeder Verband hat in seiner Zuständigkeit eine Generalversammlung (Assemblée Générale) für die Präsentation der Kandidaten für die

1536 Parti socialiste – Les statuts et le règlement intérieur, abrufbar unter: http://www.parti-socialiste.fr/static/2594/documents/les-statuts-et-le-reglement-interieur.pdf (Stand: 23.1.2014).

1537 Art. 5.2.2 PS-Statuts.

1538 Zum Ganzen Artt. 2.2.1.1, 2.4.1.1 Satz 1 PS-Statuts. Zur Organisation und zu den verschiedenen politischen Strömungen in der Sozialistischen Partei näher *Kempf*, Das politische System Frankreichs, S. 182 ff.

1539 Art. 2.2.1.1 Satz 2 PS-Statuts.

Wahl zu organisieren.[1540] Dem vorweg gehen parteiinterne Urwahlen, an der alle Parteimitglieder teilnehmen können. Die in den Wahllisten eingetragenen Parteimitglieder haben am Tag der Wahl, der durch Rundschreiben verkündet wird, entweder in der Generalversammlung des Unterbezirks oder in der Generalversammlung im Wahlkreis über die Bewerber und die Stellvertreter abzustimmen.[1541] Es können grundsätzlich nur solche Parteimitglieder teilnehmen, die im betreffenden Wahlbezirk wahlberechtigt sind, ihren Mitgliedsbeitrag entrichtet haben und in die parteiinternen Wahllisten eingetragen sind.[1542] Der Verband hat mindestens 6 Wochen vor der Vorwahl jedem Unterbezirkssekretär die Liste der wahlberechtigten Parteimitglieder mitzuteilen.[1543] Die Vorwahlen (Anzahl und Ort) werden vom Verband in Zusammenarbeit mit den Unterbezirken festgelegt.[1544]

Die an der Kandidatur interessierten Bewerber haben ihre Anmeldung für die Vorwahl an den ersten Sekretär der Föderation zu richten, die die Vorwahlen in dem betreffenden Departement abhält.[1545] Im Vorfeld der Vorwahl haben die Bewerber um die jeweilige Investitur die Möglichkeit, für ihre Bewerbung bei den Mitgliedern zu werben. Es findet also ein Wahlkampf statt. Sie haben demnach auch das Recht, alle Mitglieder im Wahlkreis über ihre Vorhaben zu informieren. Dafür bietet die Parteiorganisation entsprechende Hilfestellungen. Es ist ihnen auch erlaubt, selbst und durch einen Stellvertreter ihrer Wahl mit Wahlkampfhelfern Kontakt zu den Mitgliedern aufzunehmen bzw. sich vor jedem Unterbezirk zu präsentieren. Es ist von der Parteiorganisation mindestens eine Versammlung im Wahlbezirk zu organisieren, auf der die Bewerber die Möglichkeit zu haben, sich zu Wort zu melden.[1546]

1540 Art. 5.2.2 Satz 1 PS-Règlement Intérieur.

1541 Art. 5.2.2 Satz 3 PS-Règlement Intérieur.

1542 Art. 5.1.3 Satz 1 PS-Règlement Intérieur. Im Übrigen können auch Minderjährige und Ausländer an den Vorwahlen teilnehmen, sofern sie durch entsprechende Dokumente nachweisen, dass sie im entsprechenden Wahlbezirk ihren Wohnsitz haben. Angehörige der Jugendorganisation der Partei können dann an den Urwahlen teilnehmen, wenn sie den Aufnahmeantrag eingereicht und ihre Mitgliedskarte vorgelegt haben. Das aber erst nach einer Frist von drei Monaten. Vgl. Art. 5.1.3 Sätze 2–4 PS-Règlement Intérieur.

1543 Art. 5.1.3 Satz 5 PS-Règlement Intérieur.

1544 Art. 5.2.2 Satz 2 PS-Règlement Intérieur.

1545 Art. 5.1.5 Satz 1 PS-Règlement Intérieur.

1546 Vgl. zum Gesagten Art. 5.1.6 Abs. 1 PS-Règlement Intérieur.

In jedem Unterbezirk wird mindestens ein Wahllokal eingerichtet. Weitere sind möglich. Der jeweilige Unterbezirk hat sie einzurichten.[1547] Die Wahllokale sind von 17 bis 22 Uhr geöffnet, in Unternehmen kann ein Unterbezirk auf Vorschlag ihres Sekretärs davon abweichen.[1548] Die Ladung zur Wahl wird den Mitgliedern, die in den Wahllisten eingetragen sind, mindestens 15 Tage vor der Wahl zugestellt. Eine Mitteilung innerhalb der genannten Frist erfolgt auch an den Verband.[1549]

Die Vorwahl findet für die ganze Partei an einem Tag statt, der vom Bundesvorstand bestimmt wird.[1550] Die Wahl ist geheim und höchstpersönlich.[1551] Wahlberechtigt sind die auf den Wählerlisten eingeschriebenen Parteimitglieder und zwar unter Vorlage eines Ausweises, ihrer Mitgliedskarte oder einer Bescheinigung über die Entrichtung der Mitgliedsbeiträge, die vom Schatzmeister der Partei ausgestellt wurde. Zusätzlich müssen sie ihre Wahlkarte (sofern es sich um volljährige Franzosen handelt) vorzeigen oder einen Nachweis über ihren Wohnort beibringen.[1552] Die Wähler haben sich wie bei einer normalen Wahl in eine Wahlkabine zu begeben, die Wahl durchzuführen und den Wahlzettel in einem verschlossenen Umschlag in die Wahlurne zu werfen. Sie haben auch auf der Anwesenheitsliste zu unterschreiben.[1553]

Die Besetzung der Wahllokale besteht aus dem Sekretär des Unterbezirks und dem Schatzmeister oder deren Stellvertreter sowie aus Beisitzern.[1554] Die Bewerber können Vertrauenspersonen und Stellvertreter in die Wahllokale als Beisitzer entsenden.[1555] Mandatsträger vom Verband und Mitglieder des Bundesbeirats der Partei oder jeweils Delegierte aus beiden Körperschaften können als Wahlbeobachter im Wahltag im Wahllokal anwendend sein.[1556] Die Auszählung erfolgt vor Ort.[1557]

1547 Näher Art. 5.1.6 Abs. 2 PS-Règlement Intérieur.
1548 Art. 5.1.6 Abs. 2 Satz 5 PS-Règlement Intérieur.
1549 Art. 5.1.6 Abs. 2 Satz 6 PS-Règlement Intérieur.
1550 Art. 5.1.6 Abs. 2 Satz 7 PS-Règlement Intérieur.
1551 Art. 5.1.6 Abs. 3 Satz 1 PS-Règlement Intérieur.
1552 Art. 5.1.6 Abs. 3 Satz 3 PS-Règlement Intérieur.
1553 Art. 5.1.6 Abs. 4 Sätze 1 und 2 PS-Règlement Intérieur.
1554 Art. 5.1.6 Abs. 4 Satz 4 PS-Règlement Intérieur.
1555 Art. 5.1.6 Abs. 4 Satz 5 PS-Règlement Intérieur.
1556 Art. 5.1.6 Abs. 4 Satz 6 PS-Règlement Intérieur.
1557 Art. 5.1.6 Abs. 4 Satz 7 PS-Règlement Intérieur.

Ein Bewerber ist gewählt, wenn er die absolute Mehrheit erhalten hat. Wird dieses Quorum nicht erreicht, so findet jeweils ein zweiter Wahlgang statt, an dem die beiden erstplatzierten Bewerber aus dem ersten Wahlgang teilnehmen.[1558]

Es sind mehrere Exemplare des Wahlprotokolls zu erstellen. Ein Exemplar geht jeweils an die teilgenommenen Bewerber sowie an den Unterbezirk und den jeweiligen Verband.[1559] Jedes Protokoll ist von den Wahlhelfern zu unterschreiben und anschließend von Mitarbeitern des Unterbezirkssekretärs zu verkünden.[1560] Sodann wird die Anwesenheitsliste dem Verband in Kopie mitgeteilt.[1561] Der Sekretär des Unterbezirks hat auch die Aufgabe, die Wahlergebnisse an den Verband zu übermitteln. Er darf dafür auch den elektronischen Weg wählen (E-Mail usw.).[1562] Der Bundeskonvent (Convention Fédérale) stellt am Ende eine Liste derjenigen Kandidaten zusammen, die von der Partei zur Nominierung vorgeschlagen sind.[1563]

Neben der Vorwahl für die Wahlen zur Nationalversammlung hält die Sozialistische Partei auch Vorwahlen zur Präsidentschaftswahl ab. Diese werden als Primaires Citoyennes bezeichnet, denn an diesen Vorwahlen können nicht nur eingeschriebene Parteimitglieder, sondern auch alle Bürger teilnehmen, die sich den Werten der Republik verbunden und sich dem linken Parteienspektrum nahe fühlen.[1564]

bb) Zusammenfassung

Bei der Vergabe der Investitur für die Wahl zur Nationalversammlung wendet die Sozialistische Partei geschlossene Vorwahlen an, denn hier sind nur Parteimitglieder wahlberechtigt. Dabei ist ein basisdemokratisches Verfahren in jedem Departement vorgesehen. Die Parteiorganisation auf der Departement-Ebene hat eine solche zu organisieren. Auch wahlberechtigt in der Vorwahl sind Personen, die nicht bei der Hauptwahl wahlberechtigt sind. Dieser Umstand ist bei einem Rechtsakt vor dem Wahlakt weitgehend unproblematisch. In jeder

1558 Art. 5.2.2 Satz 5 PS-Règlement Intérieur.
1559 Art. 5.1.6 Abs. 4 Satz 8 PS-Règlement Intérieur.
1560 Art. 5.1.6 Abs. 4 Satz 9 PS-Règlement Intérieur.
1561 Art. 5.1.6 Abs. 4 Satz 10 PS-Règlement Intérieur.
1562 Art. 5.1.6 Satz 11 PS-Règlement Intérieur.
1563 Art. 5.2.2 Satz 6 PS-Règlement Intérieur.
1564 Vgl. Art. 5.3.1 Satz 1 PS-Statuts.

Untergliederung werden dann Wahllokale eingerichtet. Das Wahlverfahren selbst ist streng formalisiert und dem staatlichen Wahlverfahren angeglichen.

Eine offene Vorwahl sieht die PS bei der Präsidentschaftswahl vor. Diese wird als Primaires Citoyennes bezeichnet. Wahlberechtigt sind hier alle Parteimitglieder und solche, die sich der politischen Richtung der Partei nahe fühlen, aber nicht Mitglieder der Partei sind.

4. Kapitel: Modelle zur Stärkung der innerparteilichen Demokratie in Deutschland – Vereinbarkeit mit Verfassungsrecht

A. Vergangene Überlegungen zur Demokratisierung des Parteienrechts

Immer wieder wurde in der Vergangenheit eine Reform des Parteienrechts, insbesondere der Kandidatenaufstellung angeregt.[1565] Dabei wurden unterschiedliche Ansätze diskutiert.

I. Open Primary

Zunächst wurde die Einführung der Open Primary angeregt: Danach soll bei jeder Listenaufstellung jeder Bürger teilnehmen dürfen. Seine Teilnahme sei aber, um die Geschlossenheit der Partei zu garantieren, nur an einer Parteivorwahl zulässig. Bei einer solchen Variante könne das Verhältniswahlrecht erhalten und gleichzeitig den Parteien das Druckmittel genommen werden, welches entsteht, wenn sie politische Zugeständnisse eines Bewerbers – etwa im Hinblick auf sein Wahlverhalten bei einer Abstimmung im Deutschen Bundestag – mit einem guten Listenplatz erreichen wollen.[1566] Der Grundgedanke ist – gerade im Hinblick auf die problematischen Konstellationen bei der geltenden Parteipraxis im Rahmen der Kandidatenaufstellung – nachvollziehbar. Es stellen sich aber zum einen praktische Probleme und zum anderen spielen auch verfassungsrechtliche Schwierigkeiten eine Rolle.

Es mag sein, dass die Beschränkung des Teilnahmerechts auf nur eine Partei die Geschlossenheit jener Partei zumindest fördert. Jedoch schließt das nicht aus, dass Anhänger und Mitglieder einer anderen Partei an einer dann offenen Kandidatenaufstellung teilnehmen, um die gegnerische Partei durch die Aufstellung

1565 Vgl. etwa aus dem Schrifttum *Geisler*, ZParl 1973, S. 470 ff., *Horst*, GWP 2012, S. 489 ff. sowie *Peters*, in: FS Nawiasky, S. 341 ff.

1566 So etwa *Reichel*, Das demokratische Offenheitsprinzip und seine Anwendung im Recht der politischen Parteien, S. 138. Der Autor unterscheidet hier zwischen den Vorwahlen und einem Modell, an dem jeder Bürger teilnehmen dürfe. Wie gesehen, meint der Autor in Wirklichkeit die beiden bekanntesten Vorwahlmodelle.

schwächerer Kandidaten in der folgenden Bundestagswahl zu schwächen. Dieses Phänomen, welches in den Vereinigten Staaten unter dem Begriff Raiding bekannt ist,[1567] kann nur durch eine Beschränkung auf Parteimitglieder ausgeschlossen werden.

Die Einführung von (offenen) Vorwahlen wurde auch bei den Beratungen der Enquete-Kommission Verfassungsreform des Deutschen Bundestags in der Mitte der 70er Jahre erörtert. Man entschloss sich, die Einführung von Vorwahlen nicht zu empfehlen. Vorwahlen seien nicht das geeignete Mittel, um die Legitimation der Volksvertreter im Deutschen Bundestag zu stärken. Man befürchtete eine Schwächung der – anders als in den USA – als Mitgliederverbände organisierten Parteien. Würde man als staatliche Wahlen organisierte Vorwahlen einführen, so verkenne man die Strukturunterschiede beider Parteiensysteme und stelle die vom Grundgesetz vorgesehene nach Statusrechten und -pflichten fest umrissene Parteimitgliedschaft in Frage. Dadurch könnten die Parteien ihre durch Art. 21 Abs. 1 Satz 1 GG zugewiesenen Aufgaben nicht mehr erfüllen.[1568]

II. Closed Primary

1. Das Konzept

Ferner ging es um die Abschaffung der Delegiertenwahl bei der Aufstellung der Landesliste zugunsten von Urwahlen im Vorfeld der Kandidatenaufstellung. Danach wurde vorgeschlagen, die Kandidatenaufstellung in Nomination und Auswahl aufzuteilen. Über die Nomination solle die jeweilige Landesdelegiertenversammlung entscheiden. Dabei solle jeder Bewerber für die eigentliche Kandidatenaufstellung zugelassen werden, der bei der Delegiertenversammlung mindestens 5 bis 10 % erreiche. Über die Aufstellung der Landesliste sei dann durch Urwahl der Parteimitglieder zu entscheiden. Dieses System der Listenaufstellung ist dem Grunde nach nichts anderes als jenes, welches in den USA unter dem Namen Closed Primary firmiert.

1567 Also das Phänomen, dass bei einer offenen Vorwahl die Anhänger der einen Partei durch die Teilnahme an der Vorwahl der gegnerischen Partei teilnehmen, um dort gezielt schwächere Kandidaten zu nominieren, *Siefken*, ZParl 2002, 531 (547).

1568 Beratungen und Empfehlungen zur Verfassungsreform, S. 57.

2. *Grenzen gesetzgeberischer Gestaltungsmöglichkeiten – Verbindliche Einführung von Closed Primary durch Gesetz?*

Selbst wenn man also nur die Closed Primary (also eine Urwahl durch die Parteimitglieder) einführen wollte, kann das nur gelingen, wenn man die Parteien durch Gesetz die Möglichkeit nimmt, durch Delegiertenversammlungen (oder weitere Zwischenstufen) die Landesliste aufzustellen. Der andere Fall, also eine für die Parteien durch Gesetz gegebene Wahlmöglichkeit bei der Aufstellung der Landesliste, ist bereits – wie gesehen – im Bundeswahlgesetz vorgesehen. Deshalb kommt man zu der Frage, ob eine obligatorisch durch Gesetz vorgesehene Urwahl bei der Aufstellung der Landesliste überhaupt verfassungsrechtlich zulässig wäre. Hier scheint ausnahmsweise eine rechtspolitische Anmerkung geboten zu sein.

Grundsätzlich ist es Sache der Parteien, durch Satzungsrecht festzulegen, ob sie die Landesliste durch Urwahl oder durch eine Vertreterversammlung aufstellen.[1569] Zumindest ist es zulässig, wenn der Gesetzgeber eine solche Regelung trifft. Wie ausgeführt, wird der Grundsatz der Unmittelbarkeit der Wahl hier durchbrochen. Ist es aber zulässig, wenn der Gesetzgeber den Parteien verbindlich eine Urwahl vorschreibt? Etwa in dem Fall, wenn zwar die Nomination von einer Landesliste, jedoch die eigentliche Aufstellung durch Urwahl erfolgt? Dagegen könnte die im Grundgesetz vorgesehene Parteienfreiheit (Art. 21 Abs. 1 Satz 2 GG) sprechen. Sie garantiert grundsätzlich auch die Freiheit der Partei, über ihre Organisation zu entscheiden – die Parteien sind unstreitig nicht Teil des Staates. Das betrifft zunächst auch die Frage, wie sie ihre Kandidaten aufstellen. Die Parteienfreiheit ist aber nicht schrankenlos garantiert. Der Gesetzgeber kann die Parteienfreiheit nur aus verfassungsrechtlich legitimierten Gründen beschränken, es gelten hier also die verfassungsimmanenten Schranken der Verfassung. Eine solche Schranke stellt die Aufgabenzuweisung in Art. 21 Abs. 1 Satz 1 GG dar: Wenn das Grundgesetz den Parteien in Art. 21 Abs. 1 Satz 1 GG grundsätzlich die Aufgabe zuweist, an der politischen Willensbildung mitzuwirken, dann folgt daraus umgekehrt die Freiheit, ihre Organisationsform frei zu bestimmen, denn nur so können die Parteien ihre Aufgabe erfüllen, aber zugleich auch eine besondere Verantwortung für die Ausgestaltung der innerparteilichen Demokratie. Diese Verantwortung wird in der Literatur nicht nur einfach aus dem Wortlaut von Art. 21 Abs. 1 Satz 1 GG geschlussfolgert, sondern aus dem Zusammenhang von Art. 21 Abs. 1 Satz 2 und Satz 1 und Art. 20 Abs. 1 Satz 1

1569 *Maunz/Dürig/Klein*, GG, Art. 21 Rdnr. 351.

GG.[1570] Dieser Zusammenhang wurde in der Vergangenheit etwa bedeutsam bei der Frage, ob der Einzelne einen Rechtsanspruch auf einen Parteibeitritt hat,[1571] oder bei der Frage, ob es dem Gesetzgeber möglich ist, für die Kandidatenaufstellung den Parteien verbindliche Frauenquoten vorzuschreiben.[1572] Wegen dieses Zusammenhangs stehen die Parteien – anders als sonstige privatrechtliche Vereinigungen – in einer besonderen Verantwortung. Die Parteienfreiheit wird daher auch als gebundene und zielgerichtete Freiheit oder auch als Pflichtrecht bezeichnet, das im Einzelfall korrigierende staatliche Eingriffe zulässt.[1573] Von diesem Eingriffsrecht hat der Gesetzgeber etwa in Form des Parteiengesetzes Gebrauch gemacht, denn hier macht er unter andere auch Vorgaben zur Parteiorganisation.[1574] Aus dem Gesagten folgt jedoch auch die Grenze für eine gesetzgeberische Regulierung des Parteienrechts. Wenn die Parteienfreiheit eine gebundene Freiheit ist und solche Eingriffe des Gesetzgebers zulassen, die die Aufgabenerfüllung der Parteien (aus Art. 21 Abs. 1 Satz 1 GG) begünstigen bzw. fördern, so es ihm definitiv nicht gestattet solche Regelungen zu treffen, welche die Aufgabenerfüllung der Parteien belasten würden[1575] – etwa durch die Normierung zu hoher Hürden für die Zulassung von Wahlkandidaten.

Für die Einführung von Vorwahlen ergeben sich aus den vorangegangenen Überlegungen aus verfassungsrechtlicher Sicht gewisse Schranken, die hier einzuhalten und zu beachten wären. Oberster Maßstab muss hier auf jeden Fall sein, dass eine gesetzliche Regelung die Mitwirkung der Parteien an der Willensbildung im demokratischen Sinne nicht behindert, anderseits aber den Parteien nicht ein Quasi-Monopol für die Aufstellung von Kandidaten einräumt. Sie haben zweifellos die Aufgabe, die politische Willensbildung vorzuformen, zu kanalisieren und können daher auch von einer maßgeblichen Beteiligung an den Vorwahlen kaum ausgeschlossen werden.

1570 Zu diesem Zusammenhang näher *Hesse*, Grundzüge, Rdnr. 169; *Eisele*, Parteien, S. 64 f.; *Köppler*, Mitwirkung, S. 65. Vgl. bereits oben S. 39 ff., wo Art. 21 Abs. 1 Satz 1 GG als „Ausführungsvorschrift" des allgemeinen Demokratieprinzips verstanden wurde.

1571 *Magiera*, DÖV 1973, 759 (765).

1572 Dazu *Maidowski*, Umgekehrte Diskriminierung, S. 194 ff.

1573 *Luthmann*, Innere Ordnung, S. 45 f., der hier von „Verfassungsvollzug" spricht; *Maidowski*, a.a.O., S. 194.

1574 Vgl. §§ 6 ff. PartG.

1575 Das ist schon seit *Hesse*, VVDStRL 17 (1959), S. 11 (28) unstreitig. Vgl. nur aus dem älteren Schrifttum *Groß*, DÖV, 1968, 80; *Luthmann*, Innere Ordnung, S. 48; etwas ausführlicher *Müller*, Die demokratische Willensbildung, S. 99 f.

Würde der Gesetzgeber bei der Listenaufstellung Urwahlen verbindlich vorschreiben, so würde darin zugleich eine politische Aussage liegen. Die besondere Betonung der Basisdemokratie ist – ebenso wie jene der Geschlechterquote – eine solche Aussage. Wenn also Parteien vorgeschrieben wird, dass sie künftig ihre Listen zwingend durch Urwahl aufstellen sollen – hier reicht schon eine einfache Änderung des BWG –, dann wird den Parteien, die nicht explizit die Basisdemokratie als politisches Ideal favorisieren, ein Modell aufgezwungen, das nicht ihrer politischen Grundüberzeugung entspricht. In solchen Fällen würde eine solche Regulierung die verfassungsrechtliche Aufgabe dieser Parteien beeinträchtigen. Das könnte ihre Unzulässigkeit begründen. Auf die Frage, ob durch solche Regelungen Parteien – wegen des hohen Regelungsgehalts – zugleich faktisch Teil des Staates werden, braucht hier dann nicht mehr eingegangen werden; ebenso wenig auf eine mögliche Prüfung der Verhältnismäßigkeit.[1576]

3. *Ergebnis*

Mit Rücksicht auf Art. 21 Abs. 1 Satz 1 GG ist es dem Gesetzgeber also nicht gestattet, zwingend vorgeschriebene (geschlossene) Vorwahlen einzuführen. Er bleibt darauf beschränkt, für die Kandidatenaufstellung Rahmenregelungen zu erlassen.

III. Einführung offener (Landes-)Listen

In der Vergangenheit wurden immer wieder[1577] Vorschläge unterbreitet, den Wähler über die Wahlhandlung Einfluss auf die Landesliste nehmen zu lassen. Das Grundmodell ist stets gleich: Nach erfolgter Kandidatenaufstellung wird dem Wähler die Möglichkeit eingeräumt, auf die fertig aufgestellten Landeslisten mit seiner Zweitstimme Einfluss zu nehmen. In Betracht zu ziehen wäre hier die Möglichkeit, die Zweitstimme variabel einzusetzen oder – bei einer entsprechenden Anzahl an „Zweitstimmen" – das Panaschieren oder Kumulieren.[1578] Im geltenden Bundestagswahlrecht findet hingegen das System der starren Listen Anwendung.

1576 Dazu *Mager*, DÖV 1995, 9 (13).

1577 Zusammenfassung der einzelnen Modelle bei *Kaiser*, Einführung, S. 140 ff. m. w. Nachw.

1578 Näher: Beratungen und Empfehlungen zur Verfassungsreform, S. 61 ff. Zu den Einzelheiten *Kaiser*, a.a.O., S. 148 ff.

IV. Ergebnis

Bereits in der Vergangenheit wurden immer wieder Modelle diskutiert, die einen übergroßen Einfluss der Parteien, sei es vor oder nach der Wahl, einschränken sollten. Zum einen sollten die Parteimitglieder mehr Einfluss auf die Kandidatenaufstellung durch die Vorwahlen erhalten, zum anderen ging es um eine Reform des Wahlrechts. Keinen dieser Vorschläge hat der Gesetzgeber jedoch in Angriff genommen, obwohl – wie etwa im Falle der offenen (Landes-)Listen – eine konkrete (und verfassungskonforme) Empfehlung erging.

B. Eine aktuelle Frage: Mitgliederentscheid zur Regierungsbildung nach der Wahl

Es gab aber – unabhängig von der Tätigkeit des Gesetzgebers – in der Vergangenheit innerhalb der Parteien Versuche, die innerparteilichen demokratischen Strukturen zu reformieren.[1579] Hier ist noch ein weiterer Versuch zu nennen, der in jüngster Vergangenheit an Aktualität gewonnen hat. Dabei geht es um die Frage, wie der Fall zu bewerten ist, wenn eine Partei ihre Mitglieder nach der Wahl über einen Koalitionsvertrag abstimmen lässt. Das wirft verfassungsrechtliche Fragen auf.

I. Der SPD-Mitgliederentscheid im Jahre 2013 – der Sachverhalt in Kürze

Das Wahlergebnis der Bundestagswahl 2013 führte bei den Sondierungsgesprächen zwischen den politischen Parteien zu der Überlegung, eine Große Koalition aus CDU/CSU und SPD zu bilden. Diese mündeten im Abschluss einer Vereinbarung, die – juristisch unsauber, weil keine Bindungswirkung entfaltend[1580] – als „Koalitionsvertrag" bezeichnet wurde. Der Parteivorstand der SPD hatte bereits vor den Koalitionsgesprächen mit den Unionsparteien entschieden, den fertig ausgehandelten Koalitionsvertrag den SPD-Mitgliedern zur Abstimmung vorzulegen.[1581] Die Partei betrat damit politisches Neuland.

Dieser Mitgliederentscheid erfolgte ausschließlich durch Briefwahl. Wahlberechtigt waren alle Mitglieder, die bis zum 13. November von einem Ortsverein aufgenommen waren.[1582] Da die Mitgliedschaft in der SPD nach den innerparteilichen

---

1579 Vgl. etwa *Andel*, ZParl 1971, 444 und *Haugs*, ZParl 1969/1970, 403 ff.

1580 *Degenhart*, Staatsrecht I, S. 295.

1581 Vgl. § 13 Abs. 4 Nr. 4b) SPD-Organisationsstatut; http://www.spd.de/mitgliedervotum/FAQ_Mitgliedervotum/ (Stand: 18.12.2014).

1582 http://www.spd.de/mitgliedervotum/FAQ_Mitgliedervotum/ (Stand: 18.12.2014).

Regelungen nicht an die deutsche Staatsangehörigkeit geknüpft ist und ferner grundsätzlich Personen beitreten können, die mindestens das 14. Lebensjahr vollendet haben,[1583] waren also auch solche Personen wahlberechtigt, die bei der Bundestagwahl nicht wahlberechtigt waren oder sind. Für die Gültigkeit des Mitgliederentscheids war eine Mindestwahlbeteiligung von 20 % vorgeschrieben.[1584] Im Ergebnis stimmte die Basis dem ausgehandelten Koalitionsvertrag mit 75,96 % zu. Die vorgeschriebene Mindestwahlbeteiligung wurde mit 78 % erreicht.[1585] Die Bundestagsabgeordneten der SPD-Fraktion trugen diesem Mitgliederentscheid Rechnung und ermöglichten dadurch die im Koalitionsvertrag vorgesehene Wahl des Bundeskanzlers.

II. Das Problem

Dass die Parteien nach erfolgter (Bundestags-)Wahl in Koalitionsverhandlungen treten und sodann einen Koalitionsvertrag schließen, ist nicht neu, bedingt das parlamentarische Regierungssystem und war auch schon in der Vergangenheit Gegenstand rechtswissenschaftlicher Untersuchungen.[1586] Koalitionsverträge sind im Grundgesetz nicht erwähnt. Die Autoren beschäftigten sich mit Fragen, die daraus resultieren, dass die Parteien Instrumentarien entwickelt haben, die vom Grundgesetz so nicht erwähnt werden bzw. nach dem Wortlaut der Verfassung so nicht vorgesehen sind.[1587]

Weitere Beispiele dieser Art sind die Kultusministerkonferenz und der Koalitionsausschuss. Zum Letzteren stellt sich die Frage, warum der Ministerpräsident des Freistaates Bayern[1588] direkt und ohne Mandat durch die Wählerinnen und Wähler bei der Bundestagswahl an Verhandlungen innerhalb der Regierungskoalition auf Bundesebene mitwirken darf. Diese Entwicklungen mögen zum einen Ausfluss der Aufgabenzuweisung von Art. 21 Abs. 1 GG sein – meist ist der Ministerpräsident des Freistaates Bayern Vorsitzender einer der Koalitionsparteien – und zum anderen Ausfluss pragmatischer Überlegungen, deren Befürworter die Grenzen der Verfassungsordnung zumindest großzügig interpretieren.

1583 Vgl. § 2 SPD-Organisationsstatut.

1584 http://www.spd.de/linkableblob/112160/data/20131118_faq_mitgliedervotum.pdf (Stand: 18.12.2014).

1585 http://www.spiegel.de/politik/deutschland/spd-mitgliederentscheid-sozialdemokraten-stimmen-fuer-grosse-koalition-a-939081.html (Stand: 18.12.2014).

1586 Vgl. nur die Schrift von *Schüle*, Koalitionsvereinbarungen im Lichte des Verfassungsrechts, Tübingen 1964.

1587 Ausführlich dazu *Schüle*, a.a.O., S. 94 ff.

1588 Stand: Dezember 2014.

Die Mitgliederbefragung wirft jedoch andere Fragen auf. Man kann nämlich die Legitimität des Mitgliederentscheids nicht damit begründen, dass es den Parteien jederzeit erlaubt sei, über bestimmte Angelegenheiten ihre Mitglieder durch Urabstimmungen entscheiden zu lassen, es sich hier also grundsätzlich um eine innere Angelegenheit der Parteien handele. Der von der SPD gewählte Weg erschöpft sich nicht in dieser Bedeutung (dazu 3a).

Hier stellt sich die Frage, ob sich ein heimlicher Verfassungswandel anbahnt, wenn eine Partei nach der Wahl ihre eigenen Parteimitglieder in einer Urwahl dazu befragt, ob sie sich an einer Koalitionsregierung beteiligen sollte oder nicht. Bei einer Urwahl handelt es sich um die Art innerparteilicher Demokratie; sie weist die höchste Legimitation auf. Hierin könnte eine gesteigerte Einflussnahme auf die Abgeordneten liegen. Das ist im Hinblick auf den Grundsatz des freien Mandats problematisch (dazu 3b).

III. Die kritische Bewertung des Vorgangs im Einzelnen

1. Mitgliederentscheid nur innerparteiliche Angelegenheit?

a) Kritik an der Einordnung als nur innerparteiliche Angelegenheit

Ein gegen den Mitgliederentscheid gerichteter Antrag auf Erlass einer einstweiligen Anordnung scheiterte vor dem Bundesverfassungsgericht. Er war aus Sicht des Gerichts schon deshalb nicht zulässig, weil es an einem tauglichen Beschwerdegegenstand mangelte: Der Mitgliederentscheid wurde nicht als Akt der öffentlichen Gewalt angesehen, sondern als ein solcher innerparteilicher Art.[1589] Die Parteien seien nicht Teil des Staates – so das Gericht –, sondern wirkten nur in die staatliche Sphäre hinein; deshalb könnten sie auch keinen Akt öffentlicher Gewalt erlassen. Ein solcher sei nur durch den Staat selbst möglich.[1590] Das Gericht vertrat damit hier die Auffassung, die bereits im Rahmen dieser Untersuchung angesprochen wurde. Es ging jedoch auf die Besonderheit des Falles nicht näher ein.

In den offiziellen Verlautbarungen wurde das Mitgliedervotum für alle in der SPD als politisch verbindlich angesehen.[1591] Formal betrachtet war die Mitgliederbefragung als Auftrag an die Parteispitze konzipiert, nicht jedoch an die gewählten SPD-Bundestagsabgeordneten. Legte man diese Sicht zugrunde, verkennt man nicht nur die Bedeutung dieser Abstimmung, sondern auch ihren

---

1589 BVerfG, Beschl. v. 6.12.2013, 2 BvQ 55/13, Rdnr. 5, abrufbar unter: http://www.bundesverfassungsgericht.de/SharedDocs/Entscheidungen/DE/2013/12/qk20131206_2bvq005513.html (Stand: 23.12.2014).

1590 BVerfG, a.a.O. Rdnr. 5 f.

1591 http://www.spd.de/mitgliedervotum/FAQ_Mitgliedervotum/ (Stand: 29.12.2014).

Sinn. Denn sie war gerade auch als (wenigstens mittelbarer) Auftrag an die Abgeordneten beabsichtigt und hat diese zwar nicht rechtlich, wohl aber politisch in ihrer Entscheidung gebunden.[1592] Damit wirkt diese Abstimmung auch in den staatlichen Bereich hinein.[1593] Wollte man diese Wirkung hier verneinen, verkennt man den Sinn der Abstimmung. Der Sinn, der der Abstimmung innewohnt, entspricht grundsätzlich auch der üblichen Parteipraxis, wie der Blick auf die Kandidatenaufstellung offenbart hat. Gerade im Verfahren zur Kandidatenaufstellung bei Wahlen zu den Parlamenten zeigt sich besonders deutlich der Einfluss der Parteien auf die personelle Zusammensetzung.

Diese Feststellung gilt erst recht unter dem seit 2013 geltenden Wahlrecht.

Ein Mitgliederentscheid zu einer Regierungsbildung kann ebenso wie ein Koalitionsvertrag nicht rechtlich verbindlich sein. Es geht hier vielmehr um den faktischen Zwang, den eine Partei nach einer Bundestagswahl auf die Abgeordneten ausübt. Die Bedeutung der Parteien bei der Kandidatenaufstellung liegt in der wichtigen Frage der Wahlvorbereitung, nämlich dem Angebot an den Wähler von „vorsortiertem“ Personal. Dadurch wirken sie in den staatlichen Bereich hinein. Diese Bedeutung für die Kandidatenaufstellung hat die Literatur früher nicht hinreichend berücksichtigt. So ist es auch hier. Die Partei, die einen Mitgliederentscheid in dem hier vorliegenden Sinne durchführt, wirkt eben durch die Wirkung auf den Abgeordneten faktisch in den staatlichen Bereich hinein. Ist geklärt, dass sich die Relevanz des SPD-Mitgliederentscheids nicht in seiner innerparteilichen Bedeutung erschöpft, so bleibt zu erörtern, ob sich aus dieser Bedeutung zugleich ein Verfassungsverstoß ergibt.

b) Das Problem der Justiziabilität – Kritik am BVerfG

Aus dem Gesagten ergibt sich die Kritik an der erwähnten Rechtsprechung des BVerfG: Durch die faktische Bindung des Abgeordneten an das Votum der Parteimitglieder wirken die Parteien erheblich in den staatlichen Bereich hinein,[1594] beeinflussen also maßgeblich Vorgänge, die außerhalb der Parteiorganisation stattfinden, jedoch für die Staatsbürger eine wesentliche Bedeutung haben: Beim SPD-Mitgliedervotum 2013 ging es um die Regierungsbildung und die Arbeit der Bundesregierung in der kommenden Legislaturperiode. Das Gericht hat

1592 *Degenhart*, Staatsrecht I, S. 295.

1593 *Degenhart*, DRiZ 2014, 13; *Degenhart/Horn*, „Wer mit den Parteien heult“, F.A.Z. v. 13.12.2013, S. 7.

1594 *Degenhart*, DRiZ 2014, 13; *Degenhart/Horn*, „Wer mit den Parteien heult“, F.A.Z. v. 13.12.2013, S. 7.

die grundsätzlich vom Grundgesetz gewollte machtvolle Stellung der Parteien zwischen Staat und Gesellschaft bei der Prüfung des Mitgliederentscheids nach kritischer Betrachtung nicht hinreichend berücksichtigt.

In manchen Fällen ist das anders. Als Beispiel kann hier die Rechtsprechung des Bundesverfassungsgerichts zur Rundfunkfreiheit in den „Rundfunkurteilen" angeführt werden.[1595] Auch im Bereich der Rundfunkfreiheit stellt sich die Frage, wie viel Einfluss den politischen Parteien zugebilligt werden kann.

Ausgangspunkt der Überlegung ist nach Auffassung des Bundesverfassungsgerichts die Ausgestaltung der Rundfunkfreiheit als funktionsgebundene dienende Freiheit.[1596] Sie dient der öffentlichen und individuellen Meinungsbildung und verfolgt nicht den Zweck, dem Grundrechtsträger eine eigene Interessenverfolgung und Persönlichkeitsentfaltung einzuräumen.[1597] Daraus ergeben sich aus Sicht des BVerfG zwei Konsequenzen. Zunächst habe die Rundfunkfreiheit abwehrenden Charakter. Damit der Rundfunk die Meinungsbildung in dem beschriebenen Sinne ermöglichen könne, verlange die Rundfunkfreiheit zunächst die Freiheit des Rundfunks von staatlicher Einflussnahme oder gar staatlicher Beherrschung. Zugleich müsse sie sicherstellen, dass eine umfassende Meinungsbildung durch den Rundfunk möglich werde, also eine ausgewogene Präsentation der vielfältigen Meinungen in der Gesellschaft. Diese Aufgabe könne der Einzelne schon aus materiellen Gründen nicht erfüllen. Damit der Rundfunk seine Aufgabe erfüllen könne, bedürfe es neben der abwehrenden Ausgestaltung der Rundfunkfreiheit – und das ist die zweite Konsequenz – einer positiven Ordnung durch den Gesetzgeber.[1598] Der Rundfunkfreiheit liegen spezifische „Gestaltungsfunktionen des Gesetzgebers"[1599] zugrunde.

Daraus resultiert hier ein Spannungsverhältnis: Auf der einen Seite hat der Gesetzgeber die Befugnis, eine positivrechtliche Rahmenordnung zu erschaffen, die grundrechtsbeschränkend wirkt,[1600] jedoch zugleich die Aufgabenerfüllung des Rundfunk sicherstellt. Dabei hat der Gesetzgeber stets das Gebot der Staatsfreiheit zu beachten.[1601] Daraus folge der Ausschluss jedweder politischer

1595 Zu dieser Parallele schon *Degenhart/Horn*, a.a.O., S. 7.

1596 Erstmals in BVerfGE 57, 295, 320, Urt. v. 16.6.1981 – 1 BvL 89/78 angesprochen.

1597 *Degenhart*, HGR IV, § 105 Rdnr. 5.

1598 Grundlegend BVerfGE 57, 295, 320, Urt. v. 16.6.1981 – 1 BvL 89/78.

1599 *Degenhart*, HGR III, § 61 Rdnr. 36.

1600 Ebda.

1601 Ausführlich dazu BVerfGE 12, 205 (262 f.), Urt. v. 28.2.1961 – 2 BvG 1, 2/60.

Einflussnahme auf Gestaltung und Inhalt des Rundfunkprogramms.[1602] Diese Forderung ist aber nicht realisierbar, ohne dass sich der Blick auf die politischen Parteien richtet: In einer Massendemokratie spielen diese bei der politischen Willensbildung innerhalb der staatlichen Organe eine herausragende Rolle, so dass sich die Fernhaltung politischer Instrumentalisierung nicht realisieren lässt, ohne eine hinreichende Distanz zu den Parteien zu fordern – beides bedingt sich.[1603] Deshalb ist es etwa verfassungsrechtlich geboten, Parteien die Veranstaltung von Rundfunk zu verbieten. Daraus folgt, dass Staatsfreiheit zugleich Parteienfreiheit bedeutet.[1604] In dieser Konsequenz hatte sich das BVerfG – sozusagen zwangsläufig – stets auch mit der Frage zu beschäftigen, wie groß der Einfluss der Parteien auf den Rundfunk sein darf – etwa in den Aufsichtsgremien des öffentlich-rechtlichen Rundfunks.[1605]

Der entscheidende Gedanke ist hier der Schluss von der Staatsfreiheit auf die Parteienfreiheit. Das BVerfG ist hier gezwungen, aufgrund faktischer Gegebenheiten, nämlich wegen des Umstandes, dass es die Parteien sind, die den staatlichen Einfluss auf den Rundfunk steuern, den Einfluss der Parteien zu begrenzen, damit die Rundfunkfreiheit nicht zur vagen Formel wird. Das ist umso bemerkenswerter, wenn man bedenkt, dass es sich bei Parteien (nur) um nichtstaatliche Gebilde handelt. Die Entscheidungen der Parteien – gerade auch innerhalb der Parteiführung – haben im Rundfunk Auswirkungen auf eine Institution, die für alle und nicht nur für die Mitglieder der entsprechenden Partei Bedeutung hat.

Eine ähnliche Situation liegt auch hier vor. Hier geht es um die Frage der Regierungsbildung. Diese betrifft jeden Rechtsunterworfenen und nicht nur einige wenige, nämlich die Regierungsparteien. In Angelegenheiten, die das Gemeinwesen wesentlich berühren, bleibt die Sach- und Wahrnehmungskompetenz beim demokratisch gewählten Parlament.[1606] Zu Angelegenheiten solcher Art zählt auch und gerade die Regierungsbildung.

Es mag sein, dass es sich bei der Mitgliederbefragung um eine – grundsätzlich zu begrüßende – Erweiterung innerparteilicher Demokratie handelt. Jedoch wäre eine solche Erweiterung im Vorfeld – etwa bei der Kandidatenaufstellung

1602 BVerfGE 83, 238 (322), Urt. v. 5.2.1991 – 1 BvF 1/85, 1/88; BVerfGE 90, 60 (88), Urt. v. 22.21994, 1 BvL 30/88.

1603 *Möstl*, DÖV 2003, 106 (113).

1604 BK/*Degenhart*, Art. 5 Rdnr. 725; skeptisch wohl *Klein*, in: FS Maurer, S. 193 (204).

1605 Vgl. zuletzt BVerfG, Beschl. v. 25.3.2013 – 1 BvF 1/11, 1 BvF 4/11, abrufbar unter: http://www.bundesverfassungsgericht.de/SharedDocs/Entscheidungen/DE/2014/03/fs20140325_1bvf000111.html (Stand: 5.1.2015).

1606 So *Degenhart/Horn*, „Wer mit den Parteien heult", F.A.Z. v. 13.12.2013, S. 7.

– angemessener als nach der Wahl. Wie beim öffentlichen Rundfunk haben die Parteien auch hier bereits einen (sehr) großen Einfluss. Beim öffentlich-rechtlichen Rundfunk beruht dieser Einfluss auf der Tatsache, dass er vom staatlichen Gesetzgeber – und damit faktisch von den Parteien – einzurichten ist, von diesem strukturiert und schließlich von staatlicher Seite auch in seiner Finanzierung gesichert wird.[1607] Das parlamentarische Regierungssystem des Grundgesetzes stützt sich darauf, dass die Parteien als Kreationsorgane fungieren: Dieser Begriff soll, wie bereits angesprochen, verdeutlichen, dass Parteien den Willen des Volkes durch die Besetzung von Regierung und Parlament als Staatsorgane in den Staat transformieren. Im ersten Fall sind sie durch die freiheitliche Garantie der Rundfunkfreiheit beschränkt, im zweiten Fall durch die freiheitliche Garantie der Wahlgrundsätze, nämlich die in demokratischen Wahlen legitimierte Bevollmächtigung durch das Volk.

Ein so weitgehender Einfluss auf die Regierungsbildung wie im vorliegenden Fall kann im Übrigen nicht aus Art. 21 Abs. 1 Satz 1 GG hergeleitet werden. Art. 21 Abs. 1 Satz 1 GG erkennt (nur) die faktische Entwicklung in einer Massendemokratie an und beschreibt sie zutreffend. Dafür sei hier schon der Wortlaut der Norm angeführt: Er spricht nur von einer *Mit*wirkung (der politischen Parteien) bei der politischen Willensbildung, nicht jedoch von der Beherrschung derselben.

Im Ergebnis hätte das BVerfG in dem vorliegenden Fall den großen Einfluss der Parteien zumindest ansprechen können. Bei der Rundfunkfreiheit ist dies dem Gericht bewusst gewesen. Dieses Ergebnis wiegt umso schwererer, wenn man berücksichtigt, dass der Beschluss eines Parteitages anfechtbar ist, was für Mitgliederbefragungen so nicht gilt.[1608] Insbesondere Beschlüsse, die mit der innerparteilichen Kandidatenaufstellung zusammenhängen, sind revisibel.[1609]

2. *Freies Mandat, Art. 38 Abs. 1 Satz 2 GG – Vorliegen eines (faktisch) imperativen Mandats?*

Wenn nun geklärt ist, dass sich die Bedeutung des Mitgliederentscheids nicht in einer innerparteilichen Wirkung erschöpft und durch die hier versuchte Parallelziehung

1607 *Degenhart*, K&R 2014, 340 (341), der in diesem Zusammenhang von einer „systemimmanenten Schwäche“ des öffentlich-rechtlichen Rundfunks spricht.

1608 Darauf weist *Degenhart*, Staatsrecht I, S. 295 hin.

1609 Vgl. für die SPD nur § 1 Wahlordnung, in: Organisationsstatut. Wahlordnung, Schiedsordnung und Finanzordnung der Sozialdemokratischen Partei Deutschlands (Stand: 26.1.2014), abrufbar unter: http://www.spd.de/linkableblob/1852/data/Organisationsstatut.pdf (Stand: 26.9.2014). Daraus ergibt sich, dass etwa das Verfahren der innerparteilichen Kandidatenaufstellung anfechtbar ist.

zur Rechtsprechung des BVerfG zur Rundfunkfreiheit versucht wurde kritisch aufzuzeigen, dass das BVerfG in einem ähnlich gelagerten Fall den Einfluss der Parteien realitätsnaher bewertet, muss nun angesprochen werden, welche verfassungsrechtlichen Konsequenzen sich daraus ergeben. Im Fokus des Interesses liegt hier der in Art. 38 Abs. 1 Satz 2 GG normierte Grundsatz des freien Mandats.

a) Der Grundsatz des freien Mandats

Nun ist zu untersuchen, welche verfassungsrechtlichen Konsequenzen daraus zu ziehen sind. Im Mittelpunkt des Interesses steht hier Art. 38 Abs. 1 Satz 2 GG, der Folgendes bestimmt: „Sie sind Vertreter des ganzen Volkes, an Aufträge und Weisungen nicht gebunden und nur ihrem Gewissen unterworfen." Durch den Wortlaut „Vertreter des ganzen Volkes" stellt das GG den Zusammenhang zwischen der Idee der parlamentarischen Demokratie und dem repräsentativen Mandat dar, durch den Wortlaut „an Weisungen und Aufträge nicht gebunden" konkretisiert es die Funktion des Abgeordneten als Vertreter des ganzen Volkes.[1610] Die Abgeordneten des Bundestages sind also von Verfassung wegen nicht Vertreter irgendwelcher Interessen – z.B. ihrer Parteien –, sondern des ganzen Volkes. Schon diese Aussage führt zur Klarstellung, dass Art. 38 Abs. 1 Satz 2 GG an die Tradition des freien Mandats anknüpft.[1611] Die Norm ermöglicht die Freistellung des vom Wahlvolk gewählten Abgeordneten von jeglicher Fremdbestimmung. Dieser soll durch das freie Mandat befähigt werden, seine ihm durch das Grundgesetz verliehene Repräsentationsfunktion zu erfüllen.[1612] Seine Funktion erinnert an jene der Parteien. Auch hier findet ein Wechselspiel gesellschaftlicher und staatlicher Willensbildung statt. Sie erfüllen also ebenfalls eine Transformationsfunktion.[1613] Aus dieser Funktion folgt die Pflicht, sein Mandat

---

1610 *v. Mangoldt/Klein/Starck/Achterberg/Schulte,* Art. 38 Rdnr. 39.

1611 *Sachs/Magiera,* Art. 38 Rdnr. 46; *v. Mangoldt/Klein/Starck/Achterberg/Schulte,* Art. 38 Rdnr. 33 verwenden den Begriff „repräsentatives Mandat" ohne jedoch inhaltlich andere Ansichten zu vertreten.

1612 Vgl. statt aller *Sachs/Magiera,* a.a.O. Rdnr. 46.

1613 Vgl. zuletzt BVerfG, Urt. v. 17. 9. 2013 – 2 BvR 2436/10, 2 BvE 6/08 = NVwZ 2013, 1468 (1470): „Er sammelt und strukturiert die politischen Auffassungen und Interessen, die an ihn herangetragen werden, und entscheidet, ob, wie und mit welcher Priorität er sich bemüht, sie in staatliche Entscheidungen umzusetzen. Seine Aufgabe ist es, unterschiedliche politische Auffassungen und Interessen aufzunehmen, auszugleichen und in die Willensbildung von Partei, Fraktion und Parlament zu überführen, und umgekehrt den Bürgern den guten Sinn der im Parlament getroffenen politischen Entscheidungen zu vermitteln oder bessere Alternativen aufzuzeigen und für sie zu werben. Er ist ein Verbindungsglied zwischen Parlament und Bürger."

aktiv wahrzunehmen und die ihm durch die Verfassungsordnung verliehene Unabhängigkeit zu wahren – nur dann kann er seine Funktion in der repräsentativen Demokratie erfüllen. Art. 38 Abs. 1 Satz 2 GG ist ein wesentliches Element des Demokratieprinzips des Grundgesetzes.[1614]

b) *Das freie Mandat und der Grundsatz der parteienstaatlichen Demokratie – ein vom Grundgesetz gewolltes Spannungsverhältnis*

Der Abgeordnete ist meist auch Mitglied einer politischen Partei. Die Parteimitgliedschaft wirkt sogar konstitutiv, wenn der Abgeordnete über die Landesliste einer Partei in den Bundestag gewählt wird – nach dem geltenden Wahlrecht dürfen nur Parteien Landeslisten einreichen.[1615] Es liegt also – unabhängig vom geltenden Wahlrecht gesprochen – ein Spannungsfeld vor zwischen dem Grundsatz des freien Mandats (Art. 38 Abs. 1 Satz 2 GG) und dem Grundsatz der parteienstaatlichen Demokratie (Art. 21 Abs. 1 Satz 1 GG). Dieses Spannungsfeld ist aber nicht systemfremd, sondern grundsätzlich systemimmanent – es ist letztlich die Konsequenz daraus, dass das Grundgesetz die Rolle der Parteien verfassungsrechtlich anerkannt hat. Der Abgeordnete ist grundsätzlich frei in der Ausübung des Mandats; er ist jedoch, wenn er aktiv gestalten will, zugleich auf Unterstützung angewiesen, die einen abgestimmten Charakter aufweist. Diese Unterstützung wird von den Fraktionen geleistet: Sie nehmen im parlamentarischen Raum „unabdingbare Koordinierungsaufgaben" wahr, haben die Aufgabe, die Vielzahl der Meinungen zu bündeln, und formen Themen so, dass sie entscheidbar sind.[1616] Damit hängt auch die Tatsache zusammen, dass es heute weitaus komplexere Themen zu entscheiden gibt als in früheren Zeiten. Ein Abgeordneter kann sich nicht in Einzelheiten eines jeden Themas einarbeiten, das der Deutsche Bundestag im Laufe einer Legislaturperiode zu behandeln hat. Wenn ein Abgeordneter sich z.B. besonders auf dem Gebiet der Innenpolitik auskennt, vielleicht sogar Mitglied im entsprechenden Ausschuss ist, ist er in einer anderen konkreten Thematik, etwa in der Landwirtschaftspolitik, so auf die Auskunft der jeweiligen Fachpolitiker in seiner Fraktion angewiesen – jedenfalls wenn dies zur sachgerechten Entscheidung notwendig ist. Hier kann er sich dann auch sicher sein, dass die jeweilige Person, die er um Auskunft bittet, die gleichen Grundprinzipien verfolgt wie er selbst – man gehört in der Regel zur gleichen politischen Partei bzw. Gruppierung.[1617]

1614 *Degenhart*, Staatsrecht I, S. 252.

1615 § 27 Abs. 1 Satz 1 BWG.

1616 BVerfGE 118, 277 (329), Urt. v. 4.7.2007 – 2 BvE 1–4/06.

1617 *Herzog*, Grundlagen, S. 21 f.

Diesem Gedanken liegt die Erfahrung zugrunde, dass „Einzelkämpfer" in ihrer Tätigkeit weniger Wirkung entfalten als eine Gruppe – man könnte auch sagen, dass sich in der Notwendigkeit der Fraktionsdisziplin zugleich das dem modernen Wirtschaftsleben zugrunde liegende Prinzip der Arbeitsteilung spiegelbildlich gegenübersteht. Diese Erkenntnis bezüglich der Willensbildung im innerparlamentarischen Raum ist spiegelbildlich zu jener im gesellschaftliche Raum, auf die sich Art. 21 Abs. 1 Satz 1 GG bezieht. In beiden Fällen muss der Entscheidungswille zunächst vorgeformt werden, ohne jedoch den Entscheidungsträgern die Entscheidungsfreiheit grundsätzlich zu nehmen: Der Boden wird nur bereitet. Hierin liegt keine Relativierung des freien Mandats, sondern eine Stärkung derselben. Die Fraktionsdisziplin ist verfassungsrechtlich unbedenklich.[1618]

c) Das Mitgliedervotum und das freie Mandat – ein vom Grundgesetz abgelehntes Spannungsverhältnis

Es stellt sich in Ansehung dieser quasi systemimmanenten Fraktionsdisziplin die Frage, wie man den Mitgliederentscheid der SPD einzuordnen hat. Eine Mitgliederentscheidung bietet zunächst eine höhere demokratische Legitimation gegenüber dem Abschluss allein durch die Koalitionsspitzen.[1619]

Doch gerade in dieser höheren demokratischen Wirkung liegt – so merkwürdig es auch klingen mag – das zentrale Problem eines Mitgliederentscheids. Denn anders als die Fraktionsdisziplin ist es nicht systemimmanent, wenn die Mitglieder einer Partei über die Regierungsbildung abstimmen, die eigentlich – rein rechtlich betrachtet – den Abgeordneten vorbehalten ist (Art. 63 Abs. 1 GG). Es stimmt zwar, dass in der politischen Wirklichkeit die Vertreter der Parteien die Regierungsbildung verhandeln, jedoch weist eine Urabstimmung innerhalb einer Partei eine neue Qualität auf: Denn durch die höhere demokratische Legitimation wird nach außen – also gegenüber dem Wahlbürger – eine Scheinlegitimation der Koalitionsabsprache erzeugt: Dem Bürger wird suggeriert, dass durch die Abstimmung über den Koalitionsvertrag in Form einer Urabstimmung unter Parteimitgliedern ein Mehr an Demokratie erreicht wird. Tatsächlich ist dies mangels einer Bindungswirkung der Abstimmung nicht der Fall. Zugleich wird durch diesen erhöhten demokratischen Wert der Abstimmung (nochmals: es handelt sich um eine Urabstimmung!) der faktische Druck auf die Abgeordneten erhöht.[1620] Sie sehen sich der genannten Scheinlegitimation gegenüber. Daraus ergibt sich eine

---

1618 Vgl. statt aller *Klein*, in: *Isensee/Kirchhof*, HStR III, § 51 Rdnr. 15 m. w. Nachw.

1619 So die gängige Sichtweise, vgl. nur *Hartmann*, DRiZ 2014, 12.

1620 Vgl. *Degenhart/Horn*, „Wer mit den Parteien heult", F.A.Z. v. 13.12.2013, S. 7.

Bedrängung des parlamentarischen Mandats und in letzter Konsequenz auch eine Relativierung der eigentlichen Wahl.[1621] Es wird für den Abgeordneten schwerer, sich gegen einzelne Punkte einer Koalitionsabsprache zu entscheiden, obwohl ihm rechtlich diese Möglichkeit bleibt. Die Erklärung gegenüber der Öffentlichkeit eines Widerstandes gegen eine Urabstimmung innerhalb seiner Partei ist für den Abgeordneten erheblich schwieriger, wenn jene zugleich von der Parteispitze umfassend als neue Stufe auf der Ebene der innerparteilichen Demokratie beworben wird. In diesem Druck auf den Abgeordneten liegt der Unwert des Mitgliederentscheids und könnte ein imperatives Mandat im faktischen Sinne begründen. Ein solches ist aber mit Art. 38 Abs. 1 Satz 2 GG unvereinbar.[1622]

Anders hingegen sind die bisherigen Fälle zu beurteilen, bei denen es immer um Koalitionsabsprachen ging, die von der Parteispitze verhandelt und von Parteitagen gebilligt wurden. Hier wurde eben nicht der Schein einer besonderen Legitimation erzeugt. Für den Wähler war es erkennbar, dass hier die Parteien entsprechend ihrem verfassungsrechtlichen Auftrag die Regierungsbildung vorbereiten. Es wurde kein zusätzlicher Druck auf die Abgeordneten ausgeübt, weil die bisherige Vorgehensweise anders als im vorliegenden Fall nicht den Schein einer stärkeren demokratischen Wirkung entfaltet hat.

IV. Ergebnis

Der Mitgliederentscheid erschöpft sich nicht in der Einordnung als innerparteiliche Angelegenheit. Dies hat das Bundesverfassungsgericht nach der hier vertretenen Ansicht jedoch verkannt, obwohl es in anderen Bereichen die Bedeutung der Parteien realistischer einschätzt. Dies wurde hier am Beispiel der Rechtsprechung zur Rundfunkfreiheit gezeigt. Es wurde ferner festgestellt, dass die Fraktionsdisziplin systemimmanent ist, weil sich ohne eine innerfraktionelle Absprache der Parlamentsbetrieb nicht bewältigen ließe.

Ein Mehr an innerparteilicher Demokratie ist in einer offenen Gesellschaft immer wünschenswert. Es gilt aber zu unterscheiden zwischen dem staatlichen Bereich, der alle Wahlbürger betrifft, und dem parteienstaatlichen, von dem nur die Parteimitglieder berührt sind. Der Mitgliederentscheid kann keine rechtliche Verbindlichkeit für den einzelnen Abgeordneten herbeiführen. Er übt aber einen unverhältnismäßig hohen psychologischen Einfluss auf jeden einzelnen Abgeordneten aus, welcher der Fraktion der betreffenden Partei im Parlament angehört.

1621 *Degenhart/Horn*, a.a.O., S. 7; *Degenhart*, Staatsrecht I, S. 295 f.

1622 Vgl. statt aller *v. Mangoldt/Klein/Starck/Achterberg/Schulte*, Art. 38 Rdnr. 34.

Gerade das scheinbar Vorteilhafte an dem Mitgliederentscheid führt bei näherer Betrachtung zu einem eher weniger günstigen Urteil aus verfassungsrechtlicher Sicht. Diese Wirkung kann nicht durch eine Forderung nach mehr innerparteilicher Demokratie gerechtfertigt werden, so wie es im Vorfeld und während des Mitgliederentscheids geschehen ist. Darin liegt eine verfehlte Interpretation von Art. 21 Abs. 1 Satz 1 GG, zu dessen Bedeutungsgehalt bereits weiter oben Stellung genommen wurde. Die Norm ermächtigt die Parteien nicht, die demokratische Legitimationswirkung der Wahl zu schwächen – genau darin liegt aber auch die (faktische) Wirkung des Mitgliederentscheids. Damit wird auch der Bedeutungsgehalt von „mehr innerparteilicher Demokratie" in diesem Fall überdehnt. Anders als die Fraktionsdisziplin ist der Mitgliederentscheid nicht systemimmanent.

Die Parteien haben jedoch zur Stärkung der innerparteilichen Demokratie noch andere Möglichkeiten: So können sie bei der Kandidatenaufstellung mehr Parteimitglieder mitwirken lassen als zum jetzigen Zeitpunkt – 2016. Im Rahmen dieser Untersuchung war dafür die Darstellung der Rechtslage in zwei anderen Staaten hilfreich.

Zusammenfassung der wesentlichen Ergebnisse

Zusammenfassend können also folgende Ergebnisse genannt werden:

Das Wahlrecht zum Deutschen Bundestag sieht starre Landeslisten vor. Nur Parteien können solche Listen aufstellen. Der Wähler hat deshalb nicht die Möglichkeit, an diesen Listen Veränderungen vorzunehmen. Nach gültigem Wahlrecht hätte eine Veränderung der Landesliste, etwa durch Zufügung oder Streichen von Kandidaten oder durch Änderung der Reihenfolge der Namen, die Ungültigkeit des gesamten Stimmzettels zur Folge.

Die Regelung, wonach bei der Listennachfolge nur Bewerber berücksichtigt werden, die zum Zeitpunkt der Nachfolgeberufung noch Mitglieder der betreffenden, die Liste aufstellenden Partei sind, war und ist umstritten. Im Hinblick auf den Grundsatz der Unmittelbarkeit der Wahl stößt diese Regelung auf verfassungsrechtliche Bedenken, da sie nicht nur das freiwillige, sondern auch das unfreiwillige Ausscheiden aus der Partei – etwa durch einen Parteiausschluss – erfasst. Daraus ergibt sich, dass die Fassung des § 48 Abs. 1 S. 2 BWG zu einer unzulässigen Stärkung des Einflusses der Parteien auf die Zusammensetzung des Parlaments führt.

Die Anzahl der Mandate für eine Parteiliste richtet sich nach neuerem Recht ausschließlich und allein nach der entsprechenden Anzahl der auf die eingereichte Liste entfallenden Bundestagsmandate. Die Möglichkeit des Einflusses des personalisierten Verhältniswahlrechts durch Überhangmandate ist nun nicht mehr vorgesehen, weil diese durch ergänzende Mandatszuteilung an die anderen im Bundestag vertretenen Parteien über deren Zweitstimmenergebnis ausgeglichen werden. Das hat das Gewicht der Zweitstimme weiter gestärkt.

Art. 21 GG bestimmt gerade nicht, dass die politische Willensbildung durch die Parteien erfolgt. Im Verfassungstext ist nur von der Mitwirkung bei der politischen Willensbildung die Rede. Sie stehen damit in einer vom Grundgesetz gewollten Konkurrenz sowohl zu denjenigen Vereinigungen, die nicht unter den Parteibegriff fallen, als auch zu den einzelnen Wahlbürgern, denen die Mitwirkungsbefugnis aufgrund der verbrieften Grundrechte gewährleistet wird. Diesen Grundrechten wohnt unausgesprochen ein Element inne, das auf die Verwirklichung der Demokratie im Rahmen der Volkssouveränität abzielt. Zu diesen Grundrechten gehören namentlich die in Artt. 4, 5 und 8 GG ausgesprochenen Grundsätze. Jeder einzelne Staatsbürger als Mitinhaber der Volkssouveränität wirkt nach dem Gebot des Grundgesetzes ebenso wie die Parteien und Verbände an der politischen Willensbildung mit. In diesem Sinne erfüllt Art. 21 Abs. 1 Satz 1 GG eine doppelte Funktion: Die Norm enthält eine Gewährleistung für das Tätigwerden von Parteien zur Mitwirkung bei der politischen Willensbildung. Andererseits sind sie von Verfassung wegen auf diese Mitwirkung beschränkt; denn sonst liefe das Prinzip der Volkssouveränität leer: Die Parteien sind in diesem Sinne zwar eine notwendige Erscheinungsform der Massendemokratie, sie haben aber keinerlei Monopol auf die politische Willensbildung – sie sollen ja nur mitwirken.

Führt man sich angesichts dieser verfassungsrechtlichen Ausgangslage den Einfluss der Parteien auf die Kandidatenaufstellung vor Augen, so muss man festhalten, dass die Parteien de facto einen wesentlichen oder sogar bestimmenden Einfluss auf die eigentliche Wahl haben. Denn das Verfahren über die Kandidatenaufstellung beschränkt bereits im wesentlichen Maße den Personenkreis, aus dem später die in das Parlament einziehenden Abgeordneten ausgewählt werden. Gerade bei der innerparteilichen Kandidatenaufstellung handelt es sich wegen der noch zugenommenen Wichtigkeit der Zweitstimme und des Listenprivilegs der Parteien um die wichtigste Bestimmung über die personelle Zusammensetzung des Parlaments.

Die innerparteiliche Kandidatenaufstellung ist kein rein parteiinternes, aber auch kein rein wahlrechtliches Verfahren. Man kann hier von einem Mischverfahren sprechen. Die Parteien üben insoweit aus praktischen Gründen einen Teil des staatlichen Wahlverfahrens anstelle der staatlichen Gewalt in eigener Verantwortung aus, sind jedoch dabei an besondere Vorgaben gebunden. Es ist daher geboten, die beiden Vorschriften des Art. 21 Abs. 1 Satz 3 GG und Art. 38 Abs. 1 Satz 1 GG, die jeweils andere Vorgaben enthalten, gleichgewichtig zu berücksichtigen und so auszulegen, dass ein schonender Ausgleich erreicht werden kann.

Das von den Parteien vorgenommene Auswahlverfahren für das zukünftige politische Personal unterliegt einer rechtlichen Kontrolle durch die staatlichen Wahlprüfungsorgane. Hier muss bei der Ausgestaltung der innerparteilichen Rechtsordnung für die Wahlprüfung – insbesondere für das Verfahren über die Ausgestaltung der Wahlkandidaten – von allen anderen quasi vereinsrechtlichen Normen unterschieden werden.

Bei der Ausgestaltung der parteiinternen Kandidatenaufstellung sind die Parteien an die verfassungsrechtlichen Vorgaben gebunden, hier also an die Wahlgrundsätze des Art. 38 Abs. 1 Satz 1 GG. Verstöße gegen Verfahrensvorschriften bei der Auswahl von Kandidaten lösen nur dann eine wirksame Kontrolle aus, sofern Kernbereiche der Verfahrensgrundsätze verletzt sind. Rechtsprechung und Literatur haben in der nun schon seit über 60 Jahren bestehenden Rechtsordnung für die Kandidatenaufstellung konkretisiert, was unter den wesentlichen Verfahrensgrundsätzen zu verstehen ist. Dazu gehören das freie Vorschlagsrecht für die Parteimitglieder, Möglichkeiten der Bewerber, sich in einer angemessenen

Zeit vorzustellen, keine gegen die Wahlfreiheit und den Minderheitenschutz verstoßende diskriminierende Gestaltung der Stimmzettel sowie keine Erschwerung für die Einbringung von Gegenvorschlägen durch Parteimitglieder oder Versammlungsvertreter. Denn dieses würde das Recht, einen Wahlvorschlag entgegenzunehmen, erschweren oder gar entwerten.

Jedoch muss die (vereinsähnliche) Struktur der Parteien berücksichtigt werden. Aus dem Grundsatz der Unmittelbarkeit der Wahl folgt für die Parteien etwa nicht, dass die Wahlbewerber in sämtlichen Gliederungsebenen von den Parteimitgliedern unmittelbar gewählt werden müssen. Einem solchen Gebot steht schon die praktische Durchführbarkeit im Wege. Die Verfassung gebietet hier nur, dass das zuständige Wahlgremium seine Delegierten bestimmt und sich nicht nachträglich eine „Zwischeninstanz" einschiebt, welche die Delegierten in Abweichung der bisherigen Ergebnisse zur Wahlaufstellung bestimmt.

Einige Verfahrensschritte können die Parteien aufgrund der ihnen eingeräumten Satzungsautonomie selbst regeln. Dazu zählen insbesondere die Wahl der Vertreter für die Vertreterversammlung, das Verfahren für die Wahl des Bewerbers für die Kandidatur sowie die Festlegung der Reihenfolge der Bewerber auf der Landesliste. In diese Satzungsautonomie fällt auch die Frage, ob die Kandidatenaufstellung durch eine Mitgliederversammlung oder durch eine Vertreterversammlung erfolgt.

Hier bestehen für die Stufenwahl erhebliche verfassungsrechtliche Bedenken. Denn die Basis, also die untersten Parteigliederungen, ist nur auf der untersten Ebene, also bei einer Mitgliederversammlung, an der Bestimmung der Kandidaten beteiligt, indem sie zunächst eine Vertreterversammlung wählt, die als Mitglied einer Delegierten- oder Aufstellungsversammlung auf einer dritten Ebene die Kandidaten selbst bestimmt. Dieses Verfahren findet bei der Aufstellung der Landesliste Anwendung. Dieses ist in Ansehung des seit 2013 geänderten Wahlrechts nicht mehr zu rechtfertigen. Der Gesetzgeber hat durch diese neue Regelung den Charakter der Bundestagswahl geändert. Denn gemäß § 6 Abs. 5 n.F. BWG findet zum Ausgleich der Überhangmandate so lange eine Erhöhung der Gesamtsitze statt, bis jede Partei, die bei den Erststimmen nicht ihrem Stimmenverhältnis entsprechend zum Zuge kam, entsprechend ihrem Ergebnis bei den Zweitstimmen weitere, auf ihrer Liste aufgestellten Bewerber in das Parlament entsenden kann. Wenn das Zweitstimmenergebnis in diesem Bereich durch eine verfassungskonforme Gesetzesänderung einen so bedeutenden Einfluss gewonnen hat, so sind bei der Wahlvorbereitung aus verfassungsrechtlicher Sicht höhere Anforderungen an die Parteien zu stellen. Nach der Wahlrechtsreform 2013 ist die Stufenwahl in dem beschriebenen Sinne nach Auffassung des Autors erst recht nicht mehr verfassungsgemäß.

Auch problematisch sind innerparteiliche Quotenregelungen bei der Aufstellung der Landeslisten; hier kommt eine Verletzung der Wahlgleichheit und Wahlfreiheit in Betracht. Auch hier muss das neue Wahlrecht berücksichtigt werden. Wegen der erhöhten Bedeutung der Zweitstimmen sind innerparteiliche Quotenregelungen nicht angemessen im Sinne der Verhältnismäßigkeitsprüfung am Maßstab des Verfassungsrechts; sie stehen außer Verhältnis zum angestrebten Erfolg und sind daher verfassungswidrig. Letztlich wird die Blockwahl diskutiert. Bei der Aufstellung wird die Festlegung für die Reihenfolge auf der Landesliste der Bewerber der Reihe nach zur Wahl gestellt, wobei mehrere Einzelwahlgänge zusammengefasst werden. Hier sind verschiedene Möglichkeiten einer Blockwahl zu unterscheiden.

In der sogenannten strengen Blockwahl sind alle Parteimitglieder zur vollen Stimmausschöpfung verpflichtet. Dies bedeutet, dass jedes wählende Parteimitglied bei der Aufstellung der Landesliste so viele Stimmen vergeben muss, wie Positionen zu vergeben sind. Liegen diese Voraussetzungen nicht vor, ist der jeweilige Stimmzettel ungültig.

In dem Zwang, eine bestimmte Anzahl an Bewerbern anzukreuzen, ohne sich enthalten oder einzelne Bewerber ablehnen zu können, liegt eine Beeinträchtigung der Wahlfreiheit und auch der Wahlgleichheit vor. Denn durch diese strikte Blockwahl ist der Wähler gezwungen, so lange Kandidaten auszuwählen, bis er sein volles Stimmkontingent ausgeschöpft hat. Das führt zur Minderung der Erfolgschancen der Stimmen für Minderheiten; denn nur durch die Unterstützung von Bewerbern der Mehrheit werden die Stimmen für die Minderheitskandidaten gültig. Die von der strikten Blockwahl erzwungene Unterstützung von Bewerbern der Mehrheit schmälert die Erfolgschancen der Kandidaten der Minderheit erheblich, weil die stimmberechtigten Parteimitglieder zugleich die von ihnen eigentlich abgelehnten Gegenkandidaten mit auswählen müssen.

Ein Einblick in das Wahlrecht in den Vereinigten Staaten von Amerika hat gezeigt, dass die Kandidatenaufstellung dort uneinheitlich geregelt ist. Von der Regelung in jedem einzelnen Bundesstaat hängt nach amerikanischem Verständnis die Stellung der politischen Parteien bei der Nominierung von Kandidaten für öffentliche Ämter ab. Darin besteht in der Verfassungspraxis ihre wichtigste Funktion. Weitergehende Aufgaben, wie etwa die politische Bildung der Bürger, sind dem amerikanischen Parteienverständnis weitgehend fremd. Eine Parteimitgliedschaft, die ähnlich wie in Deutschland mit vereinstypischen Strukturen ausgestaltet ist, existiert faktisch nicht. Wenn in den Vereinigten Staaten von Parteimitgliedschaft die Rede ist, versteht man darunter nicht in erster Linie die rechtliche Bindung in Form einer Vereinsmitgliedschaft, sondern vielmehr die Verbundenheit von

Personen mit einer Partei durch eine regelmäßige Registrierung für die parteieigenen Vorwahlen. Diese Verbundenheit wird entweder im Rahmen des Enrollment-Systems abgefragt oder im Rahmen des Challenge-Systems. Im ersten Fall gibt der Wähler seine Partei bei der Wahlregistrierung in einfacher Form, im zweiten Fall am Tag der Wahl in qualifizierter Form an. Die qualifizierte Form der Sympathiebekundung erfolgt durch einen Test: Beim Past Allegiance Test wird der Wähler gefragt, ob er bei der letzten Hauptwahl den Kandidaten oder die Partei unterstützt habe. Beim Present Affiliation Test muss er erklären, dass er sich als Anhänger der Partei fühle und zu ihren Prinzipien stehe. Beim Future Intention Test hat er zu erklären, dass er vorhabe, den Kandidaten in der sich der Vorwahl anschließenden Hauptwahl zu unterstützen – dies ist im Hinblick auf das Wahlgeheimnis problematisch. Die Ausgestaltung der Parteimitgliedschaft zeigt, dass es sich bei den Parteien in den Vereinigten Staaten bei Anlegen der Maßstäbe nach deutschen Recht nicht um eine bindende Mitgliedschaft im Sinne des Vereinsrechts handelt, sondern um Sympathiebekundungen zu Gunsten einer Partei.

Es gibt in den Vereinigten Staaten von Amerika nicht einen Typ, sondern mehrere Ausgestaltungen der Vorwahl. Bei der Vorwahl handelt es sich um eine staatliche Wahl. Die Vorwahl ist der allgemeinen Hauptwahl angeglichen. Ihre wesentlichen Regelungen ergeben sich aus den Normen der einzelnen Bundesstaaten und sind von diesen zu erlassen. Der Unterschied zur Hauptwahl besteht im Wesentlichen darin, dass die Bewerber im Rahmen einer Vorwahl innerhalb einer Partei gegeneinander antreten. Im Gegensatz dazu stehen sich die Bewerber aller Parteien in der Hauptwahl als Konkurrenten gegenüber und treten gegeneinander an. Es gibt mehrere Vorwahltypen, und zwar je nachdem, ob die Wähler ihre Parteizugehörigkeit im Wahlverfahren aufdecken müssen oder nicht. Entweder handelt es sich um eine geschlossene (Closed Primary) oder um eine offene Vorwahl (Open Primary). Neben diesen beiden Grundtypen finden sich in den Vereinigten Staaten noch weitere Vorwahlarten.

Ein exemplarisches Beispiel eines Open-Primary-Vorwahlsystems findet sich im Bundesstaat Wisconsin. Dort haben die Parteien nur eine schwache Stellung bei der Kandidatenaufstellung. Demgegenüber kann man als Beispiel für ein Closed-Primary-Vorwahlsystem das Wahlrecht im Bundesstaat New York nennen, in dem ein Vorwahlkonvent und – im Falle einer Stimmengleichheit in der Vorwahl zwischen den Bewerbern – ein Nachwahlkonvent möglich ist.

In den Vereinigten Staaten von Amerika kann man seit mehr als 200 Jahren eine kontinuierliche Entwicklung des Wahlrechts in den einzelnen Bundesstaaten feststellen. Es existiert hier kein Bundesrecht. Das bedeutet, dass jeder einzelne Bundesstaat das Verfahren über die Aufstellung der Kandidaten und die

Wahl nach eigenen Rechtsvorschriften regeln kann. Demgegenüber beruht das Wahlrecht in Frankreich seit 1958 auf einer völlig neuen Grundlage. Es hat sich bewusst und gewollt von den bisherigen Grundlagen des Wahlrechts abgewendet. Die Verfassung der Französischen Republik von 1958 – man spricht von der V. Republik – beabsichtigt, keinen großen Einfluss der Parteien im Sinne des Grundgesetzes für die Bundesrepublik Deutschland aufkommen zu lassen, sondern der Entstehung eines Parteienstaates vorzubeugen. Durch die Begrenzung der Parteientätigkeit auf die Mitwirkung bei Wahlentscheidungen sollte den politischen Parteien die Möglichkeit entzogen werden, maßgeblichen und entscheidenden Einfluss auf politische Entscheidungsprozesse auszuüben. Dementsprechend bestimmt der Verfassungstext (Art. 4), dass die politischen Parteien nicht – wie Art. 21 GG für das deutsche Recht – bei der politischen Willensbildung des Volkes, sondern nur bei der Wahl mitwirken.

Die Verfassung von 1958 hat dementsprechend versucht, die Stellung der Parteien in den Verfassungsorganen zu schwächen und diese Zielsetzung im Verfassungstext abzusichern. Zwar ist auch in der französischen Verfassungsordnung das Parlament das zentrale Betätigungsfeld der politischen Parteien. Deshalb hat die Verfassung die Rechte des Parlaments gegenüber der Regierung und dem Präsidenten der Republik schwächer ausgestaltet, als es in der III. und IV. Republik der Fall war. Merkmale dafür sind der „rationalisierte Parlamentarismus" und die grundsätzliche Inkompatibilität von parlamentarischem Mandat und Regierungsamt. Mit rationalisiertem Parlamentarismus ist der beschränkte Umfang der parlamentarischen Kompetenzen gemeint.

Dementsprechend kennt das französische Wahlgesetz kein Vorschlagsrecht der Parteien bei der Kandidatenaufstellung, sondern die Individualkandidatur. Die Parteien sind auf die Unterstützung von Kandidaten beschränkt. Dabei sind im Wesentlichen zwei Arten der Kandidatenaufstellung zu unterscheiden: Bei der Investitur tritt der Kandidat unter dem Namen der Partei auf. Bei der bloßen Unterstützung (le soutien) geben die Parteien nur eine Wahlempfehlung an ihre potenziellen Wähler ab. Im eigentlichen ersten Wahlgang findet die politische Auseinandersetzung innerhalb der politischen Lager statt. Dabei geht es darum, eine breite Plattform zur Mobilisierung der eigenen Sympathisanten zu erreichen und ihnen ein breites Angebot an Kandidaten zur Wahl vorzuschlagen. Gelingt es nicht, im ersten Wahlgang einen Kandidaten mit absoluter Stimmenmehrheit zu bestimmen und damit in die Nationalversammlung zu entsenden, muss sich ein zweiter Wahlgang anschließen. Hier müssen die Parteien Wahlbündnisse eingehen, weil sonst das Verfahren der Stimmenverrechnung nach den Prinzipien des geltenden relativen Mehrheitswahlrechts eine Zersplitterung zur Folge hätte und damit zu Nachteilen der Stichwahl im zweiten Wahlgang führen würde. Denn in der Stichwahl treten nur die beiden Kandidaten mit der höchsten Stimmenzahl gegeneinander an, wobei durch Verzicht eines der beiden Bestplatzierten Kandidaten aus dem ersten Wahlgang zu Gunsten einer der anderen Kandidaten zur Bildung eines Zweckbündnisses zurücktreten könnte.

Im Wahlgesetz finden sich keine Bestimmungen über die Kandidatenaufstellung innerhalb der Parteien. Diese fällt in ihre Satzungsautonomie. Das französische Wahlrecht ist daher – wie schon bei der Stichwahl deutlich wurde – auf Wahlkampfbündnisse für den zweiten Wahlgang angelegt. Dies müssen die Parteien bei der Ausgestaltung der Kandidatenaufstellung berücksichtigen.

Innerhalb der beiden großen politischen Lager in Frankreich sind Ansätze zu verstärkter innerparteilicher Demokratie festzustellen. So hat die UMP im Jahre 2014 von der durch die Satzung vorgesehenen Möglichkeit Gebrauch gemacht, auf kommunaler Ebene offene Vorwahlen abzuhalten. Dabei erfolgte die Abstimmung elektronisch über das Internet. Bei der Kandidatenaufstellung für die Wahl zur Nationalversammlung sieht die Satzung der UMP weder eine Vorwahl noch eine Umfrage unter den Mitgliedern über die Vergabe der Investitur oder der Soutien vor. Die sozialistische Partei (Parti Socialiste) praktiziert für die Wahlen zur Nationalversammlung bei der Vergabe der Investitur das Prinzip der geschlossenen Vorwahlen. Diese sind von den Parteigremien auf der Ebene des Départements zu organisieren. Das Wahlverfahren selbst ist streng formalisiert und dem staatlichen Hauptwahlverfahren angeglichen.

In Deutschland wurde immer wieder eine Reform des Parteienrechts angeregt. Insbesondere wurde die Kandidatenaufstellung immer wieder einer kritischen Beurteilung unterzogen.

Sofern es um die Einführung von offenen Vorwahlen nach amerikanischem Vorbild ging, befürchtete man eine Schwächung der als Mitgliederverbände organisierten Parteien. Es wurde argumentiert, man verkenne damit die Strukturunterschiede beider Parteiensysteme und stelle die vom Grundgesetz vorgesehene, nach Statusrechten und -pflichten fest umrissene Parteimitgliedschaft in Frage. Durch eine solche Änderung könnten die Parteien die durch Art. 21 Abs. 1 Satz 1 GG auferlegte Aufgabe nicht mehr in vollem Umfang erfüllen. Die verbindliche Einführung von geschlossenen Vorwahlen durch Gesetz sei mit der vom Grundgesetz garantierten Programmfreiheit nicht vereinbar. Würde der Gesetzgeber also bei der Listenaufstellung Vorwahlen vorschreiben, läge darin zugleich eine politische Aussage. Die Betonung von basisdemokratischen Elementen etwa, die mit Vorwahlen zusammenhängen, sei eine solche Aussage.

Neben den Überlegungen im parlamentarischen Bereich gab es in der Vergangenheit innerhalb der Parteien Versuche, die innerparteilichen demokratischen Strukturen zu reformieren. Im Mittelpunkt stand dabei die Frage, wie der Fall zu bewerten sei, wenn eine Partei nach der Wahl über den Koalitionsvertrag abstimmen lässt, wie es nach der Bundestagswahl im Jahre 2013 innerhalb der Mitgliedschaft der SPD geschehen ist. Die Mitgliedschaft erschöpft sich nicht nur in der Einordnung als innerparteiliche Angelegenheit. Der Koalitionsvertrag kann war keine rechtliche Verbindlichkeit für den einzelnen Abgeordneten herbeiführen; es ergeben sich jedoch erhebliche Zweifel an der Verfassungsmäßigkeit einer solchen Mitgliederbefragung, da sie einen unverhältnismäßig hohen Druck auf den einzelnen Abgeordneten ausübt, welcher der Fraktion der betreffenden Partei angehört. Diese Zweifel werden noch dadurch erhärtet, dass bei der Wahl zum Deutschen Bundestag nur deutsche Staatsangehörige zur Wahl aufgerufen sind, jedoch auch ausländische, also nicht wahlberechtigte Parteimitglieder an dem Mitgliederentscheid mitwirken können und damit mittelbar auch Einfluss auf die personelle Zusammensetzung der Bundesregierung haben. Das im Grundgesetz bestimmte freie Mandat des einzelnen Abgeordneten als Vertreter des deutschen Volkes wird dadurch nach Auffassung des Autors in verfassungswidriger Weise beschränkt. Art. 21 Abs. 1 Satz 1 GG ist in seiner Bedeutung überdehnt. Denn diese Verfassungsnorm ermächtigt die Parteien nicht, die demokratische Legitimationswirkung der Wahl zum Deutschen Bundestag zu schwächen – in der faktischen Wirkung des Mitgliederentscheids und der Mitwirkung nicht wahlberechtigter Parteimitglieder liegt die rechtliche Verletzung dieser Grundrechtsnorm. Ein Mehr an innerparteilicher Demokratie darf nicht zulasten der klaren verfassungsrechtlichen Grundsätze gehen.

Literaturverzeichnis

Alexy, Robert, Theorie der Grundrechte, Frankfurt am Main 1986.

Andel, Rüdiger, Das Vorwahlverfahren zur Landtags-Kandidatenaufstellung der CDU im rheinland-pfälzischen Wahlkreis III (Regierungsbezirk Trier), ZParl 2 (1971), 444–448.

Anschütz, Gerhard, Die Verfassung des Deutschen Reiches, 10. Aufl., Berlin 1929.

Ardant, Philippe / Mathieu, Bertrand, Institutions politiques et droit constitutionnel, 24. Aufl., Paris 2012.

Arndt, Claus, Verfassungsprobleme in Hamburg, JbStuVerw.Wiss 8 (1995), 225–243.

–, Ungültigkeitserklärung der Wahl zur Hamburgischen Bürgerschaft, NVwZ 1993, 1066–1067.

Avril, Pierre / Gicquel, Jean, Droit parlementaire, Paris 1988.

Arnim, Hans Herbert von, Wählen wir unsere Abgeordneten noch unmittelbar?, JZ 2002, 578–588.

–, Staat ohne Diener. Was schert die Politiker das Wohl des Volkes, München 1993.

Badura, Peter, Staatsrecht. Systematische Erläuterung des Grundgesetzes, 5. Aufl. München, 2012 (zitiert: *Badura*, Staatsrecht).

Baedermann, Tim, Der Einfluss des Wahlrechts auf das Parteiensystem, Baden-Baden 2007.

Bakker, Rainer, Verfassungswidrigkeit des Mehrheitswahlrechts, ZRP 1994, 457–459.

Bates, M. Searle, Glaubensfreiheit. Eine Untersuchung, New York 1947.

Bäumlin, Richard, Die rechtsstaatliche Demokratie, Zürich 1954.

Beck, Paul Allen / Sorauf, Frank J., Party Politics in America, 7. Aufl., New York 1992.

Berkemann, Jörg, Aus der Rechtsprechung des Bundesverfassungsgerichts, JR 1994, 177–184.

Bethge, Dietmar, Parteienrecht in den Vereinigten Staaten, Aachen 2003 (zitiert: *Bethge*, Parteienrecht USA).

Black, Benjamin: Developments in the State Regulations of Major and Minor Political Parties, Cornell Law Review 1996, S. 109–181 (zitiert: *Black*, 82 Cornell L. Rev. 109).

Blank, Joseph-Theodor, Die innerparteiliche Willensbildung nach dem Grundgesetz, ihre Ausgestaltung im Parteiengesetz und ihre Berücksichtigung in den Parteistatuten, DVBl. 1976, 564–572.

Boettcher, Enno / Högner, Reinhard, Bundeswahlgesetz. Bundeswahlordnung. Handkommentar, 13. Aufl., München 1994 (zitiert: Boettcher, Högner, Bundeswahlgesetz).

Bone, Hugh A., American Politics and the Party System, 3. Aufl., New York u. a. 1965.

Bibby, John F., Politics, Parties, and Elections in America, 5. Aufl., Wadsworth 2003.

Brew, David A., Vereinigtes Königreich, in: *Sasse, Christoph / Georgel, Jacques / Hand, Geoffrey J.* (Hrsg.), Das Wahlrecht der Neun. Wahlsysteme in der Europäischen Gemeinschaft, Baden-Baden, 1979, S. 259–280.

Brugger, Winfried, Einführung in das öffentliche Recht der USA, 2. Aufl., München 2001 (zitiert: *Brugger,* Einführung).

–, Grundrechte und Verfassungsgerichtsbarkeit in den Vereinigten Staaten von Amerika, Tübingen 1987 (zitiert: *Brugger,* Grundrechte).

–, Demokratie, Freiheit, Gleichheit. Studien zum Verfassungsrecht der USA, Berlin 2002.

Ceaser, James A., Political Parties – Declining, Stabilizing, or Resurging, in: *King, Anthony* (Hrsg.), The New American Political System, 2. Aufl., Washington D.C. 1990, S. 87–137.

Chapsal, Jaques, La vie politique sous la Ve République, 2. Aufl., Paris 1984.

Comité national chargé de la publication des travaux préparatoires des institutions de la Ve République, Documents pour servir à l'histoire de l'élaboration de la constitution du 4 octobre 1958, Volume I, Des origines de la loi constitutionnelle du 3 juin 1958 a l'avant-projet du 29 juillet 1958, Paris 1987 (zitiert *Comité national chargé de la publication des travaux préparatoires des institutions de la Ve République,* Dokumente, Bd. 1).

–, Documents pour servir à l'histoire de l'élaboration de la constitution du 4 octobre 1958, Volume II, Le Comité consultatif constitutionnel de l'avant-projet du 29 juillet 1958 au projet du 21 Août 1958, Paris 1988 (zitiert: *Comité national chargé de la publication des travaux préparatoires des institutions de la Ve République,* Dokumente, Bd. 2).

Comité consultatif pour la révision de la constitution, présidé par le doyen Georges Vedel, Proposition pour une révision de la Constitution 15 février 1993, Paris 1993 (zitiert: *Comité consultatif,* Propositions pour une révision de la constitution).

Davis, James W., U.S. Presidential Primaries and the Caucus-Convention System. A Sourcebook, Westport, London 1997 (zitiert: *Davis,* Primaries).

–, Presidential Primaries. Road to the White House, Westport, London 1980 (zitiert: *Davis,* Road).

Dallinger, Frederick W., Nominations for Elective Office in The United States, New York, London, Bombay 1897 (Nachdruck 1903) (zitiert: *Dallinger*, Nominations).

Dau/Toboll, Abweichende Meinungen zum Urteil v. 4.5. 1993 – HVerfG 3/92, DVBl. 1993, 1075–1077.

Debré, Jean Louis (unter Mitarbeit von Jean-Pierre Boivin), La Constitution de la Ve République, Paris 1975.

Debré, Michel, La nouvelle Constitution, RFSP 1959, 7–29.

–, La République et ses problèmes, Paris 1952.

–, La République et son pouvoir, Paris 1950.

–, Le problème constitutionnel français. Cahiers politiques (1), No 8, avril 1944, abgedruckt als Nachdruck in: Michel Henri / Mirkine-Guetzévitch, Boris, Les idées politiques et sociales de la Résistance. Documents clandestins – 1940–1944, Paris 1954, S. 287–297.

Degenhart, Christoph, Staatsrecht I. Staatsorganisationsrecht. Mit Bezügen zum Europarecht, 30 Aufl., Heidelberg u.a. 2014 (zitiert: *Degenhart*, Staatsrecht I).

–, Bonner Kommentar zum Grundgesetz, Bd. 2 – Art. 4–6 I, Art. 5 Abs. 1 und 2, Stand: 113. Lfg. Sept. 2004 (zitiert: BK/*Degenhart*, Art. 5).

–, Direkte Demokratie in den Ländern – Impulse für das Grundgesetz?, Der Staat 31 (1992), 77–97.

–, Direkte Demokratie auf Bundesebene nach dem Grundgesetz. Anmerkungen zu einem Gesetzentwurf, in: *Stern, Klaus / Grupp, Klaus* (Hrsg.), Gedächtnisschrift für Joachim Burmeister, Heidelberg 2005, S. 87–99.

–, § 61 Grundrechtsausgestaltung und Grundrechtsbeschränkung, in: *Mertens, Detlef / Papier, Hans-Jürgen* (Hrsg.), Handbuch der Grundrechte in Deutschland und Europa – Band III: Grundrechte in Deutschland: Allgemeine Lehren II, Heidelberg 2009, S. 257–300 (zitiert: *Degenhart*, HGR III, § 61 Rdnr.).

–, Kommentar zu BVerfG Urteil vom 25.03.2014 – 1 BvF 1/11, BvF 4/11. Ein (zu kleiner?) Schritt in die richtige Richtung, K&R 2014, 340–341.

–, Mitgliederentscheide: Mehr Demokratie? Contra, DRiZ 2014, 13.

–, § 105 Rundfunkfreiheit, in: *Mertens, Detlef / Papier, Hans-Jürgen* (Hrsg.), Handbuch der Grundrechte in Deutschland und Europa – Band IV: Grundrechte in Deutschland: Einzelgrundrechte I, Heidelberg 2011, S. 1065–1116 (zitiert: *Degenhart*, HGR IV, § 105 Rdnr.).

Degenhart, Christoph / Horn, Hans-Detlef, Wer mit den Parteien heult. Das Mitgliedervotum zeigt, wie die repräsentative Demokratie um ihren Sinn gebracht wird, in: F.A.Z. v. 13.12.2013, S. 7.

Deller, Cornelia, Die Zulässigkeit von satzungsrechtlichen und gesetzlichen Quotenregelungen zugunsten von Frauen in politischen Parteien, o.O. 1994 (zitiert: *Deller*, Quotenregelungen).

Doehring, Karl, Das Staatsrecht der Bundesrepublik Deutschland unter besonderer Berücksichtigung der Rechtsvergleichung und des Völkerrechts, 3. Aufl., Frankfurt am Main 1984.

Doucet, Michel / Fleck, Klaus W., Dictionnaire Juridique et Economique, Bd. 1 : Français – Allemand, 6. Aufl., Bruylant 2009.

Dreier, Horst (Hrsg.), Grundgesetz, Kommentar, 2. Aufl., Bd. 2 – Artikel 20–82, Tübingen 2006 (zitiert: *Dreier/Bearbeiter,* GG).

Duverger, Maurice, Le système politique français. Droit constitutionnel et Science politique, 21. Aufl., Paris 1996.

Ebsen, Ingwer, Quotierung politischer Entscheidungsgremien durch Gesetz?, JZ 1989, 553–561.

–, Verbindliche Quotenregelungen für Frauen und Männer in Parteistatuten, Heidelberg 1988 (zitiert: *Ebsen*, Quotenregelungen).

Eilfort, Michael / Wasser, Hartmut, Politische Parteien und Wahlen, in: *Lösche, Peter* (Hrsg.), Länderbericht USA. Geschichte, Politik, Wirtschaft, Gesellschaft, Kultur, 5. Aufl., Bonn 2008, S. 237–273.

Eisele, Egbert W. Die Grundrechtsstellung der politischen Parteien und ihr verfassungsrechtlicher Status aus Art. 21 GG in ihren Auswirkungen für Verfahren vor dem Bundesverfassungsgericht, Jur. Diss. München 1970 (zitiert: *Eisele*, Parteien).

Epperson, John W., The Changing Legal Status of Political Parties in the United States, New York 1968 (zitiert: *Epperson,* Legal Status).

Epstein, Leon D., Political Parties in the American Mold, Madison, London, 1986 (zitiert: *Epstein*, American Mold).

–, Political Parties in Western Democracies, London, 1967.

Erichsen, Hans-Uwe, Die Wahlgrundsätze des Grundgesetzes, Jura 1983, 635–647.

Le Figaro, Primaire UMP à Paris : un scrutin électronique complexe pour éviter les fraudes, Artikel vom 30.05.2013, abrufbar unter: http://www.lefigaro.fr/politique/2013/05/30/01002-20130530ARTFIG00612-primaire-ump-a-paris-un-scrutin-electronique-complexe-pour-eviter-les-fraudes.php (Stand: 15.1.2014).

–, Municipales: à Lyon aussi, l'UMP s'en remet à une primaire, Artikel vom 31.05.2013, abrufbar unter: http://www.lefigaro.fr/politique/2013/05/31/01002-20130531ARTFIG00400-municipales-a-lyon-aussi-l-ump-s-en-remet-a-une-primaire.php (Stand: 16.1.2014).

Fischer, Klaus H., Die Wahlen zur Französischen Nationalversammlung. 21. und 28. März 1993. Strategien, Zahlen, Einschätzungen, Schutterwald/Baden, 1993.

Frankfurter Allgemeine Zeitung: „Etappensieg der Eleganz", F.A.Z. vom 05.06.2013, S. 6.

–, „Neuer Name, neuer Stil", F.A.Z. vom 29.05.2015, abrufbar unter: http://www.faz.net/aktuell/politik/ausland/europa/franzoesische-partei-ump-heisst-jetzt-republikaner-13618981.html (Stand: 10.6.2015).

Fromont, Michel, Der französische Verfassungsrat, in: *Starck, Christian / Weber, Albrecht* (Hrsg.), Verfassungsgerichtsbarkeit in Westeuropa, Teilband I: Berichte, 2. Aufl., Baden-Baden 2007, S. 227–258.

–, Die französischen Dezentralisierungsgesetze, DÖV 1983, 397–402.

–, Landesbericht Frankreich, in: *Starck, Christian* (Hrsg.), Grundgesetz und deutsche Verfassungsrechtsprechung im Spiegel ausländischer Verfassungsentwicklung. Landesberichte und Generalbericht der Tagung für Rechtsvergleichung 1989 in Würzburg, Baden-Baden 1990, S. 101–117.

–, Die Institution der politischen Parteien in Frankreich, in: *Tsatsos, Dimitris Th.* (Hrsg.), Parteienrecht im europäischen Vergleich. Die Parteien in den demokratischen Ordnungen der Staaten der Europäischen Gemeinschaft, Baden-Baden 1990, S. 219- 260.

Frowein, Jochen Abr., Die Rechtsprechung des Bundesverfassungsgerichts zum Wahlrecht, AöR 99 (1974), 72–110.

Favoreu, Louis / Gaia, Patrick / Ghevontian, Richard / Mestre, Jean-Louis / Pfersmann, Otto / Roux, André / Scoffoni, Guy, Droit constitutionnel, 7. Auflage, Paris 2004.

Flessner, Reinhard, Progressivism/Progressive Era, in: *Wersich, Rüdiger B.* (Hrsg.), USA Lexikon. Schlüsselbegriffe zu Politik, Wirtschaft, Gesellschaft, Kultur, Geschichte und zu den deutsch-amerikanischen Beziehungen, Berlin 1995, S. 602–604.

Friedmann, Leonard M., Reflections upon the Law of Political Parties, California Law Review, 1956, 65–71 (zitiert: *Friedmann*, 44 Cal. L. Rev. 65).

Gangl, Hans, Verfassungsfragen der Fünften Republik, Graz 1964.

Geisler, Christiane, Kandidatenaufstellung nur durch Wahlberechtigte? Bundes- und Landesgesetzgeber sollten Klarheit schaffen, ZParl 1973, S. 470–479.

Gellner, Winand / Kleiber, Martin, Das Regierungssystem der USA. Eine Einführung, Baden-Baden 2007.

Gicquel, Jean / Gicquel, Jean-Éric, Droit constitutionnel et institutions politiques, 22. Aufl., Paris 2008.

Georgel, Jacques, Frankreich, in: *Sasse, Christoph / Georgel, Jacques / Hand, Geoffrey J.* (Hrsg), Das Wahlrecht der Neun. Wahlsysteme in der Europäischen Gemeinschaft, Baden-Baden 1979, S. 109–145.

Gitelson, Alan R. / Conway, M. Margaret / Feigert, Frank B., American Political Parties. Stability and Change, Boston u.a. 1984.

Grimm, Dieter, Politische Parteien, in: *Benda, Ernst / Maihofer, Werner / Vogel, Jans Jochen* (Hrsg.), Handbuch des Verfassungsrechts der Bundesrepublik Deutschland, 2. Aufl., Berlin, New York 1994, S. 599–656 (zitiert: *Grimm*, in: *Benda/Maihofer/Vogel*, HbVerfR).

Groß, Rolf, Zum neuen Parteienrecht, DÖV 1968, 80–84.

Grote, Rainer, Das Regierungssystem der V. französischen Republik. Verfassungstheorie und -praxis, Baden-Baden 1995.

Gündisch, Jürgen, Zuständigkeiten des Hamburgischen Verfassungsgerichts, in: *Becker, Bernd / Bull, Hans Peter / Seewald, Otfried* (Hrsg.), Festschrift für Werner Thieme zum 70. Geburtstag, Köln u.a. 1993, S. 1041–1062.

Häberle, Peter, Die Wesensgehaltsgarantie des Art. 19 Abs. 2 Grundgesetz. Zugleich ein Beitrag zum institutionellen Verständnis der Grundrechte und zur Lehre vom Gesetzesvorbehalt, 3. Aufl., Heidelberg 1983.

Hahn, Dittmar, Anmerkung zu BGH, Urt. v. 17.12.1973 – II ZR 47/11, NJW 1974, 848–849.

Hamon, Francis / Troper, Michel / Burdeau, Georges, Droit Constitutionnel, 27. Aufl., Paris 2001.

Hanau, Peter, Die umgekehrte Geschlechterdiskriminierung im Arbeitsleben, in: *Hanau, Peter / Müller, Gerhard / Wiedemann, Herbert / Wlotzke, Otfried* (Hrsg.), Festschrift für Wilhelm Herschel zum 85. Geburtstag, München 1982, S. 191–222.

Harms, Angelika, Die Gesetzgebungszuständigkeit des Bundes aus Art. 21 III in Abgrenzung zum Zuständigkeitsbereich der Länder, Frankfurt a. M. 1986 (zitiert: *Harms*, Die Gesetzgebungszuständigkeit).

Hartmann, Jürgen, Frankreichs Parteien, Köln 1985.

Hartmann, Michael, Mitgliederentscheide: Mehr Demokratie? Pro, DRiZ 2014, 12.

Haugs, Peter, Mitgliederbefragung zur Landtags-Kandidatenaufstellung. Das Experiment des CDU-Bezirksverbandes Rheinhessen-Pfalz, ZParl 1 (1969/1970), S. 403–414.

Heideking, Jürgen / Mauch, Christof, Geschichte der USA, 6. Aufl., Tübingen, Basel 2008.

Heinz, Ursula E., Organisation innerparteilicher Willensbildung. Satzungen und innerparteiliche Demokratie, Frankfurt a. M. u.a. 1987.

Henke, Wilhelm, Das Recht der politischen Parteien, 2. Aufl., Göttingen 1972.

–, Bonner Kommentar zum Grundgesetz, Bd. 6 – Art. 20a-24, Art. 21, Stand: 64. Lfg. Nov. 1991 (zitiert: BK/*Henke*, Art. 21).

Hershey, Marjorie Randon, Party Politics in America, 14. Aufl., New York, San Francisco, Boston u.a. 2011.

Herzog, Roman, Verfassungsrechtliche Grundlagen des Parteienstaates, Heidelberg 1993 (zitiert: *Herzog*, Grundlagen).

Hesse, Konrad, Grundzüge des Verfassungsrechts der Bundesrepublik Deutschland, 20. Aufl., Heidelberg 1999 (Neudruck) (zitiert: *Hesse*, Grundzüge).

–, Die verfassungsrechtliche Stellung der politischen Parteien im modernen Staat, in: Veröffentlichungen der Vereinigung der Deutschen Staatsrechtslehrer, Heft 17 (1959), Berlin 1959, S. 11–52 (zitiert: *Hesse*, VVDStRL 17 (1959)).

Heuterkes, Katja, Rechtsfähige Organisationseinheiten in der Verwaltungsstruktur Frankreichs, Deutschlands und der Europäischen Union, Münster 1998.

Heyen, Erk Volkmar, Allgemeines und gleiches Wahlrecht durch gleiche Quoten? – Nachlese zum SPD-Beschluss einer geschlechtsparitätischen Mandatsverteilung, DÖV 1989, 649–654.

Hofmann, Hasso / Dreier, Horst, Repräsentation, Mehrheitsprinzip und Minderheitenschutz, in: *Schneider, Hans-Peter / Zehr, Wolfgang* (Hrsg.), Parlamentsrecht und Parlamentspraxis in der Bundesrepublik Deutschland, Berlin, New York 1989, S. 165–197.

Höhne, Roland / Kleszcz-Wagner, Anette, Technokraten oder Politiker? Die linke Elite in Frankreich 1981–1986. ZParl 17 (1986), 515–529.

Hong, Il Sun, Verfassungsprobleme bei der innerparteilichen Kandidatenaufstellung für die Wahl zum Deutschen Bundestag, Baden-Baden 2005 (zitiert: *Hong*, Kandidatenaufstellung).

Hopt, Klaus, Die Dritte Gewalt als politischer Faktor. Eine Fallstudie zur Reform der Wahlkreiseinteilung in den USA, Berlin 1969.

Horst, Patrick, Parteiinterne Vorwahlen in den USA: Ein sinnvoller Weg zur Nominierung nationaler Spitzenkandidaten – auch in Deutschland?, GWP 2012, S. 489–502.

Huber, Ernst Rudolf, Deutsche Verfassungsgeschichte seit 1789, Bd. 3 – Bismarck und das Reich, Stuttgart 1963.

Huber, Peter M., Der Prüfungsmaßstab von Wahlorganen bei der Zulassung von politischen Parteien und Wählervereinigungen, DÖV 1991, 229–236.

Hübner, Ulrich / Constantinesco, Vlad, Einführung in das französische Recht, 4. Aufl., München 2001.

Hüfler, Thomas, Wahlfehler und ihre materielle Würdigung, o.O., 1979.

Ipsen, Hans Peter, Bestandsschutz des fehlerhaft gewählten Parlaments. Zum Urteil des Hamburgischen Verfassungsgerichts vom 4. Mai 1993, in: *Randelzhofer, Albrecht / Scholz, Rupert / Wilke, Dieter* (Hrsg.), Gedächtnisschrift für Eberhard Grabitz, München 1995, S. 227–239 (zitiert: *H .P. Ipsen*, in: GS Grabitz).

Ipsen, Jörn, Staatsrecht I. Staatsorganisationsrecht, 26. Aufl., München 2014.

–, Kandidatenaufstellung, innerparteiliche Demokratie und Wahlprüfungsrecht. Anmerkungen zum Urteil des Hamburgischen Verfassungsgerichts vom 4. Mai 1993 - HVerfG 3/93, ZParl 25 (1994), 235–240.

–, Gesetzesrecht und Satzungsrecht bei der Kandidatenaufstellung politischer Parteien. Probleme des Vorschlagsrechts mach EuWG und BWahlG, DVBl. 2004, 532–536.

Jarass, Hans D. / Pieroth, Bodo, Grundgesetz, Kommentar, 13. Aufl., München 2014 (zitiert: *Jarass/Pieroth*).

Jellinek, Georg, Allgemeine Staatslehre, 3. Aufl., 1914 (Nachdruck unter Verwertung des handschriftlichen Nachlasses und ergänzt durch Walter Jellinek, Berlin 1921).

Jesse, Eckhard, Wahlen. Bundesrepublik Deutschland im Vergleich, Berlin 1988.

Johnson, Nancy C., Vereinigte Staaten von Amerika, in: *Grabitz, Eberhard* (Hrsg.), Grundrechte in Europa und den USA, Bd. I – Struktur nationaler Systeme, Kehl am Rhein, Straßburg, Arlington 1986 (zitiert: *Johnson*, USA).

Kaiser, Lorenz, Einführung begrenzt offener Listen für die Abgabe der Zweistimme bei der Bundestagswahl, Frankfurt am Main 1982 (zitiert: *Kaiser*, Einführung).

Karpen, Ulrich, Anm. zu HVerfG, Urt. v. 4. Mai 1993 - HVerfG 3/92, DVBl. 1993, 1077–1082.

Kempf, Udo, Das politische System Frankreichs, 4. Aufl., Wiesbaden 2007.

–, Zur Kandidatenaufstellung in Frankreich am Beispiel der „Union pour la Nouvelle République“ und ihrer Koalitionspartner, Berlin 1973.

Keefe, William J. / Hetherington, Marc J., Parties, Politics, and Public Policy in America, 9. Aufl., Washington D.C. 2003.

Kersten, Jens / Rixen, Stephan (Hrsg.), Parteiengesetz (PartG) und Europäisches Parteienrecht. Kommentar, Stuttgart 2009 (zitiert: *Kersten/Rixen/Bearbeiter*, PartG).

Keyssar, Alexander, The Right To Vote. The Contested History of Democracy in the United States, New York 2000 (überarbeitete Auflage 2009).

Kimmel, Adolf, Parteienstaat und Antiparteienaffekt in Frankreich, Jahrbuch für Politik 1 (1991), Halbband 2, 319–340.

Kisker, Gunter, Zur Bedeutung und zum Geltungsbereich des Grundsatzes der formalen Allgemeinheit und Gleichheit der Wahl, in: *Triffterer, Otto /*

v. Zezschwitz, Friedrich (Hrsg.), Festschrift für Walter Mallmann zum 70. Geburtstag, Baden-Baden 1978, S. 103–116.

Klein, Hans Hugo, Parteien – Presse – Rundfunk, in: *Geis, Max-Emanuel / Lorenz, Dieter* (Hrsg.), Staat, Kirche, Verwaltung. Festschrift für Hartmut Maurer zum 70. Geburtstag, München 2001, S. 193–204.

–, Status des Abgeordneten, in: *Isensee, Josef / Kirchhof, Paul* (Hrsg.), Handbuch des Staatsrechts der Bundesrepublik Deutschland, Bd. III – Demokratie – Bundesorgane, 3. Aufl., Heidelberg 2005, S. 741–766 (zitiert: *Klein*, in: *Isensee/ Kirchhof*, HStR III).

Klumpjan, Helmut, Die amerikanischen Parteien. Von ihren Anfängen bis zur Gegenwart, Opladen 1998.

Koch, Thorsten, „Bestandsschutz für Parlamente? – Überlegungen zur Wahlfehlerfolgenlehre, DVBl. 2000, 1093–1100.

Koenig, Christian, Mandatsrelevanz und Sanktionen im verfassungsgerichtlichen Wahlbeschwerdeverfahren, ZParl 25 (1994), 241–253.

Kölsch, Eberhard, Vorwahlen. Zur Kandidatenaufstellung in den USA, Berlin 1972.

König, George, Die Verfassungsbindung der politischen Parteien, Berlin 1993.

Köpp, Klaus, Wahlkreiseinteilung durch Richterspruch? Die reapportionment Rechtsprechung in den USA, Berlin 1978.

Köppler, Rudolf, Die Mitwirkung bei der politischen Willensbildung des Volkes als Vorrecht der Parteien. Ein Beitrag zur Auslegung des Art. 21 Abs. 1 Satz 1 GG, Jur. Diss. München, 1974 (zitiert: *Köppler*, Mitwirkung).

Kremer, Klemens, Kandidatur zum Bundestag. Der Weg ins Parlament, 4. Aufl., Heidelberg 1992.

Kressel, Dietrich, Parteigerichtsbarkeit und Staatsgerichtsbarkeit, Berlin 1998.

Krippendorff, Ekkehart, Zum Problem der Parteimitgliedschaft in USA, ZfP NF 8 (1961), S. 54–62.

Kroll, Frank-Lothar, Geburt der Moderne. Politik. Gesellschaft und Kultur vor dem Ersten Weltkrieg, Berlin 2013.

Kroppenstedt, Franz / Würzberger, Paul B., Organisatorische und rechtliche Probleme bei Bundestagswahlen, VerwArch 73 (1982), S. 311–328.

Krüger, Herbert, Allgemeine Staatslehre, 2. Aufl., Stuttgart u. a. 1966.

Küchenhoff, Günther/Küchenhoff, Erich, Allgemeine Staatslehre, 8. Aufl., Stuttgart u. a. 1977.

Küchenhoff, Erich, Rechtsgutachten über die Vereinbarkeit des sog. Blockwahlsystems mit dem geltenden Recht erstattet im Rechtsstreit zwischen dem Mitglied des SPD-Landesverbandes Berlin Rudolf Schmidt und seinem Landesverband, in: *Schmidt, Rudi / Bärlein, Michael / Bonin, Heinz,* Das

Blockwahlsystem in der SPD. Zur Herrschaftstechnik des Parteiapparates, S. 23–38 (zitiert: *Schmidt/Bärlein/Bonin*, Blockwahlsystem).

Kuhl, Thomas / Unruh, Peter, Materielles Wahlprüfungsrecht und Kandidatenaufstellung, DVBl. 1994, 1391–1398.

Kunig, Philip, Fragen zu den Wahlrechtsgrundsätzen, Jura 1994, 554–558.

–, Politische Parteien im Grundgesetz, Jura 1991, 247–257.

–, Parteien, in: *Isensee, Josef / Kirchhof, Paul* (Hrsg.), Handbuch des Staatsrechts der Bundesrepublik Deutschland, Bd. III - Demokratie - Bundesorgane, 3. Aufl., Heidelberg 2005, S. 297–356 (zitiert: *Kunig*, in: *Isensee/Kirchhof*, HStR III).

Lange, Klaus, „Frauenquoten" in politischen Parteien, NJW 1988, 1174–1183.

Lawson, Kay, How State Laws Undermine Parties, in: *Reichley, James A.* (Hrsg.), Elections American Style, Washington D.C. 1987, S. 240–260.

Leibholz, Gerhard, Zum Parteiengesetz von 1967, in: *Ehmke, Horst / Schmid, Carlo / Scharoun, Hans* (Hrsg.), Festschrift für Adolf Arndt zum 65. Geburtstag, Frankfurt am Main 1969, S. 179–198.

Linck, Joachim, Das Blockwahlsystem auf dem Prüfstand. Zum Urteil des Berliner Wahlprüfungsgerichts v. 23.11.1971 - WPG 5.71, DÖV 1972, 331–334.

Loewenstein, Karl, Verfassungsrecht und Verfassungspraxis der Vereinigten Staaten, Berlin, Göttingen, Heidelberg 1959 (zitiert: *Loewenstein*, Verfassungsrecht).

Lowenstein, Daniel Hayes, Associational Rights of Major Political Parties: A Skeptical Inquiry, Texas Law Review 1993, 1741–1792 (zitiert: Lowenstein, 71 Tex. L. Rev. 1741).

Lösche, Peter, Die politischen Parteien, in: *Jäger, Wolfgang / Haas, Christoph M. / Welz, Wolfgang* (Hrsg.), Regierungssystem der USA, 3. Aufl., München, Wien 2007, S. 289–325.

Lubecky, David, Setting Voters Qualifications for State Primary Elections: Reassertion of the Right of State Political Parties to Self-Determination, University of Cincinnati Law Review 1986, 799–830 (zitiert: *Lubecky*, 55 U. Cin. L. Rev. 799).

Luchaire, François / Concac, Gérad (Hrsg.), La constitution de la république française, 2. Aufl., Paris 1987.

Luthmann, Walter, Die innere Ordnung der Parteien nach dem Grundgesetz und ihre Ausführung durch das Parteiengesetz, Jur. Diss. Köln 1961 (zitiert: *Luthmann*, Innere Ordnung).

Mager, Ute, Die Kontrolle der innerparteilichen Kandidatenaufstellung im Wahlprüfungsverfahren, DÖV 1995, 9–15.

Magiera, Siegfried, Die Vorwahlen (Primaries) in den Vereinigten Staaten, Frankfurt am Main 1971 (zitiert: *Magiera*, Vorwahlen).

–, Vorwahlen und demokratische Kandidatenaufstellung im modernen Parteienstaat, in: JöR NF 22 (1973), S. 621–662.

–, Der Rechtsanspruch auf Parteibeitritt, DÖV 1973, 759–768.

Maidowski, Ulrich, Umgekehrte Diskriminierung. Quotenregelungen zur Frauenförderung im öffentlichen Dienst und in den politischen Parteien, Berlin 1989.

Mangoldt, Hermann von / Klein, Friedrich / Starck, Christian (Hrsg.), Kommentar zum Grundgesetz, 6. Aufl., Bd. II – Artikel 20 bis 82, München 2010 (zitiert v. *Mangoldt/Klein/Starck/Bearbeiter*).

Masclet, Jean-Claude, Droit électoral, Paris 1989.

Maunz, Theodor / Dürig, Günter, Grundgesetz, Bd. IV – Art. 23–53a, Losebl. (Stand: 69. Ergänzungslieferung Mai 2013) (zitiert: *Maunz/Dürig/Bearbeiter,* GG).

Maurer, Hartmut, Die Rechtsstellung der politischen Parteien, JuS 1991, 881–888.

Mazzega, Danielle, Das französische Verwaltungssystem, in: Dokumentation der Fachhochschule für öffentliche Verwaltung Kehl. Lerne die Verwaltung des Nachbarn kennen, Kehl 1988, S. 16–22.

Mels, Philipp, Bundesverfassungsgericht und Conseil constitutionnel. Ein Vergleich der Verfassungsgerichtsbarkeit in Deutschland und Frankreich im Spannungsfeld zwischen der Euphorie für die Krönung des Rechtsstaates und der Furcht vor einem „gouvernement des juges", München 2003.

Meyer, Ernst C., Wahlamt und Vorwahl in den Vereinigten Staaten von Nord-Amerika, Leipzig 1908 (zitiert: *Meyer,* Vorwahl).

Meyer, Hans, Wahlsystem und Verfassungsordnung. Bedeutung und Grenzen wahlsystematischer Gestaltung nach dem Grundgesetz, Frankfurt am Main, 1973.

–, Demokratische Wahl und Wahlsystem, in: *Isensee, Josef / Kirchhof, Paul* (Hrsg.), Handbuch des Staatsrechts der Bundesrepublik Deutschland, Bd. III – Demokratie – Bundesorgane, 3. Aufl., Heidelberg 2005, S. 521–542 (zitiert: *Meyer,* in: *Isensee/Kirchhof,* HStR III).

–, Wahlgrundsätze, Wahlverfahren, Wahlprüfung, in: *Isensee, Josef / Kirchhof, Paul* (Hrsg.), Handbuch des Staatsrechts der Bundesrepublik Deutschland, Bd. III – Demokratie – Bundesorgane, 3. Aufl., Heidelberg 2005, S. 543–603 (zitiert: *Meyer,* in: *Isensee/Kirchhof,* HStR III).

Morlok, Martin, Demokratie und Wahlen, in: *Badura, Peter / Dreier, Horst* (Hrsg.), Festschrift 50 Jahre Bundesverfassungsgericht. Bd. II – Klärung und Fortbildung des Verfassungsrechts, Tübingen 2001, S. 559–608 (zitiert: *Morlok,* in: FS 50 Jahre BVerfG II).

Möstl, Markus, Politische Parteien als Medienunternehmer. Eine Beurteilung aus verfassungsrechtlicher Sicht, DÖV 2003, 106–113.

Müller, Ute, Die demokratische Willensbildung in den politischen Parteien, 2. Aufl., Mainz 1967 (zitiert: *Müller*, Die demokratische Willensbildung).

Münch, Ingo von / Kunig, Philipp (Hrsg.), Grundgesetz. Kommentar, Bd. I – Präambel – Art. 69, 6. Aufl., München 2012 (zitiert: *v. Münch/Kunig/Bearbeiter*).

Nass, Klaus Otto, Die verfassungsrechtlichen Wahlgrundsätze bei der Aufstellung von Parteikandidaten für Bundestagswahlen, in: *Schneider, Hans / Götz, Volkmar* (Hrsg.), Im Dienst an Recht und Staat. Festschrift für Werner Weber zum 70. Geburtstag, Berlin 1974, S. 311–324.

Naujoks, Rolf, Blockwahlsystem und innerparteiliche Demokratie, DVBl. 1975, 244–248.

Nettesheim, Wolfgang, Ist die Aufstellung von Wahlvorschlägen für Kommunalwahlen über geschlossene Listen im „Blockwahlsystem" rechtmäßig? BayVBl. 1991, 292–296.

Nieding, Bernd von, Politische Wahlen und Frauenquoten, NVwZ 1994, 1171–1177.

Nohlen, Dieter, Wahlrecht und Parteiensystem. Zur Theorie und Empirie der Wahlsysteme, 7. Aufl., Opladen und Toronto 2014.

–, Wahlsysteme der Welt. Daten und Analysen. Ein Handbuch, München 1978 (unter Mitarbeit von Rainer-Olaf Schultze).

Oebbecke, Janbernd, Quotierung auf Landeslisten, JZ 1988, 176–181.

Ossenbühl, Fritz., Die Parteien im System des Grundgesetzes, BayVBl 2000, 161–169.

Pactet, Pierre / Mélin-Soucramanien, Ferdinand, Droit constitutionnel, 29. Aufl., Paris 2010.

Pauly, Walter, Das Wahlrecht in der neueren Rechtsprechung des Bundesverfassungsgerichts, AöR 123 (1998), 232–285.

Penniman, Howard R., Sait's American Parties and Elections, 5. Aufl., New York 1948.

Peters, Hans, Zur Kandidatenaufstellung für freie demokratische Wahlen, in: Maunz, Theodor (Hrsg.), Festschrift zum 75. Geburtstag von Hans Nawiasky, München 1956, S. 341–358.

Pieroth/Schlink, Grundrechte. Staatsrecht II, 27. Aufl., Heidelberg u.a. 2011 (zitiert: *Pieroth/Schlink*, Grundrechte).

Presse- und Informationszentrum des Deutschen Bundestages, Beratungen und Empfehlungen zur Verfassungsreform. Schlußbericht der Enquete-Kommission Verfassungsreform des Deutschen Bundestages. Band I: Parlament und Regierung, Stuttgart 1976 (zitiert: Beratungen und Empfehlungen zur Verfassungsreform).

Radbruch, Gustav, Die politischen Parteien im System des Deutschen Verfassungsrechts, in: *Anschütz, Gerhard / Thoma, Richard* (Hrsg.), Handbuch des Deutschen Staatsrechts, Bd. I, Tübingen 1930, S. 285–294 (zitiert: *Radbruch*, HDStR I, § 25).

Ranney, Austin / Kendall, Willmoore, Democracy and the American Party System, New York 1956.

Reichel, Marc, Das demokratische Offenheitsprinzip und seine Anwendung im Recht der politischen Parteien, Berlin 1996.

Sachs, Michael (Hrsg.), Grundgesetz, Kommentar, 7. Aufl., München 2014 (zitiert: *Sachs/Bearbeiter*).

–, Anm. zu BVerfG, Beschl. v. 20. 10. 1993 – 2 BvC 2/91, JuS 1994, 794–796.

Sacksofsky, Ute, Das Grundrecht auf Gleichberechtigung. Eine rechtsdogmatische Untersuchung zu Artikel 3 Absatz 2 des Grundgesetzes, 2. Aufl., Baden-Baden 1996.

Sattler, Andreas, Die Verfassung der Fünften Republik und das parlamentarische Regierungssystem, AöR 87 (1962), 335–370.

Schiedermair, Hartmut, Aussprache zum Referat, in: Veröffentlichung der Vereinigung der Deutschen Staatsrechtslehrer, Heft 47, Berlin, New York 1989, S. 85 (zitiert: VVDStRl 47 (1989)).

Schlesinger, Joseph A., The New American Political Party, The American Political Science Review 79 (1985), S. 1152–1169.

Schmitt Glaeser, Walter, Die grundrechtliche Freiheit des Bürgers zur Mitwirkung an der Willensbildung, in: *Isensee, Josef / Kirchhof, Paul* (Hrsg.), Handbuch des Staatsrechts der Bundesrepublik Deutschland, Bd. III – Demokratie – Bundesorgane, 3. Aufl., Heidelberg 2005, S. 229–260 (zitiert: *Schmitt Glaeser*, in: *Isensee/Kirchhof*, HStR III).

Schreiber, Wolfgang (Hrsg.), BWahlG. Kommentar zum Bundeswahlgesetz unter Einbeziehung des Wahlprüfungsgesetzes, des Wahlstatistikgesetzes, der Bundeswahlordnung, der Bundeswahlgeräteordnung und sonstiger wahlrechtlicher Nebenvorschriften, 9. Aufl., Köln 2013 (zitiert: *Schreiber/Bearbeiter*).

Schreyer, Söhnke, Elections, in: *Wersich, Rüdiger B.* (Hrsg.), USA Lexikon. Schlüsselbegriffe zu Politik, Wirtschaft, Gesellschaft, Kultur, Geschichte und zu den deutsch-amerikanischen Beziehungen, Berlin 1995, S. 243–248.

Schröder, Heinrich Josef, Die Kandidatenaufstellung und das Verhältnis des Kandidaten zu seiner Partei in Deutschland und Frankreich, Berlin 1971.

Schüle, Adolf, Koalitionsvereinbarungen im Lichte des Verfassungsrechts, Tübingen 1964 (zitiert: *Schüle,* Koalitionsvereinbarungen).

Seidel, Klaus, Direkte Demokratie in der innerparteilichen Willensbildung, Frankfurt a. M. u.a. 1997.

Seifert, Jürgen, Gutachten, in: *Schmidt, Rudi / Bärlein, Michael / Bonin, Heinz,* Das Blockwahlsystem in der SPD. Zur Herrschaftstechnik des Parteiapparates, S. 23–38 (zitiert: *Schmidt/Bärlein/Bonin*, Blockwahlsystem).

Seifert, Karl-Heinz, Bundeswahlrecht. Wahlrechtsartikel des Grundgesetzes, Bundeswahlgesetz, Bundeswahlordnung und wahlrechtliche Nebengesetze, 3. Aufl., München 1976.

–, Die politischen Parteien im Recht der Bundesrepublik Deutschland, Köln u.a. 1975.

–, Wahlprüfung und „Blockwahlsystem", DÖV 1972, 334–336.

Siefken, Sven T., Vorwahlen in Deutschland? Folge der Kandidatenauswahl nach U.S.-Vorbild, ZParl 33 (2002), 531–550.

Sonnenberger, Hans Jürgen / Classen, Claus Dieter (Hrsg.), Einführung in das französische Recht, 4. Aufl., Frankfurt am Main 2012 (zitiert: *Classen*, in: *Sonnenberger/Classen*, Einführung in das französische Recht).

Spreng, Rudolf / Birn, Willi / Feuchte, Paul (Hrsg.), Die Verfassung des Landes Baden-Württemberg. Kommentar mit einer Einführung in die Entstehung des Landes und der Verfassung sowie dem Text des Grundgesetzes, Stuttgart und Köln, 1954.

Stentzel, Rainer, Integrationsziel Parteiendemokratie. Rechtliche Rahmenbedingungen für eine Demokratisierung der Europäischen Union, Baden-Baden 2002.

–, Die politischen Parteien Frankreichs in einer rechtsvergleichenden Analyse aus deutscher Sicht, StWStP 1993, 479–549.

Stern, Klaus, Das Staatsrecht der Bundesrepublik Deutschland, Bd. I – Grundbegriffe und Grundlagen des Staatsrechts, Strukturprinzipien der Verfassung, 2. Aufl., München 1984 (zitiert: *Stern*, Staatsrecht I).

Stolleis, Michael, Parteienstaatlichkeit – Krisensymptome des demokratischen Verfassungsstaats?, in: Veröffentlichungen der Vereinigung der Deutschen Staatsrechtslehrer, Heft 44 (1986), Berlin 1986, S. 7–40 (zitiert: *Stolleis*, VVDStRL 44 (1986)).

Streinz, Rudolf (Hrsg.), Vertrag über die Europäische Union und Vertrag über die Arbeitsweise der Europäischen Union, Kommentar, 2. Aufl., München 2012 (zitiert: *Streinz/Bearbeiter*, EUV/AEUV).

Thedieck, Franz, Verwaltungskultur in Frankreich und Deutschland. Dargestellt am Beispiel von französischen und deutschen Gemeindeverwaltungen und unteren staatlichen Verwaltungsbehörden, Baden-Baden 1992.

Treffer, Gerd, Amerikanisches Kommunalrecht, München 1984.

Uhlitz, Otto, Die Unvereinbarkeit des § 48 Abs. 1 Satz 2 des Bundeswahlgesetzes mit dem Grundgesetz, DÖV 1957, 468–470.

–, Anmerkung zu BVerfG, Beschl. v. 3.7.1957 – 2 BvR 9/56, DÖV 1957, 718.

Voigt, Roland, Die Änderung des Bundeswahlgesetzes in der Neufassung vom 1.9.1975, DVBl. 1976, 430–437.

Voßkuhle, Andreas, Grundwissen – Öffentliches Recht: Der Grundsatz der Verhältnismäßigkeit, JuS 2007, 429–431.

Wassermann, Rudolf (Hrsg.), Kommentar zum Grundgesetz für die Bundesrepublik Deutschland, 2. Aufl., Bd. 2 – Artikel 38–146, Neuwied 1989 (zitiert: *Bearbeiter*, AK-GG).

Wayne, Stephan J., The Road to The White House 2008, 8. Aufl., Boston 2008 (zitiert: *Wayne*, Road).

Weber, Albrecht, Europäische Verfassungsvergleichung, München 2010.

Werner, Melanie, Gesetzesrecht und Satzungsrecht bei der Kandidatenaufstellung politischer Parteien. Problem des Vorschlagsrechts nach BWG und EuWG, Osnabrück 2010 (zitiert: *Werner*, Kandidatenaufstellung).

Wolfrum, Rüdiger, Die innerparteiliche demokratische Ordnung nach dem Parteiengesetz, Berlin 1974.

–, Die Bewertung innerparteilicher Vorgänge bei der Zulassung von Parteiwahlvorschlägen zu Landtags- und Bundestagswahlen. Zum Änderungsgesetz für das Berliner Landeswahlgesetz vom 26.2.1974, ZParl 6 (1975), 323–340.

Zimmerman, Joseph F., The Government and Politics of New York State, 2. Aufl., New York 2008.

Zimmermann, Andreas, Kandidatenaufstellung und Wahlprüfung in Frankreich, in: *Wolfrum, Rüdiger / Schuster, Gunnar* (Hrsg.), Verfahren der Kandidatenaufstellung und der Wahlprüfung im europäischen Vergleich, Baden-Baden 1994, S. 61–89.

Zippelius, Reinhold / Würtenberger, Thomas, Deutsches Staatsrecht. Ein Studienbuch, 32. Aufl., München 2008.

Zürn, Peter, Die republikanische Monarchie. Zur Struktur der Verfassung der V. Republik in Frankreich, München 1965.

Anhang zum Literaturverzeichnis

Bei den nachfolgen Primärquellen handelt es sich zum Großteil um Quellen aus dem Internet. Bei der Recherche hat der Autor darauf geachtet, dass nur von vertrauenswürdigen und zitierfähigen Quellen Gebrauch gemacht wird. Daher stammen die nachfolgenden Primärquellen entweder von der aktuellen Webrepräsentanz des jeweiligen Legislativorgans, von den politischen Parteien selbst oder von Bildungseinrichtungen, wie etwa Universitäten. Wie nach allgemeinen Zitierregelungen üblich, hat der Autor nicht nur den Titel, sondern auch den Weblink sowie das Abrufdatum zitiert. Sofern kein Weblink angegeben wurde, hat der Autor die Primärquelle von einem anderen Ort bezogen (etwa durch E-Mail-Zusendung).

Als **Materialien**/Primärquellen wurden herangezogen:

„Verfassung der Vereinigten Staaten von Amerika (17. September 1787)", abgedruckt in: *Sautter, Udo:* Die Vereinigten Staaten - Daten, Fakten, Dokumente, Tübingen 2000, S. 184–203. ff. (zitiert: *Sautter*, Die Vereinigten Staaten).

„Verfassung der Vereinigten Staaten von Amerika, 11. September 1787 (engl.: The Constitution of the United States), abgedruckt, in: *Schambeck, Herbert / Widder, Helmut / Bergmann, Marcus* (Hrsg.): Dokumente zur Geschichte der Vereinigten Staaten von Amerika, 2. Auflage Berlin 2007, S. 166–192 (zitiert: *Schambeck*, Dokumente).

2012 Presidential Primary Dates and candidate filing Deadlines for ballot Access / 2012 Congressional Primary Dates and Candidate Filing Deadlines for ballot access, http://www.fec.gov/pubrec/fe2012/2012pdates.pdf (Stand: 17.7.2012).

Senate Election Law Guidebook 2010, http://www.gpo.gov/fdsys/pkg/CDOC-111sdoc18/pdf/CDOC-111sdoc18.pdf (Stand: 17.7.2012).

U.S. Code: Title 2 - The Congress, https://www.law.cornell.edu/uscode/text/2 (Stand: 24.05.2015).

Louisiana election code, http://legis.la.gov/lss/lss.asp?folder=92 (Stand: 24.7.2013) (zitiert: Louisiana EC).

Revised Statutes of Nebraska, Reissue of Volume 2A 2008, http://nebraskalegislature.gov/pdf/revisor/2008reissue_v2A.pdf (Stand: 24.7.2013) (zitiert: Nebraska Stat.).

State of New York, Election Law, 2012, http://www.elections.ny.gov/NYSBOE/download/law/2012NYElectionLaw.pdf (Stand: 17.7.2012).

Rules of the New York Republican State Committee, as adopted at a meeting of the New York Republican State Committee June 9, 2011, http://www.wny

republicans.com/1/nys-committee-rules.pdf (Stand: 8.8.2013) (zitiert: Rules New York Republican).

Rules of the Democratic Party of New York, http://gomyd.com/uploads/New-York-State-Democratic-Party-Rules.pdf (Stand: 8.8.2013) (zitiert: Rules New York Democrats).

Rules of the Albany County democratic County Committee, As amended on April 26, 2006 [and as effective September 25, 2008], http://www.albanycountydems.org/images/stories/PDF/ACDCrules08withContentsB.pdf (Stand: 4.3.2013).

Congressional Districts, 112th congress (January 2010-January 2013), http://nationalatlas.gov/printable/images/pdf/congdist/pagecgd112_ny.pdf (Stand: 17.7.2012).

State of New York, State Board of Elections, County Board of Elections, August 7, 2012 http://www.elections.ny.gov:8080/reports/rwservlet?cmdkey=nysboe_roster (Stand: 7.8.2012).

2011 Senate Bill 116, Wisconsin Act 75, https://docs.legis.wisconsin.gov/2011/related/acts/75.pdf (Stand: 13.9.2012).

2009–10 Wisconsin Statutes & Annotations, Chapter 5: General Provisions; Ballots and Voting Systems, https://docs.legis.wisconsin.gov/statutes/statutes/5.pdf (Stand: 5.9.2012).

2009–10 Wisconsin Statutes & Annotations, Chapter 6: The Electors, https://docs.legis.wisconsin.gov/statutes/statutes/6.pdf (Stand: 12.9.2012).

2009–10 Wisconsin Statutes & Annotations, Chapter 7: Elections Officials; Boards; Selection and duties; canvassing, https://docs.legis.wisconsin.gov/statutes/statutes/7.pdf (Stand: 5.9.2012).

2009–10 Wisconsin Statutes & Annotations, Chapter 8: Nominations, Primaries, Elections, https://docs.legis.wisconsin.gov/statutes/statutes/8.pdf (Stand: 5.9.2012).

2009–10 Wisconsin Statutes & Annotations, Chapter 15: Structure of the Executive Branch, http://docs.legis.wi.gov/statutes/statutes/15.pdf (Stand: 29.10.2012).

„Verfassung vom 4. Oktober 1958" (*Constitution du 4 octobre 1958*), in der Fassung vom 21.7.2008, http://www.conseil-constitutionnel.fr/conseil-constitutionnel/root/bank_mm/allemand/constitution_allemand.pdf (Stand: 2.9.2013).

Constitution du 4 octobre 1958 (JORF n° 0238 du 5 octobre 1958, page 9151), abrufbar unter : http://legifrance.gouv.fr/Droit-francais/Constitution/Constitution-du-4-octobre-1958 (Stand: 13.2.2014).

Erklärung der Menschen- und Bürgerrechte vom 26. August 1789 *(Déclaration des droits de l'homme et du citoyenne de 1789*), http://www.conseil-constitutionnel.fr/conseil-constitutionnel/root/bank/pdf/conseil-constitutionnel-25773.pdf (Stand: 2.9.2013).

Loi constitutionnelle no 2008-724 du 23 juillet 2008 de modernisation des institutions de la Ve République), abrufbar unter: http://www.legifrance.gouv.fr/jopdf/common/jo_pdf.jsp?numJO=0&dateJO=20080724&numTexte=2&pageDebut=11890&pageFin=11895 (Stand: 14.11.2013).

Code Électoral, Version à venir au 1 avril 2014, abrufbar unter : http://legifrance.gouv.fr/affichCode.do;jsessionid=827DB2529C214328B56DCB5ADBE5DC64.tpdjo03v_2?cidTexte=LEGITEXT000006070239&dateTexte=20140401 (Stand : 8.10.2013).

Code de la nationalité française, abrufbar unter : http://www.legifrance.gouv.fr/affichCode.do?cidTexte=LEGITEXT000006071189&dateTexte=19930722 (Stand: 14.9.2013).

Ordonnanz Nr. 58-1065 v. 7.11.1958 (Ordonnance no. 58-1065 du 7 novembre 1958 portant loi organique relative à la composition et à la durée des pouvoirs de l'Assemblée nationale), abrufbar unter: http://legifrance.gouv.fr/jopdf/common/jo_pdf.jsp?numJO=0&dateJO=19581109&numTexte=&pageDebut=10128&pageFin (Stand: 16.11.2013).

Décret n° 2012-231 du 17 février 2012 authentifiant la population des Français établis hors de France au 1er janvier 2012, abrufbar unter: http://www.legifrance.gouv.fr/affichTexte.do?cidTexte=JORFTEXT000025377232&dateTexte=&categorieLien=id (Stand: 21.10.2013).

Tableau des circonscriptions électorales des français établis hors de France, abrufbar unter: http://legifrance.gouv.fr/affichCode.do;jsessionid=0F6158D15C78385099BA1A87627D1CBE.tpdjo03v_2?idSectionTA=LEGISCTA000020950783&cidTexte=LEGITEXT000006070239&dateTexte=20140401 (Stand: 21.10.2013).

Loi organique n° 76-97 du 31 janvier 1976 relative aux listes électorales consulaires et au vote des Français établis hors de France pour l'élection du Président de la république, Version consolidée au 20 avril 2011, abrufbar unter: http://legifrance.gouv.fr/affichTexteArticle.do?cidTexte=JORFTEXT000000510005&idArticle=LEGIARTI000006529083&dateTexte=&categorieLien=cid (Stand: 24.05.2015).

„Loi du 1er juillet 1901 relative au contrat d'association. Version consolidée au 24 mars 2012", abrufbar unter: http://www.legifrance.gouv.fr/affichTexte.do?cidTexte=LEGITEXT000006069570&dateTexte=vig (Stand: 19.11.2013).

„Loi n° 88-227 du 11 mars 1988 relative à la transparence financière de la vie politique", abrufbar unter: http://www.legifrance.gouv.fr/affichTexte.do?cidTexte=JORFTEXT000000321646 (Stand: 19.11.2013).

„ Loi organique n° 88-226 du 11 mars 1988 relative à la transparence financière de la vie politique", abrufbar unter: http://www.legifrance.gouv.fr/affichTexte.do?cidTexte=LEGITEXT000006069060&dateTexte=20101224 (Stand: 19.11.2013).

UMP-Statut, abrufbar unter: http://www.u-m-p.org/sites/default/files/media/documents/2013-07-01_-_ump_-_statuts.pdf (Stand: 13.1.2014).

UMP-Règlement Intérieur, abrufbar unter: http://www.u-m-p.org/sites/default/files/media/documents/2013-07-01_-_ump_-_reglement_interieur.pdf (Stand: 13.1.2014).

Parti Socialiste – Les statuts et le règlement intérieur, abrufbar unter: http://www.parti-socialiste.fr/static/2594/documents/les-statuts-et-le-reglement-interieur.pdf (Stand: 23.1.2014) (zitiert: PS-Statuts).

Wahlgesetz für den Reichstag des Norddeutschen Bundes v. 31.5.1869, abgedruckt in: Bundes-Gesetzblatt des Norddeutschen Bundes 1869, S. 145–148.

Verfassung des Deutschen Reiches vom 11. August 1919, abgedruckt in: *Gosewinkel, Dieter / Masing, Johannes* (Hrsg.), Die Verfassungen in Europa 1789–1949. Wissenschaftliche Textedition unter Einschluß sämtlicher Änderungen und Ergänzungen sowie Dokumente aus der englischen und amerikanischen Verfassungsgeschichte, München 2006, S. 806–832.

CDU:

Statutenbroschüre der CDU Deutschlands (Stand: 5.12.2012), http://www.cdu.de/sites/default/files/media/dokumente/121205-statutenbroschuere.pdf (Stand: 6.8.2014). (zitiert: Statuten der CDU).

Satzung der CDU Nordrhein-Westfalen. Satzung, Finanz- und Beitragsordnung, Verfahrensordnung zur Bewerberaufstellung für öffentliche Wahlen, Geschäftsordnung für Parteitage & Landesfachausschüsse (Stand der Fassung: 26.4.2014) (zitiert: NRW-Verfahrensordnung).

Organisationsstatut. Wahlordnung, Schiedsordnung und Finanzordnung der Sozialdemokratischen Partei Deutschlands (Stand: 26.1.2014), http://www.spd.de/linkableblob/1852/data/Organisationsstatut.pdf (Stand: 26.9.2014) (zitiert: SPD-Organisationsstatut).

Bündnis 90/DIE GRÜNEN Frauenstatut, abrufbar unter: http://www.gruene.de/fileadmin/user_upload/Dokumente/Frauenstatut.pdf (Stand: 24.05.2015).

www.ingramcontent.com/pod-product-compliance
Ingram Content Group UK Ltd.
Pitfield, Milton Keynes, MK11 3LW, UK
UKHW021403101026
15623UKWH00013B/646

9 783631 700716